두 글자로 풀어내는 복음서와 사도행전

권혁정 지음

권혜영 그림

두 글자로 풀어내는 복음서와 사도행전

지음	권혁정
그림	권혜영
편집	김덕원, 이찬혁

발행처	감은사
발행인	이영욱
전화	070-8614-2206
팩스	050-7091-2206
주소	서울특별시 강동구 암사동 아리수로 66, 401호
이메일	editor@gameun.co.kr

종이책

초판발행	2024.01.31.
ISBN	9791193155370
정가	33,000원

전자책

초판발행	2024.01.31.
ISBN	9791193155387
정가	26,800원

Exploring the Gospels and Acts in Two Letters

Hyuk-Jung Kwon

| 일러두기 |

1. 본서에서 사용된 약어 '헬.'은 신약성경이 기록된 언어인 '헬라어'를, '히.'는 구약성경
   이 기록된 언어인 '히브리어'를 가리킵니다.
2. (XX절)이라는 표기는 해당 섹션의 장에 속한 절을 가리킵니다.

추천의 글

대학교에서 신약 성경을 강의하고 교회에서 목회하면서 신학과 목회를 융복합하는 권혁정 박사가 성도들을 위하여 쉽고 재미있게 신약 성경 전체를 관통하는 책을 펴냈습니다. 이 책은 신학과 목회의 융복합이며, 어려운 성경 주석과 쉬운 경건 서적의 융복합입니다. 재미있게 술술 읽히는 이 책을 읽다 보면 누구나 성경의 깊이 있는 내용을 아주 쉽게 파악하게 될 것입니다. 깊이 있는 내용을 짧은 분량에 담아 쉽게 전달하는 것이 독자들을 위한 좋은 책의 기준이라면, 신약 전체를 한 장 한 장 주해적으로 깊이 연구한 내용을 이렇게 짧은 분량에 담아 누구나 이해할 수 있는 언어로 풀어낸 이 책은 그 목표를 실현한 책입니다. 한 송이 국화꽃을 피우기 위해 봄부터 소쩍새가 울어야 했다고 한 시인이 노래했듯이, 독자들이 재미있게 읽으며 깊은 통찰을 얻을 수 있는 이 아름다운 책이 피어나기까지도 그러했을 것입니다. 저자는 긴 세월 동안 인고의 시간을 보내야 했을 것이고 아이들은 도서관에서 돌아오는 아빠를 기다려야 했을 것입니다. 모든 성도들에게 목회하는 신학자가 쓴,

국화꽃처럼 늦게 피어난 이 책을 강력히 추천합니다. 성경 통독과 함께 이 책을 활용한다면 수준 높은 가이드가 안내하는 성경 여행의 묘미를 느낄 수 있을 것입니다.

신현우

총신대학교 신학과 신약학 교수

들어가면서

　　필자는 교회와 대학에서 성경을 가르치는 자로서 '하나님의 말씀인 성경을 한 번 듣고도 오래 기억할 수 있는 방법이 없을까?'를 고민하고 기도하면서 저술한 것이 바로 본서입니다. 이 책은 성경과 기억법의 협업으로, 단 두 글자만을 사용하여 마태복음부터 요한계시록까지, 신약 성경 27권 전체를 제대로 한 코에 꿰는 기막힌 비법을 제시합니다. 이 책은 크게 세 개의 코너로 구성되어 있는데, 이를 통해 독자 여러분은 '재미'와 '진미'(참된 의미)라는 두 마리 토끼를 잡게 될 것입니다.

　　첫 번째 코너는 '**배경과 지도**'(배지)입니다. 본 강설에 앞서 필자는 여러분 가슴에 '배지'(Badge) 하나를 달아 드릴 것입니다. 책이 쓰인 배경을 먼저 알고 들어가야 그 책의 내용을 이해하기 쉽습니다. 아울러 각 책의 전체 숲을 한눈에 보는 길 안내 지도까지 장착하면 금상첨화입니다.

　　두 번째 코너는 '장별 제목 붙이기'입니다. 여기서는 단 두 글자로 꼬리에 꼬리를 물며 성경 각 장의 제목을 파악하는 기억법 여행을 떠납니다. 이를 통해 여러분은 성경 각 장의 주된 내용이 제대로 한 코에 꿰지는 '재미'를 만끽하게 될 것입니다.

마지막 세 번째 코너는 '해설'입니다. 여기서는 꼬꼬 여행(꼬리에 꼬리를 무는 여행)을 통해 숙지한 각 장의 내용을 귀에 쏙쏙 들어오게 족집게 해설을 합니다. 이를 통해 여러분은 성경의 '참된 의미'(진미)를 맛보게 될 것입니다.

이 책은 전 세계가 코로나바이러스와 사투하고 있는 기간에 그에 대한 기독교적 대안을 제시하고자 쓴 책입니다. COVID19와 같은 위경(危境)의 진정한 백신은 하나님의 말씀입니다. "그가 그의 말씀을 보내어 그들을 고치시고 위험한 지경에서 건지시는도다"(시 107:20).

본서는 필자 개인이 아니라 가족 공동의 작품입니다. 늦둥이가 태어나 감사하면서도 염려가 컸는데, 나머지 다섯 자녀가 서로 돌아가면서 동생을 돌보아 주었습니다. 그리하여 귀중한 짬이 나서 이 책을 마무리할 수 있었습니다. 아울러, 첫째 딸 권혜영 작가는 260개나 되는 삽화를 맛깔나게 그려줌으로써 책의 품격을 한 단계 높여주었습니다. 지금까지 독립운동 한번 한 적 없는 필자를 애국하는 아빠로 만들어준 여섯 자녀, 낙기, 혜영, 혜란, 민석, 민우, 혜인, 그리고 무엇보다도 아내 박경애에게 고마운 마음을 전합니다.

2023년 11월 사당동 모교에서

권혁정

제1부 공관복음

배경과 지도

배경

주후 60년대 말에서 70년대 초에 기록된 공관복음은 책의 주인공인 예수 그리스도를 다양하게 묘사합니다. 이는 주로 수신 교회가 처한 정황과 관련이 있습니다. 먼저 마태는 그의 주 독자가 유대인들이었기에 예수님을 유대인의 '왕'으로, 특히 다윗 왕의 자손으로, 그리고 구약의 성취자로 묘사합니다. 이에 반해 마가는 예수님을 '종'으로 표현합니다. 일반적으로 학자들은 마가복음이 네로 황제가 기독교를 핍박하던 시기에 로마에서 기록됐다는 데에 동의합니다. 마가는 미치광이 황제로 인해 순교의 위협을 당하던 로마의 기독교인들에게 하나님의 아들이신 예수 그리스도께서 종의 몸을 입고 세상에 와서 그들과 같이 모욕당하고 십자가에 달려 처형되셨다는 사실을 강한 어조로 진술합니다. 두 복음서의 저자가 유대인임에 반해 누가는 헬라인, 즉 이방인이었습니다. 그래서 그는 자기와 같은 이방 기독교인들—대표적인 인물이 데오빌로—에게 예수님을 유대인들뿐만 아니라 이방인들도 사랑하시는 '만민의 구주'로 소개합니다. "이는 만민 앞에서 예비하신 것이요 이방을 비추는 빛이요"(눅 2:31-32 상). 이러한 누가복음의 보편성은 유대인과 대조되는 개념인 이방인을 포함시키는 데에 머물지 않고 한 걸음 더 나아가서 죄 많은 여인(7:36-50), 부정한 사마리아인(10:29-37), 배은망덕한 탕자(15:11-32), 매국노 세리(19:1-10), 십자가상의 강도(23:39-43)에 이르기까지 사회적으로 소외된 그룹을 총망라합니다.

지도

성경의 각 책 연구에서 제일 중요한 부분이 첫 장입니다. 어텐션(Attention)! 1장. 각 권 연구에서는 무엇보다도 첫 장을 주목해야 합니다. 첫 장에 그 책 전체를 이끌어 나가는 길 안내 지도가 있기 때문입니다.[1]

공관복음의 첫 장인 마태복음 1장에 공관복음 전체를 끌고 가는 로드 맵이 장착되어 있습니다. 1장은 예수님의 족보로 시작합니다. 그런데 이 족보 속에는 공관복음의 키워드가 숨겨져 있습니다. 하지만 이 핵심어는 "누가 누구를 낳고 또 낳고 …"라는 다소 따분해 보이는 구절의 반복 속에 파묻혀서 거의 주목받지 못한 채 간과되곤 합니다. 공관복음을 이끌어가는 핵심 키워드는 바로 '바벨론으로 사로잡혀 갈 때'입니다. 이 어구는 25절밖에 안 되는 마태복음 1장에서 무려 4번이나 반복됩니다. **"바벨론으로 사로잡혀 갈 때에** 요시야는 여고냐와 그의 형제들을 낳으니라"(11절). **"바벨론으로 사로잡혀 간 후에** 여고냐는 스알디엘을 낳고 스알디엘은 스룹바벨을 낳고"(12절). "그런즉 모든 대 수가 아브라함부터 다윗까지 열네 대요 다윗부터 **바벨론으로 사로잡혀 갈 때까지** 열네 대요 **바벨론으로 사로잡혀 간 후부터** 그리스도까지 열네 대더라"(17절).

그러면 본문에 언급된 '바벨론으로 사로잡혀 갈 때'란 도대체 어느 때를 말할까요? '바벨론 유수(幽囚)'란 주전 586년 바벨론 제국의 느부갓네살 왕이 예루살렘 성전과 성을 함락시키고 유다 왕 시드기야의 두 눈을 도려낸 후 발에 청동 족쇄를 채운 채 백성들과 함께 바벨론으로 끌고 간 사건을 말합니다. 여호와 하나님께 선택받은 유일한 민족으로서 자부심이 대단했던 유대 민족이 사탄의 자손이라고 멸시했던 이방인들의 말발굽 아래 처참하게 유린당한 사건이 바로 '바벨론 엑사일'(Babylonian Exile)이었습니다. 우리로 따지면 일제 36년간의 강점기와 같은 치욕의 역사였습니다. 그런데 왜 하필 신약을 시작하는 마태복음 첫 장에 이스라엘 역사상 가장 수치스러운 사건, 그래서 차마 입에 담고 싶지 않은 사건인 '바벨론 엑사일'이 거듭거듭 언급되고 있는 걸까요? 그 이유는 하나님의 언약 백성인 이스라엘이 지금 신(新)바벨론인 로마의 포로 상태, 더 나아가서 죄의 포로 상태에 놓여 있다는 사실을 주지시키기 위함입니다.

그래서 그 죄와 죽음에 사로잡혀 있는 이스라엘에게 구원과 해방을 주기 위해서, 즉 엑사일(Exile)로부터 엑소더스(Exodus)를 주기 위해서 이 땅에 오신 메시아가 있는데, 그분이 바로 나사렛 예수라고 하는 것입니다. 마태복음 1:21의 '예수'라는 이름의 뜻이 바로 '자기 백성을 그들의 죄에서 구원할 자'라는 사실이 이러한 점을 뒷받침합니다.[2] '사탄에 의해 죄의 포로 상태에 있는 자기 백성 이스라엘을 구원하러 이 땅에 성육신하신 메시아가 바로 예수시다.' 이것이 공관복음이 전하고자 하는 핵심 메시지요, 주제입니다.

이제 두 글자만을 사용해서 꼬리에 꼬리를 물며 마태복음 각 장의 핵심 내용을 파악하는 기억법 여행을 떠나겠습니다.

마태복음은 총 28장으로 되어 있는데, 1장에 보면 인류에게 구원과 해방을 줄 메시아가 태어납니다. 그래서 1장은 탄생, 이렇게 두 글자로 기억하시면 되겠습니다. 메시아가 탄생하자 그를 경배하러 동방에서 박사들이 방문합니다. 그래서 2장은 박사입니다. 이어 방문한 박사들에게 세례를 받습니다. 그래서 3장은 세례입니다. 수세 후 광야에서 마귀의 시험을 받습니다. 그래서 4장은 시험입니다. 이 시험을 잘 통과하고 산에 오르셔서 여덟 가지 복을 선언합니다. 그래서 5장은 팔복입니다. 복을 받은 자들 가운데 하나가 배은망덕하게 위선을 합니다. 그래서 6장은 위선(**위선**에 대한 가르침)입니다. 주님은 이 위선자를 '비판'하고 '하인'으로 강등시키십니다. 그래서 차례로 7장은 비판(**비판**에 관한 가르침), 8장은 하인(백부장의 **하인** 치유)입니다. 신분이 낮아지자 이 자가 상심하여 중풍에 걸립니다. 그래서 9장은 중풍(**중풍**병자 치유)입니다. 이에 고쳐 주고 제자 삼아주십니다. 그래서 10장은 제자(**제자** 선출과 파송)입니다. 하지만 제자가 되고도 이 친구는 주님에게 여전히 의문을 품습니다. 그래서 11장은 의문(세례 요한의 **의문**)입니다. 그리고 계속 믿지 못하고 그 자리에 안주합니다. 그래서 12장은 안주(안식일의 **주**인)입니다. 이에 '네 땅'이 물 '바다'로 변할 수 있다고 한 '장로'가 그를 나무랍니다. 그래서 차례로 13장 네 땅(네 가지 **땅** 비유), 14장 바다(**바다** 위를 걷는 이적), 15장 장로(**장로**의 전통)입니다. 여기 15장까지가 예수님의 전기 사역, 즉 갈릴리 사역입니다.

이제 후반부를 또한 두 글자로 정리하겠습니다. 장로의 경고에 정신을 차린 제자는 믿음을 회복하고 멋진 신앙 고백을 합니다. 그래서 16장은 고백(베드로의 신앙 **고백**)입니다. 훌륭한 신앙 고백을 한 자를 주님이 변화시켜 주십니다. 따라서 17장은 변화(**변화** 산 사건)입니다. 변화된 그는 영적으로 큰 자가 됩니다. 그래서 18장은 큰 자(**큰 자** 논쟁)입니다. 아울러 그는 부자가 됩니다. 그래서 19장은 부자(**부자** 청년 이야기)입니다. 갑자기 거부가 되자 품꾼을 여럿 고용합니다. 그래서 20장은 품꾼(**품꾼** 비유)입니다. 그리고 나서 품꾼들과 함께 주님을 따라 예루살렘에 들어가 성전을 정화합니다. 그래서 21장은 정화(성전 **정화**)입니다. 성전 정화로 인해 주님과 종교 지도자들 간에 논쟁이 벌어집니다. 그래서 22장은 논쟁(종교 지도자들과의 **논쟁**)입니다. 그런데 이 논쟁은 '저주'를 퍼부을 정도로 '강화'가 됩니다. 그래서 차례로 23장 저주(일곱 번의 **저주**), 24장 강화(감람 산 **강화**)입니다. 강화된 논쟁은 열 달간 지속됩니다. 그래서 25장은 열 달(**열** 처녀 & **달**란트 비유)입니다. 이 열 달 동안 주님은 배부를 정도로 종교 지도자들에게 욕을 먹습니다. 그래서 26장은 배부(**배**신 & **부**인)입니다. 그리고 결국 그들의 미움을 사서 주님은 죽음을 맞이합니다. 따라서 27장은 죽음입니다. 하지만 하나님께서는 억울하게 죽으신 예수님을 다시 살리십니다. 그래서 28장은 부활 이렇게 두 글자로 기억하시면 됩니다. 이 16-28장이 후기 사역, 즉 예루살렘 도상 & 예루살렘 사역입니다.

<마태복음 각 장 제목 두 글자 도표>

1장	2장	3장	4장	5장	6장	7장
탄생	박사	세례	시험	팔복	위선	비판
8장	9장	10장	11장	12장	13장	14장
하인	중풍	제자	의문	안주	네 땅	바다
15장	16장	17장	18장	19장	20장	21장
장로	고백	변화	큰 자	부자	품꾼	정화
22장	23장	24장	25장	26장	27장	28장
논쟁	저주	강화	열 달	배부	죽음	부활

1장 탄생

(예수님의 **탄생**)

공관복음에서는 예수님의 탄생과 관련해서 천사가 두 번 출현합니다. 이를 소위 천사 방문 단락이라고 하는데, 한 번은 누가복음에서 주님의 육신의 모친인 마리아에게 가브리엘 천사가 나타나서 성령의 능력으로 처녀가 아이를 임신할 것을 예고합니다(눅 1:26-38). 그리고 이제 카메라 앵글이 누가복음에서 마태복음으로 옮겨집니다. 최종적으로 아버지 요셉이 동정녀 탄생을 믿어야 합니다. 그렇지 않으면 예수님은 사생아로 태어나시는 것입니다. 그래서 또 한 번 마태복음에서 요셉에게 꿈에 주의 천사가 나타나서 자신과 정혼한 마리아에게 일어난 일에 대해 알려줍니다(20-25절).

요셉은 자신과 정혼한 마리아가 잠자리를 함께한 적이 없는 데도 아이를 가졌다는 소식을 듣고 무척 당황합니다. 여기 18절의 '정혼'(定婚)이란, 유대 사회에서 결혼하기 전 1년 정도 동안 유지됐던 관습이었습니다. 이 정혼은 오늘날 약혼보다 훨씬 강한 법적 구속력을 가지고 있었습니다. 일단 남녀가 정혼하게 되면 둘은 법적으로 부부가 됩니다. 하지만 이들은 결혼 때까지 동거하지 않았으며, 따라서 육체적 관계도 금지되어 있었습니다. 이 정혼 관계는 이혼이나 죽음에 의해서만 종결될 수 있었습니다. 만일 정혼 기간 중에 여자가 부정(不淨)한 일을 저지른 것으로 판명되면 구약 시대에는 돌로 쳐 죽이도록 되어있었지만(신 22:20-21), 신약 시대에는 이혼하도록 되어있었습니다.

마태는 요셉을 '의로운 사람'이라고 소개합니다(19절). 이는 모세의 율법에 철저히 순종하는 사람을 말합니다. 그런데 요셉은 법대로만 하지 않고 한때 정혼했던 여인을 긍휼히 여겨서 그녀의 허물을 덮고자 했습니다. 공의로우신 하나님의 뜻을 가지고 오셨지만, 긍휼로써 교회를 세우시는 모습을 우리 예수님이 보여 주셨는데, 여기 요셉의 모습을 통해서 그것이 지금 나타나고 있는 것입니다.

이런 동정심이 많은 요셉에게 주의 천사가 꿈에 나타나 "네 아내 마리아 데려오기를 무서워하지 말라. 그에게 잉태된 자는 성령으로 잉태된 것이라"고 일러주었습니다(20절). 마리아의 실수로 그리된 것이 아니라 하나님으로 말미암아 잉태된 것이라고 말했습니다. 성령으로 말미암아 잉태된 것을 알려주었지만 사실 이것을 믿기가 인간적으로 그리 쉽지만은 않지요. 그래서 천사는 구약의 증거를 들이댔습니다. "보라 처녀가 잉태하여 아들을 낳을 것이요 그의 이름을 임마누엘이라 하리라"(23절; 사 7:14 인용). 메시아가 동정녀의 몸에서 탄생할 것을 예언한 이사야의 말씀이 너의 정혼자 마리아를 통해 성취될 것이라고 천사는 선포했습니다. 요셉은 이 말을 듣고 누가복음의 마리아와 마찬가지로 믿음으로 반응했습니다(참고, 눅 1:38). 그래서 꿈에서 깨자마자 바로 일어나 정혼한 마리아를 데려왔습니다. 이것은 결혼을 의미합니다. 결국 하나님께서는 마리아라고 하는 믿음의 사람과 요셉이라고 하는 믿음의 사람을 동시대에 준비시켜서 그들의 신앙의 터 위에 예수 그리스도의 동정녀 탄생이 가능하게 하셨습니다.

　이 예수님의 탄생과 관련해서 마태복음에서는 의로운 요셉의 순종이 특히 돋보입니다. 요셉이 알지 못할 때에는 하나님의 뜻이 어디 있나 깊이 생각하며 지체했지만, 주의 천사를 통해 하나님의 뜻이 분명히 드러나자 계속해서 순종하는 것을 볼 수 있습니다. 먼저 1:20에 "이 일이 성령으로 잉태된 것이니 네 아내 마리아를 데려오라"고 하자 24절에 주님의 분부대로 마리아를 데려옵니다. 이어서 21절에 "아들을 낳으리니 이름을 예수라 하라"고 천사가 명하자 25절에 "아들을 낳으매 이름을 예수라"라고 짓습니다. 한 장 넘겨 2:13에 "꿈에 헤롯이 아기를 찾아 죽이려 하니 일어나 애굽으로 피하라"고 하자 14절에 그대로 순종하여 애굽으로 떠납니다. 그것도 밤에 떠납니다. 눈이나 붙이고 다음 날 아침에 출발했어도 됐는데 캄캄한 밤에 떠납니다. 19-20절에 "헤롯이 죽었으니 다시 이스라엘 땅으로 돌아오라"라고 하자 21절에 군말 없이 돌아옵니다. 마지막으로 22-23절에 "갈릴리 나사렛으로 가라"고 하자 또 순종합니다.

　하나님께서 지시하실 때마다 불평불만 한마디 없이 착착 순종하니 이런 사람에게 일을 시키고 싶지 않겠습니까? 인간관계도 마찬가지입니다. 상사가 조그만 것 하나만 시켜도 얼굴부터 찡그리면 그 사람에게 일 시킬 맛이 나겠습니까? 요셉은 하나님의 말씀이 떨어지자마자 순종했습니다. 그리고 늦은 밤에도 순종할 정도로 그 순종의 정도가 점점 더 자라났습니다. 그러니까 하나님께서 계속해서 요셉에게 나타나서 말씀하신 것입니다.

같은 하나님을 믿는데 왜 나에게는 요셉처럼 하나님의 음성이 들리지 않는지 궁금하십니까? 그것을 알기 위해서는 먼저 내가 과연 하나님의 말씀에 얼마나 순종하고 있는가를 점검해 보아야 할 것입니다.

2장 박사

(동방 **박사**의 방문)

예수님의 탄생과 관련해서 누가는 목자들의 방문을 기록하는 반면에, 마태는 동방 박사들의 출현을 언급합니다. 목자들은 유대인이었으나 가난하고 천대받는 하층민들이었습니다. 하지만 동방 박사들은 이방인으로 부유하고 대접받던 상류층 인사들이었습니다. 하나님께서는 무지한 목자들에게는 천사를 통해 아기 예수 탄생을 직접 계시해 주셨습니다(눅 2:8-20). 이에 반해 학식 있는 박사들에게는 별의 연구를 통해 간접적으로 구주 탄생을 알게 하셨습니다.

바벨론이나 페르시아 출신 점성가 혹은 사제들로 추정되는 동방 나라에서 온 박사들은 신비한 별을 보고 예루살렘에 도착하여 "유대인의 왕으로 태어난 이가 어디 있느냐? 우리가 동방에서 그의 별을 보고 그에게 경배하러 왔노라"라고 말했습니다. 그러자 헤롯 왕과 온 예루살렘이 듣고 한바탕 소동을 일으켰습니다(1-3절). 에서의 후예로 에돔 족속 출신인 헤롯은 로마에 잘 보여 정권은 잡았지만, 국민 대다수가 유대인, 즉 야곱의 후손이었으므로 마음 한편에는 늘 자신이 야곱 족속이 아니라는 콤플렉스가 자리 잡고 있었습니다. 다시 말해서, 권력의 정통성 문제가 있었습니다. 그리하여 헤롯은 정적(政敵)이 나타나면 가차 없이 제거했습니다. 정권 유지를 위해서는 자기 부인과 아들들까지도 처형하는 냉혈한이었습니다. 이런 상황에서 뜬금없이 동방 박사들이 나타나서 "유대인의 왕으로 나신 이가 어디 있느냐"라고 하늘의 계시를 선포하니 온 예루살렘 사람들은 '또 한바탕 피바람이 불겠구나'라고 생각하며 숨을 죽이고 있었던 것입니다. 대제사장과 백성의 서기관들은 그 누구보다도 구약에 정통하여 그리스도가 베들레헴에서 난다는 사실을 잘 알고 있었지만, 헤롯이 무서워서 지척임에도 불구하고 감히 그곳에 갈 엄두를 내지 못했습니다. 그리하여 아이러니하게도 유대인이 아닌 이방인인 동방 박사들이 이스라엘이 대망하던 메시아를 먼저 만나는 해프닝이 벌어졌습니다. 이와 같은 사실을 통해 마태는 예수님께서 단지 유대인의 왕으로만 오신 것이 아니라 유대인과 이방인 모두를 포함하는 '만민의 구주'로 이 땅에 오신 분이심을 분명히 드러냅니다.

비록 이방인들이었지만 동방에서 온 박사들은 최소한 네 가지 면에서 위대한 인물들이었습니다. 첫째, 동방 박사들은 별을 본 데서 그친 것이 아니라 직접 행동에 옮겼습니다. 둘째, 에스라 7:9에 보면 바벨론에서부터 예루살렘까지는 4개월이나 걸리는 거리였음에도 불구하고 동방 박사들은 그 먼 길을 마다하지 않고 걸어왔습니다. 게다가, 그 길은 대적과 매복자들, 즉 강도떼들이 우글거리는 길이었습니다(스 8:31). 따라서 동방 박사들은 생명의 위험을 무릅쓰고 왔습니다. 마지막으로, 그 험난한 길을 오면서도 동방 박사들은 빈손으로 오지 않고 황금과 유향과 몰약이라는 귀중한 예물까지 들고 왔습니다(11절).

하나님께서는 자신을 간절히 찾는 이들을 홀로 버려두지 않으셨습니다. 적어도 네 가지의 선하신 하나님의 인도하심이 동방 박사들과 함께했습니다. 첫째, 하나님께서는 그들을 효과적으로 인도하셨습니다. 아기 예수 탄생을 알리는 별을 보게 해주셨습니다(2절). 둘째, 계속해서 인도해 주셨습니다. 한 번만 별을 보여 주신 것이 아니라 계속해서 보여 주셨습니다(9절 상). 셋째, 끝까지 인도해 주셨습니다. 별이 아기가 있는 곳에 머무르는 그 순간까지 인도하셨습니다(9절 하). 마지막으로, 정확하게 인도하셨습니다. 아기가 있는 그 집으로 한 치의 오차도 없이 정확히 인도하셨습니다(11절). 그리하여 자신들의 수고와 하나님의 선하신 인도하심 덕분에 결국 동방 박사들은 만왕의 왕으로 이 땅에 오신 아기 예수를 만나는 기쁨을 누리게 됐습니다. 마태는 강조에 강조를 더해 그 순간을 다음과 같이 증언하고 있습니다. "그들은 엄청나게 큰 기쁨으로 기뻐했다"(10절 원문 직역). 동방 박사들은 예수 그리스도를 만나서 입이 귀에 걸릴 정도로 말로 다 할 수 없는 기쁨을 맛보게 됐습니다.

3장 세례

(예수님의 **세례**)

공관복음서에는 누가복음만 12살 되던 해에 부모와 함께 성전을 방문한 에피소드를 소개할 뿐 예수님의 어린 시절에 대한 언급은 전무합니다. 아마도 주님은 목수인 육신의 아버지 요셉을 도와 그의 목공소에서 성실히 일하며 사생애(私生涯)를 보내신 듯합니다. 그러다가 이제 인류 구원의 때가 다가오자 서서히 공생애(公生涯) 사역을 준비하셨는데, 그 첫 단계가 요단 강에서 세례 요한에게 세례를 받는 사건이었습니다.

　제사장 사가랴의 아들 요한은 광야에서 물 세례를 베풀고 있었습니다. 그는 백성들에게 물로 세례를 주면서 "나는 너희로 회개하게 하기 위하여 물로 세례를 베풀거니와 내 뒤에 오시는 이는 나보다 능력이 많으시니 나는 그의 신을 들기도 감당하지 못하겠노라. 그는 성령과 불로 너희에게 세례를 베푸실 것이다"라고 말했습니다(11절). 여기 요한이 언급한 '나보다 능력이 많으신 이'는 예수님을 가리킵니다. 요한은 "나는 그의 신발 들기도 감당하지 못하겠노라"라고 말함으로써 자신이 메시아의 종임을 스스로 고백했습니다. 주인의 신을 풀고 드는 행위는 종이 하는 일이기 때문입니다.

　마태는 메시아의 종인 요한은 '물'로 세례를 주는 반면, 메시아이신 예수님은 '성령과 불'로 세례를 주시는 분으로 묘사합니다. 그러면 성령 세례는 무엇이고, 불 세례는 무엇을 의미할까요? 이에 대해서 크게 두 가지 해석이 있습니다. 첫째는, 불 세례와 성령 세례를 서로 다른 두 종류의 세례로 보는 견해입니다. 이렇게 볼 때, 성령 세례는 구원과 연결되어 베푸는 세례이고, 불 세례는 심판과 연결되어 행해지는 세례입니다. 다시 말해서, 예수님을 믿고 좋은 열매를 맺는 알곡에는 성령으로 세례가, 반면에 주님을 믿지 않아서 잘못된 열매를 맺는 쭉정이에는 불 세례가 각각 주어진다는 것입니다. 마태복음의 불은 쭉정이를 태우는 심판의 불로 등장하고(12절), 유대 문헌에서도 불은 미래 심판을 상징하기 때문입니다. 둘째로, 이 두 세례를 하나로 보는 견해입니다. 즉, 불은 성령의 심판하고 정화하는 기능을 그림 언어로 표현한 것이라고 보는 것입니다. 요한의 물 세례가 심판과 씻음의 기능을 하듯이, 예수님의 불, 즉 성령 세례 또한 훨씬 더 강력한 강도를 가지고 있지만, 심판과 정화의 기능을 한다는 것입니다. 그래서 두 가지 기능을 하기에 세례의 효과 또한 이중적입니다. 즉, 예수님께 세례를 받으러 온 사람들은 자기 죄가 정화되어 구원 공동체(알곡)가 되지만, 세례를 받지 않은 사람들은 불에 태워지는 심판 공동체(쭉정이)로 남게 된다는 것입니다. 두 견해가 팽팽히 맞서지만 어떤 견해를 취하든 본문을 해석하는 데는 큰 무리가 없습니다.

이렇게 불과 성령으로 세례를 주실 예수님이 요한에게 나와서 그에게 세례를 받으려고 하자 요한은 안 된다고 극구 말렸습니다(14절). 하지만 주님의 설득이 요한의 사양보다 더 강했습니다. 그리하여 요한은 주님께 세례를 베풀었습니다(15절).

한 터럭의 죄도 없으신 예수님께서 죄인들이 회개하도록 베푸는 물 세례를 자진해서 받으신 이유는 다음 세 가지로 요약될 수 있습니다.

첫째, 요한이 증거하듯이(요 1:29), 예수님께서는 '세상 죄를 지고 가는 하나님의 어린양'으로서 우리의 모든 죄를 한 몸에 짊어지셨기 때문에 죄의 짐을 대신 짊어지신 분이라는 것을 보여 주기 위해 세례를 친히 받으셨습니다. 이 말은 곧 죄 없으신 예수님께서 자기 백성과 동일한 죄인이 되셨다는 말입니다. 죄인의 자리에 기꺼이 서셨다는 말입니다. 그래서 요한에게 죄 사함을 받게 하는 세례를 받으셨던 것입니다.

둘째, 주님께서 친히 말씀하셨듯이, '모든 의를 이루기 위해서'였습니다(15절). 이 말을 통해 예수님께서는 요한의 물 세례 사역이 의로운 사역임을 인정해 주셨습니다. 그 의로운 일에 '한 의(義)'라도 더 보태어 '모든 의'를 이루고자 했던 것이 주님의 심정이었습니다. 이것은 바로 로마서에서 사도 바울이 말하는 '모든 것이 합력하여 선을 이룬다'(롬 8:28)와 맥이 통하는 사상입니다.

셋째, 메시아로서 공적인 사역에 공개적으로 헌신하기 위해서였습니다. 구약에서 세례나 안수는 공적인 세움을 입는 자(왕, 선지자, 제사장)가 그의 사역을 시작하기 위해 필요한 선결 과정이었으므로 주님께서는 지금 요한의 물 세례를 통해 공적인 사역에 들어가고 계신 것입니다. 어떤 의미에서는 지금 왕이신 예수님께서 신하요, 종인 요한에게 무릎을 꿇고 즉위식을 거행하고 있는 것입니다. 이러한 행위는 이 왕이 앞으로 어떤 왕—군림하는 왕이 아닌 섬기는 왕—이 될 것인지를 미리 사람들에게 보여 주시는 것입니다.

성부 하나님께서 친히 예수님의 취임식을 인 쳐 주셨습니다(16-17절). 이 사람이 바로 오리라고 한 그 메시아요 하나님의 아들임을 인 쳐 주셨습니다. 하나님께서는 세 가지 방법으로 인 쳐 주셨습니다. 예수님께서 요한에게 세례를 받고 물에서 올라 오실 때 세 가지 놀라운 일이 벌어졌습니다.

첫째로, 하늘이 열렸습니다(16절 상). 둘째로, 성령이 비둘기같이 내려 예수님 위에 임하셨습니다(16절 하). 마지막으로, 하늘로부터 "이는 내 사랑하는 아들이요 내 기뻐하는 자"라는 음성이 들렸습니다(17절).

구약 성경에 보면 '하늘이 갈라지는 일'은 하나님께서 강림하신 일과 깊은 관계가 있습니다(시 18:9, 16-19; 144:5-8; 사 64:1-5). 그래서 이사야는 '원컨대 주는 하늘을 가르고 강림하옵소서!'라고 기도했던 것입니다(사 64:1).

성령 강림은 메시아로서 맡은 사역을 잘 감당할 수 있도록 성부 하나님께서 특별한 능력을 성자 예수님께 부여하신 것을 의미합니다. 구약에 특별한 사람들을 거룩한 직분에 세울 때에는 하나님의 신이 그에게 임했으며 이를 통해 특별한 능력과 은사가 임했습니다. 이제 예수님께서도 하나님의 구속 사역을 감당하기 위해 공식적으로 세움을 받고 있으므로 그의 머리 위에 성령이 임한 것이며 더불어 성령의 능력을 덧입으신 것입니다.

우리가 여기서 한 가지 기억해야 할 것은 하나님의 아들도 하나님의 일을 하기 위해서는 성령 충만을 겸비하지 않고 할 수 없었다는 사실입니다. 하나님의 아들이요, 죄 없으신 분일지라도 죄 많은 이 세상에서 하나님의 일을 잘 감당하기 위해서는 성령 충만이 필요했습니다. 그러므로 하나님의 사람이 되기를 진정 원한다면 먼저 성령의 사람이 되어야 합니다.

하늘 문이 열리고 성령이 임한 후에 들린 "이는 내 사랑하는 아들이요 내 기뻐하는 자"라는 하늘의 음성은 시편 2:7의 다윗의 즉위식을 인용한 말입니다.

하나님께서는 이스라엘을 위해 왕을 세우시고 그를 자신의 '아들'

로 인정해 주셨습니다. 그리고 그 왕에게 열방을 구하라고 하셨고 만일 그가 구하면 열방을 유업으로 주실 것이라고 약속하셨습니다. 그러나 주변 국가들은 여호와께서 세우신 왕을 대적하려고 했습니다. 시인은 그들을 향해서 여호와를 경외함으로 섬기고 그 아들에게 입 맞추라고 권면하면서 아들에게 입 맞추는 자는 구원을 받지만 그를 대적하는 자는 멸망할 것이라고 경고했습니다(시 2:7-12).

이 왕은 일차적으로 '다윗'이었습니다. 하나님은 다윗을 이스라엘의 왕으로 세우고 그를 통해 하나님의 영광을 나타내기를 원하셨습니다. 그러나 주변의 민족들은 그 통치를 거부하고 힘을 모아 그를 치려고 했습니다. 그러나 그 왕은 하나님이 세운 왕이었기에 그를 대적하는 자는 멸망하고 말았습니다.

이 예언은 예수 그리스도를 통해서 완전히 성취됐습니다. 하나님께서는 자기 아들을 '다윗의 후손'으로 보내셨으며 그를 왕으로 세우셨습니다. 하나님께서는 그에게 성령으로 기름을 부으셨으며 그를 인류 구속을 위한 왕(메시아)으로 세우셨습니다. 하나님께서는 예수님에게 하늘과 땅의 모든 권세를 주셨습니다.

일부 사람들은 그분의 통치를 받아들였지만 다른 사람들은 그분의 통치를 거절했습니다. 성령님께서는 세상 사람들에게 하나님의 아들에게 입을 맞추라고, 즉 그를 영접하라고 권고하고 있습니다. 이 음성을 듣고 하나님의 아들을 영접하는 자는 하나님의 자녀가 될 것입니다. 그러나 그것을 거부하는 자는 영원한 심판을 받게 될 것입니다.

4장 시험
(광야의 시험)

공관복음 기자들은 예수님께서 삭막한 광야에서 사탄에게 시험을 받으신 사실을 모두 기록하고 있습니다(1-11절; 막 1:12-13; 눅 4:1-13). 마가는 예수님께서 시험받은 사실만 간략하게 소개하고 있지만 마태와 누가는 주님께서 시험받은 내용을 세 가지로 자세히 언급하고 있습니다.

40일을 금식한 후 주리신 예수님께 사탄은 "네가 만일 하나님의 아들이라면 돌로 떡을 만들어 먹으라"고 유혹했습니다(3절). 이는 주님에게 아들 신분을 의심하게 만들려는 시험이 아닙니다. 여기 '만일 … 이라면'은 사실적 조건을 나타내는 헬라어 '에이'(if) + 직설법 현재형을 쓰고 있기 때문입니다. 그래서 사탄이 "너 정말 하나님의 아들이잖아. 그러니까 이 돌로 떡을 만들어서 네 주린 배를 채워"라고 지금 유혹하고 있는 것입니다. 사탄은 예수님께서 하나님의 아들이기에 아들의 능력을 자신의 목적을 위해 먼저 사용하라고 시험하는 것입니다. 마귀는 주님에게 현재의 상태에 대해 하나님을 신뢰하지 말고 신적 능력을 사용해서 스스로 문제를 해결하라고 유혹하고 있는 것입니다. 신적 능력이 없는 우리에게는 돌을 떡으로 만들어 먹으라는 말이 전혀 시험이 되지 않지만, 충분히 할 수 있는 능력이 있는 예수님에게는 이것이 적지 않은 시험이었을 것입니다. 만일 하나님의 아들이 아버지를 신뢰한다면 아들은 필요를 채워주실 아버지를 신뢰하고 아버지의 뜻을 기다리며 인내할 것입니다. 하지만 신뢰하지 못하면 자신의 능력을 사용하여 배고픔의 문제를 스스로 해결할 것입니다. 따라서 사탄은 이 첫 시험을 통해서 하나님의 아들이신 예수님의 신뢰심을 테스트하고 있는 것입니다. 이에 주님은 "사람이 떡으로만 살 것이 아니요 하나님의 입으로부터 나오는 모든 말씀으로 살 것이라"고 응대하셨습니다(4절). 이는 신명기 8:3을 인용한 것인데, 본문의 배경인 출애굽 상황으로 가 보면 광야의 이스라엘이 생존할 수 있는 유일한 길은 하나님의 제공하심을 신뢰하는 것이었습니다. 따라서 예수님께서는 하실 능력이 충분히 있으셨음에도 불구하고 자신을 위한 기적적인 음식 공급을 스스로 포기하고 전적으로 아버지 하나님의 보호에만 의존하는 길을 택하셨던 것입니다.

첫 시험이 뜻대로 되지 않자 사탄은 2차 공격을 가했습니다. 이번에는 예루살렘 성전 꼭대기에 주님을 세워놓고 거기서 뛰어내리라고 유혹했습니다(5절). 이번에도 사탄은 하나님의 아들이신 주님의 신분을 언급(6절 상, "이르되 네가 만일 하나님의 아들이어든")하면서 아들로서의 특권을 사용하도록 부추겼습니다. 그러면서 시편 91:11-12를 인용했습니다. "기록됐으되 그가 너를 위하여 그 사자들을 명하시리니 그들이 손으로 너를 받들어 발이 돌에 부딪치지 않게 하리로다 하였느니라"(6절 하). 사탄의 목적은 하나님의 아들은 생명의 위협에서 하나님의 보호를 받는 존재이므로 죽을 수 없다고 생각하게 만드는 것이었습니다. 그러나 예수님을 위한 하나님의 계획은 아들이 죽지 않는 것이 아니라 죽음의 순간에도 아버지를 철저히 신뢰하는 것이었고 죽음으로 끝나는 것이 아니라 부활을 통해 아버지의 보호를 경험하는 것이었습니다. 이 두 번째 시험은 십자가상에서 반복되는데, 지나가는 사람들은 이 광야의 마귀처럼 주님에게 "네가 만일 하나님의 아들이어든 십자가에서 내려오라"고

소리쳤습니다(마 27:40). 하지만 아들은 죽는 순간까지도 아버지의 보호하심을 신뢰하여 십자가에서 내려오기를 거부하고 아버지가 주신 잔을 끝까지 마셨습니다.

불독같이 끈질긴 사탄은 세 번째 시험을 했습니다. 이번에는 예수님을 지극히 높은 산으로 데리고 가서 천하만국과 그 영광을 보여 주며 자신에게 엎드려 경배하면 이 모든 것을 주겠노라고 유혹했습니다(8-9절). 사탄은 교묘하게 하나님의 아들이라는 표현을 쏙 빼고 자기가 마치 하나님인 양 자신에게 절하라고 유혹하며 달콤한 제안을 했습니다. 누구나 손에 넣고 싶어 하는 세상의 영광을 단지 자신에게 무릎만 한 번 꿇으면 주겠다는 사탄의 이 제안은 앞선 두 시험 못지않게 주님이 거절하기 힘든 유혹이었을 것입니다. 이 제안은 예수님께서 하나님으로부터 영광을 획득하는 방법보다 훨씬 더 수월한 방법이었습니다. 하나님은 고난이 동반된 영광을, 반면에 마귀는 십자가 없는 영광을 제시하고 있기 때문입니다. 하지만 하나님 외에 다른 권세에 절하는 그 순간 모든 것은 의미가 없어짐을 예수님께서는 잘 아셨기에 "사탄아 물러가라. 주 너의 하나님께 경배하고 다만 그를 섬기라"고 말씀하심으로써 사탄의 제의를 단칼에 거절하셨습니다(10절). 고난이 없이는 영광이 없습니다. 자신의 종이 되어 꽃길을 걸으라는 사탄의 제의를 거절하고 하나님의 종으로 하나님만 신뢰하고 십자가의 길을 뚜벅뚜벅 가신 주님은 종국에 가서는 '산에서' '하늘과 땅의 모든 권세와 영광'을 받으실 것입니다(마 28:18). 우리도 마찬가지입니다. 예수님처럼 전적으로 하나님을 신뢰하고 흙길, 십자가의 길을 걸어갈 때 꽃길, 영광의 길에 이를 것입니다.

5장 팔복

(**팔복** 강설)

광야의 시험을 무사히 통과한 예수님은 산에 오르셔서 여덟 가지 복에 대해 강론하셨습니다(1-2절). 이 팔복은 바벨론 포로 상태에서 회복과 구원을 약속하는 이사야서와 깊은 연관성을 가지고 있습니다. 예를 들면, 이사야 61:1에서 '가난한 자' 란 바벨론 포로 상태로 인해 압제와 착취를 당하는 사람들을 의미합니다. 이러한 사실은 뒤따르는 내용에서 "마음이 상한 자", "포로 된 자", "여호와의 은혜의 해", "보복의 날", "모든 슬픈 자를 위로 함"에 대한 언급을 통해 분명히 드러납니다. 그러므로 마태복음 5:3에서 '영이 가난한 자'(누가는 이사야서를 따라 그냥 '가난한 자'라고 했음)란 죄의 노예 상태에서 오는 압제로 인해 고통받는 사람들을 의미한다고 볼 수 있습니다.

이사야 60:20은 너의 '애통의 날'이 끝날 것이라고 약속합니다. 그리고 이사야 66:10은 '애통하는 자들'은 예루살렘 성이 회복되는 것을 보고 기뻐할 것이라고 말합니다. 이러한 점들을 고려해볼 때 이사야서에서 '애통하는 자'란 죄의 포로 상태에서 오는 극도의 슬픈 감정을 나타낸다고 생각할 수 있습니다. 따라서 마태복음 5:4의 '애통하는 자가 위로를 받을 것'이라는 예수님의 약속은 이사야서의 애통의 날의 종식에 대한 약속, 즉 포로 상태의 회복과 구원의 약속으로 해석되어야 할 것입니다. 5절의 온유한 자에게 선언된 축복, 즉 '땅을 기업으로 받을 것'이라는 약속 역시 바벨론 포로로 인해 유린당한 팔레스타인 땅의 회복과 그 땅으로의 귀환에 대한 희망을 언급한다고 볼 수 있습니다.

또한 6절의 '의에 주리고 목마른 자'는 이사야서에서 포로 상태 속에서 겪는 곤경을 묘사하는 그림 언어입니다. 예를 들면, 이사야 41:17은 "가련하고 가난한 자가 물을 구하되 물이 없어서 갈증으로 그들의 혀가 마를 때에 나 여호와가 그들에게 응답하겠고 나 이스라엘의 하나님이 그들을 버리지 아니할 것이라"라고 말합니다. 그리고 이사야서에서 '의'란 신적 정의의 확립 혹은 이스라엘 백성들을 위한 하나님의 정당한 복수를 나타냅니다. 따라서 마태복음 5장의 '의에 주리고 목마른 사람'이란 하나님에 의해 약속된 보응, 즉 포로 상태로부터 구원을 기다리는 사람들을 가리킵니다.

7절의 '긍휼' 또한 이사야서를 배경으로 합니다. 예를 들면, 이사야 54:7-8은 "내가 잠시 너를 버렸으나 큰 **긍휼**로 너를 모을 것이요 내가 넘치는 진노로 내 얼굴을 네게서 잠시 가렸으나 영원한 자비로 너를 **긍휼**히 여기리라"라고 말합니다. 게다가, 이사야 60:10은 "내가 노하여 너를 쳤으나 이제는 나의 은혜로 너를 **긍휼**히 여겼은즉 이방인들이 네 성벽을 쌓을 것이요 그들의 왕들이 너를 섬길 것이며"라고 약속합니다. 따라서 '긍휼히 여기는 자는 긍휼히 여김을 받을 것'이라는 예수님의 약속은 포로 상태에서의 구원과 회복에 대한 약속을 의미한다고 볼 수 있습니다.

마태복음 5:8의 "그들이 하나님을 볼 것이라"라는 약속 또한 포로 상태로 인해 단절됐던 하나님과의 교제 관계의 회복을 가리키는 말이라고 생각됩니다. 끝으로, 12절의 "기뻐하고 즐거워하라"라는 권면 역시 포로 상태로부터 구원받은 것에 대한 기쁨을 나타낸다고 할 수 있습니다. 왜냐하면 이사야 65:14은 여호와가 바벨론 포로 상태에서 회복된 이스라엘에게 "보라 나의 종들은 마음이 즐거우므로 노래할 것이로되 너희는 마음이 슬프므로 울며 심령이 상하므로 통곡할 것이며"라고 선언하기 때문입니다.[3]

따라서 산상수훈에서 말하는 더할 나위 없는 행복, 즉 지복(至福)이란 죄의 포로로 사로잡혀서 죽을 수밖에 없는 인생에게 예수님께서 주시는 구원의 축복을 의미합니다.

예수님으로 말미암아 사탄의 권세에 사로잡혀 있다가 놓임받고 구원받아 지복을 경험한 사람들은 어떠한 삶을 살아야 할까요? 예수 믿고 구원받은 사람은 두 가지, 즉 '소금'과 '빛'의 사명을 감당해야 합니다. "너희는 세상의 소금이니 … 너희는 세상의 빛이라"(13-16절).

여기서 예수님께서 강조하신 '너희'는 주님의 말씀을 듣고 있는 열두 제자뿐만 아니라 그 제자들을 통해서 복음을 듣고 하나님의 자녀가 된 모든 제자를 일컫는 말입니다. 그러면 이 오고 오는 예수의 제자들의 현주소는 어디입니까? '이 세상'입니다. 우리 신앙인들이 살아가는 '이 세상'은 죄 많고 문제 많고 갈등 많고 모순투성이인 곳입니다. 하지만 하나님께서는 그런 세상을 끝까지 포기하지 않으시고 사랑하셔서 당신의 아들 예수 그리스도를 이 땅에 보내주셨습니다(요 3:16). 따라서 우리 그리스도인들은 쿰란 공동체나 중세 수도사들처럼 '세상은 갈 때까지 가서 더 이상 소망이 없다'고 하면서 세상과 담을 쌓고 자기들끼리만 따로 예배를 드리며 고립된 삶을 영위했던 분리주의자들을 모델로 삼아서는 안 됩니다. 교회 안에서만 '할렐루야', '아멘'이라 할 것이 아니라 과감히 세상으로 들어가야 합니다. 현장으로 뛰어들어 가야 합니다. 들어가서 소금의 역할을 감당해야 합니다. 세상을 향해 썩었다고 비난만 할 것이 아니라 한 알의 밀알로 녹아지고 썩어져서 세상을 구원해야 합니다. 예수님처럼 자신을 희생하고 죽음으로써 부활의 새 생명을 탄생시켜야 합니다. 소금을 넣지 않은 설렁탕같이 맹탕인 이 세상에 골고루 소금을 뿌려줌으로써 살맛 나는 세상으로 변화시켜야 합니다.

또한 들어가서 어두운 세상에 한 줄기 빛을 비춰야 합니다. 흑암의 권세에 사로잡혀 신음하는 세상 사람들에게 복음의 빛을 비춤으로써 지복을 맛보게 해야 합니다. 그들을 구원의 광명으로 이끌어야 합니다.

우리 믿는 자들이 '세상의 소금이요 빛'입니다. 죄 많은 이 세상의 유일한 소망은 바로 이 땅에 존재하는 우리 그리스도인들입니다. 세상의 운명이 우리 신앙인들의 양어깨에 달려 있습니다. 그러므로 죄로 썩어 문드러진 이 세상, 칠흑같이 어두운 이 세상을 향해 다음과 같이 복음의 염광(鹽光) 소나타를 연주합시다. "가자! 우리가 세상을 변화시키자. 가자! 우리가 예수 그리스도로."

6장 위선

(위선 경계)

본 장에서도 산상수훈이 이어지는데, 팔복에서 시작해서 건축자의 비유로 끝나는 이 산상수훈의 내용은 크게 세 가지로 구분될 수 있습니다. 먼저 5장은 '진정한 의'에 대해서 논합니다. 이어지는 6장은 '진정한 삶'의 주제를 다룹니다. 끝으로 7장은 '진정한 판단'에 대해 언급합니다.

당시의 유대 종교 지도자들인 바리새인들과 서기관들에게 의(義)란 율법에 기초한 외형적인 의를 의미했습니다. 하지만 예수님께서 강조하신 진정한 의란 내면적인 의, 즉 마음의 의를 말합니다. 이는 형식과 체면이 아닌 내용과 태도에 관한 것입니다. 심령의 가난, 애통, 온유, 의에 대한 갈증, 긍휼, 마음의 청결, 화평, 이 모두는 우리 안에서 일어나는 혁명입니다. 다시 말해서, 속사람의 변화입니다. 결국 천국은 우리 안에서 일어나는 것입니다. 안이 뒤집어져야 하나님 나라를 소유할 수 있습니다. 안이 변해야 천국을 누릴 수 있습니다. 속사람이 변화되면 그 변화된 마음으로 바깥세상의 변화를 도모할 수 있고 또 그것을 변화시켜야 합니다. 이 내면의 의가 각자의 삶 속에 밝히 드러나야 합니다. 그래서 이어지는 본 장에서는 진정한 삶의 주제를 다룹니다.

이 장에서는 특히 사람에게 보이려고 하는 위선적 행동에 대해 일침을 가하십니다. 먼저 서두에서 주님은 경건 행위에 대한 일반 원칙을 제시하십니다. "사람에게 보이려고 그들 앞에서 너희 의를 행하지 않도록 주의하라. 그리하지 아니하면 하늘에 계신 너희 아버지께 상을 받지 못하느니라"(1절). 여기 '사람에게 보이려고'에서 '보다'라는 헬라어 '떼아오마이'는 '연극장'(theater)의 어근에서 나온 단어입니다. 따라서 다른 사람에게 보이는 모습은 다른 사람 앞에서 연기를 하는 것과 같은 것으로, 이 용어는 위선과 연결됩니다. 본래 '위선자'(hypocrite)라는 말은 '가면 배우'를 뜻하는 헬라어 '히포크리테스'라는 말에서 유래됐습니다. 희랍의 배우들은 극장에서 연극을 하게 되면 한 가지 역할만을 맡는 것이 아니라 경우에 따라서 두 가지 이상의 배역을 맡기도 했다고 합니다. 그래서 미리 마련한 여러 가면을 번갈아 쓰고 관객들 앞에서 연기를 했습니다.

다른 사람은 몰라도 신자가 이렇게 가면을 쓰고 이중인격자로서 인생을 살아간다면 그는 심각한 결과에 직면하게 될 것입니다. 구약에 보면 이스라엘 왕 아합은 참 선지자인 미가야의 경고를 무시하고 변장을 한 채 전쟁터에 나갔다가 적병이 쏜 화살에 맞아 죽었습니다(왕상 22:34-35). 신약에서는 아나니아와 삽비라가 교인들의 이목을 끌기 위한 목적으로 소유를 팔아 그 판 값의 일부를 드리고 마치 전부를 드린 양 베드로를 속였다가 하나님의 즉결 처분을 받았습니다(행 5:1-10). 그리스도인으로서 자신의 정체를 끝까지 숨긴 채 아합과 아나니아 부부처럼 위선의 탈을 쓰고 변장의 마술사로 인생을 살아간다면 결국 파국을 맞이하게 될 것입니다.

첫 절에서 경건 생활의 대원칙이 제시됐다면 이어지는 마태복음 6:2-34에서는 경건 생활의 구체적 실례 네 가지, 즉 구제(2-4절), 기도(5-15절), 금식(16-18절), 재물의 사용(19-34절)이 소개됩니다. 예수님은 이 행위들을 할 때 바리새인들처럼 타인의 이목을 의식하는 위선적 행위를 하지 말고 그것들을 은밀히 할 것을 주문하십니다. 그렇게 해도 은밀한 중에 보시는 하나님 아버지께서 다 알고 보응하실 것이기 때문입니다.

주님은 가난한 사람들을 돕는 구제 행위와 하나님만 의지하는 기도와 금식 행위 자체를 비난한 것은 아니었습니다. 예수님께서 꾸짖으신 것은 사람들의 이목을 끌기 위해서 이러한 아름다운 종교 행위들을 가차 없이 이용했던 바리새인들의 저급한 동기였습니다. 참된 선(善)은 항상 순수한 동기에서 출발해야 합니다. 선거 때가 되니까 표를 의식해서 평상시에는 전혀 거들떠보지도 않았던 양로원에 과일이며 떡이며 바리바리 싸 들고 찾아간다면 그게 진정한 구제 행위라고 말할 수 있겠습니까? 평소에는 기도와 담쌓고 지내다가 예배당에서만 장광설을 늘어놓는다면 하나님께서 그 기도 들어주시겠습니까? 예수님께서는 40일을 금식하셨는데, 나는 하루 더해서 그 기록을 깨보리라는 불손한 마음으로 밥을 굶는다면 그게 진정한 금식이라고 볼 수 있겠습니까? 아마 하나님께서는 그렇게 유난 떨지 말고 "평소에나 잘하세요"라고 책망하실 것입니다.

구제와 금식 그리고 기도는 신앙생활에 있어서 빼놓을 수 없는 요소들이라고 할 수 있겠지만 주님은 왜 덕스럽지 못하게(?) 이러한 경건한 행위들과 경건치 못한 '돈' 문제를 나란히 나열하고 있는지 의아하게 생각하시는 분도 있을 것입니다. 우리는 삶을 '영적인 것'과 '물질적인 것', 혹은 '거룩한 것'과 '속된 것'으로 쉽게 이분화하려는 경향이 있습니다. 하지만 예수님께서는 삶을 그렇게 나누시지 않으셨습니다. 자신의 여러 비유 속에서 주님은 부에 대한 올바른 태도가 진정한 영성의 표지라고 분명히 말씀하셨습니다(참고, 눅 12:13 이하; 16:1-31).

말로 표현하지 않더라도 한 사람이 물질과 시간을 어떻게 사용하느냐를 보면 '그가 누구인지' 금방 드러납니다. 자신의 치장을 위해서는 돈을 물 쓰듯 쓰면서도 구제하고 선교하는 데는 인색하다면 그것은 자신이 속물이라는 증거를 드러내는 것입니다. 예배와 기도 모임에 가는 시간은 일분일초가 아깝지만 '해외여행이다, 바캉스다' 하면서 자신이 즐기는 시간은 악착같이 챙기고 있다면 문제가 많은 것입니다.

7장 비판

(**비판**에 관한 가르침)

전 장에서 삶의 부분을 다룬 후에, 이어 지는 본 장에서 주님은 그 삶에 대해 바 르게 판단할 것을 권면하십니다. 바리새 인들은 자기 의에 사로잡힌 나머지 자신 들에 대해 그리고 다른 사람들에 대해 심 지어는 하나님에 대해 잘못 판단하고 있

었습니다. 이에 대해 예수님께서는 "비판을 받지 아니하려거든 비판하 지 말라"고 권면하십니다(1절). 이는 모든 충고, 정당한 비평을 쓸모없는 것으로 돌리시는 말씀이 아닙니다. 동일한 잣대를 자신과 타인에게 공 평하게 적용하라는 말입니다.[4] 우리가 비판하는 그 비판으로 우리가 비 판을 받을 것이요 우리가 헤아리는 그 헤아림으로 우리가 헤아림을 받 을 것이기 때문입니다(2절).

주님은 이렇게 비판 금지 명령을 하신 후, 이어서 바리새인들의 잘 못된 세 가지 판단 문제를 논하셨습니다. 첫째로, 우리 자신에 대한 우 리의 판단 문제입니다. 주님은 다른 사람들의 삶을 판단하기에 앞서 자 기 자신부터 점검하라고 말씀하셨습니다. "어찌하여 형제의 눈 속에 있 는 티는 보고 네 눈 속에 있는 들보는 깨닫지 못하느냐? 보라 네 눈 속 에 들보가 있는데 어찌하여 형제에게 말하기를 나로 네 눈 속에 있는 티를 빼게 하라 하겠느냐? 외식하는 자여 먼저 네 눈 속에서 들보를 빼 어라. 그 후에야 밝히 보고 형제의 눈 속에서 티를 빼리라"(3-5절). 바리 새인들은 오늘날 악성 댓글을 다는 인간들처럼 자신들의 들보는 보지 못하고 다른 사람(세리)의 옥의 티만 바라보고 그것을 혹독하게 비판하고 비난했습니다(눅 18:9-14). 하지만 주님께서는 먼저 자기 주제 파악부터 하라고 경고하셨습니다. "너 자신을 알라"고 촉구하셨습니다.

둘째로, 다른 사람들에 대한 우리의 판단 문제입니다. 예수님을 믿는 저와 여러분은 특히 분별력이 필요합니다. 모두가 양은 아니기 때문입니다. 더러는 거룩한 것에 무관심한 개와 돼지이고(6절) 더러는 양의 탈을 쓴 늑대이기 때문입니다(15절). 속임수와 이단이 난무하는 오늘날은 특히 이 이리 떼를 조심해야 합니다. 거짓 선지자들도 이적과 기사를 행할 수 있습니다. 그러므로 하나님께서 이미 주신 계시와 그들이 행한 기적이 일치하는지 철저히 점검해 보아야 합니다(참고, 신 13:1-5). 눈에 보이는 현상은 부차적이요 주된 것은 하나님의 말씀입니다. 따라서 말씀과 이적이 서로 합치(合致)하면 참 선지자로 기꺼이 받아들이되 배치(背馳)하면 거짓 선지자로 알고 과감히 배척해야 합니다.

마지막으로, 우리들에 대한 하나님의 판단 문제입니다. 우리 인간의 판단은 늘 부정확합니다. 우리가 인생에서 '성공했다', '출세했다', '잘 살았다'라고 자신과 타인의 삶에 대해 판단을 내릴지라도 최종 판단은 하나님만이 하십니다. 하나님의 판단은 얼마든지 우리의 판단과 같지 않을 수 있습니다. 그래서 예수님께서는 "나더러 주여 주여 하는 자마다 천국에 들어갈 것이 아니니라"라고 말씀하셨습니다(21절).

주님의 산상수훈은 두 건축자의 비유로 끝을 맺습니다. 비유에 등장하는 두 인물 모두 '나의 이 말을 듣는 자'로 규정되고 있습니다(24, 26절). 단지 차이는 그들이 들은 말씀, 즉 산상수훈을 행하느냐 여부에 달려있습니다. 예수님은 자신의 산상수훈을 이 비유로 마무리하심으로써 모인 자들이 단지 자신에게 듣고 배우는 데 그치지 않고 자신의 가르침에 나타난 아버지의 뜻을 순종하는 의로운 행위로 열매를 맺어야 하는 것의 중요성을 효과적으로 강조하셨습니다. 산상수훈에 나타난 예수님의 윤리적 가르침은 듣고 깨닫도록 하는 데에만 그 목적이 있는 것이 아니라 들은 대로 행하는 데 그 궁극적인 목적이 있는 것입니다.

8장 하인

(백부장의 **하인** 치유)

예수님은 산상수훈을 마치고 산에서 내려오셔서 자신의 갈릴리 사역의 본부인 가버나움에 들어가셨습니다(5절 상). 이때 한 백부장이 주님에게 다가와서 간청했습니다(5절 하). 본문의 '백부장'은 100명의 보병으로 이루어진 로마군 100인대(人隊)를 책임지는, 우리 식으로 하면 중대장 정도 되는 장교로서 이방인이었습니다. 이 당시 백부장이 누리는 실질적인 권한은 요즘과는 비교할 수 없이 굉장한 것이었습니다. 당시는 로마가 전 세계를 제패했던 시대였습니다. 유대인들은 속국 백성이었습니다. 군국주의 로마의 권력을 등에 업은 백부장은 사람을 죽일 권한이 있었습니다. 유대인 예수를 얼마든지 오라 가라 할 수 있었습니다. 하지만 그는 예수를 오라 하지 않고 자신이 직접 찾아왔습니다. 이는 예수님 앞에서 자신의 계급장을 뗀 것입니다. 우리가 주님께 나와서 정말 놀라운 신앙의 역사를 원한다면, 교회에까지 와서 "내가 회장인데", "내가 박사인데" 하며 자신의 계급장을 내세우면 안 됩니다. 본문의 백부장처럼 그런 완장을 과감히 떼어내야 예수님의 은혜를 맛볼 수 있습니다.

　이 장교는 예수님의 권위를 인지하고 "주님"이라고 부르며 그에게 자신의 종의 병을 고쳐달라고 부탁했습니다(6절). 이에 예수님은 무뚝뚝하게 대답하셨습니다. "이르시되 내가 가서 고쳐 주리라"(7절). 이는 "내가 몸소 가서 그를 고쳐 주겠다"라는 적극적 제안처럼 들리지만, 실상은 "내가 몸소 가서 그를 고쳐 주어야 하겠느냐"라고 반문하는 것입니다. 10:6과 15:24에서 예수님 자신과 제자들의 일차적 사역을 이스라엘에만 국한시킨 점과 15:21-28에 수로보니게 여인에게 보이신 예수님의 반응에 비추어 볼 때, 이방인인 백부장의 집에 선뜻 가시겠다는 제안보다는 백부장의 반응을 떠보기 위한 반문입니다.[5]

　주님의 퉁명스러운 반응에 이 로마 장교는 전혀 주눅 들지 않고 "주여 내 집에 들어오심을 나는 감당하지 못하겠사오니 다만 말씀으로만 하옵소서. 그러면 내 하인이 낫겠사옵나이다"라고 대답했습니다(8절). 이는 예수님의 절대적인 권위와 자신의 한없는 부족함을 인지하고 예수님께서 자기 집에 오시는 것을 사양하고 있는 것입니다. 또한 예수님께서 먼 거리에서 단지 말씀만으로도 자신의 하인을 치유하실 수 있다고 말씀의 권위를 철저히 신뢰하고 있는 것입니다.

　백부장의 이러한 믿음은 뒤따르는 자신의 군 경험을 살린 예증에 의해 더욱 확고히 표현됐습니다. "나도 남의 수하에 있는 사람이요 내 아래에도 군사가 있으니 이더러 가라 하면 가고 저더러 오라 하면 오고 내 종더러 이것을 하라 하면 하나이다"(9절). 백부장은 문제의 질병에 대해 발휘하시는 예수님의 말씀의 능력이 군대에서의 상관의 명령과도 같은 절대적인 권위를 가지고 있다고 고백했습니다.

이러한 백부장의 반응을 듣고 주님은 놀라셨습니다(10절 상). 마가복음에서는 고향 나사렛 유대인들의 믿음 없음에 놀라셨는데(막 6:6), 여기 마태복음에서는 이방인 로마 백부장의 뛰어난 믿음에 놀라셨습니다. 이 사람의 믿음은 갈라디아서 5:6의 사도 바울이 말하는 '사랑으로써 역사하는 믿음'이었습니다. 그는 자신의 문제로 주님께 나온 것이 아니었습니다. 가족의 문제로 나온 것도 아니었습니다. 하나의 물건 취급받는 자신의 종을 위해 나왔습니다. 종 하나쯤 병들면 다른 사람으로 대치하면 됐습니다. 인권이라는 개념이 전혀 없던 시대였습니다. 하지만 이 백부장은 자신의 종을 끔찍이 사랑해서 괴로워하는 종을 보며 자신도 괴로워했던 것입니다. 그래서 로마 장교라는 계급장을 떼고 겸손히 예수님 앞에 무릎 꿇고 그를 살려달라고 애원했던 것입니다. 이러한 참 믿음에 감복하여 주님은 "내가 진실로 너희에게 이르노니 이스라엘 중 아무에게서도 이만한 믿음을 보지 못하였노라"라고 극찬을 해주셨습니다 (10절 하).

이스라엘을 능가하는 믿음의 본으로 백부장의 믿음은 높이 인정됩니다. 그는 동쪽과 서쪽에서 와서 주님을 믿고 천국 제자가 되는 수많은 이들 가운데 첫 인물로 그 믿음이 인정된 것입니다(11-12절). 예수님은 백부장의 믿음대로 먼 거리에서 말씀만으로 치유하셨습니다. 마태는 예수님의 치유 기적이 곧바로 일어났음을 기술함으로써("그 시각에 나았다", 13절) 예수님의 절대적인 권위를 강조해줍니다.

9장 중풍
(중풍병자 치유)

이 장 또한 치유 기사입니다. 일어난 장소도 앞 장과 동일하게 가버나움입니다(1절). 하지만 8장에서는 환자 없이 백부장 혼자 주님께 나왔다면 여기서는 환자와 함께 친구들이 나왔습니다. 사람들이 침상에 누인 중풍병 환자를 예수님께 데리고 왔습니다(2절 상). 주님은 이들의 믿음을 보시고 중풍병자에게 "작은 자야 안심하라. 네 죄 사함을 받았느니라"라고 말씀하셨습니다(2절 하). 전 장에서 예수님은 자신에게 의존하는 태도를 칭찬하셨다면 여기에서는 행동으로 반응하는 태도에 찬사를 보내셨습니다. 그런데 본 절의 예수님의 말씀은 언뜻 보기에 상당히 의외로 보입니다. 이 환자에게 당장 필요한 것은 죄 사함이 아니라 치유인 것으로 보이기 때문입니다. 이는 저자 마태가 중풍병자 치유 이적 이야기를 통해 치유 이적 자체보다 죄를 사하시는 예수님에 초점을 맞추고 있기 때문입니다. 누가 봐도 중풍병자의 문제는 병입니다. 하지만 주님은 문제의 핵심을 죄로 보십니다. 병은 모든 인생의 고질적인 문제임에도 불구하고 우리 신자는 그 너머의 문제, 즉 반드시 해결돼야 하는 죄라는 병의 문제를 볼 수 있어야 합니다. 마태복음 전체 흐름에서 보면, 죄 용서는 예수님의 사역에서 핵심입니다. '예수'라는 이름 자체가 죄 사함, 즉 구원을 주시는 분이라는 의미를 지니고 있으며, 주님의 가르침의 엑기스를 담고 있는 산상수훈에서 지복 또한 죄 용서이기 때문입니다. 육체의 질병이 고쳐질지라도 죄

의 문제가 해결되지 않으면 그것은 진정한 치유일 수 없습니다. 요한복
음 5장의 38년 된 병자처럼 육신의 치유는 받았으나 죄 사함 받지 못하
면, 그래서 그 고침 받은 육신을 가지고 왕성하게 죄를 지으며 살아간다
면 그것은 아니 고침만 못하기 때문입니다.

　　예수님은 원하는 병은 고쳐 주지 않고 쓸데없는(?) 말씀을 하셔서 그
렇지 않아도 삐딱한 서기관들에게 신성모독을 한다는 오해를 불러일으
키셨습니다(3절). 이에 전지하신 주님은 그들의 생각을 아시고 "너희가
어찌하여 마음에 악한 생각을 하느냐"라고 꾸중하셨습니다(4절). 명색
이 종교 지도자들이라는 인간들이 질병 속에서 고통당하는 병자의 입
장에서 생각하지 않고 오늘날 여야 정치 지도자들처럼 그저 상대의 잘
못을 찾아내어 정죄하는 시각에서 주님의 죄 용서의 선언을 듣고 판단
했습니다. 이러한 사고방식은 악한 것입니다.

　　예수님께서 보시기에 실제로 마비 증상을 갖고 있는 사람은 중풍병
자가 아니라 서기관들이었습니다. 이들은 요한복음 9장의 영적으로 눈
이 먼 바리새인들처럼, 영적으로 마비되어 예수님이 누구인지 알지 못
하며 예수님께 나오지 못했습니다. 주님께서는 이 영적 중풍병자들에
게 자신이 왜 이런 말씀을 하셨는지 그 속뜻을 밝히셨습니다. "그러나
인자가 세상에서 죄를 사하는 권능이 있는 줄을 너희로 알게 하려 하노
라"(6절 상). 여기 '인자'라는 말은 단순히 사람의 아들이라는 말이 아니
라 다니엘 7:13-14의 '그' 사람의 아들('the' Son of Man), 즉 신성을 소유한
메시아를 지칭하는 말입니다. 그러므로 예수님 자신이 스스로 사죄를
선언할 수 있는 신적 권위를 가지신 분임을 청중들에게 알려주기 위해
서 일부러 중풍병자에게 "네 죄가 사함받았다"라고 말씀하신 것입니다.
이 말씀을 하신 후, 주님은 신적 권능을 행해서 중풍병자의 소원을 들어

주셨습니다. "중풍병자에게 말씀하시되 일어나 네 침상을 가지고 집으로 가라 하시니 그가 일어나 집으로 돌아가거늘"(6절 하-7절). 걸을 수 없는 중풍병자가 치유받는 것은 메시아 이적으로 간주됐습니다(11:5). 따라서 이는 예수님이 단순한 미라클 메이커(miracle maker)가 아니라 메시아라는 사실을 말해줍니다.

놀라운 이적을 현장에서 목도한 무리는 이러한 권능이 사람들에게 주어진 것으로 인해 하나님께 영광을 돌렸습니다(8절). 여기 8절의 '사람들'은[6] '제자들', 즉 '교회 공동체'를 가리킵니다. 그러므로 앞으로 예수님의 분신인 교회 공동체가 예수님의 권위를 부여받아 세상의 마지막이 오기까지 예수님의 죄 용서와 치유를 대행함으로써 하나님의 통치를 이 땅에 보여 주어야 할 책무가 있는 것입니다.[7]

10장 제자
(제자 선출과 파송)

열두 제자, 즉 사도들을 세우는 장면은 공관복음에 모두 소개됩니다(1-4절; 막 3:13-19; 눅 6:12-16). 예수님은 한 산에 오르사 기도하신 후에 새 이스라엘을 대표하는 열두 사도를 선출하셨습니다(눅 6:12-13). 그리고 최측근 3인방(Inner Three), 즉 시몬에게는 '베드로'(2절), 세베대의 두 아들 야고보와 요한에게는 '천둥의 아들들'이라는 별명을 주셨습니다(막 3:17). 아울러 예수님을 대적자

들에게 넘겨준 유다 또한 '가룟'이라는 닉네임이 붙어 있었습니다(4절).

베드로(헬. '페트로스')는 이에 상응하는 아람어 '게바'와 동일하게 '돌'이라는 뜻입니다. 복음서 전반에서 베드로는 13장에서 살펴볼 네 밭의 비유 중 '돌밭'과 같은 모습을 보입니다. 하나님의 말씀이 깊이 뿌리내리지 못하여 환난 때 여지없이 넘어지는 돌밭 같은 마음을 지닌 자의 모습을 보여줍니다.[8] '천둥의 아들들'(헬. '보아너게스')이라는 별명 또한 시몬의 별명인 베드로처럼 복음서에서는 부정적 의미로 사용됩니다. 우레의 아들들로서 야고보와 요한은 제자들 가운데 으뜸 되기를 좋아했고(막 10:35-39), 주님께 복음을 외면한 사마리아인들을 즉시 불벼락을 내려 심판해 달라고 할 정도로 성미가 급하고 자기 목소리를 거침없이 드러내는 미숙한 자들이었습니다(눅 9:53-55).

유다 앞에 붙여진 '가룟'(헬. '이스카리오뜨')의 의미에 대한 견해는 분분하지만, 아마도 라틴어 '시카리우스'에서 파생된 헬라어 '시카리오스'로 '암살자'란 뜻일 것입니다. 이 닉네임 또한 앞의 두 별명처럼 부정적인 의미를 내포하고 있어서 그런지 유다는 주님의 절대 신임을 받아서 예수 공동체의 재무장관 격인 회계 업무를 맡았지만, 돈에만 집착하여 자신의 사리사욕을 채우는 데 급급했습니다.

하지만 괄목상대라는 말이 있듯이, 이러한 닉네임을 지닌 최측근 3인방은 주님을 따라다니면서 양육되고 변화하여 자신들에게 붙은 좋지 못한 꼬리표를 뗐습니다. 먼저, 베드로는 '돌밭'에서 '옥토'로, '반석'으로 바뀌었습니다. 그래서 사도들의 수장인 동시에 초대 교회에서 가장 중요한 인물이 됐습니다. 이어서, '보아너게'인 야고보와 요한은 '천둥과 같은 음성을 발하는 자들', 즉 천상의 목소리를 토해내며 강력한 복음의 증인들로 거듭났습니다. 초대 교회 역사가 증명하듯이, 야고보는 열정적으로 복음을 전하다가 헤롯 아그립바 1세의 손에 첫 순교자가 됐습니다(행 12:1-2). 반면에 요한은 사도들 가운데 가장 장수하면서 도미티안 황제의 엄청난 박해에도 굴하지 않고 주님의 증인으로서 삶을 살았습니다.

이에 반해, 유다는 베드로와 야고보와 요한과 같이 주야장천 예수님을 따라다녔지만, 끝까지 제 버릇 개 주지 못하고 살아감으로써 '가롯'(살인자)이라는 불명예스러운 딱지를 떼지 못했습니다. 그 결과 주님도 죽게 하고, 자신도 파멸의 길을 걷게 됐습니다. 만일 그가 예수님을 판 후에라도 진심으로 뉘우치고 회개했다면 한때 살인자였다가 다메섹 도상에서 부활의 주님을 만나고 회심하여 기독교 최고의 복음 증거자가 된 바울처럼 하나님 앞에 크게 쓰임 받았을지도 모릅니다.

베드로를 필두로 한 열두 제자를 부르신 후, 주님은 그들에게 축귀와 치유의 권능을 주어 파송하셨습니다. 이들의 전도 대상은 이방의 길도, 사마리아의 고을도 아니고 이스라엘 집의 잃어버린 양이었습니다 (5-6절). 이는 사마리아나 이방 지역 사역이 배제됐다는 말이 아니라 사역의 순서상 나중으로 미루어졌음을 의미합니다. 선지자 이사야가 예언한 대로(사 49:4-7; 61:1-11), 이스라엘이 먼저 회복되고 그들을 통해 열방이 순차적으로 회복되기를 주님은 기대하셨던 것입니다.[9]

파송된 제자들이 전파할 내용은 "천국이 가까이 와 있다"(7절)로, 이는 세례 요한과 예수님께서 전하신 내용과 동일합니다. 천국의 임박성을 전할 사도들은 아무것도 가지지 말고 가야 했습니다. 금전 한 닢도 가져가지 말아야 했고, 주머니도, 두 벌의 옷도, 신발도, 지팡이도 가져가선 안 됐습니다(9-10절). 이 정도로 극한의 청빈을 요구받았던 것에 대해 제자들은 "이거 너무하는 것 아닙니까", "굶어 죽으란 말입니까"라고 불평하지 않았습니다. 우리도 이 열두 사도를 본받아 주님께서 가라고 하시면 그냥 가면 됩니다. 보내시는 분이 책임질 것이기 때문입니다.

제자들이 파송되어 선교할 현장은 결코 녹록한 곳이 아닙니다. 주님은 "늑대들 한가운데에 양들처럼 너희를 파송한다"고 섬뜩한 말씀을 하셨습니다(16절 상). 고양이와 쥐가 천적 관계이듯이, 늑대와 양도 천적 관계입니다. 늑대는 양을 만나면 눈에 불을 켜고 잡아먹으려고 합니다. 그러므로 살려면 "뱀처럼 지혜롭고, 비둘기처럼 순결해야" 합니다(16절 하). 다시 말해서, 위기의 순간에 어떻게 대처해야 할지를 아는 지혜가 있어야 하고, 사람들에게 비난받지 않을 순수함을 유지해야 합니다.[10]

주의 복음을 들고 나가 증거하면 사탄은 자신의 영역이 줄어드는 것에 위기의식을 느끼고 사방팔방에서 십자포화를 퍼붓습니다. 국가를 동원해서 핍박합니다. "또 너희가 나로 말미암아 총독들과 임금들 앞에 끌려가리니"(18절). 심지어는 가족까지 동원해서 박해합니다. "장차 형제가 형제를, 아버지가 자식을 죽는 데에 내주며 자식들이 부모를 대적하여 죽게 하리라"(21절). 가능한 한 많은 사람을 동원해서 압박을 가합니다. "또 너희가 내 이름으로 말미암아 모든 사람에게 미움을 받을 것이나"(22절 상). 하지만 끝까지 견디는 자는 구원을 얻을 것입니다(22절 하). 그 어떤 환난과 핍박에도 불구하고 믿음을 저버리지 않는 사람은 구원받을 것입니다.

11장 의문

(세례 요한의 **의문**)

지금까지 우리는 예수님과 그의 제자들의 사역을 통해 많은 감동과 교훈을 얻었습니다. 하지만 본 장부터는 분위기가 180도 달라집니다. 주님에 대한 의심, 도전 그리고 반대가 부각됩니다.

　　예수님에 대해 맨 처음 의문을 품은 사람은 놀랍게도 세례 요한이었습니다. 삐딱한 바리새인이나 서기관이라면 그럴 수 있겠다고 하겠습니다. 하지만 세례 요한이 누구입니까? 예수님이 언급하신 대로 여자가 낳은 자 중에서 가장 큰 자입니다(눅 7:28). 광야에서 주의 길을 예비하던 자입니다(마 3:3 등). 예수님을 "세상 죄를 지고 가는 하나님의 어린양"으로 지칭한 후 "너희들이 진정 따라야 할 분은 내가 아니라 저분이다"라고 자기 애제자들을 주님께 양도했던 사람입니다(요 1:29). 예수님이 세례받을 때 성령이 비둘기처럼 내리는 것을 눈으로 직접 목도했던 사람입니다(32절). 이런 세례 요한이 의심이라고 하는 덫에 빠진 이유는 과연 무엇이었을까요? 그가 지금 옥에 갇혀 있기 때문이었습니다. "요한이 옥에서 그리스도께서 하신 일을 듣고 제자들을 보내어"(2절). 요한은 예수님께 요단 강에서 세례를 베푼 후 바른 소리를 하다가 헤롯 안티파스의 눈 밖에 나서 옥에 갇혔습니다(막 6:17-18). 투옥된 요한은 시간이 지나감에 따라 조바심과 회의감이 들기 시작했습니다. 세례 요한이 신앙이 없어서가 아닙니다. 환경이 열악할 때 사람에게는 마음의 동요가 오기 마련입니다.

하지만 보다 근본적인 이유는 메시아에 대한 잘못된 인식 때문이었습니다. 다시 말해서, 메시아의 정체에 대해 요한이 예수님과 다른 관점을 가지고 있었기 때문이었습니다. 요한은 메시아가 와서 불과 성령으로 악인들을 심판하고 의인들을 구원할 것을 기대했습니다(마 3:11-12). 하지만 그가 생각한 메시아 예수가 왔는데 현실은 전혀 달라지지 않았습니다. 이스라엘 백성들은 여전히 식민지 상태에 있었습니다. 이에 반해, 제사장들과 사두개인들은 로마 당국에 빌붙어 호의호식하고 있었고, 예수는 로마의 주구 노릇을 하는 세리 마태를 제자로 부르기까지 했습니다. 그래서 자신의 제자들을 주님께 보내 "오실 그이가 당신이오니이까? 우리가 다른 이를 기다리오리이까"라고 질문을 했던 것입니다(3절).

이에 주님은 너희는 요한에게 가서 "맹인이 보며 못 걷는 사람이 걸으며 나병환자가 깨끗함을 받으며 못 듣는 자가 들으며 죽은 자가 살아나며 가난한 자에게 복음이 전파된다 하라"고 말씀하셨습니다(5절). 이 말씀은 8-9장에 예수님이 행한 이적들로 이사야 61:1-2을 인용한 것입니다. 그런데 주님은 일부러 이사야 61:2의 '보복의 날을 선포'한다는 것과 같은 심판과 관련된 내용을 뺐습니다. 이는 메시아가 심판을 집행할 줄로 예상했던 요한의 기대와 달리 주님은 회복과 구원을 실현하고 계심을 강조하기 위함입니다.[11]

요한은 자신의 고정관념에 사로잡혀 주님을 불신했는데, 이러한 그의 모습은 고향 나사렛 사람들의 모습과 유사합니다. 예수님은 안식일에 회당 예배에 참석하셔서 요한의 제자들에게 주셨던 같은 이사야의 본문을 펼쳐 읽으셨습니다(눅 4:18-19). 읽기를 다 마치신 후 주님은 책을 덮어 두루마리 관리자에게 주시고 회당에 있는 자들이 다 주목하여 자

신을 볼 때, "이 글이 오늘 너희 귀에 응하였느니라"라고 폭탄과 같은
선언을 하셨습니다(20-21절). 이는 내가 바로 이사야가 750년 전에 예언
했던 것처럼 바벨론 포로 상태와 같이 죄의 포로 상태에 있는 너희들에
게 구원과 해방을 주기 위해 이 땅에 온 '대망의 메시아'라는 선포였습
니다. 하지만 이 말씀을 들은 고향 사람들은 "이 자가 목수 요셉의 아들
아니냐"라고 콧방귀를 뀌면서 예수님을 배척했습니다(22절). 동네 사람
들의 눈에 비친 예수님은 부친 요셉의 직업이 목수였기에 '목수의 아
들'에 불과했던 것입니다.

　나사렛 사람들은 예수님을 너무도 '잘' 알고 있었습니다. 예수님의
가족들인 아버지 요셉, 어머니 마리아, 그의 형제와 누이들도 잘 알았습
니다. 시쳇말로 그 집의 밥상에 숟가락이 몇 개 있는지까지 다 알고 있
었습니다. 그런데 바로 그 '잘' 안다고 생각하는 것이 문제였습니다. 그
것 때문에 그들은 예수님을 하나님의 아들, 메시아로 인정하지 못하고
그저 인간 요셉과 마리아의 아들로 치부했던 것이었습니다. 그러면 과
연 고향 사람들은 정말로 예수님을 '잘' 알고 있었던 것일까요? 그들은
제임스 패커(James Packer)식으로 말하면, '예수님을 알았던 것'(Knowing
Jesus)이 아니라 '예수님에 대해서 알았던 것'(Knowing about Jesus)입니다.
앨리스터 맥그래스(Alister McGrath)식으로 표현하면, '길'(road) 위에서가
아니라 '발코니'(balcony)상에서 예수님을 알았던 것입니다. 예수님에 대
해서 아는 것은 예수님의 생김새, 나이, 직업 등 그에 관해서 객관적이
고 지식적이며 피상적으로 아는 것을 말합니다. 이는 2층 '발코니'에 편
안히 앉아서 '구경꾼' 혹은 '관찰자'의 입장에서 예수님을 한 발짝 떨어
져서 지켜봄으로써 아는 것을 말합니다. 이에 반해서 예수님을 아는 것
은 그와의 직접적이고 체험적이며 실질적이고 인격적인 교제를 통해

아는 것을 의미합니다. 이는 험난한 인생의 '길'을 걸어가며 '참여자'가 되어 현장에서 직접 몸으로 부딪치면서 예수님을 알아가는 것을 의미합니다.

예수님의 고향 나사렛 사람들은 자신들의 편견과 고정관념에 깊이 사로잡혀서 제 발로 찾아온 구세주를 면전에서 배척했습니다. 우리들의 신앙 경륜이나 성경 지식이 디딤돌이 아니라 오히려 걸림돌이 되어서 우리를 실족하게 한다면 이 얼마나 안타까운 일이겠습니까? 그래서 주님은 요한과 그가 보낸 제자들에게 "누구든지 나로 말미암아 실족하지 아니하는 자는 복이 있도다"라고 말씀하신 것입니다(6절).

12장 안주
(안식일의 주인)

전 장의 말미에서 예수님은 "수고하고 무거운 짐 진 자들아 다 내게로 오라. 내가 너희를 쉬게 하리라"라고 말씀하심으로 자신을 쉼, 즉 안식을 주는 분으로 묘사하셨습니다(마 11:28). 그리고 이제 본 장에서 이 안식의 이슈가 본격적으로 부각됩니다.

주님께서 안식일에 밀밭 사이를 지날 때 시장한 제자들이 허기를 채우기 위해서 이삭을 잘라 먹었습니다(1절). 다른 사람의 밭에서 배고픔을 채우기 위해 이삭을 잘라 먹는 행동은 절도가 아니라 율법에서 허락된 것이었습니다(신 23:25). 하지만 이 일이 평일이 아니라 안식일에 행해진 것이 문제였습니다. 이를 본 바리새인들은 제자들이 안식일에 하지 못할 일을 한다고 예수님께 따졌습니다(2절). 유대인들은 출애굽기 31:14이나 신명기 5:12에서 안식일에 일을 하면 죽는다고 하니까 죽지 않기 위해서 안식일에 하지 말아야 할 일이 어떤 것들이 있나 아주 세밀하게 지침을 만들었습니다. 제자들이 밀 이삭을 잘라 먹은 것은 그들의 시각에선 추수 행위로 안식일에 금지된 39개의 행위 안에 포함되어 있었습니다.

　사실 주님과 제자들은 안식일 법을 어긴 것이 하나도 없었습니다. 다만 안식일 날 바리새 전통을 어긴 것뿐이었습니다. 그래서 예수님은 이 바리새인들의 비판에 대해 제자들의 잘못이 전혀 없음을 세 가지로 논증하셨습니다. 첫째, 다윗 왕국의 건설이라는 위대한 사명을 부여받은 다윗 일행은 안식일 날에 성전에 들어가서 제사장만 먹도록 허용된 진설병을 먹고도 정죄 받지 않았습니다(3-4절). 그러므로 하나님 나라 건설이라는 지대한 사명을 부여받은 다윗의 후손 일행이 안식일에 이삭 좀 베어 먹은 것이 결코 죄가 될 수 없다는 논리를 폈습니다. 둘째, 안식일 날에도 제사장들은 성전에서 제사를 드렸는데, 이는 안식일을 범하는 것이 아니었습니다(5절). 이들에게 안식일에 성전에서 행하는 일이 허락된 이유는 그것이 하나님을 위한 일이기 때문이었던 것처럼, 예수님과 제자들은 하나님의 일을 하고 있기 때문에 밀을 잘라 먹는 것이 허용된다는 논리를 전개했습니다. 셋째, 예수님은 안식일의 주인이며, 주인은 자비를 원하고 제사를 원치 않는다는 것이었습니다(7-8절).

　구약은 안식일에 대한 주권이 하나님께만 속해 있음을 분명히 합니다(출 16:23; 레 23:3 등). 그런데 이제 그 하나님의 고유한 주권이 예수님에게도 있음을 본문은 말합니다.[12] 인자(人子), 즉 예수님이 안식일의 주인이십니다. 그러므로 중요한 것은 주인의 뜻입니다. 주인인 예수님은 안식일에 제사보다 자비를 더 중시하십니다. 그러므로 제자들이 안식일 율법을 위반한 것이 아니라 실상은 무죄한 자를 비판한 무자비한 자들인 바리새인들이 율법을 어긴 것입니다.

예수님과 바리새인들 간의 안식일 논쟁은 현대를 사는 우리 그리스도인들에게 올바른 주일 성수에 대한 시사점을 제공합니다. 오늘날 우리는 안식일이 아닌 주일을 지킵니다. 안식일이 주일로 대체된 배경은 다음과 같습니다. 하나님께서 6일 동안 천지(天地)와 그 안에 사는 생물들을 창조하신 후에, 창조의 완성을 기념하여 제7일날을 안식일로 제정하셨습니다. 그러므로 안식일은 창조 기념일입니다. 하지만 하나님이 만드신 세상은 죄로 말미암아 타락했습니다. 그래서 하나님의 아들이 성육신해서 타락한 세상을 구원하는 재창조 사역을 하려고 십자가에 달려 죽고 부활하셨습니다. 따라서 자연스럽게 창조 기념일인 안식일이 부활 기념일인 주일로 대체된 것입니다.

안식일과 주일 이 두 날 간에는 연속성과 불연속성이 있습니다. 토요일을 쉬든지, 일요일을 쉬든지 안식일도 일주일 가운데 하루, 주일도 일주일 가운데 하루를 쉬는 것은 매한가지입니다. 그러나 안식일을 지키는 것과 주일을 지키는 것 사이에는 불연속성이 있습니다. 그것은 날짜입니다. 유대인들은 창조 기념일인 마지막 날을 안식일로 지키지만, 그리스도인들은 부활 기념일인 첫날을 주일로 성수합니다.

그러면 우리 신자들은 주일을 어떻게 지켜야 할까요? 주일에 해야 할 일과 하지 말아야 할 일을 잘 구분해서 지켜야 합니다. 먼저 죄악 된 일, 다른 날에 합당한 세상일, 오락 등은 주일날 삼가야 합니다. 반면에,

안식일의 주인이신 예수님은 자비를 원하시기에 영혼에 관계된 자비의 일과 육체와 관련된 자비의 일을 행해야 합니다. 영혼과 관련된 자비의 일로는 무지한 자를 가르치는 것, 약한 자를 세우는 것, 의심을 풀어주는 것, 곤란 당한 자를 위로하는 것, 오류에 빠져있는 자를 바로 가르치는 것, 죄인을 책망하는 것, 다른 사람을 교화시키는 것 등이 있습니다. 그리고 육체와 관련된 자비의 일로는 병자를 방문하는 것, 가난한 자를 구제하는 것, 위험에 빠져있는 자를 구해내는 것, 모든 다른 시의적절한 도움을 제공하는 것 등이 있습니다. 물론 예배당에 나가 하나님을 경배하며 기도와 찬양을 올려드리는 것, 말씀을 읽고 묵상하며 주일 하루를 경건하게 보내는 것은 주일날 빼놓을 수 없는 신자의 의무 사항입니다.

이렇게 해야 할 것과 하지 말아야 할 것을 바로 구분해서 주일 성수한 사람만이 예수님이 주시는 진정한 안식을 맛볼 수 있는 것입니다. 그리고 그 쉼을 동력 삼아 오는 한 주간을 알차게 보낼 수 있을 것입니다.

13장 네 땅
(네 가지 땅 비유)

앞의 두 장이 예수님을 거절한 사람들과 관련된 사건들을 다루었다면 본 장은 이 거절과 영접 이슈를 천국 비유로 말씀하는 부분입니다. 마태는 8-9장에 10개의 기적 사건을 한데 묶어 놓았듯이, 이 13장에도 8개의 천국 비유를 한데 묶어 놓

았습니다. 비유에 해당하는 헬라어는 '파라볼레'입니다. 이 단어는 '옆에'(헬. '파라')와 '던지다'(헬. '발로')라는 두 말이 합해진 것으로 문자적으로는 '옆에 던져진 것'을 의미합니다. 이는 어떤 사물 옆에 비슷한 것을 던져놓고 서로를 비교해 보는 것을 말합니다. 현대식으로 말하면, 설명하기 쉽지 않은 영적 진리를 쉽게 예화를 들어 이야기하는 것이라고 할 수 있습니다.

복음서에는 "내 마음은 호수다"라는 식의 은유까지를 포함하면 약 250개의 비유가 등장합니다. 이는 복음서에 나오는 예수님의 말씀 가운데 무려 삼분의 일이 비유에 해당된다는 말입니다. 그리하여 마태는 예수님께서는 비유가 아니면 아무것도 말씀하지 아니하셨다고 증언합니다(34절).[13]

마태복음에 등장하는 비유 중 가장 유명한 비유인 네 가지 땅의 비유는 공관복음에 모두 소개되는데(1-23절; 막 4:1-20; 눅 8:4-15), 이 비유는 주님이 양측에 주시는 권면입니다. 먼저는 씨 뿌리는 자, 즉 말씀을 전하는 자의 측면입니다. 예수님의 제자들이 뿌린 복음의 씨는 쉽게 밟히고, 가로채임을 당하고, 질식을 당해서 제대로 자라지 못할 수 있습니다. 또한 씨 뿌리는 사람은 매우 의존적입니다. 씨를 뿌린 후 자신이 할 수 있는 것이 별로 없습니다. 토양, 날씨, 태양, 새, 잡초 등 다양한 변수에 씨를 내맡기고 기다리는 수밖에 없습니다. 그러나 절망할 필요는 전혀 없습니다. 뿌려진 그 씨는 임자만 제대로 만나면 이러한 악조건에도 불구하고 30배, 60배, 100배의 결실을 맺을 수 있기 때문입니다.[14]

이 비유는 어찌 보면 우리 교회들에게 주시는 말씀입니다. 아마 우리 가운데는 전도를 해보지만 잘 안되는 분이 계실 겁니다. 아무리 오라고 해도 이 핑계 저 핑계 대고, 어떻게 해서 한 번 데리고 나오면 한 번

왔다 간 그다음에 안 나오기 일쑵니다. 이럴 때 너무 낙심하지 마시기를 바랍니다. 개중에는 택함받은 사람이 분명히 있습니다. 옥토가 있습니다. 그리고 일단 옥토에 뿌려지면 기본 30배의 결실을 한다는 사실을 잊지 마세요. 그러므로 절대로 실망하지 말고 복음 전파에 더욱 정진하시기를 바랍니다.

또 한 측면은 말씀을 받는 자, 즉 씨 뿌림의 대상이 되는 토양의 측면입니다. 주님은 본문에서 네 가지 땅을 예로 들었습니다. 첫 번째는 '길가'에 뿌려진 것과 같은 자들입니다(4절). 이들은 듣고 깨닫지 못한 경우에 해당됩니다. 이는 지적 능력이 부족해서가 아니라 마음이 완악해서 듣고도 깨닫지 못하는 케이스로, 바리새인과 같은 이들이 여기에 해당합니다. 두 번째는 '돌밭'에 뿌려진 것과 같은 자들입니다(5절). 이들은 말씀을 듣고 기쁨으로 받았지만, 그 속에 뿌리를 내리지 못했습니다. 그래서 조그마한 어려움만 닥치면 쉽게 넘어집니다. 이는 주님께서 십자가에 못 박혀 돌아가신 후 줄행랑친 제자들의 모습입니다. 세 번째는 '가시 떨기'에 뿌려진 것과 같은 자들입니다(7절). 이는 말씀을 듣지만, 세상의 염려와 재물의 유혹 때문에 말씀이 막혀 결실하지 못하는 경우로, 적절한 예는 가룟 유다입니다. 네 번째는 '옥토'에 뿌려진 마음을 갖고 있는 자들입니다(8절). 이들은 말씀을 듣고 주님을 사랑했고 그래서 묵묵히 따랐던 자들입니다. 이들은 결국 주님이 하신 일을 했고, 주님보다 더 큰 일도 했습니다(요 14:12). 일례로 베드로는 오순절 성령 강림 후 한 번의 설교로 무려 3,000명의 전도의 열매를 맺었습니다(행 2:41). 따라서 말씀을 받는 자는 완악한 마음을 버리고 열린 마음을 가져야 합니다. 항상 마음이 열려 있고 그 말씀을 사랑하는 자만이 그리스도가 주시는 풍성함을 맛볼 수 있기 때문입니다.[15]

14장 바다

(**바다** 위를 걷는 예수님)

예수님께서 바다 위를 걸으시는 이적 사건은 마태복음(22-33절) 외에도 마가복음(막 6:45-52)과 요한복음(요 6:15-21)에 소개됩니다. 마태와 마가는 거의 내용이 일치하고 요한복음에는 마태가 언급하지 않는 부분이 있기에 요한을 통해 보충하여 이 이적 기사가 주는 교훈을 좀 더 폭넓게 살펴보겠습니다.

이 바다 위를 걷는 이적에 앞서 주님은 오병이어의 이적을 베푸셨습니다(13-21절). 오병이어의 이적이 5,000명이라는 다수의 군중들에게 신적 능력을 나타낸 사건이라면, 바다 위를 걷는 이적은 12명의 소수의 제자들에게만 창조주의 능력을 보여준 사건입니다.

오병이어 사건을 통해 사람들은 자신들의 주린 배를 채워주고 로마로부터 자신들을 해방시켜줄 민족주의적이고 정치·군사적인 메시아로 주님을 오인하여 그분을 자신들의 임금으로 삼으려 했습니다. 이에 예수님은 이런 그릇된 메시아관에 영합하지 않으시고 홀로 산으로 기도하러 올라가셨습니다. 그리고 제자들에게 먼저 하산해서 배를 타고 가버나움으로 가라고 지시하셨습니다(22절; 요 6:15). 제자들은 지시한 대로 내려갔습니다. 그때의 상황을 요한은 이렇게 진술합니다. "저물매 제자들이 바다에 내려가서 배를 타고 바다를 건너 가버나움으로 가는데 이미 어두웠고 예수는 아직 그들에게 오지 아니하셨더니"(요 6:16-17). 여기 시간을 지칭하는 유사한 두 용어 '저물매'와 '어두웠고'에 주목할 필요가 있습니다. 16절의 '저물매'는 헬라어로 '옵시아'인데, 이는 물리적으로 해가 져서 어두운 상태를 가리킵니다. 이에 반해 17절의 '어두웠고'에 해당하는 헬라어는 '스코티아'로 물리적으로 해가 없음이라기보다는 영적으로 어두운 상태를 나타낼 때 쓰는 말입니다. 가룟 유다는 최후의 만찬 후에 예수님을 팔기 위해 바깥으로 나갔는데, 그때의 상황을 요한은 "유다가 그 조각을 받고 곧 나가니 '밤'이러라"라고 증언합니다(요 13:30). 여기 '밤'이라는 단어가 '스코티아'입니다. 따라서 유다가 빛이신 예수님을 등짐으로 영적인 어두움의 상태에 들어간 것을 요한은 이렇게 표현하고 있는 것입니다. 제자들이 영적으로 어두운 상태에 빠져있었던 이유는 예수님의 부재 때문이었습니다. 빛이신 예수님이 함께하지 않는 곳에는 어두움이 있을 뿐입니다.

물리적으로도 영적으로도 흑암 상태에 있었던 제자들 마음속에 두려움이 밀려왔습니다. 그들은 이중적 두려움에 빠지게 됐습니다. 일차적으로 제자들에게 공포심을 유발시킨 것은 바람과 파도였습니다. 남쪽 지중해에서 불어오는 따뜻한 바람과 북쪽 레바논에서 불어오는 찬 바람이 해수면 200m 아래에 있는 갈릴리 바다에서 만나면 자주 풍랑이 일곤 했습니다. 베드로를 비롯한 제자들은 어부 출신이었기 때문에 이는 통상 경험하는 일이었지만 이날의 바람과 풍랑은 이 바다 전문가들에게도 익숙하지 않을 정도였습니다. 그래서 해 질 녘에 출발해서 오전 3시까지 전력을 다해 노를 저었지만 6km 정도밖에 가지 못했습니다. 갈릴리 바다의 가장 넓은 곳의 폭이 12km 정도이기에 정상적인 일기였다면 벌써 목적지에 도달해 있었을 시간이었지만 이 심상치 않은 풍랑으로 인해 이들은 밤새 노를 저어 수심이 가장 깊은 갈릴리 바다 정중앙에 도달했습니다(요 6:19 상).

이때 그들의 공포심을 최고조로 끌어올리는 일이 벌어졌습니다. 예수님께서 세찬 바람이 몰아치고 파도가 일렁이는 그 바다 위로 걸어오고 계셨습니다. 갈릴리 바다 한가운데서 어찌할 바를 모르며 표류하고 있는 제자들을 향해 주님께서 뚜벅뚜벅 걸어오시고 있었습니다(25절; 요 6:19 하). 이 물 위를 걷는 예수님을 보며 '미라클 메이커시다', '슈퍼맨 같은 분이시다'와 같은 결론을 내린다면 그것은 성경을 제대로 못 보는 것입니다. 바다 위를 걷는 이 이적 사건을 요한은 표적이라고 했습니다. 표적이란 말은 영어로 '사인'(sign)입니다. 그래서 이 이적을 통해 사도는 예수님이 누구신지 그분의 정체성을 알려주고 있는 것입니다.

구약성경에 보면 바다의 물결을 밟고 오시는 분은 여호와 하나님이십니다. 욥기 9:8을 보면 "여호와가 홀로 하늘을 펴시며 바다 물결을 밟으시며"라고 했습니다. 구약에서 '바다'는 하나님과 그분의 백성의 대적으로 종종 이해됐습니다. 홍해는 출애굽 할 때 하나님의 백성들의 가나안 땅 진입을 막는 장애물 구실을 했습니다. '바다'는 또한 뱀 혹은 용으로 상징되는 사탄의 본부 역할을 합니다. 사탄은 물속에 있다고 봤습니다. "그날에 여호와께서 그의 견고하고 크고 강한 칼로 날랜 뱀 리워야단, 곧 꼬불꼬불한 뱀 리워야단을 벌하시며 바다에 있는 용을 죽이시리라"(사 27:1). 그러므로 바다를 밟고 오는 예수님은 단순히 기적을 행하는 미라클 메이커가 아니라 원수인 마귀를 지근지근 밟고, 정복하고 오시는 여호와 하나님과 동등한 분이십니다. 물속에 똬리를 틀고 있는 악한 마귀가 제아무리 날뛰어서 이스라엘 백성을 두렵게 하고 제자들을 두렵게 할지라도 우리 예수님은 그것을 짓밟고 그 위에 통치하시는 분이십니다.

물 위로 걸어오신 예수님은 겁에 질린 제자들에게 다가가서 "나니 두려워하지 말라"고 말씀하셨습니다(26-27절). 예수님이 함께하지 않았을 때는 칠흑같이 어두운 상태에서 감당할 수 없는 공포감이 밀려왔지만, 주님이 함께하자 샬롬이 찾아왔고 기쁨이 넘쳤습니다(요 6:21 상). 구약에서 이스라엘 백성들을 향해 여호와 하나님이 반복해서 하셨던 "두려워하지 말라"는 그 음성이 예수님의 입술에서 발설되자 제자들에게 두려움은 온데간데없이 사라졌습니다. 제자들은 바다 위로 걸어오시는 예수님을 눈으로 보았을 때는 두려워했지만 음성을 듣고는 기뻐했습니다. 신자들에게 눈으로 '보는 것'보다 더 중요한 것이 귀로 '듣는 것'입니다. 이적을 보는 것보다 더 중요한 것은 예수님의 음성을 듣는 것입니다. 예수님의 말씀을 듣는 것입니다.

마태와 마가는 예수님께서 배에 오르시자 즉시 풍랑이 잠잠해졌다고 기록합니다(32절; 막 6:51). 하지만 요한은 그런 언급은 없고 즉시 목적지에 도착했다고 말합니다(요 6:21 하). 이는 또 하나의 이적입니다. 주님이 배에 당도하기 전에 배는 갈릴리 바다 한복판에 있었습니다. 육지로부터 가장 멀리 떨어진 곳에 있었습니다. 하지만 예수님이 배에 올라타시자 순식간에 목적지에 도달했습니다. 예수님이 제자들과 함께하지 않으셨을 때, 즉 부재하셨을 때 그들은 속된 말로 개고생하고 제자리만 맴돌았습니다. 하지만 주님이 그들과 함께하시자, 즉 임재하시자 모든 문제가 해결됐습니다. 순식간에 배는 쾌속정이 되어 그들이 원하는 목적지로 직행했습니다.

15장 장로

(장로의 전통)

장로의 전통과 관련된 기사는 본 장과 마가복음 7:1-16에 기록되어 있습니다. 마가복음에 따르면 바리새인과 서기관들이 주님의 제자 중 몇 사람이 손을 씻지 않고 빵을 먹는 것을 보았습니다(막 7:2). 그래서 그들은 예루살렘에서 예수님과

제자들을 조사하러 왔습니다(1절). 아마도 이들은 산헤드린 공의회에서 보낸 조사관들로 "당신의 제자들이 어찌하여 장로들의 전통을 범하나이까? 떡 먹을 때에 손을 씻지 아니하나이다"라고 주님께 따져 물었습니다(2절). 여기 장로들은 장로교의 장로들을 말하는 것이 아니라 유대교에서 바리새 운동을 이끈 원로들을 지칭합니다. 그러므로 장로들의 전통이란 이 원로들이 성경을 해석해서 만든 전통이고 구두로 전승된 바리새 전통을 가리킵니다. 이 전통에 의하면 유대인들은 음식을 먹기 전에 손을 씻어야 했습니다. 손을 씻는 규례는 본래 아론의 자손, 즉 제사장들이 성물을 먹을 때 준수해야 할 규례(레 22:4-6)로 일반인들은 지킬 필요가 없었습니다. 바리새인들은 제사장은 물론이고 레위인도 아니었기에 지킬 필요가 없었습니다. 예수님의 제자들 중에도 제사장이나 레위인이 없었기 때문에 역시 지킬 의무가 없었습니다. 그럼에도 바리새인들이 유난을 떨며 지킬 필요 없는 정결 예식을 극구 지킨 것은 모든 유대인의 제사장화(化), 즉 만인 제사장 운동을 전개한 것입니다. 만일 만민이 제사장이 되면 하나님께서 유대인을 어여쁘게 여기셔서

로마로부터 회복시켜 주실 것이라고 그들은 생각했던 것입니다.

바리새인들은 자신들의 대의(?)를 무시하고 예수님의 제자들이 손을 씻지 않고 떡을 먹자 속된 말로 뚜껑이 열렸던 것입니다. 이에 예수님은 너희가 전통을 운운하는데, 너희의 그 알량한 전통이 오히려 율법을 폐지한다고 비판하셨습니다(3절). 주님은 부모 공경의 계명을 폐하는 바리새의 고르반 전통을 예로 들었습니다(5-6절). '고르반'이란 하나님께 드려지는 예물을 가리키는데(레 27:28; 민 18:14), 장로들의 전통은 어떤 재산을 하나님께 드린 것이라고 선언함으로써 자기 이외의 사람들이 이것을 사용할 수 없도록 만들었습니다. 그래서 '부모님께 드릴 것을 하나님께 드림이 됐다' 하면, 즉 '고르반' 하면 부모를 공양하지 않아도 된다고 가르쳤습니다. 그런데 이렇게 가르치는 것은 하나님의 말씀, 특히 십계명 중에 "네 부모를 공경하라"는 제5계명을 폐하는 것입니다. 그러므로 "이런 개떡 같은 전통이 뭣이 중한디"라고 비판하신 것입니다.

주님은 이 파렴치한 바리새인과 서기관들을 '외식하는 자들'로 규정하셨습니다(7절). 위선과 위선자들은 이미 6장에 나온 표현입니다. 23장에서 예수님께서는 외식하는 바리새인과 서기관들에게 "화 있을진저"라는 말씀을 일곱 번이나 반복하시면서 그들에게 저주를 퍼부으셨습니다. 7은 완전수이기에 이는 완전한 저주를 표현하신 것으로도 볼 수 있습니다.

바리새인들과 그들의 전통 문제를 지적하신 주님은 이제 그들이 제기한 문제에 대해 한 가지 격언을 들어 답변하셨습니다. "입으로 들어가는 것이 사람을 더럽게 하는 것이 아니라 입에서 나오는 그것이 사람을 더럽게 하는 것이니라"(11절). 여기 입으로 들어가는 것은 '음식'을, 그리고 입에서 나오는 것은 '말'을 의미합니다. 그런데 19-20절에 주님은 말(악한 생각, 거짓 증언, 비방) 외에도 행위들(살인, 간음, 음란, 도둑질)을 입에서 나오는 것의 목록에 포함시키셨습니다. 그러므로 이는 사람을 부정하게 하는 것은 음식이 아니라 부도덕한 언행임을 뜻하는 비유적 표현입니다.[16]

장로의 전통과 관련된 본문은 적어도 두 가지 교훈을 제공합니다. 첫째, 마음의 정결이 제의적 정결보다 훨씬 중요하다는 사실입니다. 우리 그리스도인들은 유대인들처럼 정한 음식, 부정한 음식을 따지면서 유난 떨기보다는 말과 행실을 단정히 하는 데 더 주의를 기울여야 합니다. 둘째, 성경의 가르침과 일치하는 전통을 성경의 뜻에 맞게 실천하는 것이 무엇보다 중요하다는 사실입니다. 본 장에서 예수님은 사람들이 만든 전통 자체가 아니라 성경의 의도에서 벗어난 전통을 만들어 이용하는 태도를 비판하셨습니다. 그러므로 교회는 성경의 가르침에 근거해서 전통을 만들 수 있으며 만든 후에는 자신의 목적이 아니라 성경의 의도에 맞게 사용해야 합니다.

16장 고백

(베드로의 신앙 고백)

예수님의 갈릴리 사역은 빌립보 가이사랴 지방에서의 수제자 시몬 베드로의 위대한 신앙 고백 사건과 함께 그 절정에 달합니다. 주님께서는 자신의 제자들을 갈릴리 호수에서 북쪽으로 40km 정도

떨어진 빌립보 가이사랴 지방으로 데리고 가셨습니다(13절 상). 이곳은 가나안의 바알 신인 판(Pan) 신을 섬기던 우상 숭배의 중심지였습니다. 이러한 지역에서 베드로가 예수님을 그리스도로 인정한 것은 역사에 길이 남을 위대한 신앙 고백이었습니다.

　　예수님께서는 공생애 후반기로 접어들어 십자가를 지실 때가 가까워져 오자 이제 본격적으로 제자들에게 메시아로서 자신의 신분을 드러내시고자 하셨습니다. 그래서 먼저 그들에게 "사람들이 나를 누구라 하느냐"라고 물어보셨습니다(13절 하). 사람들은 예수님을 세례 요한, 엘리야, 그리고 예레미야와 같은 선지자 중의 한 사람 정도로 생각했던 것 같습니다(14절). 사람들이 예수님을 세례 요한으로 생각했던 것은 분봉왕 헤롯이 마태복음 14:1-2에서 예수님을 생각했던 것과 같은 맥락입니다. 헤롯은 동생의 아내를 취한 문제를 지적한 세례 요한을 죽였지만 사람들이 예수님에 대한 얘기를 하자, 예수님을 세례 요한이 다시 살아난 세례 요한의 화신이라고 생각했는데, 이 헤롯처럼 예수님을 생각한 사람들도 있었습니다. 혹자는 예수님을 말라기 4:5에 말세에 다시 올 엘리야로 생각했습니다. 예수님 안에서 말라기의 예언이 성취됐다고 생각했습니다. 그러나 사실 다시 올 엘리야는 세례 요한이었습니다. 사람들이 예수님을 예레미야 선지자와 같은 분으로 생각한 것은 예레미야가 이스라엘의 타락을 보고 많이 운 눈물의 선지자였는데, 예수님에게도 이런 모습이 많았기에 그랬던 것입니다.

　　일반 사람들이 자신에 대해 어떻게 생각하느냐에 개의치 않고 이제 예수님께서는 같은 질문을 제자들에게 돌리십니다. 그래서 그들에게 "너희는 나를 누구라 하느냐"라고 물으셨습니다(15절). 헬라어 원문에 보면 이 구절에서 '너희'(헬. '아우토이스 휘메이스', you yourselves)라는 말이 강조되어 있습니다. 따라서 예수님은 지금 "너희 자신은 나를 누구라 하느냐"라고 물으시는 것입니다. 주님께서 진정으로 궁금해서 묻고 싶었던 것은 사람들의 생각이 아니라 제자들, 즉 자신을 따르는 사람들이 자신에 대해 어떻게 생각하느냐였습니다. 예수님의 질문에 대해 열두 사도를 대표하는 베드로가 "당신은 그리스도시요 살아계신 하나님의 아들이십니다"라고 놀라운 신앙 고백을 했습니다. '그리스도'는 '기름 부음 받은 자'를 뜻하는 히브리어 '메시아'에 해당하는 헬라어입니다. 예수님 당시 유대인들은 이 호칭을 그것과 긴밀하게 연관된 '다윗의 자손'이라는 호칭과 더불어 민족적 색채가 강한 의미로 이해했습니다. 따라서 베드로는 예수님을 '그리스도'라 고백함으로써 이분이 바로 이스라엘의 전성기를 이끌었던 다윗 왕의 후손으로서 로마의 압제로부터 지금 고통받고 있는 자신의 동포들을 해방시켜 줄 '구세주'라고 인정한 것입니다. 베드로는 또한 예수님을 '살아 계신 하나님의 아들'이라고 고백했는데, 하나님 앞에 '살아 계신'이라는 형용사를 붙인 이유는 이 표현이 이 지역에서 숭배되고 있는 판 신과 자신이 믿고 있는 하나님을 대조하는 말이기 때문입니다. 현지의 판 신은 죽은 가짜 신에 불과하지만, 하나님은 살아 계신 진짜 신이라는 말입니다. '하나님의 아들'이란 그리스도와 같이 왕적인 메시아를 지칭하는 표현입니다. 그러나 여기 베드로가 고백하는 하나님의 아들은 인간 왕의 의미를 넘어선 신적인 존재를 암시합니다.

　베드로의 신앙 고백에 대해 예수님께서는 "바요나 시몬아 네가 복이 있도다. 이를 네게 알게 한 이는 혈육이 아니요 하늘에 계신 내 아버지시니라"라고 반응하셨습니다(17절). 여기서 우리가 알 수 있는 것은 우리가 예수님에 대해 바로 알기 위해서는 사람의 지식이나 철학으로 되

는 것이 아니라 하나님께 은혜와 계시를 받아야 된다는 사실입니다. 이
어서 주님의 축복 선언과 약속이 뒤따랐습니다. "또 내가 네게 이르노
니 너는 베드로라. 내가 이 반석 위에 내 교회를 세우리니 음부의 권세
가 이기지 못하리라"(18절). 여기 '이 반석'(헬. '페트라')은 예수님 혹은 베
드로의 신앙 고백으로 이해하기도 하지만 바로 앞 문장이 "너는 베드로
(헬. '페트로스')라"라고 했기에 '베드로'를 지칭한다고 보는 것이 문맥상
가장 무난합니다. 그러나 베드로에게 부여된 교회의 기초로서의 역할
이 베드로 한 사람에게만 국한된 것으로 보이지는 않습니다. 사실 베드
로가 교회의 기초인 '반석'으로 불리게 된 것은 베드로 개인의 성품이
나 능력 때문으로 보이지는 않습니다. 이보다는 그가 열두 사도의 대변
자로서 예수님을 그리스도로 고백했다는 사실 때문으로 보입니다. 그
렇다면 그의 반석으로서의 기능은 그의 신앙 고백을 공유하고 있었을
열두 사도가 모두 공유하는 것이라고 추론할 수 있습니다. 이 사실은
"너희는 사도들과 선지자들의 터 위에 세우심을 받은 자들이라 그리스
도 예수께서 친히 모퉁잇돌이 되셨느니라"라고 말하는 에베소서 2:20
이 잘 증명해 주고 있습니다.[17]

예수님은 신앙 고백을 한 베드로로 대표되는 반석 위에 "내 교회를
세울 것이라"고 말씀하셨습니다. 마태복음 가운데 여기에서 처음으로
'교회'(헬. '에클레시아')라는 말이 나옵니다. 여기서 한 가지 주목할 점이
있는데, 이는 예수님께서는 이 교회를 '내' 교회라고 지칭하셨고, '내'가
그것을 세우시겠다고 말씀하셨다는 사실입니다. '내' 교회라는 말은 교
회가 주님의 소유라는 의미이며 그것을 '내'가 세우시겠다는 선언은 교
회가 자연 발생적으로 생겨난 것이 아니라 예수님께서 의도적으로 세
워나가시는 것임을 보여 주는 말입니다.

베드로는 교회를 세우는 데 그 기초로서의 역할뿐 아니라 그에 따르는 엄청난 권한도 부여받게 됩니다. "내가 천국 열쇠를 네게 주리니 네가 땅에서 무엇이든지 매면 하늘에서도 매일 것이요. 네가 땅에서 무엇이든지 풀면 하늘에서도 풀리리라"(19절). 여기 '천국 열쇠'는 토라를 해석하고 가르치고 적용하는 권위를 말합니다. 당시 이 권위는 회당에서 가르친 서기관과 바리새인들에게 있었습니다. 하지만 이들은 율법을 잘못 해석하고 잘못된 교리를 가르침으로써 청중들이 하늘나라의 문에 들어갈 수 없게 막았습니다. 그래서 이제 베드로를 위시한 교회 공동체에 이 권위가 넘겨진 것입니다. 하나님의 말씀은 예수님의 해석을 배운 베드로와 교회를 통해서 바르게 해석되고, 바르게 해석된 성경의 내용을 받아들이는 사람에게는 풀리는, 그리고 그것을 받아들이지 않는 사람에게는 묶이는 운명을 겪게 될 것입니다. 이 땅에서 교회가 매고 풀 때 하늘의 하나님도 이에 반응하셔서 매고 풀어주실 것입니다.[18]

17장 변화

(**변화** 산 사건)

빌립보 가이사랴에서 제자들에게 자신이 누구냐고 질문하신 후, 예수님께서는 최측근 3인방만을 따로 데리고 한 산에 오르셔서 자신의 영광스러운 광채를 그들 앞에 드러내셨습니다. "엿새 후에 예수께서 베드로와 야고보와 그 형제 요한

을 데리시고 따로 높은 산에 올라가셨더니 그들 앞에서 변형되사 그 얼굴이 해같이 빛나며 옷이 빛과 같이 희어졌더라"(1-2절).

예수님께서 자신이 부활하신 후 입을 영체(榮體)를 제자들에게 이렇게 미리 보여 주신 데는 적어도 두 가지 이유가 있었습니다. 하나는 낙심하고 있는 제자들을 위로하고 격려하기 위함이었습니다. 제자들은 조만간 주님이 예루살렘에 올라가 십자가에 못 박혀 죽으신다는 말을 듣고 졸지에 부모를 잃은 고아들처럼 마음이 뒤숭숭했을 것입니다. 그래서 "내가 죽어도 그걸로 끝이 아니다. 부활할 것이다. 부활하면 이런 영광스러운 모습으로 너희들 앞에 나타나게 될 것이다. 그리고 이것은 나 혼자만 변화되는 것이 아니고 너희들도 장차 이런 모습으로 변화되어 부활할 것임을 보여 주는 것이다"라고 제자들을 위로하고, 격려하기 위해서 예수님께서는 변화 산에서의 체험을 그들에게 주신 것입니다.

또 하나는 제자들에게 확신을 심어주기 위함이었습니다. '예수님께서 예루살렘에 올라가 십자가상에서 비참하게 죽으면 그걸로 모든 것이 끝나는 것 아닌가?' 하고 의구심을 품은 제자들에게 "십자가에서 죽는 것으로 끝나는 것이 아니다. 반드시 부활과 영생이 있다. 너희도 나처럼 이렇게 영광스러운 몸으로 부활하게 될 것이다"라고 확신을 주기 위해 주님은 변화 산에서 변형하신 것입니다.[19]

예수님께서 변형되셨을 때 그 현장에 모세와 엘리야가 나타났습니다(3절). 구약을 대표하는 두 인물과 대화하고 있을 때 베드로는 이 광경을 목도하고 예수님께 "주여 우리가 여기 있는 것이 좋사오니 만일 주께서 원하시면 내가 여기서 초막 셋을 짓되 하나는 주님을 위하여, 하나는 모세를 위하여, 하나는 엘리야를 위하여 하리이다"라고 제안했습니다(4절). 베드로가 얼마나 좋았으면 이렇게 말했겠습니까?

베드로와 두 제자들이 경험한 이 황홀한 장면이 바로 우리 성도들이 갈 천국의 한 단면을 보여줍니다. 지금 와서 생각하면 좀 부끄러운 고백이지만 남아공에서 박사 학위를 취득한 후에 미국에 가서 박사 후 과정(Post-Doc)을 하기를 간절히 원했습니다. 그래서 요하네스버그 영사관에서 미국 비자 인터뷰를 하고 입국 비자를 받았을 때 정말 하늘을 날 것 같은 기분이 들었습니다. 그런데 막상 그렇게도 가고 싶었던 미국에 들어가서 불과 한 달 만에 고속도로에서 차를 폐차시킬 정도의 대형 사고를 경험하고 나니 내가 뭐 하러 이렇게 미국에 오고 싶어 안달했나 후회가 막심했습니다. 미국과 천국은 우리가 감히 비교할 수 없는 곳입니다. 우리 신자들은 아름다운 나라, 미국(美國)은 못 가도 하나님의 나라 천국(天國)은 꼭 가야 합니다. 왜냐하면 미국은 안 가도 후회가 없지만 천국에 가지 못하면 천추의 한으로 남을 것이기 때문입니다.

베드로의 초막 건축 제안이 미처 끝나기도 전에 구름이 와서 그들을 덮으며 구름 속에서 "이는 내 사랑하는 아들이요 내 기뻐하는 자니 너희는 그의 말을 들으라"는 음성이 들려왔습니다(5절). 구약에서 '구름'은 자주 하나님의 임재의 상징으로 나타납니다(출 24:15-18; 40:34-38). 이 구름 속에서 들려온 하나님의 음성은 예수님께서 메시아요, 여호와의 종(사 42:1-4)이요, 모세와 같은 선지자(신 18:15)이심을 암시합니다.[20]

하늘에서 들려오는 음성을 들은 제자들은 엎드려 심히 두려워했습니다(6절). 이러한 모습은 마치 호렙 산에서 하나님의 음성을 듣고 두려워했던 이스라엘의 모습을 연상케하며(신 18:15-18), 하나님이나 천상의 존재를 만난 인간의 반응을 대변합니다(수 5:13-15 등). 주님은 두려움에 떨고 있는 제자들에게 다가가서 그들에게 손을 대시며 "일어나라. 두려워 말라"고 말씀하셨습니다(7절). 이에 제자들이 눈을 들어보니 예수님

밖에 보이지 않았습니다(8절). 모세와 엘리야는 온데간데없고 오직 예수
님만 보였습니다. 이는 모세와 엘리야보다 예수님이 우월하심을 암시
합니다.

18장 큰 자

(큰 자 논쟁)

이 큰 자 논쟁은 공관복음에 모두 소개되
고 있는데(1-14절; 막 9:33-37; 눅 9:46-48), 이
세 사건을 종합해서 해설하겠습니다.

변화 산에서 영광스럽게 변모하셔서
자신이 메시아이심을 제자들에게 증거
한 후에 예수님은 마지막으로 갈릴리 사
역의 본거지인 가버나움에 들를 예정이었습니다. 제자들은 이 가버나
움으로 오는 노상에서 '누가 크냐?'라는 문제로 서로 논쟁을 벌였습니
다(막 9:33-34). 이제 그들은 예수님이 메시아이심을 확실히 알았기에 돌
아오는 유월절에 예루살렘으로 올라가면 '드디어 거사가 일어나겠구
나!' 하고 생각했던 것 같습니다. 그래서 제자들은 메시아 예수님께서
로마의 압제를 물리치고 정권을 잡게 되면 우리 가운데 누가 가장 높은
자리를 차지하게 될 것인가에 관심을 집중했던 것이었습니다. 주님께
서는 이러한 이들의 심중을 꿰뚫어 보시고 가버나움에 이르러 집에 계
실 때 "너희가 길에서 서로 토론한 것이 무엇이냐"라고 물으셨습니다
(33절). 제자들이 생각했던 큰 자와 스승 예수가 생각했던 큰 자는 근본

적으로 달랐습니다. 제자들에게 큰 자란 세상 사람들이 생각하는 큰 자 개념과 별반 차이가 없었습니다. 그들의 눈에는 세상의 임금이나 관원들과 같이 힘 있는 사람들이 큰 자였습니다. 하지만 예수님께서는 어처구니없게도(?) '파이디온'을 큰 자의 모델로 제시하셨습니다(4절).

'파이디온'이란 유년기에서부터 사춘기 사이의 연령에 해당하는 어린이를 통칭하는 헬라어입니다. 마가복음 9:35에서 주님께서 제자들 앞에 세우기 위해 오라고 했을 때 말귀를 알아듣고 그 부름에 반응한 것으로 보아 이 '파이디온'은 최소한 대여섯 살 정도는 되는 어린아이였던 것 같습니다. 예수님께서는 한 '파이디온'을 불러 제자들 가운데 세우시고 다음과 같이 말씀하셨습니다. "진실로 너희에게 이르노니 너희가 돌이켜 어린아이들과 같이 되지 아니하면 결단코 천국에 들어가지 못하리라. 그러므로 누구든지 이 어린아이와 같이 자기를 낮추는 사람이 천국에서 큰 자니라"(3-4절).

유대 사회에서 어린아이는 아무런 중요성도 갖지 못한 존재로서 어른들에게 복종해야 할 뿐 그 어떤 높임의 대상도 되지 못했습니다. 그런데 예수님께서는 제자들이 바뀌어서 어린아이와 같이 되지 않으면 결코 하늘나라에 들어가지 못할 뿐더러 설령 들어간다고 할지라도 어린아이와 같이 자신을 낮추지 않으면 천국에서 큰 자가 될 수 없다는 충격적인 선언을 하셨습니다. 그러면 도대체 '파이디온'은 어떤 특징들을 가지고 있길래 예수님께서는 그를 천국에서 큰 자라고 부르신 걸까요? 마태복음 18장은 '파이디온'의 두 가지 장점을 제시합니다. 먼저 어린이는 자신을 낮추는 자입니다(4절). 어린이는 '겸손'의 모델입니다. 기독교 최고의 미덕은 바로 겸손입니다. 세상은 초인(superman)이 모델이지만 주님은 '파이디온'을 모델로 제시하셨습니다. 하나님은 교만한 자는 물리치고 겸손한 자만을 들어 쓰셨습니다(잠 3:34). 어린이의 또 한 특징은 '의존성'에 있습니다(6절). 나이가 어리면 어릴수록 인간은 부모의 사랑에 더 의존하게 됩니다. 저는 하나님의 크신 은혜로 아들딸 세 명씩 여섯을 둔 6남매 아빠인데, 제 막내 아이는 이제 갓 돌 지난 아장이입니다. 이 아이를 바라보노라면 스스로 할 수 있는 게 거의 없습니다. 아침부터 저녁까지 하는 일이라곤 그저 먹고 싸고 사고 치는 것밖에 없습니다. 부모가 옆에서 손수 챙겨주지 않으면 당장이라도 무너져 버리는 연약한 존재입니다. 그런 사실을 본능적으로 알고 있기에 이 아이는 항상 '엄마', '아빠'를 찾습니다. 부모의 사랑과 헌신에 전적으로 의존합니다.

땅의 자녀들이 이같이 육신의 부모이며 어떤 의미에서 대리 부모인 세상의 아버지만 의지하듯이, 하나님의 자녀인 우리 성도들도 자신의 무력함을 철저히 깨닫고 영적 부모이며 진정한 부모인 하나님 아버지께 전적으로 의존하며 그의 사랑과 돌보심 가운데 살아갈 때 형통한 삶을 살 수 있는 것입니다. 이러한 의존의 중요성을 극명하게 보여 주기 위해 예수님은 하나님의 아들로서 아버지 하나님을 '아바'('아빠'에 해당하는 아람어)라고 부르셨던 것입니다. 게다가, 제자들에게 가르쳐 주신 주기도문의 첫마디도 '아빠'(헬. '파테르')였던 것입니다(마 6:9).

우리 그리스도인들은 '파이디온'처럼 자신의 무능함을 인정하고 예수님께서 그러하셨듯이, 하나님을 '아빠'라고 부르며 그분만을 믿고 의지해야 할 것입니다. 그렇게 할 때 하나님께서는 위로부터 폭포수와 같은 하늘의 능력과 권세로 우리를 덧입혀 주실 것입니다.

19장 부자

(부자 청년 이야기)

앞 장에서 마태는 천국에 들어갈 수 있는 자로 '파이디온'을 제시했다면 이 장에서는 어린아이와 정반대되는 인물인 부자 청년을 내세웁니다. 어떤 사람이 예수님을 찾아왔습니다(16절 상). 그는 청년이었고(20절), 부자였으며(22절), 어느 정도 권력도 누리고 있었던 자였습니다(눅 18:18). 이런 자가 제 발로 찾아와 "내가 무슨 선한 일을 행하여야 영생을 얻으리이까"라고 주님께 질문을 했습니다(16절 하). 여기 부자 청년이 말한 '행하다'(헬. '포이에오')라는 용어는 율법 준수를 의미합니다(레 18:5; 신 30:11-20). 그리고 '영생을 얻는 것'이라는 말은 '천국에 들어가는 것'(23절), '구원받는 것'(25절)과 같은 표현입니다.

이 돈 많은 젊은이가 어떤 계명을 지켜야 영생을 얻을 수 있느냐고 묻자 예수님은 생명에 들어가려면 십계명을 지키라고 말씀하셨습니다(18-19절). 이 예수님의 대답은 십계명을 지키면, 곧 인간의 행위로 구원을 받을 수 있다는 뜻이 아닙니다. 왜냐하면 예수님을 따르는 것이 구원받는 길이기 때문입니다. 영생에 이르는 길은 선을 행하는 것이 아니라 예수님을 따르는 것입니다. 우리는 오로지 하나님의 능력과 은혜로만 천국에 들어갈 수 있지만 천국 백성이 되기를 원하는 사람은 계명에 나타난 하나님의 뜻을 행해야 합니다. 이는 그 행위로 구원받기 위함이 아니라 천국에 들어가는 자는 마땅히 천국 백성의 신분에 걸맞은 삶을 살아야 한다는 뜻입니다.

주님이 십계명을 지키라고 말씀하시자 부자 청년은 "이 모든 것을 내가 지켰사온대 아직도 무엇이 부족하니이까"라고 대답했습니다(20절). 청년의 이 말에는 교만이 배어 있습니다. 그는 자신이 무엇이 부족한지 전혀 깨닫지 못하고 있었습니다. 그래서 예수님은 "네가 그렇게 잘났으면 네가 하나님처럼 의지하는 물질을 팔아 가난한 자에게 주고 난 다음에 나를 따르라"고 말씀하셨습니다(21절). 앞의 십계명을 언급하셨을 때 주님은 의도적으로 하나님에 대한 인간의 태도에 해당하는 첫 네 계명을 언급하지 않으시고 이웃에 대한 태도를 다루는 계명만 거론하셨습니다. 이는 보이는 이웃을 사랑하는 것이 보이지 않는 하나님을 사랑하는 것과 같다는 취지의 말씀이었습니다. 하지만 이 부자 청년은 결국 자신의 재산을 가난한 자들에게 주지 못함으로써 주의 종이 되기를 거부하고 탐심의 종으로 전락하고 말았습니다. 그래서 예수님을 따르지 못하고 돈을 좇아 가버렸습니다(22절).

자신의 소유를 타인을 위해 주라는 주님의 명령은 주님을 따르는 제자 모두에게 주신 명령이 아닙니다. 영생을 갈망하면서도 더 큰 가치를 위해 현재의 가치를 포기하지 못하는 이 부자 청년의 민낯을 드러내고자 극단적인 처방전을 제시하신 것입니다.

예수님을 따른다는 것은 어린아이처럼 예수님께 절대적으로 의존하는 것을 의미합니다. 이럴 때만이 영생을 얻을 수 있습니다. 하지만 이 부자 청년은 부를 절대적으로 의존했습니다. 당시 유대인들은 일반적으로 부를 하나님의 축복의 표로 이해했습니다. 그러나 이 부가 오히려 이 부자 청년을 하나님 나라에 들어갈 수 없도록 만드는 걸림돌이 됐습니다.[21]

본문의 부자 청년은 이 세상 사람들이 부러워하는 세 가지, 즉 젊음과 재물과 권력을 다 거머쥔 자였습니다. 그런데 그는 여기에 만족하지 않고 영생까지도 획득하려고 했으나 결국 실패했습니다. 영생만큼은 세상적인 방법으로 얻을 수 없기 때문입니다.

이 세상은 악착같이 챙기는 놈이 더 가지는 법이지만 저 세상(하나님의 나라)은 포기하는 사람이 더 많이 얻는 구조입니다. 이 땅에서 살면서 포기하는 만큼 하늘에 쌓아두는 것이기 때문입니다. 이런 원리를 몰랐던 부자 청년은 자신이 가진 것을 놓지 않았지만 눈치 빠른 사도들은 과감하게 포기하고 주님을 붙좇았습니다. "보소서 우리가 모든 것을 버리고 주를 따랐사온대 그런즉 우리가 무엇을 얻으리이까"(27절)라는 베드로의 질문에 예수님은 "내가 진실로 너희에게 이르노니 세상이 새롭게 되어 인자가 자기 영광의 보좌에 앉을 때에 나를 따르는 너희도 열두 보좌에 앉아 이스라엘 열두 지파를 심판하리라. 또 내 이름을 위하여 집이나 형제나 자매나 부모나 자식이나 전토를 버린 자마다 여러 배를 받고 또 영생을 상속하리라"라고 대답하셨습니다(28-29절).

포기에 따른 보상은 어마어마합니다. 제자들은 주님 다시 오실 때 주님과 함께 영광스러운 자리에 앉아 주님이 가지신 심판자의 권한을 나눠 행사하게 될 것입니다. 게다가, 주님을 위해 지불한 것의 여러 배를 받고 영생을 얻을 것입니다. 마태는 본문에서 우리가 포기한 것의 '여러 배'를 받는다고 했지만, 마가는 한술 더 떠서 '백 배'를 얻는다고 말합니다(막 10:30). 여러분! 투자의 귀재 워렌 버핏(Warren Buffett) 뺨치는 투자를 한번 하고 싶지 않으세요? 본문의 사도들처럼 예수님에게 올인하세요. 그러면 식언치 않는 우리 주님이 여러분에게 백 배, 아니 만 배로 돌려주실 것입니다.

20장 품꾼

(품꾼 비유)

본 장의 포도원 품꾼 비유는 전 장의 부자 청년 이야기와 긴밀하게 연관이 있습니다. 이렇게 보는 근거는 부자 청년 이야기의 결론 부분(마 19:30, "먼저 된 자로서 나중 되고 나중 된 자로서 먼저 될 자가 많으니라")과 품꾼 비유의 결론 부분(16절, "나중 된 자로서 먼저 되고 먼저 된 자로서 나중 되리라")이 동일하기 때문입니다. 따라서 마태는 이 두 부분이 본 비유를 샌드위치처럼 감싸고 있는 수미쌍관 구조를 유도하고 있는 것입니다. 그렇게 함으로써 앞 장에서 베드로가 제기한 보상에 대한 질문에 지금 주님께서 비유로 보충 설명하는 것입니다.

마태복음에만 나오는 이 포도원 품꾼 비유는 천국 비유 가운데 하나로 비유의 주인공인 포도원 주인은 새벽부터 자신이 친히 고용시장에 나가서 품꾼을 고용했습니다(1-2절). 그리고 또 오전 9시, 오후 12시, 3시, 심지어는 일 마치기 한 시간 전인 오후 5시에도 나가서 그때까지도 일자리를 찾지 못해 시간만 죽이고 있는 사람들을 불러 자신의 포도원에서 일하게 했습니다(3-7절). 이윽고 날이 저물자, 주인은 나중에 온 자부터 시작해서 먼저 온 자까지 모두 한 데나리온씩 주었습니다(8-9절). 이에 먼저 온 자들은 나중에 온 자들보다 더 받을 줄로 생각했는데 한 데나리온만 받게 되자 주인이 공평치 않다고 불평을 했습니다(10-12절). 이에 주인은 그들에게 원래 한 데나리온 주기로 약속하고 일한 것이니 자신은 전혀 잘못이 없다고 말했습니다(13절). 그리고 나중에 온 자들에게도 똑같이 한 데나리온 주는 것이 자신의 뜻임을 피력했습니다(14절).

열린 결말로 끝나는 이 품꾼 비유가 우리 그리스도인들에게 주는 교훈은 크게 두 가지입니다.

첫째, 포도원 주인으로 대변되는 하나님은 일반 경제 상식을 벗어날 정도로 너그러운 분이시라는 것입니다. 고용주가 마음먹은 대로 할 수 있던 시대적 상황 속에서 포도원 주인은 악한 고용주들의 보상 원리와 정반대로 보상했습니다. 그는 노동자들에게 한 푼이라도 덜 주는 데 관심이 모아져 있지 않았습니다. 오히려 그 누구도 일자리를 제공하기 꺼려하는 생산력이 현저하게 떨어지는 노동자들에게까지도 남은 노동 시간과 상관없이 일자리를 제공해 줄 뿐 아니라, 그들에게 조금이라도 더 주는 데 모든 관심이 모아져 있었습니다.[22]

둘째, 포도원 품꾼으로 대변되는 제자 혹은 신자는 공로 의식을 버려야 한다는 것입니다. 하나님 나라에서는 세상 나라에서 통용되는 공로의 원리가 아닌 은혜의 원리가 지배한다는 것을 본 비유는 강조합니다. 제자들이 주님을 따르기 위해 모든 것을 버렸다고 할지라도, 그리고 주님께서 그들에게 상급과 영생을 주신다고 할지라도, 그것은 제자들의 공로에 대한 대가가 아니라 어디까지나 주님의 은혜로운 선물입니다. 하루 종일 일한 품꾼들은 데나리온을 은혜의 선물이 아닌 자신들의 노력에 의해 당연히 받을 수 있는 공로의 대가로 생각했기 때문에 불평을 하게 됐던 것입니다.[23] 그러므로 우리 그리스도인들은 앞 장의 베드로처럼 집도 다 버리고 주님을 따른 것에 대한 보상을 운운하며 자신의 공로를 내세우는 우(愚)를 범하지 말아야 할 것입니다.

공로 의식과 더불어 비교 의식 또한 철저히 배제되어야 할 것입니다. 본 비유에서 일찍 온 자가 불만을 갖게 된 것은 나중에 온 자와 자신을 비교했기 때문입니다. 먼저 온 사람의 기쁨은 자신이 두 데나리온을 받는 데 있는 것이 아니라 늦게 온 사람도 같이 한 데나리온을 받는 것을 보고 할렐루야 하며 기뻐하는 데 있습니다. 이게 남이라면 쉽게 수긍이 안 되겠지만 만일 자기 자식이라면 금방 납득이 갈 것입니다. 늦게 온 자식을 보고 다른 사람들은 저놈 주지 말라고 아우성을 쳐도 부모라면 똑같이 주었으면 하는 마음일 겁니다. 그런데 주님이 한 데나리온을 주니까 얼마나 감사합니까? 부모 입장에서는 자기가 덜 받는 건 중요하지 않습니다. 자기 자식이 받은 게 기쁜 거지요. 이것이 우리 그리스도인들이 가져야 할 마음 자세입니다.[24] 우리는 모두 형제자매이니까요. 하나님 아버지 안에서 한 식구이니까요.

먼저 와서 땡볕에서 온종일 고생하고도 공로 의식, 비교 의식에 사로잡혀서 먼저 되지 못하고 나중 된 자가 된다면 얼마나 안타까운 일이겠습니까? 따라서 이제부터라도 공로 의식을 은혜 의식으로, 비교 의식을 동료 의식으로 과감하게 전환해야 합니다.

21장 정화

(성전 **정화**)

매년 유월절이 되면 예루살렘에서 약 30km 이내에 있는 이스라엘 사람들은 누구나 예루살렘 성전으로 올라와서 하나님께 제사드리도록 되어 있었습니다.

그리고 예루살렘으로부터 멀리 떨어져 살았지만 유월절을 지키기 원했던 사람들은 먼 거리를 여행해서 예루살렘으로 갔습니다. 전 세계에 흩어져 살던 디아스포라 유대인들은 일생에 한 번은 유월절을 지키기 위해 예루살렘 성전을 향해 순례의 여행을 떠났습니다. 그래서 유월절을 맞아 예루살렘에 운집한 인파가 200만 명을 넘는 경우도 있었다고 합니다.

성전에 들어가려면 입장료로 반 세겔(Half Shekel)의 성전세를 내야 했습니다. 이때 성전에 내는 돈은 거룩해야 된다고 해서 성전 안에서만 통용되는 별도의 화폐를 사용했습니다. 그래서 타국에서 온 사람들은 자국 화폐들을 성전 화폐로 환전을 해야 했습니다. 또한 성전에서 유월절 제사를 드리기 원하는 사람은 짐승을 끌고 왔습니다. 먼 지방에 있는 사람들이 짐승을 끌고 여행을 하는 일이란 여간 번거로운 일이 아닐 수 없었습니다. 그래서 처음에는 그들의 편의를 도모하기 위해서 짐승을 직접 끌고 올 필요 없이 돈만 가지고 오면 성전 안에서 짐승을 살 수 있도록 배려했습니다. 이렇게 해서 자연스럽게 돈 바꾸는 환전소와 짐승을 살 수 있는 가축 시장이 성전 근처인 감람 산 지역에 세워지게 됐습니다. 이 환전소와 가축 시장은 산헤드린 공의회가 관할하고 있었습니다. 환전소와 시장을 통해서 엄청난 돈이 들어오게 되자 돈독이 오른 대제사장은 자신의 권력을 이용하여 성전 내부의 소위 이방인의 뜰이라고 불리는 곳에 또 하나의 환전소와 시장을 개설했습니다. 그래서 장사꾼들이 한쪽에서는 돈을 바꾸어 주고 다른 한쪽에서는 제사에 필요한 비둘기나 양이나 소를 팔았습니다. 결국 환전과 가축 장사를 해서 남은 엄청난 차액은 고스란히 상인들과 성전 귀족들의 손아귀에 들어갔습니다.

성전 제사는 뒷전이고 서로 작당을 해서 다 해먹고 있는 역사와 전통을 자랑하는(?) 해묵은 성전 관행에 대해 알 만한 사람들은 다 알고 있었을 것입니다. 그러나 이러한 부패한 종교 지도자들에 감히 맞설 용기가 없어 다들 벙어리 냉가슴만 앓고 있던 것입니다. 왜냐하면 성전 귀족들의 행위에 이의를 제기하는 것은 곧 죽음을 의미하는 것이었기 때문입니다. 예수님께서는 이러한 해묵은 관행을 끊고 성전 본연의 기능을 회복시키기 위해서 성전에 들어가셨습니다. 그리고 거기서 짐승을 팔고 돈을 환전해 주는 장사치들을 보고 진노하사 그들의 상과 의자를 뒤엎으셨습니다(12절).

이어지는 절에서 예수님은 자신이 한 행동에 대한 이유를 구약의 두 구절을 인용하여 밝히셨습니다. "내 집은 기도하는 집이라 일컬음을 받으리라 하였거늘 너희는 강도의 소굴을 만드는도다"(13절). 첫 인용구("내 집은 기도하는 집이라")는 이사야 56:7에서 온 것으로 성전은 상업 장소가 아니라 하나님께 기도하고 예배드리는 장소가 되어야 한다는 점을 말해줍니다. 하지만 성전 관리를 담당한 이스라엘 지도자들과 당시 이스라엘 백성들은 거룩한 성전에서 하나님께 진정으로 기도하고 예배드리는 일에 실패했으며 오히려 자신들의 탐욕으로 성전을 더럽히고 있었습니다.

두 번째 인용구("강도의 소굴을 만들었도다")는 예레미야 7:11에서 온 것으로 보이는데, 이는 성전을 그 본래의 의도와는 전혀 다르게 자신들의 이익과 편의를 위한 수단으로 사용하는 성전 관리자들과 상인들 그리고 그들의 행동에 편승하는 일반 백성들의 행위를 정죄하는 말입니다. 성전(오늘날은 '교회')이 예배와 기도드리는 곳으로서의 본질을 벗어나는 그 순간 바로 '강도의 소굴'이 되고 마는 것입니다.[25]

성전을 깨끗이 청소한 후, 예수님께서는 그 정화된 성전 안에서 자신에게 나오는 맹인들과 저는 자들을 고쳐 주셨습니다(14절). 사무엘하 5:8에서 다윗은 맹인들과 저는 자들은 성전에 들어오지 못하도록 명령을 내렸지만 다윗의 자손 예수는 똑같은 '성전 안에서' 그들을 영접했을 뿐 아니라 고쳐 주기까지 하셨습니다. 이는 회복된 진정한 성전이 장애 여부와 상관없이 누구에게나 제공하게 될 메시아적 축복의 성격을 암시해 줍니다.

예수님의 이러한 행동을 지켜본 아이들은 예수님을 메시아로 인식하고 "호산나 다윗의 자손이여"하고 큰 소리로 외치며 환호했습니다. 하지만 성전에서 하나님께 제사드리는 일을 주관하는 '대제사장들'과 율법을 가르치는 '서기관들'은 메시아를 눈앞에 두고서도 알아보지 못하고 오히려 예수님께 화를 내며 따졌습니다(15절). 그들은 '애'만도 못한 성직자들이었습니다. 우리는 종종 믿음 생활한 짬밥을 내세우는 경향이 있는데, 이 나잇값 못하는 이스라엘 지도자들을 바라보노라면 나이와 경건이 꼭 정비례하는 것은 아니라는 사실을 알 수 있습니다.

사무엘서를 보면 아이 사무엘은 부모와 떨어져서 성소에 머물면서 노(老)제사장 엘리 앞에서 여호와를 섬겼습니다(삼상 3:1). 그런데 어느 날 사무엘이 하나님의 궤가 있는 여호와의 전에서 잠을 자고 있는데, 여호와께서 그를 불렀습니다(2-4절). 사무엘은 엘리가 자기를 부르는 줄 알고 그에게 달려가 "당신이 부르셔서 왔습니다"라고 대답했습니다(5절). 엘리가 안 불렀다고 해서 다시 자리로 가서 누웠는데 하나님께서 또 사무엘을 부르셨습니다. 이런 일이 세 번 반복된 후에 사무엘은 자신을 부르는 자가 여호와임을 깨닫고 "여호와여 말씀하옵소서 주의 종이 듣겠나이다"라고 대답했습니다(10절).

하나님께서는 엘리 제사장이 버젓이 살아 있는데도 불구하고 제사장 축에도 끼지 못하는 소년 사무엘에게만 찾아오셔서 장차 일어날 중대한 비밀을 계시해주셨다는 사실이 언뜻 이해가 가지 않습니다. 자신은 그토록 오랫동안 여호와의 제사장으로 여호와를 섬겼는데 어린 사무엘에게는 무려 세 번이나 음성을 들려주시면서 자신은 단 한 차례도 불러주시지 않으니 시쳇말로 스타일 완전 구기는 일이었을 것입니다.

하나님께서는 왜 이렇게 위계질서를 무시하고(?) 엘리를 배척하면서 사무엘만 편애하셨을까요? 그 이유는 간단합니다. 사무엘은 비록 나이도 어리고 아직 제사장도 아니었지만, 하나님의 말씀을 하나님의 말씀으로 받아들이고 순종했기 때문이었습니다. 사무엘이 훗날 계속해서 여호와께 불순종한 사울 왕에게 했던 말, "순종이 제사보다 낫고 듣는 것이 숫양의 기름보다 나으니이다"(삼상 15:22)는 사실은 그 자신의 인생 모토(motto)였습니다.

하나님께서 설명해줘도 말귀를 제대로 알아듣지도 못하고 설령 수십 번 음성을 들려준다고 해도 순종하려는 마음이 눈곱만큼도 없는데, 엘리가 제아무리 나이 많고 제사장 경력이 오래된들 뭐 합니까? 순종하지 않는 사람에게 신앙의 연륜(年輪)이란 '훈장'이 아니라 '숫자'일 뿐입니다. 순종 없이 주님의 음성을 들으려고 하는 사람은 꿈도 야무진 것입니다.

22장 논쟁

(종교 지도자들과의 **논쟁**)

예루살렘에 입성하신 후 우리 주님은 성전 안에서 유대 종교 지도자들과 논쟁을 벌이셨습니다. 논쟁의 주된 내용은 납세(15-22절)와 부활(23-34절)에 관한 문제였습니다. 먼저 바리새인들이 헤롯 당원들과 함께 주님을 찾아와서 로마 제국에 세금을 바치는 문제와 관련하여 질문을 던졌습니다. "가이사에게 세금을 바치는 것이 옳으니이까 옳지 아니하니이까?"(17절). 여기 '가이사'는 로마 황제에 대한 칭호입니다. 예수님 당시의 로마 황제는 티베리우스였습니다. 그리고 '세금'은 유대인 성인들이 로마에 바치는 인두세로 1년에 1인당 한 데나리온을 바쳤습니다. 이 질문에 만일 예수님이 세금을 내라고 하면 그것은 로마의 속주 지배를 정당화하는 것이어서 바리새인들이 기대한 것처럼 유대인들의 민족적인 정서에 거부감을 불러일으킬 것이고, 반대로 내지 말라고 하면 로마에 반역을 꾀하는 것인 만큼 친(親)로마 세력인 헤롯 당원들에 의해 바로 체포될 수 있는 상황이었습니다.

주님은 이들의 질문 의도가 순수하지 못하다는 것을 아셨지만(18절), 이를 세속 정부에 대한 제자의 태도를 가르치는 기회로 삼으셨습니다. 그래서 논쟁자들이 가져온 주화를 보고 "이 형상과 이 글이 누구의 것이냐"라고 물으셨습니다(20절). 세금으로 내는 데나리온은 당시의 황제였던 티베리우스의 형상과 우상 숭배적인 문구가 새겨져 있었습니다.

질문을 받은 바리새인들은 "가이사의 것이니이다"라고 대답했습니다 (21절 상). 이에 예수님은 "가이사의 것은 가이사에게, 하나님의 것은 하나님께 바치라"고 말씀하셨습니다(21절 하). 여기 '바치다'로 번역된 헬라어는 '아포도테'인데, 이는 '돌려주다'라는 의미로 세금을 가리키는 말입니다. 백성들은 가이사에게 수혜를 받았고 그 수혜의 일부를 돌려주는 것이 세금입니다. 그래서 '가이사의 것은 가이사에게 바치라'라는 말은 가이사의 통치하에 있는 사람은 가이사에게 속해 있는 것이기에 일부를 가이사에게 바쳐야 한다는 말입니다. 하지만 주님 답변의 강조점은 뒷부분, 즉 '하나님의 것은 하나님께 바치라'에 있습니다.[26] 그래서 이 말은 황제의 형상이 새겨진 주화가 황제에게 드려져야 한다면 하나님의 형상이 새겨진 인간은 마땅히 하나님께 드려져야 한다는 뜻입니다. 황제도 하나님의 형상이기에 하나님의 뜻에 순복해야 한다는 말입니다. 본문의 강조점이 후반부에 있음을 주지하고 우리는 국가에 대한 충성과 하나님에 대한 충성을 동등하게 보기보다 하나님에 대한 충성이 더 우위에 있음을 자각해야 할 것입니다.

바리새인들은 예수님의 빈틈없는 논리에 기겁하고 현장을 급히 떠났습니다(22절). 같은 날 또 다른 종교 지도자들인 사두개인들이 예수님을 공격하기 위해 겁도 없이 단독으로 주님을 찾아왔습니다(23절). 그래서 논쟁 제2라운드가 벌어졌습니다. 다윗과 솔로몬 때의 제사장 사독의 후손들인 사두개인들은 당시의 제사장 계급을 점유하고 있었는데, 로마 제국의 권력에 대해서는 실용주의적이었고, 신학에서는 현세 중심적이었습니다. 그래서 이들은 부활과 천사의 존재를 부인하고 있었습니다. 성경도 구약의 모세오경만 하나님의 말씀으로 인정했습니다. 이러한 사두개인들은 주님께서 바리새파처럼 부활을 믿고 있다는 사실을 알고 있었습니다. 그래서 주님께 와서 모세와 관련된 형사취수(兄死娶嫂) 제도에 대해 질문했습니다. 그들은 일곱 형제가 다 한 여인과 차례대로 관계를 가졌다면 죽은 후에 그 여인은 누구의 아내가 될 것인가를 물었습니다(24-28절). 죽으면 모든 것이 끝난다고 생각하고 부활을 인정하지 않는 그들로서는 나름대로 부활의 모순을 드러내 보려는 질문이었습니다. 이에 주님은 그들이 성경도 하나님의 능력도 알지 못해서 이런 떨떨한 질문을 한다고 책망하셨습니다(29절). 부활 후에는 결혼하지 않을 것이므로 부활이 형사취수법과 모순되지 않는다고 반론을 제기하셨습니다(30절). 그리고 이어서 우리 주님은 사두개인들이 신뢰하는 모세오경으로 부활을 논증하셨습니다. 예수님은 하나님께서 부활에 관하여 말씀해 주시는 성경으로 출애굽기 3:6을 제시하셨습니다. "나는 아브라함의 하나님, 이삭의 하나님, 야곱의 하나님이다"(32절). 이 말씀은 하나님께서 호렙 산의 불타는 떨기나무 가운데서 모세에게 자신이 누구인지를 밝히신 말씀입니다. 그런데 하나님은 과거형으로 "나는 아브라함의 하나님, 이삭의 하나님, 야곱의 하나님이었다"라고 하지 않고 현재형으로 "나는 아브라함의 하나님, 이삭의 하나님, 야곱의 하나님이다"라고 말씀하셨습니다. 하나님께서 모세에게 이 말씀을 하실 때 족장들은 이미 죽었는데도 그들의 '하나님이었다'라고 말씀하지 않고 그들의 '하나님이다'라고 말씀하신 것은 그들이 현재에도 살아 있음을 전제하는 것입니다.[27] 하나님의 자녀들은 육체가 사라져도 하늘에서 지금도 살아서 하나님과 함께 교제하고 있는 것입니다. 따라서 부활 신앙이란 내가 죽어도 산다는 것이 아니라 몸이 사나 죽으나 하나님과 함께 언제나 '살아서' 교제한다는 것을 믿는 믿음입니다.[28] 우리 그리스도인들이 이 믿음을 굳게 붙들고 산다면 죽음 따위는 1도 두렵지 않을 것입니다.

유대 종교 지도자들은 예수님께 연전연패했습니다. 그러나 그들은 자신들의 잘못을 끝까지 뉘우치지 않았습니다. 그래서 주님은 다음 장에서 그들에게 저주의 핵폭탄을 퍼부으십니다.

23장 저주

(바리새인과 서기관들에 대한 **저주**)

22장이 성전 안에서 일어난 사건이라면, 23장 역시 성전 안에서 선포한 저주 시(詩)입니다. 예수님이 5장에서 제자들에게 팔복(八福), 즉 여덟 가지 축복의 말씀을 주셨다면, 여기서는 바리새인과 서기관들에게 칠화(七禍), 즉 일곱 가지 저주를 선언하십니다. 이들이 주님의 비판을 받는 결정적인 이유는 '외식'입니다. 외식의 주제는 이미 6장과 15장에서도 언급했는데, 여기 23장이 그것의 결정판입니다.

앞 장에서 바리새인들과 사두개인들이 예수님을 공격했다면, 이 장에서는 주님께서 그들에게 반격을 가하십니다. 바리새인들은 '모세의 자리', 즉 율법을 가르치고 해석하는 권위를 부여받았습니다(2절). 하지만 이들은 말만 뻔드르르하게 하고 삶이 없었습니다(2-4절). 경건하지도 않으면서 경건한 체했습니다(5-7절). 예수님은 이렇게 겉과 속, 말과 행동이 불일치하는 위선자들과는 차원이 다른 삶을 살 것을 제자들에게 당부하셨습니다(8-12절). 그리고 이어서 자신의 선도를 외면한 바리새인들에게 "화 있을 진저"라는 말씀을 7번이나 반복하면서 재앙이 임할 것을 예고하셨습니다.

먼저 주님은 첫 두 저주 시를 통해 이들이 사람들을 하늘나라에 들어가지 못하게 막는 죄를 통렬히 지적하셨습니다(13-15절). 바리새인과 서기관들은 성경 선생들로서 사람들이 하늘나라로 들어갈 수 있도록 인도하는 사람들입니다. 그러나 이들은 하나님의 말씀을 엉뚱하게 가르쳤기 때문에 잘못된 말씀을 배운 사람들이 하늘나라로 들어갈 수 없게 됐습니다.

셋째와 넷째 저주 시를 통해 예수님은 이들이 율법의 세부적인 규정에 몰두한 나머지 율법의 핵심을 상실하는 모순을 범했다고 비판하셨습니다(16-24절). 주님은 반복해서 바리새인과 서기관들을 '눈먼 인도자'라고 지칭하셨습니다. 이는 이들이 무엇이 중요한지 전혀 알지 못하는 자라는 뜻으로 이 맹인들은 율법의 소소한 것은 신경 쓰지만 더 중요한 것, 즉 율법의 근본정신인 사랑—이웃을 긍휼히 여기는 마음—을 놓쳐 버렸습니다.

다섯째와 여섯째 저주 시를 통해 예수님은 이들의 내적 정결과 외적 정결의 불일치 문제를 거론하셨습니다(25-28절). 바리새인과 서기관들은 자신들의 진짜 모습과 타인들에게 드러난 행위가 일치하지 않는 위선자들이었습니다. 주님은 이들을 겉은 아름답게 보이지만 속은 죽은 사람의 뼈가 가득한 회칠한 무덤이라고 지칭하셨습니다. 껍데기는 화려하게 보이지만 이들의 내면은 썩어 있었습니다. 위선과 불법으로 가득 차 있었습니다. 정결 법의 핵심은 윤리적 정결인데, 이들은 본질은 외면하고 제의적 정결에만 매달리는 우(愚)를 범했습니다.

마지막 일곱 번째 저주 시를 통해 예수님은 바리새인과 서기관들이

자기 조상들의 실패를 그대로 답습하고 있다고 지적하셨습니다(29-32
절). 이들은 자신들이 조상 때에 있었더라면 자신들은 선지자들의 피를
흘리는 데 가담하지 않았을 것이라고 장담했지만 선지자적 메시지를
전한 세례 요한을 배척했고 결국 메시아이신 예수님을 죽음에 이르게
함으로써 조상들보다 한술 더 뜨는 죄를 범했습니다.

　　끊임없이 경고를 해도 도저히 개도가 안 되는 이런 완악한 사람들
에게 남아 있는 것은 심판밖에 없습니다. 그래서 주님은 곧 멸망할 예루
살렘을 바라보며 애가(哀歌)를 부르셨습니다(37-39절).

　　예수님의 사역과 말씀을 거부한 유대인들(하나님께서 부르신 자들)의 운
명과 예루살렘의 심판은 예수님께서 다시 오실 때까지 그분을 따르는
자들, 곧 교회에게 경고의 메시지를 날립니다. 복음을 거부하는 일은 교
회 밖에서만 일어나는 일이 아니기 때문입니다.

24장 강화

(감람 산 강화)

자신의 경고에도 불구하고 끝까지 죄를
회개하지 않는 예루살렘을 향해 애가를
부르신 후, 예수님께서는 성전에서 나오
셨습니다(1절 상). 그리고 다시는 성전에
들어가지 않으셨습니다. 이는 바로 앞 장
38절("보라 너희 집이 황폐하여 버려진 바 되리
라")에서 선포된 예루살렘 성전의 운명을 상징하는 행동으로 이해될 수

있습니다. 스승은 성전이 조만간 무너질 것이라고 직간접적으로 여러 번 신호를 보냈지만, 제자들은 어리석게도 그것을 깨닫지 못하고 헤롯 성전의 웅장함에 압도되어 "주님 저것 좀 보십시오"라고 하며 성전을 가리켜 말했습니다(1절 하). 그러자 예수님께서는 "내가 진실로 너희에게 이르노니 돌 하나도 돌 위에 남지 않고 다 무너뜨려지리라"고 예언하셨습니다(2절). 그리고 나서 주님께서 예루살렘 동편 감람 산 위에 앉으셨을 때에 제자들이 나아와 "어느 때에 이런 일이 있겠사오며 또 주의 임하심과 세상 끝에는 무슨 징조가 있사오리이까"라고 질문했습니다(3절). 이들의 관심은 '어느 때'에 성전 파괴("이런 일")가 일어날 것이며 종말("주의 임하심과 세상 끝")에는 '어떤 징조'가 있을지에 관한 것이었습니다. 제자들은 예루살렘 성전 파괴와 그리스도의 재림이 세상 끝에 함께 발생할 것으로 생각했습니다. 그래서 이 둘을 한데 묶어서 질문했습니다. 이 두 물음에 대한 답변으로 예수님은 소위 '계시록의 축소판'이라고 하는 감람 산 강화(마 24:4-25:46)를 하셨습니다.

먼저 강화의 전반부(24:4-35)에서는 '징조들'에 대해서 언급하셨습니다. 그리고 이어서 후반부(24:36-25:46)에서는 '시기'에 대해 논하셨습니다. 이 징조들은 '불법이 성하고 사랑이 식어지는 것'(12절)을 제외하고 마가와 모두 일치하기에 여기서는 '시기' 문제만 다루고 마가복음을 해설할 때 징조들에 대해 자세히 언급하겠습니다.

주님은 자신의 '파루시아', 즉 재림이 초림 때와는 다를 것이라고 말씀하셨습니다. 초림 때는 팔레스타인이라고 하는 제한된 장소에만 임하셨지만, 재림 시에는 온 세상 사람들이 다 볼 수 있게 오시겠다고 말씀하셨습니다(23-28절). 초림의 예수님을 만나지 않고 이 재림의 주님을 뵙는 사람은 세상에서 가장 불쌍한 사람입니다.

그러면 이 전(全) 우주적 재림 사건은 언제 일어날까요? "그날과 그 때는 아무도 모르나니 하늘의 천사들도, 아들도 모르고 오직 아버지만 아시느니라"(36절). 예수님께서는 몇 년, 몇 월, 며칠, 몇 시에 정확히 종 말이 올지 심지어 하나님의 아들이신 자신도 모른다고 말씀하셨습니다. 비록 우리 그리스도인들은 인자의 재림의 때를 정확히 알 수 없지만 뒤따르는 비유들, 즉 노아의 때(37-39절), 도둑(42-44절), 지혜 있는 종과 어리석은 종(45-51절), 열 처녀(25:1-13) 비유들은 그때가 가장 예기치 않은 시기에 올 것이라는 점을 공통적으로 강조해주고 있습니다. 이토록 주님께서 그날과 그 시각에 대해 끝까지 함구하셨음에도 불구하고 그 일시(日時)를 정확히 알고 있다고 외치며 신도들에게 하얀 가운을 입혀 산으로 인도하는 지도자가 있다면 그는 자신이 '하나님'이거나 혹은 '사기꾼'이거나 둘 중 하나일 것입니다.

본 감람 산 강화의 두 이슈인 성전 파괴와 주의 재림 문제와 관련해서 우리 그리스도인들이 유념해야 할 점이 있는데, 진정한 제자의 표지는 '인내'라고 하는 점입니다. 임박한 예루살렘 성전 파괴 때나 세상 끝날에 앞서 제자들은 지속적으로 고난을 당할 것입니다(5-12절). 이 산통(産痛)의 시기에 제자들에게 요구되는 것은 참고 견디는 '인내'입니다. "끝까지 견디는 자는 구원을 얻으리라"(13절). 예수님의 이 약속은 10:22의 정확한 반복입니다. 이처럼 진정한 제자의 특징이요 구원의 조건으로 인내가 거듭 제시되고 있다는 점은 환난에 직면한 제자의 삶에 그것이 얼마나 중요한 덕목인지를 잘 보여줍니다.

사실 '인내'란 신자든 불신자든 관계없이 인간에게 구원과 승리를 가져다주는 결정적인 요인임을 중세 일본 역사가 잘 증명해 주고 있습니다. 16세기 전국 시대에 일본에 세 명의 거물이 있었습니다. 그중의 하나는 오다 노부나가(織田信長)였고, 또 한 명은 임진왜란을 일으킨 장본인인 도요토미 히데요시(豊臣秀吉), 그리고 나머지 하나는 도쿠가와 이에야스(德川家康)였습니다. 오다는 성격이 다혈질이었습니다. 삼국지의 장비와 같은 사람이었습니다. 이에 반해 도요토미는 조조와 같은 꾀돌이였습니다. 도쿠가와는 은인자중하며 자신의 때가 오기만을 기다리는 인내의 화신(化身)이었습니다.

이 세 인물의 성격을 단적으로 말해주는 '울지 않는 뻐꾸기' 고사(古史)가 전해 내려옵니다. 누군가 이들 셋에게 "만일 울지 않는 뻐꾸기가 있다면 당신들은 어떻게 하겠습니까"라고 물었습니다. 오다의 대답은 "울지 않으면 단칼에 베어 버리겠다"였습니다. 도요토미는 잔머리 굴리는 놈답게 "수단과 방법을 가리지 않고 잘 구슬려서 울도록 만들겠다"고 답했습니다. 반면에 도쿠가와는 "제풀에 지쳐서 울 때까지 기다리겠다"였습니다. 이 세 사람 중에 최후의 승자는 누가 됐겠습니까? 물론 '도쿠가와'죠. 그는 오다와 도요토미 휘하에서 오랜 기다림 끝에 실권을 장악하고 마침내 일본 천하를 통일했습니다.

일본 닛코 도쇼궁 도쿠가와 이에야스의 무덤 근처에는 그의 일생을 단적으로 묘사해주는 '세 마리의 원숭이 조각상'이 있다고 합니다. 그런데 한 원숭이(미자루)는 눈을 가리고 있고, 또 하나(키카자루)는 귀를 막고 있고, 나머지 하나(이와자루)는 입을 가리고 있답니다. 무슨 말입니까? 보아도 못 본 척, 들어도 못 들은 척, 절대로 섣불리 자기주장을 하지 않고 꾹 참고 결정적인 기회가 올 때까지 느긋하게 기다리겠다는 거지요.

우리 그리스도인들도 이와 같은 자세로 주님 다시 오실 때까지 어떠한 시련이 닥쳐올지라도 끝까지 참고 기다리는 '인내의 화신'이 되어야겠습니다.

25장 열 달

(열 처녀 & 달란트 비유)

이 장 또한 감람 산 강화의 일부인데, 열 처녀의 비유와 달란트의 비유는 공히 예수님의 '파루시아'를 깨어서 준비하라는 가르침을 주기 위해 주어졌습니다. 앞 장 마지막 단락은 지혜 있는 종과 어리석은 종의 비유(마 24:45-51)로 거기서는 예상보다 주님이 일찍 오셨다면, 본 장의 열 처녀의 비유에서는 반대로 예상보다 늦게 오셨습니다. 그래서 두 비유를 통해서 터득할 수 있는 교훈은 예수님이 언제 오시느냐에 신경을 곤두세우지 말고 그분이 언제 오시든 우리 그리스도인은 항상 깨어 준비하고 있어야 한다는 것입니다.

열 처녀의 비유에 등장하는 신랑은 예수님을 지칭합니다(참고, 마 9:15). 그리고 본문의 열 처녀는 참 제자들과 거짓 제자들이 혼합된 교회를 상징합니다. 이 두 그룹을 구별하는 표지는 그들이 신랑이 도착 예상 시간보다 늦었을 때를 대비해서 기름을 충분히 준비했느냐 여부입니다. 지혜로운 다섯 처녀는 여분의 기름을 준비해서 신랑과 함께 예비된 혼인 잔치에 들어갔지만 그렇지 않은 미련한 다섯 처녀는 문전박대 당했습니다(10절). 열 처녀가 기름을 준비하는 목적은 신랑 되신 예수님의 오심을 보기 위함이 아니라 예수님과 함께 혼인 잔치에서 최고의 복에 참여하는 데 있습니다. 신랑이 오는 것을 본다고 해서 모두 혼인 잔치까지 가는 것은 아닙니다. 혼인 잔치까지 참여할 수 있는 사람은 기름을 준비해 놓은 사람들뿐입니다.

그러면 이들이 혼인 잔치에 참여하는 데 꼭 필요한 '기름 준비'는 무엇을 의미할까요? 본문 자체에서는 그것이 무엇인지 명확하지 않으나 뒤의 최후 심판 장면(31-45절)에서 양과 염소를 가르는 판결 기준이 '사랑의 실천' 여부이므로 '사랑'(혹은 '긍휼')이 종말을 살아가는 신자의 기름에 해당합니다.[29]

앞의 두 비유가 언제든 준비되어 있어야 함을 강조한다면 이어지는 달란트 비유는 '어떻게' 준비할 것인가에 대한 답변을 제시합니다. 달란트 비유에 등장하는 어떤 사람은 앞의 비유의 신랑과 같이 예수님을 가리키며 예수님께 달란트를 받은 종들은 제자들을 지칭합니다(14절). 주인은 타국으로 떠나면서 종들에게 각각 다섯 달란트, 두 달란트, 한 달란트를 맡겼는데(15절), 1달란트는 6천 데나리온으로 1데나리온은 당시 노동자의 하루 품삯에 해당했습니다. 따라서 1달란트는 노동자의 20년 치 임금에 필적하므로 결코 적은 양이 아니었습니다. 이들이 받은 '달란트'란 하나님 나라를 섬기도록 각자의 재능에 따라 주어진 책임이나 기회를 의미합니다.

그날을 준비하는 사람은 여기 한 달란트를 받은 사람처럼 아무것도 하지 않는 자가 아니라 도리어 두 달란트와 다섯 달란트 받은 자들처럼 그것을 활용하여 열심히 장사하는 사람입니다. 주인이 자신에게 맡겨준 책무를 부지런히 감당하는 사람입니다. 달란트를 받은 자들이 해야 할 일은 그 받은 것으로 최선을 다해 장사하는 일이었습니다. 그것이 그날을 대비하여 깨어 있는 자의 모습이었습니다. 우리 신자들은 가만히 앉아서 예수님의 다시 오심만 기다려선 절대 안 됩니다. 다시 오신 예수님은 아무것도 하지 않은 한 달란트 받은 자에게 악하고 게으른 종이라고 책망하셨습니다(26절). 이 한 달란트 받은 종처럼 적게 받았다고 불평불만하며 손 놓고 있어서는 안 됩니다. 주님은 얼마나 많이 남겼느냐보다 얼마나 책임을 충실히 수행했느냐로 평가하시기 때문입니다.

26장 배부

(**배신** & **부인**)

종려주일에 예루살렘에 입성하신 예수님은 겟세마네 동산에서 최종적으로 하나님의 뜻을 묻는 기도를 마치시고 제자들에게 "일어나 함께 가자. 보라! 나를 파는 자가 가까이 왔느니라"라고 말씀하셨습니다(46절). 주님은 결국 이 말대로 자신을 배반한 배은망덕한 제자 가룟 유다가 가까이 다가와 입 맞추며 보냈던 체포 신호를 시발점으로, 그와 함께 왔던 대제사장들과 장로들의 종복들에게 붙잡혀서 대제사장 가야바의 관저 앞으로 끌려가서 새벽까지 심문을 당하셨습니다. 이때 다른 제자들은 다 도망가고 베드로만 멀찍이 예수님을 따라 대제사장의 집 뜰에까지 가서 그 결말을 보려고 안에 들어가 하인들과 함께 앉았습니다(57-58절).

관저 안에서 스승 예수는 대제사장들과 공회 회원들 앞에서 그리스도로서의 자신의 신분을 명확하게 밝히는 당당한 모습을 보여 주었지만(63-64절), 바깥 뜰에서 제자 베드로는 이와 너무도 대조적으로 여종들과 구경꾼들 앞에서 예수님을 거듭 부인하는 충격적인 모습을 보여 주었습니다. 특히, 베드로의 부인은 처음에는 '단순히 부인'하는 정도였지만(70절), 두 번째는 이에 한 걸음 더 나아가 '맹세하며 부인'하다가(72절), 최종적으로는 '저주하고 맹세하며 부인'하기까지(74절) 강도를 점점 더 해 감으로써 그가 얼마나 철저히 주님을 부인했는지를 여실히 보여 주었습니다.

베드로의 부인 이야기 바로 뒤에 스승을 판 유다의 죽음 이야기가 이어집니다. 예수님의 이 두 제자의 부인과 배신 이야기는 자연스럽게 그 장본인들을 서로 비교하게 만듭니다. 둘 사이는 언뜻 보기에는 별로 차이가 없어 보입니다. 하지만 이 둘 사이에는 출신부터 차이가 났습니다. 베드로를 비롯한 다른 사도들은 지금으로 말하면 강북(북쪽 갈릴리 지역) 출신의 블루 칼라(Blue Collar)들이었지만, 유다만은 강남(남쪽 유다 지역) 출신의 화이트 칼라(White Collar)였습니다. 그래서 주님은 이 셈이 빠르고 똑똑한 친구를 자신의 공동체 전체의 살림을 총괄하는 재무장관으로 임명하셨습니다. 그로 인해 유다는 열두 사도뿐만 아니라 칠십 인의 제자들, 더 나아가서는 수많은 예수님의 추종자들의 돈줄을 쥐고 있었던 실세였습니다. 그러나 유다는 베드로보다 훨씬 호조건을 타고났음에도 불구하고 스승을 판 후 결국 목을 매 죽음으로써 사도의 자격도 잃었을 뿐만 아니라 '배신자'라는 낙인이 찍혀 오고 오는 그리스도인들에게 '나쁜 놈'이라는 소리를 듣게 됐습니다. 이에 반해 베드로는 유다에 비해서 변변히 내세울 것 없는 갈릴리 촌놈이었고 자신의 알량한 목숨 하나 건지기 위해 주님을 지근거리에서 세 번이나 부인하고 맹세하고 저주했음에도 불구하고 다시 회복되어 계속해서 수제자로 남았고, 심지어 천주교에서는 초대 교황으로까지 추대하는 영예(?)를 안게 됐습니다.

그러면 비슷한 죄를 범하고도 유다는 실패자로 남고 베드로는 승리자가 된 이유는 무엇이었을까요? 이는 두 가지로 요약될 수 있습니다. 먼저는 관심과 사랑의 차이였습니다. 유다는 돈에만 관심이 있었고 주님을 진심으로 사랑하지 않았습니다. 나사로의 누이 마리아가 지극히 비싼 향유를 예수님의 발에 부었을 때 탐욕에 사로잡힌 유다는 마리아의 숭고한 동기를 곡해하며 "이 향유를 어찌하여 300데나리온에 팔아 가난한 자들에게 주지 아니하였느냐"라고 그녀를 비난했습니다. 하지만 그것은 진정 가난한 자들을 생각해서 한 말이 아니었고 자신에게 주어진 재정 관리권을 악용하여 평소처럼 헌금 궤에 넣은 돈을 도적질해 가지 못했기 때문에 격분해서 한 말이었습니다(12:5-6). 이렇게 돈만 밝힌 유다는 결국 스승을 은 삼십에 팔아넘기고 말았습니다(15절).

　이에 반해 베드로는 돈에는 관심이 없었고 주님께만 관심이 있었습니다. 게네사렛 호숫가에서 주님의 말씀에 의지하여 그물을 내린 결과 셀 수 없을 정도로 많은 물고기를 잡았지만, 베드로는 잡은 고기를 모두 버려두고 주님을 좇았습니다(눅 5:11). 그는 유약한 인간이었기에 주님을 사랑하면서도 자주 넘어졌습니다(마 16:21-23; 26:51-52). 하지만 실패한 그 순간에도 베드로는 주님에 대한 사랑하는 마음을 지니고 있었습니다. 그래서 세 번 부인하고 낙담한 시몬을 회복시키시기 위해 찾아오신 부활하신 주님 앞에서 그가 했던 대답, "내가 주님을 사랑하는 줄 주님께서 아시나이다"라는 말은 베드로의 진심이었습니다(요 21:17).

　또 하나는 '후회'와 '회개'의 차이였습니다. 베드로와 유다 둘 다 주님을 배신하고 '눈물'을 흘렸습니다. 하지만 유다의 눈물은 자신의 잘못을 깨닫고 한바탕 크게 울고 거기서 끝나버린 '참회'에 불과했습니다. 책임이나 결단이 없는 눈물이었습니다. 그러나 베드로의 눈물은 '회개'(悔改)의 눈물이었습니다. 베드로는 유다처럼 잘못을 뉘우치는(悔) 수

준에서 그치지 않고 돌이켜(改) 주님께 온전히 자신을 맡겼습니다. 새롭게 살아보고자 하는 다짐의 눈물이었습니다.

성인(聖人)이란 죄를 전혀 짓지 않기 때문에 성인이 아닙니다. 비록 죄에 빠질지라도 다윗과 어거스틴처럼 자신의 연약함을 깨닫고 끊임없이 하나님 앞에 회개하고 새 출발하려는 사람이 바로 성인인 것입니다. 돈만 사랑하고 회개하지 않았던 유다는 '찬송'이라는 아름다운 의미를 지닌 이름을 가지고 있었지만, 후대에 그 어떠한 그리스도인도 자신의 자녀에게 지어 주기를 꺼리는 오명, '가룟 유다'로 남게 됐습니다.

27장 죽음

(예수님의 죽음)

대제사장들과 장로들로 대표되는 산헤드린 공회는 예수님을 체포한 후 밤샘 조사를 통해 드러난 그의 혐의―성전과 하나님을 모독하고 하나님의 아들 메시아라고 주장한 것―를 근거로 예수님을 사형에 처하기로 의결했습니다(마 26:66). 그리고 사형 선고 권한을 가진 로마 총독 빌라도의 재가를 받아 사형 집행을 함으로써 예수님은 십자가에 달려 최후를 맞이하게 됐습니다(24-26절).

주님께서 처형당하신 십자가는 기독교를 대표하는 상징물입니다. 기독교 하면 믿지 않는 사람들도 제일 먼저 떠올리는 것이 십자가입니다. 따라서 예수 그리스도의 '십자가의 죽음'이 어떤 의미를 함축하고 있는지 함께 생각해 보고자 합니다.

　인간은 원래 하나님께 의존하고 순종함으로써 온 우주를 창조하신 하나님의 무한한 자원—무한한 지혜(전지), 무한한 힘(전능), 무한한 시간(영원) 등—을 공급받아 풍성한 삶을 누릴 수 있었습니다. 그러나 어리석게도 첫 사람 아담은 스스로 '하나님같이 될 수 있다'라는 사탄의 꼬임에 빠져 자신 속에 내재한 제한된 자원으로 자기의 생명과 행복을 추구할 수 있다는 환상 가운데 하나님께 의존하는 것을 구속이라고 여기고 하나님에 대해 자기주장을 하며 하나님으로부터 독립을 선언했습니다. 그 결과 하나님같이 되어 인간이 꿈꾸던 행복을 누리기는커녕, 창조주 하나님으로부터 오는 모든 것들이 끊어져 부족—지혜의 부족(무지), 능력의 부족(무능), 시간의 부족(죽음) 등—상태에 빠지게 됐습니다.

　제한된 자기 자원에 갇히게 된 모든 인간은 그 길이 마치 생명의 길인 양 서로가 서로에게 으르렁대며 자기주장을 하고 상대를 자기에게 복종시켜 상대의 자원을 착취하려고 무한히 애를 써왔습니다. 그리하여 인간 사회는 치열한 생존경쟁과 약육강식의 정글의 법칙이 지배하는 금수의 세계가 되어 버렸습니다. 토마스 홉스(Thomas Hobbes)가 설파했듯이, 만인이 만인에 대하여 자기주장함으로 빚어진 인간 사회의 갈등과 고난은 개인과 개인뿐 아니라 단체와 단체, 국가와 국가 사이에도 나타나고 크게는 세계 전쟁으로까지 확대되어 수많은 인명이 살상되기도 했습니다. 이 모든 고난은 궁극적으로 인간이 하나님 앞에서 자기주장을 하여 자신의 제한된 자원에 갇힌 데서 온 것입니다. 다시 말해서, 자기주장으로 인한 인간의 결핍 상태에서 고난이 온 것입니다. 하지만 자원이 한정된 인간은 자신의 고난의 문제를 스스로 해결할 수 없습니다. 그래서 하나님께서 인간의 고난과 죄의 문제를 해결하셨습니다. 그 해결책이 바로 '십자가'입니다. 십자가에서 하나님께서는 우리 대신 고난의 징벌을 받으시는 것입니다. 십자가에서 하나님은 자기주장 때문에 고통받고 있는 인간과 함께 울고 있는 것입니다. 고난받는 사람에게 최대의 위로는 '함께 울어주는 것'입니다.

예일대학교에서 기독교철학을 가르치는 교수 니콜라스 월터스토프 (Nicholas Wolterstorff) 박사는 『나는 사랑하는 사람을 잃었습니다』(Lament for a Son; 좋은씨앗, 2014 역간)라는 책에서 자신의 사랑하는 아들 에릭(Eric)을 등반 사고로 잃은 슬픔을 언급합니다. 갑자기 찾아온 비극에 넋을 잃고 있는 그에게 "잊지 말게나, 에릭은 주님의 품 안에 있네"라는 친구의 말조차도 별로 위안이 되지 않았습니다. 하지만 아들의 죽음을 통해 월터스토프 박사는 십자가의 진정한 의미를 새롭게 발견하게 됐습니다. 그는 자신이 고통을 받을 때 함께 우시는 하나님을 발견하고 비로소 위안을 얻었다고 고백합니다. 십자가를 통해서 우리는 울고 계신 하나님, 스스로 고난을 받으시는 하나님, 인간의 아픔을 이해하시는 정도가 아니라 그 아픔과 그 고난을 직접 인간과 나누시는 하나님, 더 나아가서 고난을 함께 나누는 정도가 아니라 인간이 짊어져야 할 고난을 자신이 전폭적으로 받으시는 하나님을 보게 됩니다.

인간의 고난은 자기주장에서 옵니다. 그러므로 자기주장의 반대, 즉 자기 포기, 자기 부인, 자기희생만이 문제를 해결할 수 있습니다. 이것은 일상생활에서도 잘 증명됩니다. 남편과 아내가 종종 싸움을 합니다. 왜 사랑하는 부부가 서로 싸울까요? 자기주장을 하기 때문입니다. 남편은 남편대로 자기가 옳다고 주장합니다. 아내도 지지 않고 자기주장을 합니다. 그러다 한쪽이 자기주장을 포기하고 져주면 문제는 해결됩니다. 마찬가지로 아무 죄도 없는 하나님께서 고난받는 인간들을 불쌍히 여기셔서 져주심으로써 자기주장하며 대항하는 인간들을 무장 해제시킨 사건이 바로 '십자가'입니다.

　십자가상에서 예수님께서 자신을 죽음에 내어주신 행위 이것이 바로 '하나님의 사랑'입니다. 이 사랑만이 인간의 악과 고난의 유일한 해결책이요, 인간을 자아의 감옥에서 벗어나게 하여 다시금 창조주 하나님의 무한과 영원에 동참할 수 있는 길을 열 수 있는 것입니다. 따라서 진정으로 십자가의 길을 걷기 원하는 자는 예수님처럼 자기주장을 내려놓고 자신을 내어줌으로써 십자가의 도(道)를 몸소 실천해야 할 것입니다.

28장 부활

(예수님의 **부활**)

예수님의 죽음 후에 아리마대 사람 요셉이 빌라도 총독에게 가서 그의 시체를 수습하여 자신이 예비한 무덤에 장사를 지냈습니다(마 27:57-61). 예수님의 시신이 매장된 무덤을 지키기 위해 대제사장들과 바리새인들은 빌라도에게 경비병을 요청했습니다. 그래서 이들이 빌라도에게 허락을 받아 무덤을 인봉한 때가 '준비일 다음 날', 즉 안식일이었습니다(62-66절). 바리새인들은 안식일에 돌을 인봉하기 위해 필요한 '문지르는 행동'을 금지했습니다. 그러나 그들이 스스로 그토록 소중히 여겼던 안식일 규례까지도 기꺼이 어길 정도로 바리새인들은 예수님을 열렬히 대적했습니다.

로마 경비병들이 철통 경비를 서고 있는 상황에서 안식 후 첫날, 즉 일요일 새벽에 막달라 마리아와 야고보의 어머니 마리아와 살로메가 예수님께 기름을 바르기 위하여 향품을 들고 예수님의 무덤을 방문하러 갔습니다(1절). 그리고 그들이 발견한 것은 '텅 빈 무덤'과 '부활하신 주님'이었습니다(6절). 예수님은 자신이 이전에 제자들에게 여러 번 반복해서 죽은 지 3일 만에 다시 살아날 것을 약속하신 대로(마 16:21; 17:23; 20:19 등), 금요일 오후에 십자가에 달려 돌아가시고 정확히 3일 후 주일 새벽 미명에 사망 권세를 깨고 '부활'하셨습니다.

요한은 부활하신 예수님께서 베드로를 찾아오셔서 그를 회복시켜 주시고 그에게 개인적으로 목양의 사명을 위임하신 것을 기록하고 있습니다(요 21:15-17). 이에 반해, 마태는 주님께서 자신을 버리고 도망친 열한 제자 모두에게 나타나서 공식적으로 세계 선교의 대위임령(the Great Commission)을 선포하시는 것을 보도하고 있습니다(16-20절).

예수님의 열한 제자들은 부활 직후 예수님께서 그들에게 지시한 대로 갈릴리에 있는 한 산으로 갔습니다(16절). 전통적으로 이 산은 '다볼산'으로 간주되어 왔습니다. 이 산에서 주님은 제자들에게 "하늘과 땅의 모든 권세를 내게 주셨으니 그러므로 너희는 가서 모든 민족을 제자로 삼아 아버지와 아들과 성령의 이름으로 세례를 베풀고 내가 너희에게 분부한 모든 것을 가르쳐 지키게 하라"고 지상 대위임령을 주셨습니다(18-20절 상). 이어서 "내가 세상 끝날까지 너희와 항상 함께 있으리라"는 말씀과 더불어 자신의 고별사를 마무리하셨습니다(20절 하). 여기서 우리는 마태복음 첫 장에서 예수님의 출생과 관련하여 언급된 '엑소더

스'의 또 다른 표현인 '임마누엘' 예언(마 1:23)이 "내가 세상 끝날까지 너
희와 항상 함께 있으리라"라는 주님의 선포와 함께 마지막 장(20절)에서
성취되고 있는 것을 볼 수 있습니다.

　마태는 자신의 복음서를 이처럼 '임마누엘' 사상으로 감쌈으로써
예수님 자신의 임재가 임마누엘 예언을 궁극적으로 성취하는 것이며,
따라서 예수님께서 죄의 포로 상태에 있는 이스라엘의 백성에게 구원
과 해방을 가져오는 다름 아닌 여호와 자신의 역할을 수행하고 계신 분
임을 선언하고 있는 것입니다.[30]

제2장
마가복음

마가복음은 총 16장으로 되어있는데, 각 장의 핵심 내용을 두 글자를 꼬리에 꼬리를 물며 정리하겠습니다.

마가니까 예수님이 막 가서 '세 시'에 '중풍'병자를 고쳐 주셨다. 이렇게 시작해보죠. 그래서 1장 세시(세례 & 시험), 2장 중풍(중풍병자 치유)으로 두 글자씩 기억하시면 됩니다. 병자를 고쳐 주니 제자가 몰려왔습니다. 그래서 3장은 제자(제자 선출)입니다. 모여든 제자들은 '비유'하자면 '군대'와 같았습니다. 그래서 차례로 4장 비유(비유로 가르치심), 5장 군대(군대 귀신 들린 광인 치유)입니다. 군대와 같이 많은 제자를 위해 주님은 밭에서 오이를 땄습니다. 그래서 6장은 오이로 기억하세요. 오병이어 이적 사건입니다. 그리고 딴 오이를 제자들에게 수여하셨습니다. 그래서 7장은 수여(수로보니게 여인의 믿음)입니다. 그런데 주님이 주신 오이의 개수는 사천이었습니다. 그래서 8장은 사천으로 기억하세요. 사천 명을 먹인 이적 사건입니다. 여기 1-8장까지가 전기 사역인 갈릴리 사역입니다.

이제 후반부를 또 두 글자로 꿰어보겠습니다. 예수님께서 주신 것을 먹고 사람들이 변화가 됐습니다. 그래서 9장은 변화로 기억하세요. 변화 산 사건입니다. 변화된 사람들은 자신들의 죄와 이혼했습니다. 그래서 10장은 이혼입니다. 여기서는 주님께서 이혼에 관한 가르침을 주십니다. 그리고 주님을 따라 예루살렘에 입성합니다. 그래서 11장은 입성으로 기억하세요. 하지만 제 버릇 개 못 주고 한 사람이 몰래 남의 포도를 따 먹는 죄를 지었습니다. 그래서 12장은 포도입니다. 여기서는 포도원 농부의 비유가 나옵니다. 못된 짓을 하다 순찰이 '강화'가 되어서 '체포'가 됩니다. 그래서 13장 강화(감람 산 강화) 그리고 14장 체포 이렇게 두 글자씩 기억하세요. 이후 혹독한 심문을 받고 죽음을 맞이합니다. 그래서 15장은 죽음입니다. 하지만 하나님의 은혜로 3일 만에 다시 살아납니다. 그래서 16장은 부활입니다. 여기 9-16장까지가 후기 사역, 즉 예루살렘 도상 & 예루살렘 사역입니다.

<마가복음 각 장 제목 두 글자 도표>

1장	2장	3장	4장	5장	6장	7장	8장
세 시	중풍	제자	비유	군대	오이	수여	사천
9장	10장	11장	12장	13장	14장	15장	16장
변화	이혼	입성	포도	강화	체포	죽음	부활

1장 세 시

(세례 & 시험)

공관복음에는 세례와 시험 기사가 모두 등장하는데, 마태와 누가는 두 기사를 두 장에 걸쳐 각각 다루고 있는 반면에, 마가는 한 장에 두 기사

를 동시에 취급하고 있습니다. 마가가 이 두 사건을 함께 취급하고 있는 이유는 이 사건들이 공히 하나님의 아들로서의 '인증' 절차였기 때문입니다.

마가는 광야에서 살고, 광야의 음식인 메뚜기와 석청(야생 꿀)을 먹으며 사람들에게 세례를 베푸는 요한을 가리켜 '광야에서 외치는 자의 소리'라고 소개합니다(3절). 여러분 '소리'의 특징이 무엇인지 아십니까? 크게 두 가지인데, 하나는 보이지 않는다는 것입니다. 다른 하나는 한번 발설하고 나면 사라진다는 것입니다. 소리와 관련해서 세례 요한의 정체성을 가장 잘 드러내는 말씀은 요한복음 3:30입니다. 거기 보면 세례 요한은 예수님과 자신을 비교하면서 "그는 흥하여야 하겠고 나는 쇠하여야 하리라"고 말합니다. 이 말은 자신을 철저하게 숨기고 자신의 사역을 통해서 예수 그리스도만 나타내다가 결국 예수님께서 등장하시면 소리 소문 없이 사라지겠다는 세례 요한의 신앙 고백인 것입니다. 요한은 자신의 그 고백대로 한평생을 살다 순교한 사람입니다.

요단 강에서 수많은 사람들에게 세례를 베풀며 잘나가던(?) 요한은 예수님의 등장과 함께 사람들의 이목이 그분에게 집중되자 주변이 한산해지기 시작했습니다. 게다가, 안드레를 포함한 자신의 두 제자까지 예수님을 따라갔습니다(요 1:37). 그 후 세례 요한은 권력자에게 말 한마디 너무 심하게 했다가(?) 옥에 갇혔습니다. 그러고 나서 다시는 감옥에서 나오지 못하고 그곳에서 순교하고 말았습니다. 그래서 결국 세례 요한은 예수님만이 흥하여지고 자신은 소리와 같이 쇠하여 사라지는 삶을 살다 갔습니다. 주님의 일을 감당하는 사역자들은 세례 요한을 지표로 삼아야 할 것입니다. 세례 요한의 모범을 좇아 자신이 아닌 주님이 크게 보이게 해야 할 것입니다. 자신의 사역을 통해 양 떼들이 믿음이 좋아지면 그것으로 만족해야지 양 떼들이 자신을 알아주지 않는다고 섭섭하게 생각해서는 안 될 것입니다. 이는 주의 종으로서 세례 요한의 위치를 이탈하는 것이기 때문입니다.

죄로 인해 사탄의 포로 상태에 있는 세상에 구원을 주기 위해 성육신하신 예수님께서는 본격적인 공생애 사역에 임하기 전에 광야에서 외치는 자의 소리인 요한에게 물 세례를 받으셨습니다. 이 세례 의식을 통해 주님은 자신이 하나님의 아들임을 인증받으셨습니다. 주님이 요한에게 세례를 받고 물에서 올라오실 때 하늘 문이 열리고 그 열린 하늘에서 성령이 비둘기 형상으로 내려오면서 한 음성이 들렸습니다. "너는 내 사랑하는 아들이라 내가 너를 기뻐하노라"(10-11절). 이 하늘의 음성은 성부 하나님의 음성으로 시편 2:7의 다윗의 즉위식을 인용한 말입니다. 그러므로 성부 하나님은 세례 의식을 거친 예수님에게 "너는 내 아들이다"라고 말씀하심으로써 하나님의 아들(왕적 메시아)로 '공적 인증'을 해주신 것입니다.

우리 신자들도 세례 의식을 통해 공교회의 회원으로서 공적 인증을 받습니다. 물론 우리는 예수님을 구주로 영접하면 세례받기 이전에도 교회 공동체의 일원이 됩니다. 하지만 세례를 받지 않으면 엄격한 의미에서 공교회의 정식 회원이 아닙니다. 그래서 성찬을 대할 수도 없고, 공동의회에서 투표권을 행사할 수도 없습니다. 그러나 우리가 세례를 통해서 공교회의 정식 일원으로 공적 인증을 받았다고 하는 것이 우리가 하나님의 자녀가 됐다는 보증은 아닙니다. 치열한 삶의 현장에서 악한 마귀의 온갖 시험과 유혹을 감내하고 승리해야만, 즉 실질적인 인증

을 받아야만 비로소 진정한 하나님의 자녀임이 입증되는 것입니다. 그
래서 참된 하나님의 아들이심을 입증하는 '내적 인증'의 절차를 밟으시
기 위해 주님은 광야로 가서 사탄의 시험을 받으신 것입니다.

이 실질적인 인증 시험을 예수님께서 보란듯이 통과한 것을 드러내
기 위해서 마가는 마태나 누가에서 전혀 찾아볼 수 없는 한 표현("들짐승
과 함께 계시니")을 삽입했습니다. "광야에서 사십 일을 계시면서 사탄에
게 시험을 받으시며 들짐승과 함께 계시니 천사들이 수종 들더라"(13절).
여기 '들짐승과 함께 계시니'라는 말은 얼핏 보면 주님이 야생 동물과
대적 관계에 있었다는 말처럼 들립니다. 하지만 마가가 자신의 복음서
에서 '-와 함께 있다'(헬. '에이미' + '메타')라는 문구를 쓸 땐 한결같이 '친
화적으로 -와 함께 있다'라는 뜻으로 사용했습니다(막 3:14; 4:36; 5:18;
14:67). 그러므로 '들짐승과 함께 계시니'는 예수님께서 들짐승과 친화적
으로 함께 계셨다는 뜻입니다. 이것은 아담이 야생 동물과 에덴에서 친
화적으로 함께 있었다는 것을 연상시키면서 동시에, 이사야 11:6-8의
이리와 어린양이 함께 뛰노는 샬롬의 모습을 떠올리게 합니다. 따라서
이는 종말의 평화가 예수 그리스도 안에서 성취된 것을 의미합니다. 광
야의 시험을 통해 주님이 사탄을 꺾으신 후에 찾아온 평화의 모습을 그
린 것입니다.[31]

2장 중풍

(중풍병자 치유)

중풍병자 치유 사건은 공관복음에서 모두 취급하고 있습니다(1-12절; 마 9:1-8; 눅 5:17-26). 마태복음 기사는 이미 살펴보았는데, 그 기사와 여기 마가복음 기사를 상호 대조해보면 한 가지 큰 차이가 있습니다. 마태는 침상에 누운 중풍병자를 사람들이 데려와서 별 탈 없이 주님을 만난 것처럼 기록하고 있습니다(마 9:2). 반면에, 마가는 이들이 왔을 때 이들의 접근을 용인하지 않는 예수님 주변에 인(人)의 장막이 있었다고 진술합니다(4절 상). 그러나 이들은 이 장애물에 굴하지 않고 그것을 새롭게 생각함으로써 극복했습니다. 환자와 그를 들것에 운반해 온 친구들은 2차원적 공간이 주는 방해물을 3차원적으로 생각하고 그 생각을 실천에 옮기어 지붕을 통해 예수님께 다가감으로 극복했습니다(4절 하). 그들은 생각을 바꿈으로써 주님께 다가갈 수 있었습니다. 마가복음은 이러한 사고의 전환을 '믿음'이라고 부릅니다. 벽이 있다고, 장애물이 있다고 쉽게 포기하지 않고 어떻게든 길을 내서 주님을 만나고자 하니까 이 친구들은 '지붕을 뜯자'라는 기발한 생각을 해낸 것입니다. 이렇게 발상을 전환해야만 기적을 맛볼 수 있습니다.

이와 유사한 사례가 5장의 열두 해를 혈루증으로 앓아 온 여인입니다. 이 여인의 장애물은 중풍병자의 경우처럼 문 앞을 막고 있는 무리들과 같은 물리적인 것이 아니었습니다. 그것은 구약성경에 기록된 말씀이었습니다. 정결 규례를 기록하고 있는 레위기 15장에 의하면 혈루증을 앓는 부정한 여인과 접촉하는 자는 불결해집니다(레 15:7). 이 말씀을 잘 알고 있었음에도 불구하고 이 여인은 일반적으로는 부정한 것이 정결한 것을 만나면 부정이 전염되지만, 예수님의 경우는 정결함이 워낙 강력하셔서 그와 접촉하면 불결이 아니라 오히려 정결이 전염될 것이라고 사고를 180도 전환했습니다. 그래서 과감하게 주님의 옷자락에 손을 댈 수 있었고 그녀의 믿음대로 예수님의 정결의 기운이 그녀의 부정함을 압도함으로써 결국 치유를 받게 됐습니다(막 5:29-34).

우리에게도 이와 같은 발상의 대전환이 필요합니다. 2차원적 사고에 사로잡혀서 길이 막혔다고 좌절하거나 절망해서는 안 됩니다. 길은 하나만 있는 것이 아닙니다. 눈을 들어 한 차원 더 높은 생각을 하면 얼마든지 다른 길이 보일 수 있습니다. 생각을 바꾸는 것은 온 세상을 바꾸는 것처럼 쉽지 않습니다. 하지만 생각을 바꾸면 세상을 바꿀 수 있습니다.[32]

대부분의 기독교 미래 학자들은 한국 교회 앞날을 어둡게 전망합니다. 한국 전체 성인 인구 중 기독교인 비율이 20퍼센트 남짓한데, 청소년들 복음화율은 5퍼센트에도 못 미친다고 말하면서 비관합니다. 하지만 발상의 전환을 하면 이 문제는 간단하게 해결되고, 장밋빛 미래가 펼쳐질 수 있습니다. 우리 그리스도인들이 결혼해서 아이를 많이 낳고 양육하면 됩니다. 이는 "생육하고 번성하라"고 명하신 하나님 말씀에 순종하는 길이고, 또한 국가 존망이 걸려 있는 인구절벽이라는 위기에 직면한 대한민국을 살리는 애국하는 길입니다.

덮어놓고 애만 많이 낳으면 뭘 먹고 사냐고 저한테 반문하실 분이 계실 겁니다. 저도 약골 아내와 미성년과 갓 성년이 지난 아이 여섯을

키우는 목사입니다. 저의 어머니 표현을 빌리자면 저는 달랑 '감자 두 개'(?)밖에 없는 인간입니다. 그렇지만 시편 34:10 말씀을 굳게 붙들고 삽니다. "젊은 사자는 궁핍하여 주릴지라도 여호와를 찾는 자는 모든 좋은 것에 부족함이 없으리로다." 사자는 백수(百獸)의 왕인데 그중에서도 젊은 사자라면 사실상 굶어서 주리는 법은 없습니다. 초원에 깔린 게 전부 자기 밥이기 때문입니다. 그러므로 동물이 멸종되어 다 사라지지 않는 한 젊은 사자는 절대로 굶어 죽지 않을 것입니다. 행여나 젊은 사자마저 손가락만 빠는 극심한 기근 상황이 발생할지라도 하나님을 경외하는 신실한 그리스도인들은 결코 배를 곯지 않을 것입니다. 하나님께서 다윗에게 하셨던 것처럼 푸른 초장으로 인도하여 주실 것이기에 부족함이 없을 것입니다. 따라서 이 약속의 말씀을 액면 그대로 믿고 낳으십시오. 식언치 않으시는 하나님이 책임져주실 것입니다.

3장 제자

(제자 선출)

열두 사도를 세우는 장면은 공관복음에 모두 기록되어 있는데(13-19절; 마 10:1-4; 눅 6:12-16), 마태에 비해, 마가와 누가는 '산'이라는 장소를 추가했습니다. 마가는 단순히 주님께서 산에 오르셔서 자신이 원하는 자들을 부르셨다고 진술하지만(13절), 누가는 산에서 밤이 새도록 '기도'하시고 난 다음에 날이 밝을 때 그

산에서 제자들을 부르셨다고 증언합니다(눅 6:12-13). 우리 예수님은 즉흥적으로 자신이 마음에 드는 사람들을 사도로 선출한 것이 아니라 하나님의 뜻을 철저히 물으신 후에 뽑으신 것입니다. 가룟 유다까지도 심사숙고해서 세우신 것입니다.

그러면 왜 주님은 '산'에서 하필 숫자를 '열둘'로 정하셔서 그들을 사도로 임명하셨을까요? 구약에 이스라엘이 출애굽 한 후 그들이 모든 민족 중에서 하나님의 소유로 뽑혀 제사장 나라의 역할을 감당하라는 소명을 받은 곳이 시내 '산'이었고(출 19:1-6), 이스라엘이 '열두 지파'로 범주화되어 하나님과 첫 언약 체결을 맺은 곳도 시내 '산'이었습니다(출 24:4-8). 따라서 이는 모세가 했던 것처럼 산에 올라 열둘을 세우심으로써 예수님이 하고 계신 하나님 나라 사역이 종말론적인 새 이스라엘을 불러 모으는 새 출애굽(New Exodus) 운동이라는 것을 보여 주려는 의도가 깔려있는 것입니다.

마가는 타 복음서에 비해 주님께서 열두 사도를 세우신 목적을 좀 더 구체적으로 밝히고 있는데, 크게 두 가지 목적이 있었습니다. 열두 제자가 세워진 첫 번째 목적은 '자기와 함께 있게' 하기 위함이었습니다(14절 상). 그 목적이 뜻밖에도 사역이 아니라 머묾이었습니다. 이들은 새 이스라엘의 대표자로 세움을 입었기 때문에 이들의 삶의 방식은 이들이 대표하는 하나님의 새로운 백성 전체의 삶의 방식이 어떠해야 하는지를 보여줍니다. 새 이스라엘은 무엇을 하느냐보다 누구와 함께 있느냐로 결정됩니다. 그곳이 가르침이 주어지는 곳이든 치유와 이적이 일어나는 곳이든 예수님이 계신 현장 대부분에는 사도들 역시 있었습니다. 이들은 예수님 곁에서 하나님의 뜻을 배우는 자들 중에 있었으며 (34-35절), 그의 구원 여정의 동행자였습니다(막 8:27; 9:33; 10:32, 46). 제자

들의 실패는 자신들을 세운 주된 목적을 망각한 데 있었습니다. 예수님
과 함께 언제나 머물도록 부름을 받았음에도 위기의 순간에 그들은 그
를 버리고 도망갔기 때문이었습니다(막 14:50). 우리 신자들 또한 사도들
처럼 실패하지 않으려면 우리 스스로 뭔가를 하려고 하기 전에 먼저 주
님께 헤쳐 모여야 합니다. 우리는 먼저 예배로 모이고, 기도로 모이고,
말씀으로 모여야 합니다. 그래서 하나님의 뜻을 제대로 헤아리고 주님
의 권능을 덧입어야 합니다. 이것이 선행되지 않으면 결코 사역다운 사
역을 할 수 없습니다.

둘째로, 열두 제자는 보내지기 위해 세움을 받았습니다(14절 중). 모
이는 교회(Coming Church), 즉 예배 공동체는 흩어지는 교회(Going Church),
즉 파송 공동체로서의 사명을 감당해야 합니다. 모여 은혜받았다고 변
화 산의 베드로처럼 '여기가 좋사오니'(막 9:5) 하며 뭉개고 눌러앉아 주
책을 부리면 곤란합니다. 벌떡 일어나서 세상을 향해 당당히 걸어 나가
야 합니다. 그러면 보내진 목적은 무엇일까요? 이는 두 가지인데, 첫째
는 선포하기 위함입니다(14절 하). 선포의 내용은 여기 명시되어 있지 않
지만, 1:14-15을 근거로 볼 때, 예수님께서 선포하신 하나님 나라입니다.
둘째로, 귀신을 쫓아낼 권세를 갖도록 하기 위함입니다(15절). 예수님께
서 열두 제자를 세워 그들로 하나님 나라를 선포하고 귀신을 쫓아낼 수
있는 권능을 주신 것은 메시아 사역에 그들을 동참시키기 위함이었습
니다. 하지만 축귀에 관한 한, 제자들의 권세와 예수님의 권세는 근본적
인 차이가 있었습니다. 제자들이 가진 권세는 자신들의 것이 아닌 예수
님의 권세였습니다. 예수님은 그 어떠한 권세에도 의존함 없이 '나와라'
하시면 한 마리가 됐든 군대 귀신처럼 수천 마리가 됐든 상관없이 귀신
들이 몽땅 나왔습니다. 반면에 제자들은 철저히 예수님의 권위에 의존

합니다. 그래서 귀신을 쫓아내는 데 성공하기도 하지만(막 6:13), 때론 실패도 했습니다(막 9:28). 제아무리 탁월한 축귀의 은사를 부여받았을지라도 우리 주님처럼 100퍼센트 완벽하게 귀신을 몰아낼 자는 이 세상에 존재하지 않습니다.

예수님의 제자 12명의 라인업을 보면 초라하기 그지없습니다. 죽음도 불사하고 따르겠다고 큰소리 빵빵 쳐놓고 비루하게 목숨을 연명하고자 주님을 부인하고 저주까지 하던 수제자 베드로, 조그만 자극에도 수시로 뚜껑이 열리던 야고보와 요한, 나라와 민족을 배신하고 친일파처럼 지배국 로마에 빌붙어 살던 마태, 의심병에 사로잡혀 주님의 옆구리에 손을 넣어봐야만 믿었던 도마, 스승을 배신한 것도 모자라 적대자들에게 돈을 받고 팔아넘긴 가룟 유다. 이 수준 미달의 라인업을 주님은 당신의 의지로 선택했기에 책임지고 빌드업하셨습니다. 그 결과—비록 가룟 유다는 자살로 생을 마감했지만—사도들은 모두 변화되어 충성스럽게 복음을 증거했습니다. 사도 요한만 밧모 섬에 유배되어 아흔 살 넘게까지 살았고, 나머지 열 명은 전부 순교했습니다. 주님은 이 못난이들을 들어 세상을 변화시켰습니다. 그리고 그들로 인해 변화된 우리를 통해 또 세상을 변화시킬 겁니다. 그러므로 제자들이 갔듯이, 이제 우리가 가야 합니다. 가서 죄 많은 이 세상을 그리스도의 피 묻은 복음으로 변화시켜야 합니다.

4장 비유

(하나님 나라에 관한 **비유**)

본 장에서는 여러 비유가 등장하는데, 마가는 이 비유들을 통해 하나님 나라의 특성의 다양한 면을 설명합니다. 씨 뿌리는 자의 비유는 마태복음에서 살펴보았기에, 여기서는 나머지 두 씨와 관련된 비유에 대해 고찰해보겠습니다. 저절로 자라는 씨 비유(26-29절)와 겨자씨 비유(30-32절)는 여러모로 유사성이 있습니다. 먼저 두 비유 다 '하나님 나라'(26, 30절)에 관한 것이며, 내용 또한 파종(26, 31절)과 성장(28, 32절 상), 그리고 결실(29, 32절 하)로 이어지는 이야기 방식을 취합니다. 또한 두 비유 모두 씨가 만들어 낸 최종적 모습과 이전 단계의 모습이 대조되는 형식을 취하고 있습니다. 첫째 비유가 그리는 풍성한 추수는 그 출발점에서 농부의 무지와 대조를 이루며, 둘째 비유에서는 시작할 때 씨의 가장 작은 크기는 다른 어떤 것보다 더 큰 결실 때의 모습과 비교됩니다.[33]

저절로 자라는 씨 비유는 마가복음에만 등장하는데, 이 비유는 씨가 싹이 나고 이삭이 자라며 열매를 맺는 일련의 과정은 농부의 활동과 상관없이 그리고 농부가 인지할 수도 없게 은밀한 방식으로 이루어진다는 점을 보여줍니다. 그래서 이 비유는 하나님 나라가 인간의 노력과 수고에 의해 이루어지는 것이 아니라, 하나님의 주권적 통치에 의해 이루어져 나간다는 점을 강조합니다. 그러므로 우리 신자들은 하나님께서 그분의 시간에 그분의 방법으로 그분의 나라를 이루어 가시고 그 최종

적 완성을 이루시리라는 확신을 가지고 조급한 마음을 버리고 인내하
며 기다려야 할 것입니다.

　　겨자씨 비유는 다른 두 공관복음(마 13:31-32; 눅 13:18-19)에도 소개되는
데, 이 비유는 앞의 비유와 유사한 메시지를 전달하지만, 그 초점이 하
나님 나라의 성장 과정보다는 그 시작과 결과의 대조에 모아집니다. 다
시 말해서, 하나님 나라는 지극히 작은 겨자씨처럼 눈에 띄지 않을 정도
로 미미하게 시작하지만, 겨자가 조건만 좋으면 한 철에 3m 크기까지
자라듯, 종국에는 공중의 새들이 깃들일 만큼 성장한다는 말입니다.

　　이 비유의 결론부(32절)에서 '공중의 새들'이 '큰 가지'의 '그늘 아래'
깃든다는 그림은 에스겔 31장의 백향목 비유를 그 배경으로 합니다. 이
비유에서 백향목은 앗수르 제국을 지칭하며, 백향목 큰 가지의 그늘 아
래 깃드는 새들은 여러 민족을 의미합니다. 이로 미루어 볼 때, 주님은
겨자씨 비유를 통해 하나님 나라를 큰 제국의 모습에 비유하시고 이방
의 여러 민족이 그 하나님 나라의 영향력하에 들어오게 될 것임을 보여
주시려고 한 것 같습니다. 예수님은 하나님 나라의 복음을 변방 속국인
이스라엘, 그것도 수도 예루살렘이 아니라 갈릴리 촌구석에서 시작하
셨습니다. 그러나 하나님 나라 복음은 한 세대가 지나기도 전에 제국의
수도 로마에까지 퍼져나갔고, 마침내 온 제국과 그 주변 나라들이 하나
님 나라의 영향력하에 들어오게 됐습니다. 그리고 오늘날에 이르러서
는 온 세계 거의 모든 민족이 그 나라의 영향권하에 들어왔습니다. 이러
한 엄연한 역사적 사실이 이 비유가 의미하는 바를 적절하게 확증해 줍
니다.[34]

　　겨자씨 비유를 적용하면 이 땅에 심긴 한 알의 겨자씨는 예수 그리
스도라고 할 수도 있습니다. 한 알의 겨자씨처럼 이 땅 가운데 심긴 예

수 그리스도 그분이 바로 하나님의 나라이기 때문입니다. 우리 예수님이 베들레헴 어느 초라한 마구간에서 태어나셨을 때 어느 누구 하나 그분을 주목하지 않았습니다. 하지만 한 알의 밀알처럼 유대 땅 가운데 심긴 예수 그리스도 그분을 통해 생명과 빛이 유대와 사마리아를 넘어 전 세계로 확장됐습니다. 그렇다면 가정과 학교와 직장 가운데 심긴 한 알의 겨자씨, 한 알의 밀알은 누구입니까? 바로 저와 여러분입니다. 하나님의 구원 법칙은 겨자씨처럼 한 사람을 어느 가정과 학교와 직장에 심어 놓고, 그 사람을 통해 마치 그 겨자씨가 자라 새들이 날아드는 나무가 되는 것처럼 하나님을 경배하는 가문, 학교, 직장으로 성장하게 하는 것입니다.[35] 그러므로 자신이 작다고, 혼자라고 실망하거나 낙심하지 말고 하나님 나라 확장에 더욱 진력하시길 바랍니다.

5장 군대

(군대 귀신에 사로잡힌 자 치유)

비유를 가르치신 날 저녁이 됐을 때 예수님은 제자들을 데리고 배 여행을 시작하셨습니다(막 4:35). 폭풍을 뚫고 주님의 일행이 도착한 곳은 거라사인들의 지방이었습니다(1절). 거라사인들의 지방은 열 개의 헬라 도시가 세워진 데가볼리 지역을 지칭합니다. 이 이방인들이 사는 곳에 당도하여 예수님이 만난 첫 번째 사람은 귀신 들린 광인이었습니다(2-5절). 이 귀신에 사로잡힌 자는

주님께 달려와서 절하며 "지극히 높으신 하나님의 아들 예수여 나를 괴롭히지 마소서"라고 간청을 했습니다(6-7절). 이는 이 귀신 들린 자의 의사와 상관없이 귀신들을 대변하고 있는 것입니다. 이에 주님은 "네 이름이 무엇이냐"고 물으셨습니다(9절 상). 그랬더니 그는 "내 이름은 군대입니다. 이는 우리가 많기 때문입니다"라고 대답했습니다(9절 하). 여기 '군대'라고 번역된 말은 헬라어로 '레기온'인데, 이는 6,000명의 보병으로 구성된 군대 단위로 귀신들의 수가 정확히 6,000은 아니더라도 최소 2,000―13절에 몰살당한 돼지 수가 2,000―은 됐을 정도로 많았음을 시사합니다.

이 군대 귀신은 산 곁에서 먹고 있던 돼지 떼 속으로 들어가길 간구해서 주님은 그 소원을 들어주셨습니다(11-12절). 그러자 귀신들이 나와서 돼지들 속으로 들어갔고, 그 결과 2,000마리쯤 되는 돼지 떼가 비탈길을 내리달아 바다에 빠져 몰살하게 됐습니다(13절). 이 군대 귀신이 바다에 빠져 몰살하는 장면은 첫 출애굽 때 애굽 군인들이 홍해에 빠져 죽은 사건을 연상시킵니다. 첫 출애굽이 제압한 것이 애굽 왕의 군대였다면, 이제 새 출애굽을 통해 제압되는 것은 사탄의 졸개들인 귀신들로 이루어진 군대입니다.

예수님께서 이 땅에 오신 목적은 사탄의 포로 상태에 있는 사탄의 노예들을 해방시켜 하나님의 자녀로 삼으시기 위함입니다. 이것은 모세가 애굽에서 바로의 노예로 전락하여 살아가던 이스라엘 백성을 해방시킨 것을 능가하는 해방 사역입니다.[36]

사실 돼지 2,000마리면 엄청난 재산 아닙니까? 그런데 우리 주님은 그 막대한 재산을 귀신 들린 사람 하나 고쳐서 구원하기 위해 과감하게 희생시키셨습니다. 이것 하나만 봐도 예수님이 얼마나 영혼 하나를 중시하시는지 금방 알 수 있습니다. 우리도 예수님의 이러한 사람 나고 돈 났지 가치관을 항상 마음속에 지니고 있어야 하고 이 가치관이 녹슬지 않도록 노력해야 합니다. 사람을 살리려면 물질적 손해가 좀 있더라도 기꺼이 감수해야 합니다. 그런 의미에서 선교사님들이 낯선 타지에 나가서 한 영혼이라도 구원하려고 애쓸 때 우리가 선교 헌금하는 것은 지극히 당연한 것입니다.

　돼지 주인들은 자신들의 돼지 떼가 몰살당하자 혼비백산하여 친히 찾아오신 주님이 떠나가기를 간청했지만, 귀신 들렸다가 제정신으로 돌아온 사람은 예수님을 따라가겠다고 요청했습니다(17-18절). 하지만 주님은 허락하지 않으셨습니다. 그 대신 그에게 집으로 돌아가서 주님께서 그에게 해주신 일을 증거하라고 말씀하셨습니다(19절). 이 말을 듣고 그는 군말 없이 돌아가서 그대로 순종했습니다. 그 결과 이 사람 때문에 데가볼리 지역에 복음이 증거될 수 있는 바탕이 든든하게 닦이게 됐습니다(20절). 우리는 주님의 일행이 돼서 따라다니지 못한다고 너무 섭섭해할 필요 없습니다. 예수님은 이 치유받은 광인처럼 대개 사람들에게 각자 자신이 처한 환경과 일터에서 하나님의 일을 하라고 명하십니다. 그러므로 허락하지도 않았는데 주님을 따라다니겠다고 집안이고, 가족이고 다 내팽개치지 말고 가정으로 돌아가고, 사회로 돌아가서 그 가운데서 주님이 자신에게 해주신 놀라운 일들을 증거하는 데 최선을 다해야 할 것입니다.

6장 오이

(오병이어의 이적)

 예수님의 이적들 가운데 부활 사건 이외에는 이 오병이어 이적만이 네 개의 복음서 모두에 등장합니다(32-44절; 마 14:13-21; 눅 9:10-17; 요 6:1-15).

오병이어 이적 사건이 벌어지기 직전에 주님은 제자들을 둘씩 짝을 지어 여러 동네로 파송하셨습니다. 제자들이 나가서 복음을 증거하고 귀신을 쫓아내고 병자들을 고치자 많은 사람들이 예수님께로 몰려왔습니다(7-13절). 예수님을 따르는 무리가 너무나 많다 보니 제자들은 먹을 겨를도 없고 쉴 겨를도 없었습니다. 그래서 주님은 그들을 한적한 곳에 가서 잠시 쉬도록 하셨습니다(30-31절). 이에 배를 타고 따로 한적한 곳으로 갔는데, 많은 사람이 그들이 떠나는 것을 보고 뒤쫓아왔습니다. 배를 타고 다른 지역에 가서 눈 좀 붙이고 밥도 좀 먹고 쉬려고 하는데 가는 곳마다 사람들이 먼저 알아보고 자리를 잡고 있었습니다(32-33절). 예수님이 오실 만한 곳에 먼저 가서 기다리고 있었습니다. 이렇게 예수님은 늘 사람들에게 시달리셨습니다. 세상에서 제일 힘든 일 중의 하나가 사람을 상대하는 것입니다. 그래서 먼저 와서 기다리는 무리를 보면 귀찮다는 생각이 들 법도 할 텐데, 사랑이 많으신 우리 주님은 오히려 그들을 측은하게 여기셨습니다. 예수님은 그들을 목자 없는 양같이, 아비 없는 자식같이, 엄마 잃은 어린아이같이 불쌍히 여기시고 그들에게 말씀을 가르쳐 주기 시작하셨습니다(34절). 꿀송이보다 더 단 주님의 말씀에 빨려

들다가 그들은 해가 지는 것을 잊어버렸습니다. 그러다가 날이 저물어 저녁이 됐습니다. 그러자 제자들이 주님께 나와 "여기 남자만 오천 명 이상 모였는데 여자들과 아이들까지 합하면 이만 명은 족히 될 겁니다. 날은 어두워지고 저녁이 되어서 배가 고픈데 이 많은 사람을 어디 가서 저녁을 먹이지요. 여기는 빈 들인데요"라고 하소연했습니다(35절). 이에 주님은 "너희가 그들에게 먹을 것을 주라"고 답변하셨습니다(36절). 이 생뚱맞은 답변을 듣고 한 제자가 주판을 튕기며 "그러면 우리가 가서 200데나리온어치 사다가 그들에게 먹이라는 말씀입니까"라고 반문했습니다(37절). 이는 '200데나리온이면 2,400만원 정도인데, 우리가 그 큰돈을 지금 어디서 구합니까'라고 반문하는 것입니다. 주님은 그의 반문에 아랑곳하지 않고 "너희가 가지고 있는 것이 무엇이냐"고 되물으셨습니다. 제자들이 즉시 조사해 본 결과 떡 다섯 개와 물고기 두 마리가 있었습니다. 그것도 어른 것이 아니라 아이의 것이었습니다(38절). 이에 주님은 제자들에게 모든 사람을 백 명 혹은 오십 명씩 모여 앉게 하라고 명령하시고 어린아이의 오병이어를 가지고 하나님께 감사 기도를 드리신 후 떡을 떼어 제자들에게 주어 사람들에게 나누어 주게 하시고 또 물고기 두 마리도 모든 사람에게 나누시매 모인 무리가 다 배불리 먹고 열두 바구니가 남는 놀라운 이적이 벌어졌습니다(39-44절).

본 이적 사건에서 주목해볼 점은 "너희가 그들에게 먹을 것을 주어라"는 주님의 말씀입니다. 이 말씀은 좀 황당한 말씀 같아 보이지만 이는 교회를 향해 주님이 하시는 말씀이요, 제자인 우리에게 하시는 말씀입니다. 우리가 주님께 드릴 수 있는 것은 오병이어 정도입니다. 하나님은 우리에게 결코 큰 것을 원하시지 않습니다. 지극히 작은 것을 원하십니다. 우리의 작은 헌신을 기다리십니다. 하지만 우리가 드린 자그마한 것이 하나님의 손에 붙들리면 여기 오병이어 사건이 보여 주는 대로 어마어마하게 뻥튀기가 됩니다.

이스라엘 사람들이 가장 칭송하는 왕인 다윗은 세상 사람들이 하찮게 여기는 돌멩이 몇 개를 소홀히 여기지 않고 하나님께 드렸던 사람입니다. 그가 물맷돌 5개를 하나님께 바치자 하나님은 그것으로 구척장신 골리앗을 물리치는 기적을 베풀어 주셨습니다. 이처럼 작은 것이라고 소홀히 여기지 않고 하나님께 드리면 하나님께서 거기에다 기적을 붙여주십니다. 나는 작아도 우리 하나님은 결코 작으신 분이 아닙니다. 이 사실을 굳게 믿고 나아가는 것이 바로 '신앙'입니다. 만일 다윗이 대포를 가지고 골리앗을 쓰러뜨렸다면 거기에 무슨 스릴이 있겠습니까? 작은 물맷돌이니까 재미있지요. 그러므로 너무 큰 것, 다 된 것만 좋아하지 마세요. 그러면 하나님께서 하실 일이 없습니다. 별로 재미없습니다.

떡 다섯 개와 물고기 두 마리로 오천 명을 배불리 먹인 이 이적 사건은 단순한 기적 사건이 아닙니다. 이는 메시아 표적입니다. 유대인들은 메시아가 오면 출애굽 때처럼 만나가 다시 주어질 것을 기대했습니다 (참고, 계 2:17; 『바룩2서』 29:8). 그래서 주님께서 자신이 메시아임을 모인 무리에게 계시하기 위해서 출애굽의 만나 사건을 재현하신 것입니다.

본문을 세밀히 살펴보면 출애굽을 연상시키는 요소들이 도처에 산재해 있음을 쉽게 감지할 수 있습니다. 먼저 이 표적이 일어난 공간적 배경은 '광야'(한적한 곳)입니다(32절). 광야는 출애굽한 이스라엘 사람들이 하늘에서 내린 만나를 먹고 40년 동안 살아간 곳입니다. 그러므로 광야는 출애굽을 연상시키는 장소입니다.

이 광야로 나아온 큰 무리를 보고 예수님께서는 '목자 없는 양' 같음으로 인해 불쌍히 여기셨는데(34절), 이 또한 출애굽 주제와 연관이 있습니다. 왜냐하면 민수기 기자는 모세를 잃은 히브리인들을 '목자 없는 양'이라고 묘사하기 때문입니다(민 27:16-17). 무리를 먹이기 위해 오십 명씩, 백 명씩 앉힌 것도 출애굽을 상기시킵니다(40절). 이는 모세가 장인 이드로의 조언을 따라 광야에서 백성을 오십 명, 백 명 단위로 묶어 관리했던 것을 회상케 합니다(출 18:25).

떡을 먹고 남은 조각이 열두 바구니였다고 했는데(43절), 이는 출애굽의 광야에 있던 이스라엘 열두 지파를 연상시키는 숫자입니다.[37] 따라서 이렇게 출애굽을 떠올리는 풍성한 배경 속에서 기적적인 식사에 참여한 사람들은 예수님이 새 출애굽을 가져오는 메시아이며, 자신들은 이 역사적인 새 출애굽에 지금 동참하고 있음을 직감했을 것입니다.

7장 수여

(수로보니게 여인의 딸 치유)

지금까지 예수님의 사역은 주로 갈릴리 해변을 중심으로 이루어졌습니다. 그런데 거기를 떠나 두로 지방으로 가셨습니다(24절). 두로는 갈릴리 바다를 기준으로 약 50km 북서쪽에 위치한 해안 도시로 행정 구역상 수로보니게(시리아-페니키아)에 속해 있었습니다. 이 이방인 지방의 한 집에 들어가서 쉬고 계실 때 귀신 들린 딸을 둔 한 여인이 주님의 소문을 듣고 찾아왔습니다(25절). 이 수로보니게 여인은 예수님의 발아래 엎드려 자기 딸에게서 귀신을 쫓아내 달라고 간구했습니다(26절). 하지만 주님은 "자녀로 먼저 배불리 먹게 할지니 자녀의 떡을 취하여 개들에게 던짐이 마땅치 아니하니라"라고 말씀하심으로 냉담하게 반응하셨습니다(27절). 여기 '자녀'란 '유대인'을 가리키며, '떡'은 '메시아적 잔치'를 의미합니다. 그리고 '개'는 이방인인 '수로보니게 여인'을 지칭합니다.

면전에서 심한 모욕감을 느꼈지만, 이 여인은 불쾌감을 표출하지 않고 재치 있게 응수했습니다. "주여 옳소이다마는 상 아래 개들도 아이들이 먹던 부스러기를 먹나이다"(28절). 그녀는 먼저 예수님의 메시아적 구속 사역에서 유대인들의 우선권과 자신의 낮은 지위를 인정했습니다. 그녀는 심지어 자신을 개로 비유하신 예수님의 표현까지도 그대로 수용했습니다. 하지만 개들이 감히 식탁 위에 올라와 자녀의 떡을 빼앗아 먹을 수는 없지만 식탁 아래로 떨어지는 부스러기는 아이들이 식사를 마칠 때까지 기다리지 않고 동시에 먹을 수 있듯이, 메시아적 잔치에서 유대인들이 떡을 먹을 때 이방인인 자신도 그 부스러기는 먹을 권리가 있는 것 아니냐고 논리정연하게 말함으로써 자녀들의 식탁에 참여할 기회를 줄 것을 요구했습니다.

이렇게 부스러기와 같은 은혜라도 감지덕지하는 마음을 가질 때, 이런 겸비한 모습으로 주님 앞에 무릎 꿇을 때 주님의 은혜의 단비가 내립니다. 예수님은 이 말을 듣고 네 믿음이 크다고 칭찬하시면서 "돌아가라 귀신이 네 딸에게서 나갔느니라"고 말씀하셨습니다(29절; 마 15:28). 여인이 집에 돌아와 보니 주님이 말씀하신 대로 딸을 사로잡았던 귀신이 나갔고 아이가 정상으로 돌아와 침상에 누워 있었습니다(30절).

본 장의 수로보니게 여인은 참으로 초라한 프로필을 지니고 있었습니다. 그녀는 유대인이 아니라 구원의 반열에서 열외된 헬라인이었습니다. 그리고 1세기에 대우받던 남자가 아니라 여자였습니다. 게다가, 귀신 들린 딸로 인해 주변 사람들로부터 철저히 따돌림을 당하는 여인이었습니다. 이런 한 많은 여인네가 주님을 찾아와서 "주 다윗의 자손이여 나를 불쌍히 여기소서 내 딸이 흉악하게 귀신 들렸나이다"라고 소리쳤지만, 예수님은 일언반구 대꾸하지 않으셨습니다(마 15:22-23). 이렇게 그녀는 주님에게 1라운드에 다운당했지만, 벌떡 일어나서 딸을 고쳐 달라고 계속 소리쳤습니다. 이에 예수님은 자녀의 떡을 취하여 개들에게 줌이 마땅치 않다고 말하며 그녀의 가슴에 대못을 박았습니다. 이렇게 해서 2라운드에도 다운을 당했습니다. 하지만 3라운드에서는 어떻게 됐습니까? 주님이 두 손 두 발 다 들고 결국 그녀의 소원대로 해주심으로 홍수환 선수처럼 역전 '케이오(KO) 승' 했습니다. 그녀가 승리할 수 있었던 이유는 자신을 개와 같은 존재로 여기고 주님 앞에 무릎을 꿇었기 때문입니다. 이 여인은 주님께서 자존심 상하는 말씀을 여러 번 했지만, 자신의 자존심을 내세우지 않았습니다. "내가 누군 줄 알고 날 무시해" 하면서 고개를 빳빳이 들지 않았습니다. "네. 맞습니다. 저는 개와 같은 존재입니다. 제가 무슨 하나님의 은혜를 입을 자격이나 조건을 갖춘 존재인가요." 이러한 겸허한 자세를 가지고 주님 앞에 엎드리는 자에게 주님께서 은혜의 단비를 내려주십니다. 다시 말해서, 여러분이 주님의 발아래 무릎을 꿇으면 주님도 여러분 앞에 무릎을 꿇으십니다.

8장 사천

(사천 명을 먹이는 이적)

6장의 오병이어로 오천 명을 먹이는 사건이 유대인들이 메시아적 잔치에서 흡족하게 된 사건이라면 본 장의 칠병이어로 사천 명을 먹이는 사건은 이방인들이 메시아적 잔치에서 흡족하게 되는 사건입니다.[38]

전 장에서 헬라인인 수로보니게 여인의 딸을 치유하는 사건을 통해 유대인들뿐 아니라 이방인들도 예수님이 베푸는 메시아적 잔치에 참여할 수 있는 가능성을 내비쳤다면, 본 장의 사천 명을 먹이시는 이적 사건은 그 참여가 한껏 무르익은 것을 보여줍니다.

7장 말미에서 주님은 귀먹고 어눌한 자를 고쳐 주셨는데(막 7:31-37), 이 치유 사건의 결과로 큰 무리가 예수님께 몰려들게 됐습니다(1절). 이들은 주님의 가르침을 들으며 3일 동안 함께 있었는데, 이 기간 동안 먹을 것이 없어 굶주리게 됐습니다(2절). 이를 긍휼히 여기신 예수님은 오병이어로 5,000명을 먹이셨듯이, 칠병이어로 4,000명을 먹이는 놀라운 이적을 베푸셨습니다(5-9절).

이 급식 사건은 6장의 급식 사건과 그 내용과 형식 면에서 매우 흡사합니다. 그래서 혹자는 이 둘이 동일한 사건이라고 주장하지만 급식 인원(오천 명, 막 6:44; 사천 명, 막 8:9)과 기적에 동원된 빵의 개수(다섯 개, 막 6:38; 일곱 개, 막 8:5)에 분명한 차이가 있고, 수혜를 입은 대상이 전자는 유대인이었으나 후자는 이방인이었기에 별개의 사건으로 보아야 할 것입니다.

이 두 번째 급식 사건이 이방인을 그 대상으로 한다는 증거는 본 장에 산재해 있습니다. 첫째로, 이 표적이 일어난 장소는 이방인들이 살고 있는 데가볼리 지역이었습니다(참고, 막 7:31). 이는 예수님의 새 출애굽 사역의 범위에 이방 지역이 포함됨을 암시합니다. 이제 이방인들이 구원받는 새 시대가 도래했습니다. 둘째로, 칠병이어 표적에 참여한 사람들 중에서는 '멀리서 온 사람들'이 있었는데(3절), 열왕기상 8:41의 '먼 지방에서 온 이방인'이라는 표현에 비추어 볼 때, 이들은 이방인일 가능성이 높습니다. 끝으로, 무리들이 배불리 먹고 일곱 광주리가 남았다고 했는데(8절), 이 또한 이방인과의 관련성을 암시합니다. 오병이어 사건에서 남은 양이 열두 바구니라고 했는데 여기서 12는 이스라엘 열두 지파를 상징했다면, 이 칠병이어 사건에서 남은 양인 일곱 광주리의 7은 가나안 땅의 일곱 족속을 연상시키기 때문에 7은 이스라엘과 대척점에 있는 이방인을 의미합니다. 게다가, 바구니(헬. '코피노스')는 유대인들이 물품을 담는 그릇인 것에 비해 광주리(헬. '스퀴리스')는 이방인들이 사용하는 용기입니다. 다메섹에서 복음을 전파하던 사울이 도피하기 위해 타고 내려온 것은 바구니가 아닌 '광주리'였습니다(행 9:25).

따라서 예수님은 칠병이어 표적을 통해 이방인들을 포식하게 만듦으로써 유대인뿐 아니라 이방인도 새 출애굽, 즉 구원의 대상임을 분명히 했습니다. 다시 말해서, 예수님이 가져오는 새 출애굽은 이방인을 배제하지 않는 포괄적인 구원입니다.[39] 유대인들만을 위한 민족주의적 구원이 아니라 유대인과 이방인을 모두 구원하시는 하나님의 포괄적인 구원입니다. 이제 더 이상 이방인이라고 해서 메시아적 잔치에서 개처럼 떨어진 부스러기나 핥아먹을 필요가 없습니다. 하나님의 자녀로 당당히 식탁에 앉아 떡을 포식할 수 있습니다. 할렐루야!

칠병이어 이적 사건을 다루는 본문에서 인상적인 것은 유대인도 아니고 이방인들이 식음을 전폐하고 예수님과 사흘이나 함께 있었다는 점입니다. 이들은 예수님의 말씀에 완전히 매료되어 먹는 것도 잊어버리고 세상일도 까맣게 잊어버리고 사흘 밤낮을 주님과 함께했습니다. 여러분도 이 이방인들처럼 그냥 주님의 말씀이 좋아서 어찌할 줄 몰랐던 그런 경험이 있으신가요? 주님은 당신의 말씀을 사모해서 모인 무리가 먹을 것이 없자 "저들이 나와 함께 사흘이나 있었다. 만일 저들을 그냥 굶겨서 보내면 길에서 기진맥진할 것이다"라고 걱정하셨습니다. 그러고 나서 영적인 필요가 풀(full)로 채워진 이 이방인들의 육적인 필요를 채우기 위해 칠병이어로 사천 명을 배불리 먹이는 놀라운 이적을 베푸셨습니다. 우리 주님은 자신을 찾는 이를 절대로 공수로 돌려보내지 않으십니다. 끝까지 책임져주십니다.

9장 변화
(변화 산 사건)

예수님께서는 자신의 제자들 중에 몇 명은 그들이 죽기 전에 하나님의 나라가 권능으로 임하는 것을 볼 것이라고 예언하셨습니다(1절). 이 예언은 재림에 관한 예언이 아니라 부활에 관한 예언입니다. 이 예언을 들은 제자들 중에 재림을 본 자는

한 명도 없기 때문입니다. 1:15의 "하나님 나라가 가까이 왔다"는 선포는 예수님의 부활을 통해 성취됩니다. 그러므로 부활은 하나님 나라가 능력 있게 임하는 사건입니다.

이 예언을 성취하기 위해 주님은 최측근들과 함께 산에 오르셨습니다(2절). 예수님께서 베드로와 야고보와 요한 셋을 데리고 산에 올라가신 모습은 모세가 시내 산에서 아론, 나답, 아비후 셋을 함께 데리고 간 사건을 연상시킵니다(참고, 출 24:1, 9). 주님께서 올라가신 '높은 산'은 아마도 빌립보 가이사랴에서 가까운 헐몬(Hermon) 산이었을 가능성이 높습니다. 누가에 따르면 예수님께서 세 명의 제자들과 산에 올라가신 목적은 '기도'하기 위함이었습니다(눅 9:28).

주님은 기도하시던 중에 변형되사 그 얼굴이 해같이 빛나며 옷이 빛과 같이 희어졌습니다(3절). 여기 '해와 같이 빛난 용모'는 시내 산에서 내려오는 모세의 모습을 생각나게 합니다(출 34:29-35). 또한 '빛과 같이 희어진 옷'은 예수님께서 천상적인 존재이심을 암시합니다(단 7:9). 주님의 용모와 옷의 변화는 특히 자신이 십자가를 지신 후에 자신의 육체적인 부활로 말미암아 얻게 될 영광을 예비적으로 경험한 것입니다. 예수님은 부활 때 입게 될 영광을 기도 중에 미리 맛보게 된 것입니다. 이러한 영광스러운 체험이 예수님으로 하여금 십자가 고난의 길을 담대하게 갈 수 있도록 힘을 북돋아 주었던 것입니다. 신자의 앞길에는 이와 같이 십자가만 놓여 있는 것이 아닙니다. 고난만 있는 것이 아닙니다. 고난 그 너머에 영광이 있습니다. 그러므로 믿음의 눈을 활짝 열어 고난 이면에 존재하는 하나님의 영광을 바라보아야 합니다. 우리 신앙의 선배들이 순교라고 하는 최고의 고통의 잔을 마실 수 있었던 것도 죽음보다 더 큰 부활의 영광을 바라보았기 때문에 가능했던 것입니다.

예수님께서 변형되셨을 때 그 현장에 문득 모세와 엘리야가 나타났습니다(4절 상). 모세와 엘리야는 각각 율법과 선지자의 대표자로서 구약 전체를 대변하는 인물입니다. 이들은 메시아의 시대에 돌아올 것으로 구약에 예언됐는데(신 18:15-18; 말 4:5-6), 메시아가 영광스러운 모습으로 변화하신 상황에서 이 두 인물이 출현했다고 하는 사실은 거기 있던 제자들에게 자연스럽게 그 약속이 성취된 것으로 이해됐을 것입니다. 게다가, 이들 두 인물이 자신들의 사역을 수행해나가는 가운데 공히 적지 않은 고난과 거절을 당했다는 사실은 앞서 예수님의 수난과 죽음에 대한 예고(막 8:31)의 의미를 되새겨주는 효과를 가져왔을 수도 있습니다.

메시아의 도래와 함께 재등장할 모세와 엘리야는 영광스럽게 변모하신 예수님과 함께 이야기했습니다(4절 하). 누가는 이 두 인물과 예수님 사이에 나누었던 대화를 다음과 같이 전합니다. "(모세와 엘리야가) 영광 중에 나타나서 장차 예수께서 예루살렘에서 별세하실 것을 말할 새"(눅 9:31). 여기 '별세'라는 말은 원어로 '엑소도스'입니다. 따라서 이는 예수님이 공생애 말기에 예루살렘에 입성하여 십자가에 달려 죽는 것이 죄의 포로 상태에 놓여 있는 하나님의 백성을 '엑소더스', 즉 '구원' 하시기 위함임을 사전 예고하는 것입니다.

예수님께서 구약을 대표하는 두 인물과 대화하고 있을 때 깊은 잠에서 깨어난 베드로는 이 광경을 목도하고 예수님께 "랍비여 우리가 여기 있는 것이 좋사오니 우리가 초막 셋을 짓되 하나는 주를 위하여, 하나는 모세를 위하여, 하나는 엘리야를 위하여 하사이다"라고 제안했습니다(5절). 베드로의 이러한 제안이 미처 끝나기도 전에 구름이 와서 그들을 덮으며 구름 속에서 "이는 내 사랑하는 아들이니 너희는 그의 말을 들으라"는 음성이 들려왔습니다(7절). 구약에서 '구름'은 자주 하나님의 임재의 상징으로 나타납니다(출 24:15-18; 40:34-38). 이 구름 속에서 들려온 하나님의 음성은 예수님께서 요한에게 세례받으실 때의 음성과 정확하게 일치했습니다. 하지만 이때의 음성은 예수님 자신을 위한 음성이 아니라 그와 함께 있는 제자들을 위한 것이었습니다. 그리하여 "너희 제자들은 예수의 말을 들어라"라고 하나님께서 명령하셨던 것입니다.

예수님은 구약의 시대를 마감하고 새 언약의 시대를 가져올 분입니다. 지금 예수님께서 오셔서 구원 사역을 하고 계시기 때문에 더 이상 모세도 엘리야도 제자들에게는 필요하지 않습니다. 율법과 선지자의 시대는 세례 요한으로 막을 내리고 예수님께서 사역을 시작하심으로써 메시아의 새 시대가 도래했기 때문입니다. 이제 모든 것은 하나님의 아들 메시아 예수님에 의해서만 결정되고 그 예수님께서 하나님의 구원 계획을 끝까지 이루시기 위해 십자가의 길을 가실 것이므로 제자들은 이제 그의 말씀만 들으면 됩니다. 예수님께만 집중하면 됩니다. 모세와 엘리야와 같은 조연들은 역할을 다했으니 이제 그만 퇴장해야 합니다.

10장 이혼
(이혼에 관한 가르침)

이혼 문제와 관련한 가르침은 마태복음과 마가복음 두 군데에 등장합니다(1-12절; 마 19:1-12). 이 두 복음서를 종합해서 예수님의 이혼관에 대해 살펴보겠습니다.

주님께서 갈릴리를 떠나 유대로 가셔서 무리들을 가르치실 때 바리
새인들이 주님께 나와서 "사람이 아내를 버리는 것이 옳으니이까"라고
질문을 했습니다(1-2절). 이혼 문제와 관련해서 이렇게 물은 이유는 주님
을 시험하기 위함이었습니다. 세례 요한은 헤롯 안티파스의 이혼 및 재
혼을 반대하고 죽임을 당했는데(막 6:17-29), 그의 입장을 부정하고 이혼
이 가하다고 하면 예수님은 백성들의 인기를 잃게 될 것입니다. 반면에
세례 요한과 같이 이혼은 허용되지 않는다고 이혼 반대 입장을 견지한
다면 헤롯의 박해에 직면할 것입니다. 질문자들은 이것을 노렸던 것입
니다.

질문을 들은 예수님은 이혼의 가부를 말씀하기보다 그것에 대한 모
세의 입장이 무엇인지 역으로 질문을 하셨습니다(3절). 이에 바리새인들
은 모세오경 중의 하나인 신명기(신 24:1-4)를 근거로 이혼 증서를 써준
후에는 이혼이 허용될 수 있다는 입장을 밝혔습니다(4절). 예수님은 세
례 요한을 뒤따르는 자로서 그 역시 이혼에 대해 세례 요한과 동일한
강경한 입장을 견지하고 있을 것이라고 판단했기에 이들은 주님과 반
대 입장을 먼저 취한 것입니다. 이들의 대답을 듣고 예수님은 타락으로
인해 마음이 완악해진 인간들이 죄악을 범하는 것을 방지하는 차원에
서 모세가 이혼을 허락한 것인데, 음행을 제외하고 아내를 버리고 새 장
가 드는 자는 간음을 행하는 것이라고 응대하셨습니다(마 19:9).

예수님 당시에는 이혼의 권리가 남편에게만 있었습니다. 남편은 이
혼 증서만 써 주면 아내와 이혼할 수 있었습니다. 그리고 이혼 증서는
굳이 법정에 가서 쓸 필요도 없었으며 남편이 직접 쓰고 날짜를 적고
두 증인이 서명하기만 하면 효력을 발휘했습니다. 1세기 유대 사회 속
에서 남편은 아내를 일방적으로 이혼시킬 권리를 가졌을 뿐 아니라 이

혼 사유를 찾기도 매우 쉬웠습니다. 빵을 태우는 것, 다른 남자와 이야기하는 것, 길거리를 배회하는 것 등도 이혼의 사유가 됐습니다. 이렇게 남성들이 이혼을 얼마든지 남용할 수 있는 사회 분위기 속에서 여인들은 절대 약자였으므로 음행한 연고 외에 이혼을 금지하는 주님의 가르침은 약자를 긍휼히 여기시고 그를 보호하기 위한 것이었습니다.[40]

우리 주님은 음행, 즉 성적 범죄와 관련된 특별한 경우에만 이혼을 허락하셨는데, 바울 사도는 여기에 한 가지를 더 추가했습니다. 고린도전서 7:15에 보면 초대 교회에서 결혼을 한 부인이 예수를 믿게 됐습니다. 그러자 믿지 않는 남편이 극구 반대하고 핍박하여 가정이 깨지는 지경에까지 이르렀습니다. 그래서 안 믿는 남편이 같이 살기를 원치 않을 때 바울은 헤어지라고 조언합니다. 결혼을 유지하기 위해서 신앙을 포기할 수는 없다는 얘기죠. 이 두 가지 경우가 성경에서 합법적으로 이혼을 인정한 케이스입니다. 하지만 성경이 이혼에 관한 모든 조건을 세세하게 전부 나열한 이혼 전문 서적은 아닙니다. 다만 성경은 이혼에 대한 근본 원리만 제시할 뿐입니다.

오늘날 우리는 결혼한 쌍의 절반가량이 이혼하는 시대에 살고 있습니다. 그러므로 남녀의 이혼에 대해 왈가왈부하는 것이 조심스럽기 그지없습니다. 하지만 두 사람이 만나서 함께 사는 것이 사람의 선택이 아니라 하나님께서 선택해서 짝지어 주신 것이라고 성경은 분명히 말합니다(9절). 그러기 때문에 하나님이 결정해 놓은 일을 사람이 함부로 파괴할 수 없는 것입니다. 우리 신앙인들은 이 하나님의 주권을 겸허히 인정하고 화가 나서 감정이 솟구친다고 해도 못 살겠다고 뛰쳐나가려고만 하지 말고 가능한 한 함께 사는 길을 모색해야 할 것입니다.

11장 입성

(예루살렘 **입성**)

죄의 종노릇하고 있는 하나님의 백성을 구원하고 해방하기 위해 예수님은 예루살렘에 위풍당당하게 입성하십니다. 이 '승리의 입성'(Triumphal Entrance)은 복음서에 모두 기록되어 있는 굉장히 중요한 사건입니다(1-11절; 마 21:1-11; 눅 19:28-38; 요 12:12-19). 따라서 마가복음에 빠져있는 내용은 타 복음서를 참조하여 보충함으로써 보다 면밀하게 본 사건을 살펴보겠습니다.

바벨론 포로 상태(Exile)에서 구원을 약속하는 이사야 40-55장에 따르면, 새 출애굽(New Exodus)은 3단계로 진행됩니다. 먼저 여호와께서 열방과 그들의 우상에게 사로잡혀 있는 자신의 백성을 구원하십니다. 그러고 나서 그 백성을 길을 따라 인도하시는 긴 여정이 이어집니다. 마지막으로 최종 목적지인 시온, 즉 예루살렘에 도착하여 여호와께서 영광스럽게 왕으로 등극하십니다. 이를 간단히 정리하면, 이사야의 새 출애굽은 첫째, 포로 상태에서 구출, 둘째, 길을 따른 여행 중에 악한 자를 패배시킴, 셋째, 예루살렘으로의 여호와의 귀환과 왕으로의 등극입니다.

예수님의 이 예루살렘 입성 장면은 바로 이 이사야의 새 출애굽의 마지막 단계인 여호와의 영광스러운 시온으로의 귀환에 해당하는 것입니다. 예수님은 지금 이사야에 나타난 이러한 종말론적 메시아 왕으로서의 기대를 한 몸에 받고 예루살렘에 입성하시는 것입니다.[41] 이러한 사실은 예수님께서 나귀를 타고 예루살렘에 들어오실 때 무리들이 종려나무 가지를 흔들며 소리 높여 "호산나! 찬송하리로다. 주의 이름으로 오시는 이여! 찬송하리로다. 오는 우리 조상 다윗의 나라여 가장 높은 곳에서 호산나"라고 외치는 함성 속에 잘 드러납니다(9-10절).

이스라엘 사람들에게 종려나무는 각별한 의미가 있습니다. 이 나무는 생명과 부활을 의미하기 때문입니다. 종려나무는 도끼나 톱으로 잘라내더라도 그 밑동에서 다시 싹이 돋아납니다. 그뿐만 아니라 잘려 나간 나무에서도 싹이 납니다. 이런 끈질긴 생명력 때문에 유대인들에게 이 나무는 생명과 부활의 상징이었습니다. 종려나무는 또한 승리를 상징합니다. 주전 167년 시리아 왕 안티오쿠스 4세 에피파네스는 예루살렘을 침입해서 예루살렘 성전에 제우스의 신전을 짓고 제우스를 숭배하도록 명령했습니다. 게다가, 유대인들이 부정하게 여기는 돼지고기를 먹으며 안식일을 어기고 할례를 금하는 금령을 선포했습니다. 이에 제사장 출신인 유다 마카비는 봉기하여 시민전쟁을 이끌었습니다. 전쟁은 3년 반 만에 마카비의 승리로 끝났고 마카비는 당당히 예루살렘에 입성했습니다. 이때 군중들이 종려나무를 흔들며 그를 환영했습니다. 그래서 마카비 시대에는 종려나무가 승리의 상징으로 주화 그림에 사용되기도 했습니다. 예수님이 자기 백성을 구원하기 위해 예루살렘에 들어왔을 때 사람들이 종려나무 가지를 흔들었던 이유는 마카비의 개선 입성을 상기하면서 예수님께서 마카비와 같이 지금 로마 식민지 상태에 있는 자신들을 독립시켜 주기를 열망하고 있었기 때문입니다.

이 예루살렘 입성 장면에서 눈에 띄는 것은 복음서 기자들이 한결같이 시편 118편을 인용하고 있다는 것입니다. 성경을 연구하다 보면 이 시편 118편과 관련해서 재미난 사실을 하나 발견하게 되는데, 그것은 이 시편의 위치입니다. 이 시는 성경 1,189장의 한가운데, 즉 중심 (center)에 있습니다. 이 시편 앞에 594개의 장이 있고, 뒤에 594개의 장이 있습니다. 특이하지 않습니까? 그런데 그 중심의 중심 구절이 시편 118:8, 즉 "사람을 의지하는 것보다 **여호와**를 의지하는 것이 나으니라"(It is better to trust in *Yahweh* than to put confidence in man)라는 말씀입니다. 그런데 이 절의 정중앙에 '여호와'(Yahweh)가 계시다는 사실이 참으로 놀랍지 않습니까? 성경의 중심(시 118편)의 중심 구절(8절)의 중심에 '여호와'가 계십니다. 저는 COVID19가 극성을 부리는 시기부터 이 글을 쓰고 있는데, 우리 마음 중심에 여호와 하나님을 모시고 그분만 철저히 신뢰한다면 이 지긋지긋한 코로나바이러스가 대수겠습니까?

시편 118편은 형식 면에서뿐만 아니라 그 내용 면에서도 성경의 중심으로서 전혀 손색이 없는 말씀입니다. 이 시편 118편 속에는 복음의 핵심 메시지가 그대로 녹아있기 때문입니다(그래서 저는 이 시를 '구약의 요한복음 3:16'이라고 부릅니다).

신약의 저자들이 가장 많이 인용했던 시편 118편의 두 구절, 즉 22절과 25-26절 속에는 메시아가 이 땅에 오신 목적과 그 목적을 이룰 구체적인 방법이 적나라하게 제시되어 있습니다. 예루살렘 입성 때에 무리들이 인용했던 시편 118:25-26은 예수님께서 이 땅에 오신 목적을 설명해줍니다("호산나! 찬송하리로다, 주의 이름으로 오시는 이여! 찬송하리로다. 오는 우리 조상 다윗의 나라여! 가장 높은 곳에서 호산나!"). 이 찬양을 앞뒤로 두르고 있는 "지금 구해주소서"라는 의미의 '호산나'를 통해 그 목적이 선명하게 드러납니다. 예수님께서는 죄의 포로 상태에 있는 하나님의 백성에게 진정한 해방과 구원을 주시기 위해 이 땅에 오셨고, 이제 주의 이름으로 오시는 이(메시아)로서[42] 그 목적(엑소더스)을 완성하기 위해서 예루살렘에 입성하고 있는 것입니다. 그리고 그 구체적인 방법은 12장의 포도원 농부의 비유에서 자세히 알려주십니다.

예수님께서 어린 나귀를 타고 예루살렘에 입성하실 때 그 광경을 지켜보던 갈릴리에서 온 순례자들은 예수님의 이러한 행진에 대해 예수님을 '다윗의 자손'으로 환호했습니다(마 21:9). 반면에 현지에 사는 예루살렘 사람들은 이러한 환호에 대해 어찌할 바 몰라 소동했습니다(마 21:10). 이들의 이러한 반응은 예수님께서 죄의 포로 상태에 있는 자기 백성을 구원하시기 위해 예루살렘에서 불과 2시간 거리(약 8km)에 있는 같은 유대 땅 베들레헴에 입성(탄생)하셨을 때 예루살렘 사람들이 보였던 반응과 동일했습니다. 동방 박사들이 신기한 별을 보고 유대인의 왕을 찾아 예루살렘을 방문했을 때 헤롯 왕과 온 예루살렘 사람들은 유대인의 왕으로 오신 예수님 때문에 소동했습니다(마 2:2-3).

갈릴리에서 온 순례자들과 동방박사들은 비록 먼 데서 왔지만 예수님을 메시아요 왕으로 환영하고 경배했습니다. 하지만 예루살렘 사람들과 헤롯 및 유대 지도자들은 자기 땅에 온 메시아로 인해 소동하여 의문을 제기했고 더 나아가서는 십자가의 죽음으로 내몰았습니다(마 27:22-25). 이제 우리 주님은 마지막 입성을 준비하고 계십니다. 세 번째로 입성(재림)하실 때 여러분은 어떤 모습을 보이시겠습니까? 갈릴리 순례자들처럼 열렬히 환영하시겠습니까? 예루살렘 거민들처럼 필사적으로 배척하시겠습니까?

12장 포도

(포도원 농부들의 비유)

앞선 11장에서 예수님은 무리의 입을 통해 자신이 예루살렘에 입성한 목적이 죄의 포로 상태에 있는 하나님의 백성에게 '엑소더스'(구원)를 가져다주기 위함이라고 밝히셨습니다. 그리고 여기 12장에서는 그것을 어떻게 이룰지 구체적인 방법을 알려주기 위해 한 비유를 드십니다. 이 비유는 흔히 사악한 포도원 농부의 비유라고 불리는데, 어떤 사람이 포도원을 만들고 농부들에게 세내어 주었습니다. 후에 종들을 보내어 세를 받으려 했으나 농부들이 박해했고 마침내 아들을 보냈지만 죽여서 포도원 주인이 와서 그 농부들을 진멸하고 그 포도원을 다른 사람들에게 주었다는 내용입니다.

여기 수많은 상징들이 등장하는데, '포도원'은 '이스라엘'을, '포도원을 만든 사람'은 '하나님'을, 이 '사악한 농부들'은 '이스라엘의 종교 지도자들인 대제사장들과 서기관들'을, 어떤 사람이 보낸 '종들'은 '선지자들'을, '사랑하는 아들'은 하나님의 아들 '예수 그리스도'를, '다른 종들'은 새 이스라엘로 불러 모은 '제자들'을 각각 가리킵니다.

우리가 이 비유에서 보는 대로 이스라엘의 암울한 역사는 죽은 선지자들의 역사며 악하고 타락한 사회에 기인했습니다. 그들은 이사야를 비롯하여 세례 요한에 이르기까지 무수히 많은 하나님의 종들을 박해하고 죽였습니다. 오늘날 우리의 사회와 종교계도 진리가 유린당하고 진리의 외침이 상실된 죽은 선지자들의 사회가 된다면 정녕 소망이

없는 사회인 것입니다.[43]

　본 비유에서는 포도원 주인이신 하나님의 행동과 소작농인 이스라엘 종교 지도자들의 행동이 극한 대조를 이룹니다. 하나님께서는 그들에게 포도원을 맡기고 그에 필요한 많은 것들을 공급하셨습니다. 산울타리며 포도즙 틀이며 망대를 제공해 주면서 소출(의로운 삶)을 요구하셨습니다. 하지만 하나님이 자비를 베풀면 베풀수록 이들은 더욱더 완악해지고 더욱더 잔인해져만 갔습니다. 처음에는 정당한 소출을 달라고 요구한 하나님의 종을 때려서 보냈습니다(3절). 그다음에는 머리에 상처를 입히고 능욕을 했습니다(4절). 또 종을 보내자 이번에는 아예 죽여버렸습니다(5절). 만일 우리가 주인이라면 응당 보복했을 텐데 하나님은 보복하지 않으셨습니다. 그들에게 회개하고 의의 열매를 거둘 수 있도록 거듭해서 기회를 주셨습니다. 하지만 그들은 하나님이 주신 기회를 선용하지 않고 오히려 그것을 악용했습니다. 인간이 이렇게 갈수록 완악해지는 이유는 아담의 원죄 아래 있는 인간의 전적 부패성 때문입니다. 이런 인간의 전적 부패성의 문제를 해결하기 위해 하나님은 급기야 당신의 외아들을 사지로 보내셨습니다. 그러자 소작농들은 그 아들을 잡아 죽여 포도원 밖으로 내던졌습니다(6-8절). 아들까지 죽이자 포도원 주인은 더 이상 참지 않았습니다. 완악한 농부들을 진멸하고 포도원을 다른 사람들에게 주겠다고 선언했습니다(9절).

　사악한 포도원 농부들의 비유를 마무리하면서 예수님께서는 "너희가 성경에 건축자들이 버린 돌이 모퉁이의 머릿돌이 되었나니 이것은 주로 말미암아 된 것이요 우리 눈에 놀랍도다 함을 읽어 보지도 못하였느냐 하시니라"라고 유대의 종교 지도자들에게 말씀하셨습니다(10-11절).

　우리는 '왜 아들 얘기를 하다 말고 생뚱맞게 돌 얘기를 꺼내나?' 하

고 의아해할 수 있는데, 이는 히브리어로 '아들'은 '벤'이고 '돌'은 '에
벤'으로 발음상의 유사성을 통해 10절의 건축자의 버린 '돌'(히. '에벤')이
곧 하나님의 '아들'(히. '벤') 예수라는 암시를 주기 위함입니다. 본 비유의
절정 부분에서 주님이 하신 말씀("건축자들이 버린 돌이 모퉁이의 머릿돌이 되었
나니")은 시편 118:22을 인용한 것으로 예루살렘에 입성하여서 어떠한
방식으로 자신의 목적, 즉 '엑소더스'(구원)를 이룰지 구체적으로 이야기
해주고 있는 것입니다. 구약 시편 118:22-23의 '건축자들'은 당시의 이
스라엘 주변의 '강대국들'을 지칭하며, 그들에 의해 배척당한 '돌'은 '다
윗 계열의 이스라엘 왕'을 가리킵니다. 그래서 시편 118:22은 적들에 의
해 포위되어 곤궁에 처해지고 따라서 하나님에 의해 거절된 것처럼 여
겨졌던 다윗 계열의 어떤 왕이 하나님의 섭리로 구원받고 궁극적으로
승리를 하게 됐다는 의미입니다. 23절은 이 예기치 않은 사건의 역전이
하나님께서 행하신 일임을 분명히 하고 있습니다.

　　사악한 농부들의 비유의 결론으로 제시되는 시편 118:22-23은 구약
의 그것과 문자적으로 일치하지만, 다른 문맥에 적용됐고 앞의 시편
118:25-26의 인용구와 마찬가지로 공관복음에서 기독론적으로 재해석
됐습니다. 구약에서는 주변의 강대국들을 지칭했던 건축자들이 이제
이스라엘 지도자들에게 적용됐습니다. 또한 이스라엘의 한 왕을 지칭
했던 돌은 예수님에게 적용됐습니다. 따라서 시편 118:22의 "건축자들
이 버린 돌이 모퉁이의 머릿돌이 되었다"라는 표현은 여기에서 예수 그
리스도의 거부당함과 죽음 후의 부활로 해석됩니다. 주님은 군사적인
힘을 통해서 자신의 임무를 완성하는 세상의 왕들과는 달리, 건축자들
이 쓸모없다고 버린 돌처럼 철저히 배척당하여 죽으심으로써, 그리고
모퉁이의 머릿돌과 같이 부활하심으로써 새 이스라엘에게 엑소더스를

가져다줄 것입니다.

13장 강화

(감람 산 **강화**)

이미 우리는 마태복음의 감람 산 강화 기사를 살펴보았습니다. 마태는 이 강화에서 예루살렘 성전 심판과 예수님의 재림을 연동시키지만, 마가는 오로지 예루살렘 성전 심판에만 초점을 맞춥니다.

주님은 종려주일에 예루살렘에 입성하여 성전에서 공개적 가르침을 마치신 후에 성전에서 나오셨습니다. 그리고 아마도 성전 동문을 통해 비탈길을 따라 내려가 기드론 골짜기를 건너 감람 산으로 가신 것으로 보입니다. 그렇다면 예수님의 이러한 행동은 하나님께서 예루살렘을 심판하시는 상징적 행동으로 여호와의 영광이 동문을 지나 성전을 떠나는 모습을 연상시킵니다(겔 10:18-19). 하지만 제자들은 예수님의 이 심각한 행동을 감지하지 못하고 성전의 외형의 아름다움에만 주목하며 탄성을 질렀습니다(1절). 이에 주님은 "돌 하나도 돌 위에 남지 않고 다 무너지리라"라고 예루살렘 성전 파괴의 충격적인 예고를 하셨습니다(2절). 하나의 길이가 무려 20m에 달했다고 전해지는 이 성전의 돌이 다 무너져 그 바닥까지 드러나게 된다는 선언은 이스라엘과 그들의 성전을 향한 하나님의 진노가 얼마나 큰지를 극명하게 보여 주는 표현입니다.

이 예수님의 성전 심판 예언을 듣고 베드로를 비롯한 세 제자가 그때와 징조에 관해서 질문을 했습니다(4절). 그래서 이에 대해 주님께서 친절하게 답변해 주셨습니다. 먼저 예수님은 크게 7가지로 성전 파괴의 징조를 제시하셨는데, 이들은 모두 성전 파괴 전에 실제로 일어났습니다. 첫째, 거짓 선지자와 거짓 메시아의 출현입니다(5, 21-22절). 주후 66년 메나헴(Menahem)은 자기가 왕인 양 예루살렘에 입성하여 왕의 옷을 입고 경배했습니다. 둘째, 전쟁입니다(7-8절 상). 주후 36년부터 로마와 파르티아 간의 전쟁이 있었으며, 주후 67년 성전 파괴를 촉발시킨 유대와 로마 사이의 전쟁이 있었습니다. 셋째, 지진입니다(8절 중). 주후 61년에 라오디게아, 62년에 폼페이, 67년에 예루살렘에 지진이 일어났습니다. 넷째, 기근입니다(8절 하). 주후 46년에 유대에 기근이 들었습니다. 다섯째, 신자의 박해 및 통치자들 앞에서 심문받는 것입니다(9-13절). 바울은 총독 벨릭스와 베스도, 그리고 아그립바 왕 앞에서 심문받았습니다(행 24:10-27; 25:1-12; 26:24-32). 여섯째, 복음의 편만한 전파입니다(10절). 당시 제국의 수도인 로마에까지 복음을 전하고 후에 그 당시 땅끝 중의 하나인 스페인까지 가서 복음을 전한 사도 바울의 선교 활동을 염두에 둘 때 이 또한 예언의 성취로 볼 수 있습니다. 일곱째, 멸망의 가증한 것이 서지 못할 곳에 서는 것입니다(14절). 이는 67-68년 열심당에 의한 성전 유린을 가리키는 것입니다.

이와 같이 자세히 성전 파괴의 징조를 제시하신 후에, 주님은 그때에 대해 말씀하셨습니다. "이 세대가 지나가기 전에 이 일이 다 일어날 것이라"(30절). 여기 '이 세대'는 '예수님의 동시대'를 가리킵니다. 따라서 앞에 언급된 모든 징조들은 예수님과 동시대 사람들의 시대가 지나가기 전에 일어난다는 말입니다. 주후 33년경에 예수님이 예언하시고 주후 70년에 성전이 파괴됐다면 한 세대가 대략 30-40년이므로 이때에 관한 예언 또한 정확하게 성취된 것입니다.

　이렇게 성전이 파괴되고 유대 민족이 심판을 받게 되는 때에 인자의 오심이 발생합니다. "그때에 인자가 구름을 타고 큰 권능과 영광으로 오는 것을 사람들이 보리라"(26절). 여기 인자의 오심은 예수님의 '파루시아', 즉 재림을 가리키는 것이 아닙니다. 이는 다니엘 7장을 배경으로 하고 있는데, 다니엘 7:13-14은 왕위 등극 장면으로 인자가 땅으로 오는 것이 아니라 권위와 영광을 받기 위해 하나님께로 가는 상황을 묘사합니다. 즉, 예루살렘은 멸망하고 예수님은 높임을 받으시는 것입니다. 이제 옛 이스라엘과 새 이스라엘이 공존하는 시대가 막을 내리고 예수님께서 권세를 얻고 오직 예수님께서 성전의 기능을 하며, 예수님께 속한 새 이스라엘, 즉 신자 공동체만이 택한 백성의 지위를 얻는 시대가 시작됩니다. 이러한 사실은 뒤따른 절에 의해 더욱 분명히 드러납니다. "또 그때에 그가 천사들을 보내어 자기가 택하신 자들을 땅끝으로부터 하늘 끝까지 사방에서 모으리라"(27절). 승귀하신 주님은 이제 흩어진 이스라엘을 다시 모으십니다. 여기에서 천사(헬. '앙겔로스')는 천상의 존재가 아니라 지상의 메신저, 즉 바울과 베드로와 같은 복음 전파자를 지칭합니다. 예수님은 이들을 통해 새 이스라엘을 모으십니다. 성전이 파괴되어 유대 민족이 종말을 맞이할 때는 역설적으로 이스라엘이 회복되는 때입니다. 이때 회복되는 이스라엘은 바로 예수를 믿고 따르는 신자 공동체입니다.

　새 이스라엘인 우리 신자들은 왜 예루살렘 성전과 유대 민족이 하나님의 준엄한 심판을 받았는지 잘 새겨보아야 할 것입니다. 옛 이스라엘이 심판받은 근본적인 이유는 말씀과 기도의 장소인 성전을 강도의 소굴로 만들었기 때문입니다(막 11:17). 그런 성전은 더 이상 성전일 수 없습니다. 따라서 우리 심령 속에 예수님을 사랑하는 뜨거운 마음이 흘러 넘치지 않고 속물근성이 차고 넘친다면 우리 또한 그들과 똑같은 운명에 처할 수 있다는 경각심을 가져야 할 것입니다.

14장 체포

(예수님의 체포)

감람 산 강화 후 예수님께서는 제자들에게 이틀 뒤 유월절에 자신이 십자가에 처형되기 위해 배반을 당할 것이라고 말씀하신 적이 있었습니다(마 26:1-2). 이제 열두 제자 중의 하나인 '가룟 유다'가 그 예언을 성취하기 위해 예수님을 잡아 죽이려고 모의하고 있는 대제사장 가야바의 관저로 가서 자신의 스승을 팔 방도를 함께 논의했습니다(10-11절).

　하루가 지나고 목요일 저녁 주님은 제자들과 마지막 유월절 만찬을 하러 그들이 미리 마련한 예루살렘 성내의 한 성도의 집 이층 다락방으로 가셨습니다. 그리고 모두 식탁에 둘러앉아 식사할 때에 또다시 배반을 예고하셨습니다. "다 앉아 먹을 때에 예수께서 이르시되 내가 진실로 너희에게 이르노니 너희 중의 한 사람 곧 나와 함께 먹는 자가 나를 팔리라"(18절). 이어서 주님께서는 "화가 있으리로다 그 사람은 차라리 나지 아니하였더라면 자기에게 좋을 뻔하였느니라"고 선언하셨습니다

(21절). 이 정도 암시를 주었으면 유다는 자신의 죄를 깨닫고 예수님께 무릎을 꿇고 회개했어야 했는데, 마음을 더욱 완악하게 하여 결국 스승을 팔기로 굳게 마음을 먹었습니다. 유다는 자신을 열두 사도 중의 하나로 뽑아 주신 하나님의 은혜를 물 쏟듯이 쏟아버린 참으로 배은망덕한 인간이었습니다.

하나님의 말씀, 즉 예언을 이루는 두 종류의 사람이 있습니다. 하나는 예수님의 육신의 아버지 요셉처럼 자신의 선함과 순종으로 이루는 경우입니다. 반면에 여기 가룟 유다처럼 자신의 악함과 불순종으로 이루는 사람도 있습니다. 금방 살펴봤듯이, 예수님께서 최후의 만찬 석상에서 "인자는 자기에 대하여 기록된 대로 가거니와 인자를 파는 그 사람에게는 화가 있으리로다"라고 말씀하셨습니다. 그 십자가의 고난을 받도록 한 자에게 화가 있으리라고 말씀하셨습니다. 구약에 이미 '예수님께서 고난받고 십자가에 달려 돌아가신다'라는 예언이 기록되어 있습니다(사 53:5). 그래서 주님께서 지금 '나는 예언된 그대로 간다'라고 말씀하고 계신 것입니다. 그러면 가룟 유다가 공로자입니까? "나 하나 지옥에 가더라도 예수님 십자가에 달려 인류 구원하소서!" "나 하나 희생해서라도 세상 사람들 구원받게 해야겠습니다." "제가 대신 십자가 지겠습니다." "제가 총대를 메겠습니다." 이렇게 고마운 생각으로 예수님을 팔았습니까? 아니죠. 유다는 돈에 욕심이 나서, 은 30냥에 욕심이 나서 결국 주님을 판 겁니다. 그래서 그것이 구약의 예언을 성취하게 된 겁니다. 유다는 결국 자기의 악으로 하나님의 예언을 이루고 말았습니다.

하나님의 뜻을 따라 요셉처럼 선함과 순종으로 예언을 이루면 하나님께 큰 상을 얻을 것입니다. 그러나 가룟 유다처럼 악함과 불순종으로 하나님의 뜻을 이룬 사람에겐 화가 있을 것입니다. 우리는 신앙의 선진 요셉의 모범을 부지런히 따라가야 할 것입니다. 그래서 하나님의 마음을 시원하게 해드리는 신실한 주의 종이 되어야 할 것입니다.

이름 없는 한 여자는 돈을 포기하며 예수님의 장례를 준비할 때(3-9절), 예수님의 제자로 택함 받은 한 남자는 돈, 돈 하며 물욕에 빠져 은 30냥에 스승을 배신했습니다(32-42절). 결국 아무 죄 없으신 주님은 체포되어 온갖 고초를 당하셨습니다(43-65절).

15장 죽음
(예수님의 **죽음**)

본 장에서는 주님의 십자가상에서의 죽음이 상세히 소개되고 있습니다. 가룟 유다의 배신으로 체포되어 대제사장들에게 밤샘 조사를 받으신 후, 주님께서는 빌라도에게 인계됐습니다(1절). 빌라도는 주후 26-36년 기간 동안 유대를 관할하던 총독으로서 평상시에는 가이사랴에 주재했지만, 유월절 기간에는 치안유지를 위해 예루살렘 헤롯 궁에 머물렀습니다. 그는 몇 차례 심문을 통해 예수님이 대제사장들의 시기를 받아 자신에게 넘겨진 것을 알게 됐습니다(2-10절). 그래서 놓아주려고 했으나 대제사장들에게 선동된 무리가 거듭해서 예수님을 십자가에 못 박으라고 요구하자 그들에게 만족을 주려고 역도 바라바를 대신 놓아주고 주님을 내어주었습니다(11-15절). 이로 인해 예수님을 십자가형에 처한 책임은 표면적으로는 무리에게, 이면적으로는 대제사장들에게, 그리고 법적으로는 로마 총독 빌라도에게 있다는 사실이 분명하게 드러나게 됩니다.

주님이 체포되어 십자가형을 언도받자 제자들은 다 주님을 버리고 도망쳤습니다. 죽기까지 따르겠다고 큰소리쳤던 수제자 베드로는 부인하고 저주까지 했습니다. 주님의 십자가상에서의 절규(34절, "나의 하나님 나의 하나님 어찌하여 나를 버리시나이까?")에서 알 수 있듯이, 하나님 아버지마저도 주님을 저버리셨습니다. 자신이 창조한 인류가, 따라다니던 제자들이, 심지어는 자신의 아버지 하나님도 버리셨습니다. 우리 주님은 자신이 모두에게 버림받았다는 심적 고통에 시달리셨습니다. 이에 더해 심한 채찍질, 가시관을 씀, 육중한 십자가를 지고 험한 비아 돌로로사(Via Dolorosa)를 걸어감(가다가 3번 쓰러짐), 양 수족에 못이 박힘, 6시간 동안 십자가에 달려 물과 피를 다 쏟음과 같은 말로 다 형용할 수 없는 육신적 고통을 당하셨습니다. 왜 아무런 죄도 없는 예수님이 이런 끔찍한 십자가의 고통을 받으셨을까요? 선지자 이사야가 증언하듯이 우리의 허물과 죄 때문입니다(사 53:5). 나의 죄 때문입니다. 그러므로 온갖 고초를 다 당하고 나 같은 죄인을 구원해주신 그 큰 은혜에 대한 뜨거운 감정이 우리 안에 이미 있어야 되고, 앞으로도 계속 있어야 할 것이며, 주님 다시 오시는 그날까지 이 감정은 절대로 메말라서는 안 될 것입니다.

마가복음의 십자가 처형 사건에서 독특한 점은 처형을 집행한 로마 백부장이 주님의 죽음을 목도하고 "이 사람은 진실로 하나님의 아들이었도다"라고 고백했다는 사실입니다(39절). 예수님의 죽음 직전에 군인들의 반응은 조롱이었지만(16-20절), 그의 죽음을 조롱한 군인들의 수장 격인 백부장은 경의를 표했습니다. 십자가 맞은편에서 고백된 백부장의 '하나님의 아들' 언설은 가이사를 신의 아들로 고백하던 당시 상황을 고려할 때 누가 진정한 신자(Son of God)인지 시사해 줍니다. 그것은 아이러니하게도 죽인 자가 아니라 죽은 자입니다. 로마 황제가 아니라 나사렛 예수입니다. 이제 곧 하나님의 아들이신 예수님의 복음이 마가복음의 역사적 청중이 있는 로마에까지 퍼져 나가 로마를 정복할 것입니다.

16장 부활
(예수님의 **부활**)

예수님의 죽음 현장을 지켜본 여인들 가운데 막달라 마리아와 요세의 어머니 마리아는 예수님의 장사 과정도 지켜보았습니다(막 15:47). 이들이 장사 장면을 지켜본 것은 안식일이 지난 후 정식으로 장사 절차를 진행하기 위해 예수님의 시신이 놓인 곳을 확인하려는 것이었습니다. 그런데 이러한 관심의 결과 그들은 예수님의 부활에 대해서 최초의 증인들이 되는 특권을 누리게 됐습니다(1-8절).

　타 복음서의 부활 기사와 비교할 때, 마가복음의 부활 기사는 한 가지 독특한 특징이 있는데, 그것은 제자들의 불신앙입니다. 첫째, 최초로 예수님의 무덤을 찾았던 막달라 마리아와 야고보의 어머니 마리아 그리고 살로메는 천사로부터 주님의 부활과 약속에 관한 메시지를 제자

들에게 전달할 것을 명령받지만 '두려워하여'(헬. '포베오마이') 아무에게
도 아무 말도 전하지 못했습니다(8절). 이 '두려움'은 여인들의 불신앙을
암시합니다. 마가복음에서 이 헬라어 동사는 제자들의 불신앙적 행동
들과 관련되어 사용되기 때문입니다(4:41; 6:50; 9:6). 둘째, 부활하신 주님
이 친히 막달라 마리아에게 자신을 계시하시자 그녀는 가서 주님과 함
께하던 제자들에게 자신이 보고 들은 내용을 알렸으나 아무도 믿지 않
았습니다(11절). 셋째, 시골(엠마오)로 가던 두 제자가 부활하신 예수님을
만나 남은 제자들에게 그 사실을 알렸지만 역시 불신했습니다(13절). 이
에 예수님은 열한 제자가 음식을 먹을 때에 그들에게 나타나셔서 그들
을 호되게 꾸짖었습니다(14절). 주님께서 사도들을 꾸짖으신 내용은 두
가지였습니다. 하나는 그들의 믿음 없는 것이었고, 또 하나는 그들의 마
음이 완악한 것이었습니다. 제자들은 예수님이 살아계실 동안 적어도 4
번 이상 부활에 대한 예언을 들었습니다. 그리고 베드로 같은 경우는 직
접 가서 주님의 무덤이 비어있는 것을 보았습니다. 게다가, 천사들의 증
거를 들은 여인들의 말을 제일 먼저 접한 사람들도 제자들이었습니다.
그런데도 그들은 끝까지 믿으려 하지 않았습니다. 우리는 믿지 못할 사
람의 말은 철석같이 믿어서 속고 사기를 당하면서도 정녕 믿어야 할 하
나님의 말씀은 이 제자들처럼 지독하게도 안 믿으려는 좋지 못한 습성
이 있는데, 이러한 깊은 불신감의 뿌리는 도대체 무엇일까요? 이는 마
음이 완악하기 때문입니다. 마음이 완악한 것과 믿음이 없는 것은 나무
로 비유하자면 뿌리와 열매라고 할 수 있기 때문입니다. 그러므로 진정
거듭나고 하나님의 은혜를 경험하고 능력을 체험했다 할지라도 날마다
영적으로 깨어 있지 않고 하나님께서 붙들어주시지 않는다면 우리도
이 강퍅한 제자들처럼 언제든지 나락으로 떨어질 수 있음을 통감해야

할 것입니다.

　　보통 사람들은 죄 하면 윤리적인 문제만 생각하는 경향이 있습니다. 그래서 도둑질하는 것, 폭행하는 것, 살인하는 그런 것만 죄라고 생각하고 하나님을 믿지 않는 것은 대수롭지 않은 것으로 치부합니다. 하지만 하나님은 제일 큰 죄를 당신의 언약을 믿지 못하는 인간의 불신에 두고 있습니다. 사실 세상 사람들이 심판받는 것은 그들의 죄 때문이 아닙니다. 죄 때문에 근본적으로 심판받는 것이 아니라 죄로 인해서 멸망할 수밖에 없는 그들의 운명을 하나님께서 바꿔놓기 위해 하나님의 하나뿐인 독생자를 이 세상에 보내셨고 그 독생자가 그들의 모든 죄를 대신 짊어지고 죽으셨으며, 이것을 믿는 자에게는 영생을 줄 것을 하나님께서 약속하셨습니다. 그런데도 그들은 하나님의 호의를 무시하고 그 언약을 받아들이지 않았기 때문에, 불신했기 때문에 심판받는 것입니다. 선지자 호세아 또한 이 사실을 증언합니다. 하나님의 선민 이스라엘이 멸망한 원인을 그는 여호와를 알지 못했기 때문이라고 말합니다(호 6:1-3). 다시 말해서, 그들은 여호와를 믿지 않았기 때문에 심판받은 것입니다. 따라서 우리는 불신앙을 경계 대상 1호로 지정하고, 우리의 마음속에 조그마한 완악함도 똬리를 틀지 못하게 늘 하나님의 은혜를 간구하며 살아야 할 것입니다.

제3장
누가복음

누가복음은 총 24장으로 되어있는데, 1장에 보면 천사가 죄의 포로 상태에 있는 인류에게 구원과 해방을 가져다줄 메시아가 태어날 것을 마리아에게 알려줍니다. 그래서 1장은 고지(수태 고지)입니다. 그리고 시간이 지나 드디어 메시아가 태어납니다. 그래서 2장은 탄생입니다. 예수님은 탄생하신 후에 요한에게 세례를 받으십니다. 그래서 3장은 세례입니다. 수세 후에 광야로 가서 악한 마귀에게 시험을 받으십니다. 그래서 4장은 시험입니다. 이 시험을 잘 통과하고 함께 일할 어부 제자들을 부르십니다. 그래서 5장은 어부입니다. 그리고 그들에게 평지에서 설교를 하십니다. 그래서 6장은 설교(평지 설교)입니다. 그런데 이 설교를 들은 제자들은 다 '과부'의 '소생'입니다. 그래서 차례로 7장은 과부(과부 외아들을 살리심), 8장은 소생(소녀의 소생)입니다. 이어서 이들을 파송하십니다. 그래서 9장은 파송(열두 사도 파송) 이렇게 두 글자로 기억하세요. 여기 1-9장까지가 전기 사역(갈릴리 사역)입니다.

이제 후기 사역을 두 글자로 꿰어보겠습니다. 보냄을 받은 자들이

주님께 꽃을 선사합니다. 그래서 10장은 선사(선한 사마리아인의 비유)입니
다. 이에 주님은 기특하게 여기고 기도해 주십니다. 그래서 11장은 기도
(기도에 대한 가르침)입니다. 이 기도를 받고 제자들이 재물을 드립니다. 그
래서 12장은 재물(재물에 대한 가르침)입니다. 받은 재물로 주님은 열무를
사십니다. 그래서 13장은 열무(열매 맺지 못하는 무화과나무 비유)입니다. 산
열무로 주님은 음식을 만들어 잔치를 베풀어 주십니다. 그래서 14장은
잔치(큰 잔치 비유)입니다. 이 잔치 자리에 탕자가 앉아 있었습니다. 그래
서 15장은 탕자(탕자의 비유)입니다. 그런데 이 탕자는 가산을 다 들어먹
고 거지꼴을 하고 있었습니다. 그래서 16장은 거지(거지 나사로의 비유)입
니다. 주님은 거지꼴을 보고 그를 불쌍히 여겨 그의 죄를 용서해주십니
다. 그래서 17장은 용서(용서에 대한 가르침)입니다. 그러고 나서 기도해 주
십니다. 그래서 18장은 기도(두 번째 기도에 대한 가르침)입니다. 기도 후에
예수님께서는 세리를 만나십니다. 그래서 19장은 세리(세리 삭개오와의 만
남)입니다. 그리고 그와 함께 '성전'에 가서 '헌금'을 하십니다. 그래서
차례로 20장 성전(성전에서 가르침), 21장 헌금(두 렙돈 헌금)입니다. 그러고
나서 사도들과 최후의 만찬을 하십니다. 그래서 22장은 만찬입니다. 그
런데 한 제자가 잔에 독을 타서 마시고 죽음을 맞이하십니다. 그래서
23장은 죽음입니다. 하지만 하나님의 은혜로 죽은 지 3일 만에 다시 살
아나십니다. 그래서 24장은 부활입니다. 여기 10-24장까지가 후기 사역
(예루살렘 도상 & 예루살렘 사역)입니다.

<누가복음 각 장 제목 두 글자 도표>

1장	2장	3장	4장	5장	6장
고지	탄생	세례	시험	어부	설교
7장	8장	9장	10장	11장	12장
과부	소생	파송	선사	기도	재물
13장	14장	15장	16장	17장	18장
열무	잔치	탕자	거지	용서	기도
19장	20장	21장	22장	23장	24장
세리	성전	헌금	만찬	죽음	부활

1장 고지

(천사 수태 고지)

이 장에는 두 번의 천사 수태 고지가 소개됩니다. 첫 번째는 세례 요한의 부친인 사가랴(5-25절)에게, 그리고 두 번째는 예수님의 모친인 마리아(26-38절)에게 각각 천사가 나타나서 메시아의 전령과 메시아 탄생을 고지합니다. 구약에서 하나님께서는 아브라함 언약(창 12:1-3)과 다윗 언약(삼하 7:12-14) 등을 통해 포로 상태에 놓여 있는 이스라엘 백성을 구원해 줄 메시아를 이 땅에 보내시겠다고 끊임없이 약속하셨습니다. 그리고 구약의 마지막 구절인 말라기 4:5-6은 약속된 메시아가 오기 전에 먼저 하나님께서 엘리야를 보내 이스라엘이 메시아 맞을 준비를 하게 할 것이라고 예언하는데, 이 말씀이 사백 년 후 세례 요한의 탄생 소식으로 성취가 됩니다. 왜냐하면 세례 요한이 바로 '장차 올 엘리야'였기 때문입니다.

하나님께서는 세례 요한의 탄생 소식을 알리기 위해 천사 가브리엘을 통해 예루살렘의 제사장 사가랴를 찾아오셨습니다. 마침 사가랴는 자신의 순번이 돌아와서 성소 안에서 분향하고 있었습니다(8-9절). 이때 사가랴에게 갑자기 한 천사가 등장해서 "네 아내가 아들을 낳을 텐데 그가 바로 구약에 약속한 엘리야다"라고 예언했습니다(14-17절). 이에 대해 사가랴는 아브라함처럼 '무능한 자신'을 응시했습니다. 그 결과 안타깝게도 불신앙으로 반응했습니다. "사가랴가 천사에게 이르되 내가 이것을 어떻게 알리요? 내가 늙고 아내도 나이가 많으니이다"(18절).

제사장임에도 믿지 못하자 가브리엘은 불신의 대가로 사가랴에게 "이 일이 이루어질 때까지(약 10개월간) 말 못 하는 자가 될 것이다"라고 한정적인 벌을 선고했습니다(20절). 하지만 인간의 불신에도 불구하고 천사의 예언, 곧 하나님의 말씀은 성취가 되어 결국 사가랴의 아내 엘리사벳은 요한을 잉태하게 됩니다(24-25절).

6개월 후 하나님께서는 동일한 천사를 통해 갈릴리 호수 서남쪽에 있는 작은 마을 나사렛에 한 소녀를 찾아가셨습니다. 가브리엘은 예수님의 모친이 될 마리아에게 나타나서 처녀의 몸으로 수태할 것을 예언했습니다(31절). 이에 마리아는 "나는 남자를 알지 못하니 어찌 이 일이 있으리이까"라고 반응했습니다(34절). 여기서 '안다'라는 말은 지식적으로 아는 것이 아니라 체험해서 아는 것을 의미합니다. 즉, '비록 정혼은 했지만, 성관계를 경험하지 못했는데 어떻게 이런 일이 일어날 수 있단 말입니까?'라는 반문입니다. 이때 천사는 하나님의 성령이 역사하시면 가능하다고 답변하면서 친족 엘리사벳이 노년에 아들을 잉태한 사실을 지적합니다. "보라 네 친족 엘리사벳도 늙어서 아들을 배었느니라 본래 임신하지 못한다고 알려진 이가 이미 여섯 달이 되었나니 대저 하나님의 모든 말씀은 능하지 못하심이 없느니라"(35-37절).

주님은 뭐든지 다 하실 수 있다는 천사의 말을 듣고 마리아는 '전능하신 하나님'을 응시했습니다. 그리고 믿음으로 반응합니다. "주의 여종이오니 말씀대로 내게 이루어지이다"(38절).

본 장에서 저자 누가는 사가랴의 실패와 마리아의 승리를 대조하고 있습니다. 사가랴는 마리아와 비교가 되지 않을 정도로 여러 면에서 호조건에 있었습니다. 그는 제사장이었습니다. 오늘날로 따지면 목사님이라고 할 수 있죠. 그리고 나이가 많았습니다. 이는 신앙의 경륜이 깊다는 의미죠. 또한 수도 예루살렘에서 활동했습니다. 게다가, 대우받던 남성이었습니다. 오늘날은 남자인 게 뭔 대수겠습니까마는 당시는 남성 위주의 사회였습니다. 이에 반해서, 마리아는 평신도라고 할 수 있죠. 그리고 신앙 연륜을 내세우기에는 나이가 너무 어린 10대였습니다. 촌동네 갈릴리 나사렛에 거주하고 있었고, 천대받던 여성이었습니다. 하지만 걸출한 프로필을 가지고 있었던 사가랴가 아니라 초라한 이력을 지니고 있었던 마리아가 승리했습니다. 성패를 가른 것은 '바라봄'의 차이였습니다. 사가랴는 동일한 천사의 신탁을 듣고 나이가 많아 아기를 낳을 수 없는 무능한 자기 자신을 바라보았습니다. 반면에 마리아는 무(無)에서도 얼마든지 유(有)를 만들어낼 수 있는 전능하신 하나님을 바라보았습니다. 그리고 그 하나님께 자기 인생을 걸었습니다. 이것이 '믿음'입니다.

여러분! 가브리엘 천사로부터 동정녀 탄생의 고지를 받았을 때의 마리아의 처지를 헤아려 보셨습니까? 비록 마리아는 정혼은 했지만, 아직까지 사내를 상대해 보지 않았습니다. 그런데 아기를 가졌다면—그러고는 성령으로 잉태했다고 하면—정혼한 남자는 얼마나 황당하겠습니까? 그녀는 파혼에 이를 것이었습니다. 하지만 마리아는 '그러면 내 인생은 어떻게 될 것인가?' 이런 것은 안중에도 없었습니다. "비록 내 인생이 산산이 조각난다고 할지라도 나를 통해서 주님의 뜻이 이루어지길 원합니다"라고 신앙 고백했습니다. 이런 마리아의 믿음과 헌신을 통해서 예수 그리스도께서 이 땅에 오시게 되고 하나님의 영광이 드러나게 됐습니다.

2장 탄생
(예수님의 **탄생**)

선지자 미가는 예수님이 성육신하시기 700년 전에 메시아가 유대 땅 베들레헴에서 태어날 것이라고 예언했습니다(미 5:2). 그래서 하나님은 이 예언을 성취하기 위해 로마 황제 가이사 아구스도 (Caesar Augustus)를 도구로 사용하셨습니다. "그때에 가이사 아구스도가 영을 내려 천하로 다 호적하라 하였으니"(1절). 로마는 군대를 징집할 때 전투가 가능한 자원을 예측하고 세금을 효과적으로 거두는 근거를 마련하기 위해 14년에 한 번씩 대대적인 인구조사를 단행했습니다. 이때 모든 유대인 성인 남자들은 자신의 본적지에 가서 신고해야 했습니다. 다윗의 후손 요셉 또한 이 호적령(令)에 응해서 임신하여 만삭이 된 아내 마리아와 함께 자신이 살던 갈릴리 나사렛으로부터 남서쪽으로 120km 정도 떨어진 다윗의 고향인 베들레헴으로 향했습니다(4절). 마침내 마리아의 해산 날이 되어 아이를 낳아야 했는데 베들레헴에 너무 늦게 도착한 연고로 여관이 다 차서 하는 수 없이 아기를 마구간에서 낳아 강보로 싸서 말구유에 누이게 됐습니다(5-7절).

누가복음의 이 예수님 탄생 기사는 적어도 세 가지를 우리에게 교훈해 줍니다. 첫째, 우리는 이 사건을 보면서 세상 역사 속에 나타나는 하나님의 놀라운 섭리를 발견할 수 있습니다. 로마 황제는 자기 제국을 효과적으로 통치하기 위해 호적령을 내렸을 것입니다. 그러나 그 배후에는 메시아가 베들레헴에서 탄생할 것이라는 선지자 미가의 예언을 성취시키려는 하나님의 섭리가 숨어 있었습니다. 가이사는 자신의 명령이 하나님의 말씀을 이루는 일에 사용되고 있다는 것을 알지 못했을 것입니다. 하지만 하나님께서는 누가를 통해서 이 일이 하나님의 섭리 가운데 일어났다는 사실을 계시해 주셨습니다. 우리는 이 일을 통해서 하나님께서 세계 역사를 주관하고 계시다는 것을 발견할 수 있습니다. 하나님은 아구스도와 구레뇨와 같은 이방 나라의 임금들을 세우시고 그들을 통해 하나님이 원하시는 일들을 이루셨습니다. 그러므로 성도들은 세상의 통치자들을 두려워하기보다는 그들을 세우고 주관하시는 하나님을 경외해야 합니다.

둘째, 마리아의 헌신입니다. 우리는 요셉 혼자서 호적하러 가면 되지 굳이 만삭이 된 마리아가 약 120km나 떨어진 베들레헴까지 요셉을 따라가야만 했을까 의구심을 갖게 됩니다. 하지만 마리아는 가브리엘 천사의 수태 고지를 통해서 자신이 임신할 아이가 메시아가 될 것과 구약 예언을 통해 그 메시아가 베들레헴에서 태어날 것이라는 사실을 잘 알고 있었습니다. 따라서 비록 몸은 무거웠지만 수태 고지를 받아들일 때와 마찬가지로 자신의 한 몸을 기꺼이 헌신하여 미가 선지자를 통해 예언된 하나님의 말씀을 성취시키기 위해서 그녀는 남편 요셉을 따라 베들레헴으로 갔던 것입니다.

끝으로, 기득권 문제입니다. 예수님께서는 저 높고 영광스러운 하늘나라를 떠나 죄로 인해 사탄의 포로가 되어 신음하고 있는 가엾은 인생들을 구원하시려고 하나님의 아들로서 자신이 가지고 있는 모든 기득권을 포기하고 이 낮고 천한 세상에 오셨습니다. 그러나 먼저 와서 여관에 자리 잡고 있던 소위 하나님의 백성이라는 유대인들, 그것도 다윗 왕의 집안 족속들이 "이 방은 내가 먼저 와서 계약했으니까 당연히 내가 사용할 권리가 있어"라고 말하며 저마다 자기 기득권을 주장하면서 자기 가문에 속한 배부른 여인이 왔는데도 방 한 칸 양보해 주지 않았다는 사실입니다. 혹시 이것이 오늘날 예수님을 믿노라고 공언하는 저와 여러분들의 모습은 아닌지요? 각자 자기의 권리를 주장하는 사람들 때문에 하나님의 아들이 거할 곳이 없었던 것입니다. 이것이 예수님께서 인간이 아닌 소나 나귀와 같은 짐승들만이 머무는 더럽고 냄새나고 누추한 베들레헴 어느 허름한 마구간에서 태어나서 구유에 누이신 이유입니다.[44]

3장 세례

(예수님의 세례)

이미 마태복음의 세례 기사를 통해서 예수님의 수세의 의미를 충분히 다뤘기에 이 누가복음의 세례 기사에서는 물 세례를 베푸는 세례자

요한에 초점을 맞춰 보겠습니다.

복음서 기자들은 한결같이 세례 요한을 선지자 이사야가 750년 전에 예언한 '광야에서 외치는 자의 소리'라고 소개합니다(4절; 마 3:3; 막 1:3; 요 1:23; 참고, 사 40:3). 메시아의 전령으로서의 사명을 띠고 이 땅에 태어난 요한은 이스라엘에 나타나기까지 광야에서 혹독한 연단과 훈련을 받으며 긴 시간을 보냈습니다(2절). 그가 오랜 시간을 보낸 광야는 아마도 요단 계곡이 인접한 유다 광야였을 것입니다. 이스라엘 백성이 바벨론의 포로가 됐다가 젖과 꿀이 흐르는 땅 가나안으로 들어갈 때 거쳐야 했던 곳이 바로 광야였습니다. 그러기에 선지자 이사야는 하나님의 백성이 바벨론 포로 생활에서 돌아올 것을 예언하면서 광야에 나가서 주님을 맞을 준비를 해야 한다고 선포했던 것입니다. 그들은 광야에서 주님을 영접하여 가나안 땅으로 들어가게 될 것입니다. 그러므로 세례 요한이 나타나 광야의 외치는 소리로 하나님의 백성을 준비시키고 있었던 것입니다.

광야에서 외치는 자의 소리로서 세례 요한은 "회개하라 천국이 가까이 왔느니라"고 선포했습니다(마 3:2). 예수님께서도 공생애를 시작할 때 동일하게 "회개하라 천국이 가까이 왔느니라"고 외치셨습니다(마 4:17). 여기서 세례 요한이 선포한 것은 예수님과 함께 하나님 나라가 이미 왔으니 회개하고 그분의 통치와 다스림 안으로 들어오라는 것입니다. 그러면 "회개하라 천국이 가까이 와 있느니라"고 할 때 세례 요한이 말하는 '회개'란 무엇을 의미할까요? 누가는 회개를 길을 닦는 것에 비유합니다. "모든 골짜기가 메워지고 모든 산과 작은 산이 낮아지고 굽

은 것이 곧아지고 험한 길이 평탄하여질 것이요"(5절). 골짜기같이 낮은
곳은 메워서 높여 평평하게 하고 산같이 높은 곳은 깎아서 낮추어 평평
하고 곧은 길을 만들어 왕이 아주 편안하고 기쁘게 오실 수 있도록 하
는 것이 회개입니다. 여기서 '길'이란 문자 그대로의 길이 아니라 '마음
의 길'을 의미합니다. 예수님께서 오실 수 있도록 우리의 마음의 길을
잘 닦아 놓는 것이 바로 세례 요한이 말하는 회개입니다.

　요한은 회개의 표시로 물 세례를 주었는데, 이 물 세례를 주는 요한
의 사역은 최소한 다섯 가지 면에서 성공한 사역이었습니다.

　첫째로, 요한은 수적(양적)인 면에서 성공했습니다. 세례를 받기 위
해 예루살렘과 온 유대와 요단 강 사방에서 다 그에게 나아왔습니다(마
3:5). 주의 사역에 있어서 수적 성장은 무시할 수 없는 부분입니다. 초대
예루살렘 교회는 '구원받는 자가 날마다 더해진' 폭발적으로 부흥하는
교회였습니다(행 2:47). 변화와 성장이 없는 고인 물은 썩게 마련입니다.

　둘째로, 질적인 면에서도 성공했습니다. 요한이 회개하고 세례를 받
으라고 하자 부자들과 세리들과 군인들이 죄를 자복하고 세례받았습니
다(10-14절; 마 3:6). 부자들은 가진 옷과 음식을 가난한 자들에게 나누어
주고(11절), 세리들은 정한 세금 이상을 징수하지 않고(13절), 군인들은 폭
력이나 거짓으로 남의 것을 늑탈하지 않고 자신들의 봉급에 만족하는
회개에 합당한 열매까지 맺는 사역이었습니다(14절).

　셋째로, 시간적인 면에서 성공했습니다. 마태복음 3:5-6에 "예루살
렘과 온 유대와 요단 강 사방에서 다 그에게 나아와 그에게 세례를 받
았다"고 했는데, 여기서 '나왔다'(헬. '엑세포류에토')는 동사와 '세례를 받
았다'(헬. '에밥티존토')는 동사는 동작이 계속해서 진행되고 있는 것을 보
여줍니다. 사람들이 계속해서 요단 강으로 나오고, 또 계속해서 세례를

받고 있었습니다. 한 번만 반짝하고 끝난 것이 아니라 계속해서 모여들었습니다. 교회로 말하면, 계속해서 부흥했습니다. 사업으로 따지면, 계속해서 번창했습니다.

넷째로, 인간적인 체면을 초월한 면에서 성공한 사역이었습니다. 지체 높은 에디오피아 내시가 평신도 빌립에게 세례받듯이(행 8:38), 수도 예루살렘에 사는 콧대 높은 인간들이 체면을 무릅쓰고 들 사나이 요한에게 세례를 받았습니다.

마지막으로, 주님께서 요한의 사역을 인정해 주셨다는 점에서 성공한 사역이었습니다. 사실 다른 면에서 다 성공해도 예수님께 인정받지 못하면 아무것도 아닙니다. 마태복음 21:32에 예수님께서 요한이 "의의 도로 너희에게 왔다"고 증언하셨습니다. 이는 요한의 세례가 주님 보시기에 의로웠다는 말입니다.

세례 요한이 이처럼 사역에 성공한 이유는 다음 세 가지로 집약될 수 있습니다.

첫째는, 그가 하나님께로부터 왔기 때문입니다. 다시 말해서, 하나님께서 그를 보내셨기 때문입니다(요 1:6). 병자를 고친 베드로와 요한에 대해서 율법사 가말리엘이 잘 말했듯이(행 5:38-39), 하나님께로서 난 자는 결코 실패하지 않습니다. 사울은 대제사장의 신임장을 가지고 왔음에도 그리스도인들을 진멸하는 데 실패했지만(행 9:1), 바울과 바나바는 성령 하나님의 보내심을 받아 선교에 성공했습니다(행 13:2, 4).

둘째로, 성령의 충만을 받아서 사역했기 때문입니다(눅 1:15-16, "이는 그가 주 앞에 큰 자가 되며 … 모태로부터 성령의 충만함을 받아 이스라엘 자손을 주 곧 그들의 하나님께로 많이 돌아오게 하겠음이라"). 선지자 스가랴에게 천사가 말했듯이(슥 4:6, "그가 내게 대답하여 이르되 여호와께서 스룹바벨에게 하신 말씀이 이러하니라 만군의 여호와께서 말씀하시되 이는 힘으로 되지 아니하며 능력으로 되지 아니하고 오직 나의 영으로 되느니라"), 하나님의 일은 오직 성령의 능력으로만 감당할 수 있습니다.

끝으로, 사생활이 깨끗했기 때문입니다(눅 1:15, "이는 그가 주 앞에 큰 자가 되며 **포도주나 독한 술을 마시지 아니하며** …). 나실인으로서 세례 요한은 낙타 털옷을 입고 허리에 가죽띠를 띠고 음식은 메뚜기와 석청(야생 꿀)을 먹으며 금욕적인 생활을 하고 절제된 삶을 살았습니다(마 3:4). 자신의 사생활이 깨끗하지 못한 사람이 남에게 영향을 미칠 수는 없습니다. 고인이 되신 한경직 목사님은 사시사철을 한 벌 옷으로 지내셨다고 합니다. 신의주 제2교회에서 시무하실 때 자주 교회 옥상에 올라가서 성도들의 집을 돌아보고 굴뚝에 연기가 나지 않는 집을 찾아가 쌀을 주고 오곤 했다는 미담이 전해집니다.

4장 시험
(광야의 **시험**)

이 시험 기사는 공관복음에 모두 기록되어 있습니다(1-13절; 마 4:1-11; 막 1:12-13). 이미 마태복음에서 마귀에게 받았던 시험의 내용들은 자세히 해설해드렸으니 여기서는 시험에서 승리할 수 있었던 비법을 제시하겠습니다.

신약의 이 예수님의 광야 시험은 전례가 없는 독립된 사건이 아니라 구약의 두 시험의 연장선상에 있는 사건입니다. 먼저, 주님의 광야 시험은 이스라엘의 광야 시험과 평행을 이룹니다(출 15:22-17:7). 이스라엘이 하나님의 은혜로 애굽을 탈출하여 가나안에 들어가기 전에 광야에서 40년간 시험을 받았듯이, 참 이스라엘이신 예수님께서도 애굽에서 돌아오신 후(마 2:19-23), 하나님 나라의 영광에 들어가시기 전에 40일간 광야에서 시험을 받으셨습니다. 이스라엘은 10가지 재앙, 홍해의 갈라짐, 만나와 메추라기 등 헤아릴 수 없이 많은 이적을 체험했음에도 불구하고 조그마한 시험에도 불평불만을 토로하면서 불순종함으로써 하나님의 마음을 갈가리 찢어 놓았습니다. 하지만 새 이스라엘이신 예수님께서는 전혀 기적을 맛보지 못했고, 사탄의 전방위 시험이 있었음에도 말을 아끼면서 초지일관 순종함으로써 하나님의 마음을 시원하게 해드리셨습니다.

　　예수님의 광야 시험은 또한 아담의 에덴동산 시험과도 비견됩니다. 하나님 나라 백성으로 살기 시작하던 첫 사람 아담에게 시험이 주어졌듯이, 새로운 하나님 나라를 시작하려는 둘째 아담 예수께 시험이 주어진 것입니다. 아담은 없는 것이 없는 그야말로 파라다이스인 에덴동산에서도 만족하지 못하고 하나님과 같이 되려고 함으로써 사탄의 유혹에 걸려 넘어지고 말았습니다. 그러나 예수님은 있는 것이라고는 고작 돌멩이 몇 개와 들짐승이 전부인 삭막한 광야에서도 자족하며 하나님만 의지함으로써 당당히 시험을 물리치셨습니다. 구약의 두 시험은 결국 실패로 끝나서 인류에게 정죄와 사망이라는 저주를 물려주었지만, 예수님의 시험은 승리로 끝나서 구원과 영생이라는 축복을 가져왔습니다. 그러면 우리 주님께서는 전대의 두 번의 실패에도 불구하고 어떻게 해서 악한 마귀의 시험으로부터 승리하실 수 있었을까요? 주님이 이러

한 악조건 속에서도 승리할 수 있었던 비결, 즉 예수님의 승리 노하우
(Know-how)는 '삼중 충만'으로 압축될 수 있습니다.

첫째, 예수님은 '성령으로 충만'했기 때문이었습니다(1절, "예수께서 성
령의 충만함을 입어"). 우리 주님은 항상 성령으로 충만하셨습니다. 성령으
로 동정녀 마리아의 몸에서 잉태되셨습니다(마 1:20). 공생애를 시작하시
기 전에 두 번(세례와 광야 시험)이나 성령의 충만함을 덧입었습니다(1절;
3:22). 성령의 능력으로 귀신도 쫓아냈고, 병자도 고치셨습니다(마 12:28).
심지어, 성령의 능력으로 부활하셨습니다(롬 1:4). 예수님께서는 세례 요
한과 마찬가지로 처음부터 끝까지 성령 충만한 분이셨기에 사탄의 시
험을 능히 이겨낼 수 있었습니다.

둘째, '말씀으로 충만'했기 때문이었습니다. 사탄의 세 시험 모두를
예수님께서는 신명기에 기록된 말씀(신 8:3; 6:16; 6:13)을 사용하여 물리치
셨습니다. 하나님의 말씀이 없는 자는 사탄의 시험을 절대 이겨낼 수 없
습니다. 그 심령에 말씀이 있는 자만이 시험을 넉넉히 이겨낼 수 있습니
다. 육신을 가진 인간이 악한 마귀의 시험을 이겨낼 수 있는 유일한 무
기는 하나님의 말씀입니다. 그러므로 신자는 주님처럼 언제 어떠한 사
탄의 공격이 있을지라도 하나님 말씀으로 철저히 무장해서 대비해야
합니다.

셋째, '하나님으로 충만'했기 때문이었습니다. 예수님께서 인용하신
신명기 말씀의 공통점은 모두 '하나님'을 언급하고 있다는 것입니다. 예
수님께서는 성경 가운데서도 모두 '하나님'이라는 단어를 포함하고 있
는 구절을 의도적으로 선택하셨습니다. "사람이 떡으로만 살 것이 아니
요 하나님의 입으로 나오는 모든 말씀으로 살 것이라"(마 4:4; 신 8:3 인용).
"주 너의 하나님을 시험하지 말라"(12절; 신 6:16 인용). "주 너의 하나님께

경배하고 다만 그를 섬기라"(8절; 신 6:13 인용). 이 세 인용문을 통해 예수님은 진정한 양식은 하나님께로부터 오며, 진정한 확신은 하나님께 대한 것이며, 진정한 예배는 하나님만이 받으셔야 하는 것임을 인정했습니다.

　　하나님의 첫 아들 아담은 에덴동산이라고 하는 축복받은 낙원에서도 사탄의 유혹을 받아 실패했지만 하나님의 마지막 아들 예수님께서는 들짐승만이 으르렁대는 저주받은 광야에서도 사탄의 시험을 당당히 물리치시고 승리하셨습니다. 시험의 성패는 환경에 달려 있는 것이 아니라 얼마나 '성령과 말씀과 하나님'으로 충만한가에 달려 있습니다.

5장 어부

(어부들을 제자로 부르심)

광야의 시험을 무사히 통과하신 후 예수님께서는 포로 상태에 놓인 자기 백성을 사탄의 손아귀로부터 해방시켜 주는 사역에 동참할 제자들을 불러 모으십니다. 1호 제자로 주님은 베드로를 지목하셨습니다. 그래서 의도적으로 그에게 접근하셨습니다.

　　주님께서 게네사렛 호숫가에서 하나님의 말씀을 강론하고 계셨는데 사람들이 잔뜩 몰려왔습니다. 그래서 베드로의 배에 올라타서 그에게 육지에서 조금 떨어지라고 부탁하고 베드로의 배를 설교단으로 삼아 무리에게 긴 시간 동안 계속 말씀을 전하셨습니다(1-3절). 주님은 일부러 베드로의 배를 이용하셨습니다. 이는 그를 제자로 삼으려고 하는 예수님의 주권적인 의도와 목적이었습니다. 만일 주님께서 이러한 숨은 의도를 가지지 않으셨다면 굳이 베드로의 배를 이용할 필요가 없었습니다. 왜냐하면 거기에는 요한의 배도 있었기 때문입니다. 요한의 어머니와 예수님의 어머니는 친자매였기 때문에 요한과 예수님은 사촌지간이었습니다(요 19:25). 그러므로 예수님은 요한의 배를 사용할 수 있었습니다. 그러나 그는 자기 친척 요한의 배를 사용하지 않았습니다. 베드로의 배를 사용하려는 숨은 의도가 있었기 때문입니다.

앞 장 말미에 보면 예수님은 베드로의 장모의 열병을 치유해 주셨습니다(눅 4:38-39). 그러므로 베드로는 예수님이 자신의 장모의 열병을 치료해 주신 은혜에 대한 답례로 예수님께서 그의 배를 사용하도록 기꺼이 허락한 것입니다. 주님이 장시간 동안 그의 배에서 복음을 증거할 때 베드로는 표현은 안 했지만, 속이 많이 상했을 것입니다. 세상 말로 이날은 그에게는 억수로 재수 없는 날이었습니다. 밤새도록 혀가 빠지게 그물을 던졌지만 고기 한 마리 잡지 못했기 때문입니다. 예수님은 이런 그의 마음을 다 아시고 무리에게 복음을 전하신 후에 자신의 관심을 베드로에게 돌렸습니다. 그리고 그에게 "깊은 데로 가서 그물을 내려 고기를 잡으라"고 말씀하셨습니다(4절). 이는 어부의 경험과 상식에 어긋난 지시였습니다. 물고기를 잡는 데에는 밤이 더 유리하건만 주님은 벌건 대낮에 그물을 던지라고 말씀하셨기 때문입니다. 게다가, 베드로는 이 호수에서 수십 년간 고기를 잡아 생계를 유지했던 베테랑 어부였지만 예수님은 부친 요셉을 도와 목수 일만 했던 물에 관한 한 문외한이었습니다. 하지만 그는 자신의 경험과 상식을 과감히 내려놓고 "선생님 우리가 밤이 새도록 수고했으되 잡은 것이 없지마는 말씀에 의지하여 내가 그물을 내리리이다"하고 지시에 순종했습니다(5절). 그러자 뜻밖의 결과가 일어났습니다. 그물이 찢어질 정도로 많은 물고기를 잡는 기적이 일어났습니다(6절). 너무 많은 물고기가 잡혀서 그물이 감당하지 못하고 찢어지기 시작했습니다. 급박한 장면이 펼쳐지자 어부들은 날뛰면서 동료들에게 손짓하며 도와달라고 외쳤습니다(7절 상). 여기 '동무들'은 야고보와 요한을 가리킵니다. 베드로 일행은 그물을 끌어당기는 데 동료들의 도움이 필요했을 것입니다. 또한 물고기 떼를 담을 공간도 필요했을 것입니다. 이들의 도움으로 두 배는 물고기 떼로 가득 채워졌을 뿐만 아니라 그 무게 때문에 두 배는 거의 물속으로 가라앉을 지경이었습니다(7절 하).

　베드로는 이 이적을 경험하고 나서 주님의 무릎 아래 엎드려 "주여, 나를 떠나소서 나는 죄인이로소이다"라고 고백했습니다(8절). 조금 전에 성가시게만 보였던 예수님이 그냥 보통 사람이 아니라 물속에 있는 고기들을 자신의 뜻대로 조정하는 주권자임을 보게 된 것입니다. 이러한 깨달음과 아울러 주권자 예수님 앞에 자신의 진정한 정체를 보게 된 것입니다. 그러한 주님 앞에 자신은 절대로 설 수 없는 죄인임을 깨달은 것입니다.

　누가복음이 복음서 중에 가장 강도 높게 강조하는 것은 예수님과 죄인의 관계입니다. 누가의 계속된 강조점은 주님은 의인을 부르러 온 것이 아니라 죄인을 불러 회개시키고자 오셨다는 것입니다(31-32절). 그래서 예수님은 죄인들에게만 찾아가며 그들만을 사귀고 교제한다는 것입니다. 그러므로 베드로가 주님께 "저는 죄인입니다"라고 고백했을 때 그것은 주님이 베드로에게서 가장 듣기 원했던 고귀한 고백이었습니다. 사실 베드로가 주님을 향해 "나는 죄인입니다"라고 고백한 것은 쉽게 할 수 있는 고백이 아니었습니다. 누가복음에서 '죄인'(헬. '하마르톨로스')이란 세리나 창녀와 같은 부도덕한 자를 일컫는 데 사용된 용어이기 때문입니다.[45]

이에 예수님은 "무서워 말라"고 베드로를 안심시켜 주시면서 "네가 사람을 취하리라"라고 말씀하셨습니다(10절). 이 사람 낚는 어부가 되게 하겠다는 말씀은 예수님께서 베드로에게 사람을 낚아야 할 사명을 깨닫게 하려고 이 이적을 의도적으로 베푸셨음을 말해줍니다. 아울러 이 말씀은 예수님께서 인간을 물에 빠진 가련한 존재로 이해하고 계신 것을 보여줍니다. 인간이 '물'에 빠졌다는 말은 구약에서 '물'은 사탄이 활동하는 주 무대이므로(사 27:1), 사탄에 사로잡혀 허우적거리며 죽어가고 있다는 말입니다. 그러므로 이제 사람들을 낚는 어부가 될 것이라고 하는 말은 위험에 처한 사람들을 사탄의 손아귀에서 구해낸다는 의미입니다. 이는 출애굽기의 모세를 연상시킵니다. 모세라는 이름의 뜻이 물에서 건져낸 자이고(출 2:10), 동시에 동족 이스라엘을 물, 즉 사탄이 주름잡는 애굽에서 건져내어 출애굽 시킬 것이기 때문입니다.

실제로 '사람을 낚는 어부'라는 말은 출애굽과 관련된 말입니다. 왜냐하면 이는 다음의 예레미야 16:15-16을 배경으로 하기 때문입니다. "이스라엘 자손을 북방 땅과 그 쫓겨났던 모든 나라에서 인도하여 내신 여호와께서 살아 계심을 두고 맹세하리라 내가 그들을 그들의 조상들에게 준 그들의 땅으로 인도하여 들이리라 여호와의 말씀이니라 보라 내가 많은 어부를 불러다가 그들을 낚게 하며 그 후에 많은 포수를 불러다가 그들을 모든 산과 모든 언덕과 바위틈에서 사냥하게 하리니." 여기 보면 하나님께서는 이스라엘을 바벨론 포로로부터 구원, 즉 새 출애굽 사역을 하기 위해 이스라엘 백성을 불러 모으시는데, 그 과업을 어부에게 맡기십니다. 이러한 배경을 사용하여 예수님께서는 제자들이 앞으로 어떤 사역을 감당할지 미리 알려주십니다. 다시 말해서, 어부 베드로의 형제와 요한의 형제는 이제 이스라엘 백성을 불러 모으는 새 출애굽 사역을 하게 될 것입니다. 예수님은 이스라엘의 회복 사역을 위하여 제자들을 부르신 것입니다.[46]

6장 설교

(평지 설교)

마태복음에 산상 설교가 있다고 한다면 누가복음에는 평지 설교가 있습니다. 마태복음에서는 예수님께서 설교하신 장소를 '산'이라고 소개하고 있어서 산상 설교라고 하며(마 5:1), 본문에서는 '평지'라고 소개하고 있어서 평지 설교라고 하는 것입니다(17절). 설교가 행해진 장소와 설교한 자세에 차이(산상 설교는 앉아서, 평지 설교는 서서 했음)가 있음에도 불구하고 두 설교는 내용과 구성 면에서 흡사합니다. 이를 표로 정리하면 다음과 같습니다.

산상 설교		평지 설교	
5:3-12	복 선언	6:20-26	복과 저주 선언
5:13-16	염광(鹽光)		
5:17-20	율법의 완성		
5:21-48	서기관들의 의보다 더 나은 의(43-48절 원수 사랑)	6:27-36	원수 사랑(31절 황금률)
6:1-34	참된 경건(구제, 기도, 금식)		
7:1-12	비판 금지(12절 황금률)	6:37-42	비판 금지
7:13-14	좁은 문 비유		
7:15-23	나무와 열매 비유	6:43-45	나무와 열매 비유
7:24-27	반석 위에 지은 집	6:46-49	반석 위에 지은 집

누가의 평지 설교는 마태의 산상 설교에 비해서 분량이 짧습니다. 그리고 마태에 비해서 좀 덜 체계적입니다. 하지만 위의 표가 잘 보여 주듯이, 둘은 도입부와 종결부가 복 선언과 건축자의 비유로 동일합니다. 그러나 좀 더 세부적으로 들어가면 두 복음서는 내용 면에서 다소 차이점을 보입니다. 마태복음에서는 살인, 간음, 이혼, 맹세, 보복 법 등 구약 율법의 조항들을 예로 들며 그것이 내면의 차원에서도 지켜져야 함을 제시하고 있지만(마 5:21-40), 누가복음에서는 이 대목이 생략되어 있습니다. 또한 마태복음에서는 자기를 사랑하는 자를 사랑하는 것을 세리나 이방인들도 그렇게 하고 있다고 사랑을 행하는 수준을 이방인과 비교하고 있지만(마 5:47), 누가복음에서는 "죄인들도 이렇게 하느니라"(34절)라고 말함으로써 이방인과 비교하는 부분을 생략하고 있습니다. 이러한 차이는 두 복음서의 주 독자가 다르기 때문에 발생한 것입니다. 유대인을 대상으로 한 마태는 산상수훈에서 의(義)란 외적으로 드러나는 행위가 아니라 내면의 영역과 관계된 것임을 제시하고 있는 것입니다. 율법적 사고에 익숙한 유대인들을 대상으로 진정한 의는 율법을 단지 행위로 지키는 수준이 아니라 율법의 정신이 내면화됐을 때만 가

능하다는 것을 제시하고 있습니다. 즉, 마태는 천국 시민의 윤리가 율법을 행위로만 이해하는 서기관이나 바리새인들의 의의 수준보다 탁월하다는 것을 율법과의 관계를 조명함으로써 제시하고 있는 것입니다.

반면, 이방인들을 대상으로 한 누가복음에서는 천국 시민의 윤리를 가르치기 위해 굳이 율법과의 관계를 조명할 필요가 없었습니다. 누가복음은 로마 제국 내의 이방 출신 기독교인들을 염두에 두고 있기에 누가는 본서에서 예수 그리스도에 대한 신앙 때문에 로마라고 하는 세상 나라 속에서 가난하고 슬퍼하며 핍박받고 있는 하나님 나라의 백성들을 위로하며 진정한 하나님 나라의 시민은 세상에 속한 로마 제국의 시민들과는 다른 차원의 윤리 의식을 가지고 살아야 함을 증거하고 있는 것입니다.

이 평지 설교 또한 산상 설교와 마찬가지로 건축자의 비유를 통해 실천의 본질적 중요성을 강조하며 끝이 납니다. 누가의 평지 설교는 내면 윤리를 강조하는 설교가 아니라 실천을 강조하는 설교입니다. 아무리 좋은 말씀을 들어도 그것을 행하지 않으면 아무 소용이 없는 것입니다.

7장 과부

(**과부**의 아들을 살리심)

나인 성은 예수님의 고향인 나사렛에서 남동쪽으로 약 10km 떨어진 지역으로 '즐거움'이라는 이름의 뜻을 지닌 곳입니다. 이런 '기쁨'의 성에서 아이러니하게

도 지금 '슬픔'의 소식이 울려 퍼집니다. 본문에 보면, 두 행렬이 등장합니다. 한 행렬은 예수님과 그의 제자들을 좇는 '생명의 행렬'로 나인 성을 향해 들어갑니다. 이때 또 다른 행렬이 나인 성에서 나옵니다. 이들은 과부와 그녀의 죽은 외아들의 상여를 멘 사람들을 뒤따르는 '죽음의 행렬'입니다.

이 여인은 이미 남편을 잃은 것만으로도 경제적으로 큰 손실을 보았을 텐데 그의 하나뿐인 아들마저도 이제 저세상으로 가고 있으니 더이상 아무것도 의지할 수 없는 가련한 신세로 전락하게 됐습니다. 주님은 이 안타까운 여인을 못 본 체하고 스쳐 지나가지 않으셨습니다. "주께서 과부를 보시고 불쌍히 여기사 울지 말라 하시고 가까이 가서 그 관에 손을 대시니 멘 자들이 서는지라 예수께서 이르시되 청년아 내가네게 말하노니 일어나라 하시매 죽었던 자가 일어나 앉고 말도 하거늘 예수께서 그를 어머니에게 주시니"(13-15절).

여기 13절에 예수님께서 기적을 일으키신 동기가 구체적으로 제시됩니다. '불쌍히 여기사.' 이 말은 성경 술어로 '긍휼'(矜恤)이라고 합니다. 이는 딱한 사정을 보고 창자까지 뒤틀리는 것을 의미합니다. 과부의 슬픔을 목격한 예수님께서는 속 내장까지 뒤틀리는 듯한 비통함과 연민을 느끼셨습니다. 그래서 도저히 그냥 넘어갈 수가 없었습니다. 이 딱한 사정을 해결해 주지 않고는 도저히 견딜 수가 없어서 눈에서는 하염없이 눈물이 흐르고 입은 바싹바싹 타들어 가며 속에서 불이 확 올라왔습니다. 울고 있는 여인으로 인한 이러한 가슴 저미는 절절한 마음이 예수님이 그녀의 아들을 소생시키는 기적을 불러일으키게 했던 원동력이었습니다. 예수의 제자라고 자부하는 저와 여러분 또한 주님의 이와 같은 긍휼의 마음을 가지고 있어야 합니다. 형제의 어려움을 보고 자꾸 마음을 닫고 강퍅해지지 말고 예수님처럼 곤궁에 처해있는 이웃을 보고 견딜 수 없는 심정을 가져야 합니다.

　우리는 고난에 처한 사람과 마음만 함께할 수 있을지 몰라도 예수님께서는 그러한 마음을 품으실 뿐만 아니라 실제로 문제를 해결해 주실 능력이 있는 분이십니다. 그래서 죽음의 행렬이 생명의 행렬을 만나자 살아나는 놀라운 역사가 벌어졌습니다. "청년아! 일어나라"라고 예수님께서 말씀하시자 잠들어 있던 심령이 벌떡 일어났습니다(14-15절). 이 엄청난 사건을 목도한 주변의 모든 사람들은 두려워하며 하나님께 영광을 돌렸습니다. 그리고 "큰 선지자가 우리 가운데 일어났다" 하고 또 "하나님께서 자기 백성을 돌보셨다"라고 외쳤습니다(16절).

　나인 성의 무리가 소리쳤듯이, 예수님께서는 과연 위대한 선지자로 오셨습니다. 열왕기상 17장에서 엘리야가 사르밧 과부의 아들을 살릴 때 죽은 아이 위에 몸을 펴서 세 번이나 엎드리고 여호와께 부르짖어 기도함으로 그를 살렸습니다(왕상 21-22절). 하지만 우리 주님은 엘리야보다 더 큰 선지자이기 때문에 기적의 현장에서 그와 같은 행동이나 기도를 할 필요가 없으셨습니다. 또한 열왕기하 4장에 보면 나인 성에 인접한 수넴 성에서 엘리야의 후계자 엘리사 선지자가 죽은 아이의 몸 위에 자신의 스승처럼 엎드리고 난 후 아이의 온기가 돌아와 살린 사건이 기록되어 있습니다(왕하 4:32-37). 그러나 예수님께서는 엘리사보다 더 위대한 선지자이기에 엘리사처럼 행동할 필요가 없으셨습니다. 예수님은 구약을 대표하는 두 선지자인 엘리야와 엘리사를 합친 것보다 더 위대한 선지자셨습니다. 그래서 사람들은 "큰 선지자가 우리 가운데 일어나셨다"라고 고백하게 됐고 이로써 이 나인 성 과부의 아들을 살린 사건을 다시 한번 하나님께서 그의 백성을 구원하기 위해 찾아오신 놀라운

사건으로 이해하게 됐던 것입니다(16절).[47]

8장 소생

(야이로의 딸의 소생)

7장에서 예수님은 나인 성 과부의 외아들을 소생시키셨다면, 여기 8장에서는 회당장 야이로의 외동딸을 살리십니다.

　　이 야이로의 무남독녀 소생 사건은 혈루병을 앓고 있는 여인 치유 사건과 한 쌍을 이루고 있습니다. 누가가 이 두 이적을 하나의 이야기처럼 제시하고 있는 것은 서로 공통점이 많이 있기 때문입니다. 이 둘 사이의 공통점은 치유받은 사람이 여자라는 점, 12년과 관련이 있다는 점(42-43절), 치유와 믿음이 연결되어 있다는 점(48, 50절), 둘 다 즉시 회복됐다는 점(47, 55절), 접촉이 있었다는 점(44, 54절)입니다. 이 중에서 핵심적인 것은 '믿음'입니다. 혈루병에 걸린 여인을 치유하는 데는 주님의 적극적인 활동과 상관없이 그녀의 확고한 믿음이 결정적인 역할을 했습니다. 이 여인은 예수님의 옷깃만 만져도 자신의 불치병이 나을 것이라고 확신했습니다(47절). 그녀의 이러한 믿음이 그녀의 치료에 있어서 결정적인 역할을 했습니다. 그래서 주님은 그녀의 믿음을 모든 사람 앞에서 칭찬하신 후에 동일한 믿음을 회당장 야이로에게 요구하셨습니다(48, 50절). 그리고 나서 주님은 여인이 자신을 만졌던 것과 같이 죽은 소녀를 만지셨습니다(54절). 그러자 여인이 예수님을 만졌을 때처럼 소녀는 즉시 살아났습니다(55절).

　믿음에는 여러 형태가 있겠지만, 본 장에서 강조되는 믿음은 적극적인 믿음입니다. 피가 철철 흐르는 부정한 여자가 남자의 옷에 손을 댄다는 것은 매우 위험한 행동이었습니다. 하지만 우리 주님은 바로 이 능동적이고 적극적인 행동을 믿음이라고 부르셨습니다. 많은 교인들이 믿음 하면 잘못된 은혜 개념에 사로잡혀 아무것도 안 하고 가만히 있는 것으로 착각합니다. 그러나 이러한 수동적인 믿음을 가진 사람은 변화가 없습니다.[48]

　교수 사역을 하든, 목양 사역을 하든 쉽게 관찰할 수 있는 것은 변화없는 학생들과 교인들이 수동적이고 부정적인 믿음을 가지고 있다는 것입니다. 이들은 늘 뒷자리에 앉아 있고 비판과 불만만 늘어놓습니다. 교수로서, 목사로서 뭔가 좀 해 보려고 하면 온갖 핑계와 합리화만 가득합니다. 반면에 괄목상대하게 변화하는 학생과 교인은 한결같이 능동적이고 긍정적인 믿음을 소유한 사람들입니다. 이들은 앞자리에 앉아 교수의 강의와 목사의 설교를 경청하고 한 말씀 한 말씀에 "아멘"으로 화답합니다. 분명 이들에게도 고난과 역경이 있겠지만 그 와중에도 감사와 찬양이 끊이지 않습니다. 실수하고 상처받아도 포기하지 않고 적극적으로 하나님께 나아갑니다. 이런 능동적인 신앙을 가진 학생, 성도를 사랑하지 않을 교수, 목사가 어디 있겠습니까? 우리 하나님 아버지도 같은 마음이 아닐까요?

　본 장의 야이로의 딸 소생 사건과 관련하여 흥미로운 사실이 하나 있는데, 몇 년 후 이와 유사한 소생 사건이 현장 목격자인 수제자 베드로에 의해서 재연된다는 것입니다. 주님이 승천하시고 난 다음에 초대교회 수장 역할을 하던 베드로는 욥바에서 죽은 과부 다비다를 살려달라는 요청을 받았습니다(행 9:38). 이에 가서 시체 앞에서 기도하는 와중에 주님께서 다비다를 살리실 것이라는 확신을 얻게 됐습니다. 그래서 그는 시체를 향해 "다비다야 일어나라"고 명령했습니다(행 9:40 하). 예수님은 회당장 야이로의 딸을 살리실 때 "아이야 일어나라"고 외치셨습니다(54절). 이것은 아람어로 '달리다 쿰'(Thalitha koum)입니다. 그런데 놀랍게도 베드로가 한 말은 예수님이 사용한 아람어와 토씨 하나 틀리는 '다비다 쿰'(Thabitha koum)이었습니다. 다비다는 도르가라는 또 다른 헬라어 이름이 있었지만 베드로는 일부러 다비다라는 아람어 이름을 사용했습니다. 이러한 베드로의 행동은 예수님의 행동에 근거하고 있음을 보여줍니다. 다시 말해서, 베드로는 지금 스승을 그대로 흉내 내고 있는 것입니다. 예수님은 야이로의 딸을 소생시키실 때 베드로를 비롯한 최측근 제자 세 사람이 참관하는 자리에서 '달리다 쿰'이라고 외치며 죽은 소녀를 일으키셨습니다(막 5:40-42). 베드로는 그때 본 대로 지금 죽은 과부 앞에서 '다비다 쿰'이라고 주문(?)을 걸고 있는 것입니다. 서당 개 삼 년이면 풍월을 읊고, 식당 개 삼 년이면 라면을 끓인다고, 공생애 삼 년 동안 주님을 졸졸 따라다녔던 베드로 또한 예수님의 능력으로 다비다를 소생시키는 그럴듯한 작품을 하나 만들어냈습니다.

9장 파송
(제자 파송)

본 장을 하나로 묶는 소재는 제자입니다. 누가복음에 '제자'(헬. '마쎄테스')라는 단어는 11회 나오는데, 이 가운데 6회가 9장에 등장합니다.

이제까지 베드로를 위시한 열두 제자는 예수님을 따라다니기만 했습니다. 그러나 이제 주님은 그들을 파송함으로써 자신의 사역에 동참하게 하셨습니다. 주님은 열두 사도를 불러 모으시고 모든 귀신을 제어하며 병을 고칠 수 있는 능력과 권세를 그들에게 주셨습니다(1절). 그리고 두 가지 사명, 즉 하나님 나라의 복음을 선포하고, 병든 자들을 고쳐 주는 사명을 부여하여 파송하셨습니다(2절).

예수님의 몸인 오늘날의 교회 또한 이 열두 사도에게 부여됐던 말씀 선포와 사회적 필요라는 두 가지 사명을 감당할 책임이 있습니다. 예수님과 제자들은 말씀 선포와 동시에 병 고침을 이용해 하나님의 나라가 도래했음을 선포했습니다. 만일 이들이 사역의 범위를 복음 선포에만 국한시켰다면 사람들은 하나님의 나라가 오직 영적인 차원만 존재한다고 생각했을 것입니다. 반면에 말씀 선포를 생략하고 병 고치는 일에만 집중했다면 이들의 사역의 영적인 중요성을 깨닫지 못했을 수도 있습니다. 우리 예수님은 하나님이신 동시에 인간이며 영적인 동시에 육신적인 존재였습니다. 그분이 제공하는 구원은 영적인 것일 뿐만 아니라 육신을 위한 것이기도 합니다. 그러므로 그리스도인의 사역도 말씀의 선포와 행동이 병행되어야 합니다.[49] 영적인 빵(복음)과 육신의 빵이 함께 제공되어야 합니다.

우리 그리스도인들은 왜 기도합니까? 하나님을 더 뜨겁게 사랑하고 이웃을 내 몸과 같이 사랑하기 위해 기도합니다. 그러므로 기도하는 사람은 자신의 필요뿐만 아니라 다른 사람의 욕구에도 민감해야 합니다.

제가 유학 생활을 했던 남아공은 다이아몬드와 금이 세계에서 가장 많이 나는 곳입니다. 그래서 2005년에 백만 달러 이상을 소유한 갑부들이 가장 많은 나라로 South Africa가 선정됐습니다. 이 나라 인구의 79.8퍼센트가 크리스천이라고 합니다. 그런데 이런 나라에서 월 소득 350란드(한화로 오만 원 정도) 이하의 빈곤선상에서 허덕이는 인구가 무려 48퍼센트나 됩니다.[50] 금과 은이 솔로몬 시대처럼 흘러넘치고 인구의 8할이 기독교인이라는 곳에서 인구의 절반이 겨우 입에 풀칠만 하며 죽지 못해 살아가고 있다는 것이 말이나 되는 얘기입니까? 야고보는 이런 엉터리 신자들에게 이렇게 권면합니다. "만일 형제나 자매가 헐벗고 일용할 양식이 없는데 너희 중에 누구든지 그에게 이르되 평안히 가라, 덥게 하라, 배부르게 하라 하며 그 몸에 쓸 것을 주지 아니하면 무슨 유익이 있으리요 이와 같이 행함이 없는 믿음은 그 자체가 죽은 것이라"(약 2:15-17). 그리스도인은 입에 발린 말만 남발하지 말고 형제자매가 주린 배를 움켜쥐고 빵을 달라고 하면 주어야 합니다. 당장 그들의 급한 불을 꺼주어야 합니다.

하지만 이게 다가 되어서는 안 됩니다. 베드로처럼 영혼의 빵을 또한 주어야 합니다. 사도행전 3장에 보면 베드로는 나면서부터 걷지 못하게 된 걸인이 진정 필요로 하는 것을 채워주었습니다. 우리 주님은 광야에서 40일을 금식하고 주리셨지만 "사람은 빵으로만 살 것이 아니요 하나님의 입으로부터 나오는 모든 말씀으로 살 것이라"고 외치셨습니다(마 4:4). 베드로 또한 스승의 말씀을 패러디하여(?) "은과 금은 내게 없거니와 내게 있는 이것을 네게 주노니 나사렛 예수 그리스도의 이름으로 일어나 걸으라"고 걸인에게 소리쳤습니다(행 3:6). 사도는 그저 적선 몇 푼 하는 것으로 자신의 종교적 의무를 다했다고 생각하지 않고 이 불쌍한 병자의 실질적인 문제에 관심을 보였습니다. 그에게는 빵도 필요했지만 진짜 필요했던 것은 하나님의 말씀이며 '생명의 빵'(요 6:35)인 예수 그리스도였습니다. 육신의 빵은 한 끼의 요기는 될 수 있어도 사마리아의 야곱의 우물물처럼 먹고 나면 또다시 갈증을 느낄 수밖에 없습니다. 하지만 생명의 빵인 예수 그리스도는 영원히 목마르지 않는 '영생수'입니다(요 4:13-14). 그러므로 우리 신앙인들은 세상 사람들에게 빵도 줘야 하지만 '복음'을 주어야 합니다. 은과 금도 주어야 하지만 '예수'를 주어야 합니다.

　　전도 여행을 떠날 때 사도들의 여행 복장은 거지처럼 유랑하는 견유학파보다 더 청빈한 모습이었습니다. 전도 사역을 위해 제자들은 지팡이나 배낭이나 양식이나 돈이나 두 벌 옷을 갖지 말아야 했습니다(3절). 마가는 평행구절에서 지팡이는 허용했지만(막 6:8), 누가는 지팡이마저 금했습니다. 이는 견유학파 철학자들의 이상을 더욱 철저하게 구현한 자들로 복음 전도자들의 정체를 규정하기 위함이었습니다.[51] 이렇게 최소한의 채비만 하고 믿음의 여정을 떠날 때 제자들은 하나님을 전적으로 의지할 수밖에 없고, 동시에 그들의 복음 전도를 받는 대상들의 대접에 의존할 수밖에 없었습니다(4절).

　　주님은 사도들을 영접하지 않는 곳에서는 떠날 때 발에서 먼지를 떨어버리라고 명하셨습니다(5절). 발의 먼지를 떠는 행위는 유대인들이 이방인의 거주 지역을 떠날 때 자신들의 발에서 부정한 것을 떨어버리기 위해 했던 행동이었습니다. 그러므로 제자들을 영접하지 않는 유대인들의 처소에서 나오며 발의 먼지를 떠는 것은 복음을 받아들이지 않는 유대인들을 이방인처럼 간주하는 행위로 하나님의 심판이 임한다는 것을 의미하는 것이었습니다. 따라서 복음 전도자들의 메시지를 거부하는 것은 매우 심각하고 위험한 행위입니다. 그것은 인간의 생사를 좌지우지하는 중차대한 문제입니다.

10장 선사

(선한 사마리아인의 비유)

9장에서 주님은 제자들을 파송하여 하나님 나라를 선포하게 하셨습니다. 그리고 이제 10장에서는 하나님 나라 선포 대상을 향한 제자들의 태도는 어떠해야 하는지 비유를 통해 설명하십니다.

선한 사마리아인의 비유는 갈릴리에서 예루살렘으로 향하는 여정에서 나온 이야기입니다. 소위 여행 내러티브(the Journey Narrative)라고 불리는 단락(눅 9:51-19:44)의 초반부에 한 율법사가 예수님께 "내가 무엇을 하여야 영생을 얻으리이까"라고 질문했습니다(25절). 그는 구원을 자신이 무엇을 해야 얻을 수 있는 것으로 착각하고 있었습니다. 이 율법사는 성경 전문가였음에도 불구하고 사람이 행위가 아니라 은혜로 구원받는다는 사실을 모르고 있었습니다. 이에 주님은 즉답을 피하고 "율법에 무엇이라 기록됐으며 네가 어떻게 읽느냐"라고 역으로 질문을 하셨습니다(26절). 자신의 전공 분야를 묻자 이 율법 교사는 "네 마음을 다하며 목숨을 다하며 힘을 다하며 뜻을 다하여 주 너의 하나님을 사랑하고 또한 네 이웃을 네 자신같이 사랑하라 하였나이다"라고 대답했습니다(27절). 주님은 그의 답이 옳다고 인정하시면서 "그것을 행하라 그러면 살리라"라고 말씀하셨습니다(28절). 이는 행위로 말미암는 구원을 의미하는 것이 아니라 이미 구원받은 자의 삶은 하나님을 사랑하고 이웃을 사랑하는 것임을 주지시키신 것입니다. 바울과 야고보 또한 구원받은 자의 삶이 이웃에게 사랑을 실천하는 것이라고 가르쳤습니다(롬 13:8-10; 약 2:14-26).

　　주님이 이웃 사랑을 행하라고 하자 율법사는 "그러면 내 이웃이 누구니이까"라고 재차 질문했습니다(29절). 율법사에게 사랑을 실천해야 할 이웃의 범위는 동족 유대인으로 국한되어 있었습니다. 유대인 중에서도 세리나 창기는 제외됐고, 사마리아인이나 이방인은 결코 그의 이웃이 될 수 없었습니다. 그러나 이웃의 범위에 관한 주님의 입장은 달랐습니다. 예수님께서는 선한 사마리아인의 비유를 통해 이웃의 범위를 재정립시켜 주셨습니다. 율법사가 생각했던 이웃인 제사장과 레위인은 그 이웃의 손길이 절실히 필요했던 동족 여행객을 외면했습니다(31-32절). 하지만 사마리아인은 자신을 이웃이 아닌 철천지원수로 여겼던 유대인이 피를 흘리고 죽어가는 것을 못 본 체하지 않고 초월적 사랑을 발휘했습니다. 그는 예수님처럼 강도 만난 자를 긍휼히 여겨서(33절), 위험을 무릅쓰고 떼강도가 출몰하는 현장에서 환자를 응급처치한 후 그를 주막에 데리고 가서 추가 조치를 취했습니다(34절). 그리고 떠나면서 자신의 호주머니를 털어 주막 주인에게 주며 뒤처리를 부탁한 후 부비가 더 들면 돌아와서 갚아 주겠다고 약속함으로써 끝까지 책임을 다했습니다(35절).

　　주님은 비유를 마치면서 이웃의 범위를 한정하려고 했던 율법사에게 "이 세 사람 중에 누가 강도 만난 자의 이웃이 되겠느냐"라고 물으셨습니다(36절). 강도 만난 자에게 이웃이 유대인이 경멸했던 사마리아인이라고 대답하게 함으로써 예수님께서는 유대인 율법사에게 이웃의 개념은 민족의 경계를 훌쩍 뛰어넘는다는 사실을 알려주셨습니다(37절).[52]

하나님의 말씀대로 이웃을 나 자신같이 사랑하는 삶을 살고자 할 때 그 모델은 이 비유의 주인공인 선한 사마리아인입니다. 이 사마리아인은 자기를 무시하는 유대인까지 이웃에 포함시켰습니다. 이 비유를 듣고 삶에 적용하는 주님의 제자들—모두 유대인—은 이웃에 사마리아인을 포함시켜야 할 것입니다.

우리는 이웃의 범위에 과연 누구를 포함시켜야 할까요? 주님을 믿지 않는 불신자들, 타 종교인들, 우리와 피부색과 언어가 다른 외국인들, 심지어 우리를 박해하는 사람들까지도 우리의 이웃의 범위에 포함시켜야 할 것입니다. 그들이 우리를 이웃으로 간주하지 않을지라도 우리는 그들의 선한 이웃이 돼 주어야 할 것입니다.

선린(善隣)이 되는 길은 결코 녹록한 길이 아닙니다. 그 길은 값을 치르는 길입니다. 자신을 위해 아껴 둔 귀중한 포도주와 기름을 붓고, 자신의 겉옷 자락조차 찢어야 하며, 피범벅이 된 사람을 자신의 짐승(자가용)에 태우는 수고를 감당해야 하고, 자신의 지갑을 열어 돈을 지불해야 하는 것입니다. 동시에 바쁜 현대인들도 시간을 들일 각오를 해야 합니다. 일정에 차질을 가져올 손해와 불편을 기꺼이 감수해야 합니다.[53] 우리 주님은 강도(사탄) 만나 피 흘리며 죽어가는 우리를 살리기 위해 이보다 더한 일을 하셨습니다. 십자가상에서 우리를 위해 충분한 대가를 지불하셨습니다. 그러므로 이제 그 핏값으로 죽었다 살아난 우리 신앙인들도 대가 지불하기를 주저하지 말아야 할 것입니다. 도움을 필요로 하는 자들을 위해 기꺼운 마음으로 희생하고 봉사함으로 굿 네이버스(Good Neighbors) 운동에 적극 동참해야 할 것입니다.

11장 기도

(**기도**에 관한 가르침)

앞 장에서 선한 사마리아인의 비유를 통해 사랑에 관한 가르침을 주셨다면, 본 장에서 주님은 한밤중에 찾아온 친구의 비유를 통해 기도에 대한 교훈을 제시하십니다.

예수님께서 한 곳에서 기도하고 마치시자 제자 중 하나가 요한이 제자들에게 기도를 가르친 것과 같이 우리에게도 가르쳐 달라고 요구했습니다. 그래서 주님은 우리 신자들에게 주기도문이라고 알려진 기도를 가르쳐 주셨습니다(1-4절). 그리고 이어서 기도와 관련한 한 비유, 즉 한밤중에 찾아온 친구의 비유를 하셨습니다(5-8절). 이 비유를 제대로 해석하기 위해서는 예수님 당시의 관습에 대한 선(先)이해가 있어야 합니다. 그렇지 않으면 이 비유가 전달하는 핵심을 놓치게 됩니다.

먼저 이 비유에 대해 흔히 듣던 해석을 소개하겠습니다. 어느 날 한밤중에 먼 곳에서 막역한 친구가 갑자기 찾아왔습니다. 예기치 않은 시간에 들이닥친 이 친구에게 마땅히 대접할 것도 없고 해서 이웃집으로 달려가 문을 두드렸습니다. 그런데 밤이 너무 늦어서 사람은 나오지 않고 멀리서 소리만 들립니다. "누군데 이 늦은 시간에 와서 성가시게 구는 거야." "자고 내일 와." 하지만 이 말에 굴하지 않고 계속해서 문을 두드리니까 처음에는 도저히 나와서 자신의 청을 들어줄 것 같지 않았지만 종국에는 간청함에 못 이겨 들어주고 말았다는 식으로 대부분은 이 비유를 풀어나갑니다.

　이렇게 해석하면 이 비유는 결국 사람의 친구도 계속해서 졸라대고 간청하면 일어나 도움을 주는 법인데, 하물며 우리의 하늘 친구되신 하나님도 아무 때에라도 찾아가 졸라대기만 하면 우리에게 도움을 주시지 않겠는가 하는 메시지가 됩니다. 이 해석은 지극히 상식에 의존한 해석입니다. 예수님 당시인 1세기 근동의 문화적 풍속을 전혀 고려하지 않은 해석입니다. 그 당시는 명예(Honor)와 수치(Shame)를 중시하는 문화였습니다. 이는 체면을 중시하는 우리 유교 문화와 흡사합니다. 이러한 문화 속에 사는 사람들에게는 불문율과 같은 마을의 법들, 규범들, 예절들, 풍속들이 매우 중요했습니다. 이러한 규범들을 어기게 되면 공적으로 손가락질을 받게 되며 부끄러움과 창피를 당하게 됐습니다.

　이 비유에 명예와 수치 문화와 관련하여 한 가지 더 고려할 점은 5절에 등장하는 '한밤중에 찾아온 벗'은 과연 누구의 손님이냐는 것입니다. 이 사람은 일차적으로는 그가 묵으려는 집 주인의 손님임이 틀림없습니다. 그러나 동네 사람들의 눈에 이 여행자는 동네 전체의 손님이기도 했습니다. 적어도 중동 지방 사람들의 눈으로 볼 때는 그러했습니다. 그러므로 동네 전체가 그 나그네의 숙박과 체류에 대해 책임 의식을 갖고 있었으며 그 손님이 그 동네를 떠날 때 환대에 감사하고 칭찬할 수 있도록 선대하는 일이 그 지방의 미풍양속이었습니다. 그런데 단지 잠자리에서 일어나기 싫다는 핑계로 마을 전체의 손님을 대접하기 위해 떡을 빌리러 온 이웃에게 일어나 빌려주지 않는다면 그 소문이 온 동네에 퍼질 것이고 그 때문에 이 사람의 체면이 말이 아니게 될 것입니다. 이 점을 걱정한 나머지 그는 벌떡 일어나서 자신을 오밤중에 찾아온 사람에게 소용되는 대로 떡을 주었던 것입니다. 창피와 수치에 대해 매우 민감하게 반응하는 문화 속에 사는 사람으로서 그 이웃은 동네 사람들에게 자신이 수치를 모르는 뻔뻔스러운 사람으로[54] 낙인찍히기를 원치 않았던 것입니다.

　따라서 이 비유의 강조점은 끈질기게 매달리면 뭔가를 얻는다는 우리 '인간의 간청'이 아니라, 자신의 약속을 지키시는 '하나님의 신실하심'에 있습니다. 마을의 규약에 따라 사는 이 이웃처럼 우리 하나님 또한 언약의 규약에 신실하셔서 비록 인생의 가장 좋지 못한 때('한밤중')에 나아가도 우리는 하나님의 도움을 기대할 수 있을 것입니다.[55]

12장 재물

(재물에 관한 가르침)

10장에서 주님은 선한 사마리아인의 비유를 통해 '사랑'에 대한 가르침을 주셨습니다. 그리고 11장에서는 한밤중에 찾아온 친구의 비유를 통해 '기도'에 관해 가르침을 주셨습니다. 그리고 여기 12장에서는 어리석은 부자의 비유를 통해 '재물'에 관한 교훈을 주십니다.

　예수님께서는 이 비유를 통해 재물만 추구하는 자의 어리석음을 경고하셨습니다. 이 미련한 부자의 비유는 상속 재산에 관한 분쟁을 들은 주님께서 주신 비유입니다. 무리 중에 한 사람이 예수님께 자신의 형에게 명하여 유산을 자신과 나누게 해달라고 간청을 했습니다(13절). 주님은 중재 역할을 거절하면서 무리에게 모든 탐욕을 경계하라는 취지로 어리석은 부자의 비유를 들려주셨습니다(14-15절).

탐욕은 삶의 행복이 소유의 넉넉함에 있다고 보는 데서 발생하는 악입니다(16절). 삶의 진정한 행복이 더 많은 것을 가지는 데 있다고 보았기 때문에 탐욕은 부자로 하여금 더 많이 가질 수 있는 더 큰 공간을 지어 풍년에 거두어들인 곡식을 쌓아두어야 한다고 생각하도록 만들었습니다(17-18절). 탐욕은 재물을 쌓아두는 것만으로 그치지 않고 축적된 재물을 자신의 이기적인 향락만을 위해 사용하게 했습니다(19절). 하나님은 탐욕에 사로잡힌 부자를 "어리석은 자"라고 칭하시며 "네 영혼을 도로 찾으리니 네가 준비한 재물들이 누구의 것이 되겠느냐"고 하시며 그의 영혼을 취하여 가셨습니다(20절).

본문의 부자가 어리석은 자라고 불렸던 이유는 그가 두 가지 사실을 몰랐기 때문입니다. 첫째, 자신의 물질이 엄밀히 말해서 자기 것이 아닌 줄 몰랐기 때문입니다. 우리는 세상에 올 때부터 빈손으로 왔으며 지금 우리가 가지고 있는 것도 하나님께서 잠시 우리 손에 맡겨놓으신 것일 뿐입니다. 그래서 지혜자 솔로몬은 수천 년 전에 "그가 모태에서 벌거벗고 나왔은즉 그가 나온 대로 돌아가고 수고하여 얻은 것을 아무것도 자기 손에 가지고 가지 못하리니"라고 말했던 것입니다(전 5:15). 공수래공수거(空手來空手去). 빈손으로 왔다 빈손으로 가는 게 인생입니다. 나중에 정복할 땅이 없어서 통곡했다고 전해지는 알렉산더 대제는 33세에 열병이 걸려 단명했는데, 그의 관은 좀 특별하게 양쪽에 구멍을 뚫어 시체의 손이 나오도록 제작됐습니다. 이렇게 한 이유는 천하를 호령하며 각국의 금은을 빼앗아 오던 손인데 갈 때는 빈손임을 교훈하기 위해서였다고 합니다.[56]

둘째, 자신의 영혼 또한 자기 것이 아닌 줄 몰랐기 때문입니다. 나의 물질뿐만 아니라 나의 영혼도 나의 것이 아니라 하나님의 것입니다. 하나님이 우리 생명의 주인이십니다. 돈이 많다고 해서 죽지 않는 것은 아닙니다. 천년만년 살아보려고 불로초를 구해 동분서주했던 진시황도 결국 죽음을 피하지 못했습니다. 돈을 제아무리 많이 쌓아 놓아도 그것이 결코 내 생명을 지켜 주지 못합니다. 하나님께서 오늘이라도 내 영혼을 거두어가시면 뼈 빠지게 고생해서 모아 놓은 돈으로 애먼 놈만 좋은 일 시켜 주는 겁니다.

따라서 죽으면 땡전 한 푼 가지고 가지 못하니 재물에 대한 탐욕을 버리고 그 재물로 구제에 힘쓰는 것이 지혜롭게 생을 사는 것이며 하나님 앞에서 부유한 자가 되는 비결입니다(33-34절).

13장 열무

(열매 맺지 못하는 무화과나무 비유)

예수님께서는 갈릴리에서 예루살렘으로 떠나는 여행 내내 비유를 통해서 중요한 교훈들을 하셨습니다. 전 장들과 마찬가지로 본 장에서도 비

유, 즉 마른 무화과나무 비유를 통해 회개의 필요성을 촉구하셨습니다. 주님께서 이 비유를 하시게 된 이유는 최근에 일어난 두 사건을 목도한 사람들에게 여행 중에 계신 주님과 화해하는 길은 회개밖에 없음을 일깨워주기 위함이었습니다.

근자에 뉴스상에 떠들썩하게 회자됐던 두 사건이 있었습니다. 그중 한 사건은 인재(人災)로 빌라도가 로마에 대한 저항 운동의 본거지인 갈릴리의 사람들 중에서 어떤 사람들을 죽여 희생자들의 피를 제물에 섞은 사건이었습니다(1절). 또 한 사건은 천재지변으로 실로암의 망대가 무너져 예루살렘 거민 18명이 죽은 사건이었습니다(4절). 이 두 사건이 주는 메시지는 회개하지 않으면 동일하게 심판을 당한다는 것입니다(3, 5절). 이런 취지에서 예수님께서 마른 무화과나무 비유를 무리에게 들려주셨습니다. 비유의 내용은 한 사람이 포도원에 무화과나무를 심었는데 3년을 와서 열매를 구했지만, 무화과나무에서 열매를 얻지 못하자 1년 더 기회를 주고 그때도 열매가 없으면 포도원지기에게 찍어버리라고 했다는 것입니다(6-8절).

여기서 '포도원 주인'은 '하나님'을, '무화과나무'는 '이스라엘'(호 9:10; 미 7:1; 렘 8:13 등)을, 그리고 '열매'는 회개하는 삶을 상징합니다. 이 주인이 열매를 구한 3년은 무화과나무를 심은 지 햇수로 9년째가 되는 해를 말합니다. 이스라엘 사람들은 과목을 심은 뒤 첫 3년 동안의 열매를 부정한 것으로 간주해서 먹지 않았습니다(레 19:23). 그러므로 이 기간을 빼고 성장하는 기간 3-4년과 첫 열매를 맺는 3년을 합치면 주인은 9-10년간 열매를 기다린 것입니다. 이미 근 10년 동안 기다렸음에도 1년을 더 기다리는 주인의 모습을 통해 우리는 하나님의 인내를 봅니다. 하나님께서는 그의 백성에게 회개의 기회를 충분히 주셨습니다. 그럼에도 불구하고 그들은 열매 맺는 삶을 살지 못했습니다. 그래서 하나님께서는 이스라엘에게 최후의 회개 통첩으로 예수님을 보내어 열매를 맺으라고 권고하시는 것입니다. 이는 지금 주님과 함께 여행하는 사람들 또한 무작정 따라다닐 것이 아니라 진정한 회개로 주님께로 돌아와 그를 믿어야 할 것을 권고하시는 말씀입니다.

우리 하나님은 오래 참으시는 분이십니다. 그러나 마냥 참으시지는 않습니다. 임계치에 이르면 대로(大怒)하십니다. 그러므로 우리는 하나님이 회개할 기회를 주실 때 잽싸게 회개해야 합니다. 회개가 통하지 않을 때가 반드시 오기 때문입니다. 그때는 열매 없는 무화과나무를 가차 없이 자르듯, 하나님의 준엄한 심판만이 있을 따름입니다.

오늘의 비유를 믿지 않는 세상 사람들에게 하는 경고로 생각하면 오산입니다. 이 비유는 이방인이 아닌 유대인에게, 다시 말해서 불신자가 아닌 신앙 경력이 오래된 기성 신자들에게 주는 경고의 메시지이기 때문입니다. 하나님께서는 새 이스라엘인 우리 그리스도인들에게 이스라엘을 능가하는 은혜를 베푸시고 열매 맺기를 원하십니다. 그런데 우리가 영적 안일함에 빠져 입술로는 하나님을 믿는다고 하면서 일상의 삶에서는 하나님을 안 믿는 것같이 사는 실천적 무신론자로 전락한다면 이스라엘과 동일한 운명에 처할 것입니다.

현대의 그리스도인들이 무기력해 보이는 이유는 하나님을 믿노라고 하면서 용서할 줄도 모르고, 하나님을 믿노라고 하면서 회개할 줄도 모르고, 하나님을 믿노라고 하면서 항상 근심 걱정에 사로잡혀 있고, 하나님을 믿노라고 하면서 하나님보다 돈을 더 사랑하기 때문 아닙니까? 교회에 다닌다고 하면서 세상 사람들보다 더 거짓말을 잘하고, 세상 사람들보다 더 죄악 된 모습으로 살아가기 때문 아닙니까? 세속에 함몰되어 신자인지 불신자인지 전혀 구분이 안 되는 크리스천은 그 수가 제아무리 많아도 세상을 변화시킬 수 없습니다. 그런 영적 오합지졸들이 아니라 의의 열매, 회개의 열매를 맺는 극소수의 무화과나무 신자들이 세상의 빛과 소금의 사명을 감당할 수 있는 것입니다.

14장 잔치

(큰 잔치 비유)

주님께서는 계속해서 비유를 통해 중요한 가르침을 주셨습니다. 이번에는 구원과 관련된 교훈이었습니다. 바리새인들의 식사 초대를 받고 예수님은 그들과 함께 식사했는데, 그 자리에 합석한 손님 하나가 "무릇 하나님의 나라에서 떡을 먹는 자는 복되도다"라고 외쳤습니다(15절). 이 말은 구원받는 자가 복되다는 선언입니다. 이에 예수님께서는 누가 구원을 받을 것인지를 큰 잔치 비유를 통해 암시해 주셨습니다.

어떤 사람이 큰 잔치를 베풀고 많은 사람을 청했습니다(16절). 당시 이스라엘 사회에서의 초대 방식은 잔치 준비가 되기 전 미리 초대하고 잔치 준비가 되면 재차 초대하는 것이 상례였습니다. 첫 초대는 예약을 위한 것이었고, 두 번째 초대는 잔치의 시작을 알리는 것이었습니다. 첫 번째 초대에 응해 놓고 두 번째 초대를 거부하는 것은 처음부터 거부한 것보다 초대한 사람에게 더 큰 모욕을 주는 행위였습니다. 본문은 "준비가 되었으니 오라"(17절)고 말한 것으로 보아 두 번째 초대로 여겨집니다. 초대를 받은 사람은 밭을 산 사람, 소를 산 사람으로 이들은 부유한 사람들이었습니다. 이들은 한결같이 현실적인 핑계를 대며 거절했습니다(18-20절).

초청받은 사람들이 오지 않자 잔치를 배설(排設)한 사람은 다른 사람들을 초청했습니다. 먼저 가난한 자들과 몸 불편한 자들과 맹인들과 저

는 자들을 데리고 왔습니다(21절). 그리고 자리가 남자 산울타리가로 나
가서 사람들을 강권하여 빈자리를 채웠습니다(22-23절). 여기서 첫 번째
로 초대받은 부유한 자들은 '유대인들'을 가리킵니다. 그들은 초대받았
으나 초대에 응하지 않았습니다. 이들을 대신해서 두 번째로 청함 받은
가난한 자와 지체 장애인들은 '유대인들 중에 죄인' 취급을 받는 이들
을 가리킵니다. 그래도 자리가 남아 초대받은 자들은 '이방인들'을 가리
킵니다.

비유의 전체 내용은 유대교 지도자들과 죄인들 사이에, 또는 유대인
과 이방인 사이에 구원의 문제에 있어서 종말론적 대반전이 있을 것임
을 시사합니다. 누가복음에 보면 이스라엘 종교 지도자들인 사두개인
과 바리새인들은 주님의 구원 초청을 거부했지만, 향유를 부은 죄 많은
여인(눅 7:37-39)과 세리 삭개오(눅 19:1-10)와 같이 유대 사회에서 대역죄인
취급받았던 자들은 구원 초청에 적극적으로 응했습니다. 사도행전에
가면 바울 사도가 유대인의 회당에 가서 구원 초청을 했지만 거부하자
"하나님의 말씀을 먼저 너희에게 전했으나 너희가 그것을 버리고 영생
을 얻기에 합당하지 않은 자로 자처하기로 우리가 이방인에게로 향하
노라"라고 담대하게 선언하고 이방인에게 가서 구원의 복음을 전하자
그들은 쌍수를 들어 환영했습니다(행 13:46-48).

때때로 구원은 우리 신자들의 눈에조차 희미하게 보이기 때문에 우
리는 세상의 재물과 쾌락을 더 중하게 여기곤 합니다. 하지만 예수님의
구원의 축복이 자신의 삶에 있어서 최우선 순위를 차지하지 않고 세상
적인 것들을 더 중요하게 여기는 자는 절대로 하나님께서 베푸시는 구
원의 큰 잔치에 참여할 수 없을 것입니다.

15장 탕자

(**탕자**의 비유)

누가는 이 장에서 뭔가를 잃어버린 자를 비유로 소개하고 있습니다. 첫째는 양을, 둘째는 드라크마, 즉 돈을, 그리고 마지막은 아들을 잃은 자입니다. 양도 소중하고 돈도 중요하지만, 하나님의 형상인 인간만은 못합니다. 사람은 천하보다 귀한 값어치를 지니고 있기 때문입니다. 그래서 마지막 비유인 잃은 아들의 비유, 즉 탕자의 비유가 이 세 비유들의 정점을 차지하고 있는 것입니다.

이 일련의 비유들을 주신 배경은 주님께서 세리, 죄인들과 함께 식사하고 계실 때 이스라엘의 종교 지도자들인 바리새인과 서기관들이 그들과 식탁 교제를 한다고 불만을 터뜨린 사건입니다(1-2절). 자신의 구원 사역을 불평하는 이들에게 변호하기 위해 예수님은 탕자의 비유를 말씀하셨습니다.

아버지가 살아 계실 때 유산을 요구하여 이를 해외에서 탕진한 불효막심한 둘째 아들이 거지꼴을 하고 돌아오자 다시 그를 아들로 받아주고 거창하게 잔치를 벌였습니다(11-24절). 밭에서 일하고 집으로 돌아오던 큰아들은 아버지의 이러한 행동을 도저히 이해할 수가 없었습니다. 자신은 아버지 곁에서 뼈 빠지게 일했건만 소는커녕 닭 한 마리 안 잡아주셨는데, 창기와 같이 놀아난 자식을 자기보다 더 귀하게 대우하니 속이 상하여 잔치에 참여하기를 거부했습니다(25-30절). 아버지는 큰

아들에게 돌아온 아들이 그의 동생임을 상기시키며 "그는 잃었다가 다시 찾았으니 함께 기뻐하고 즐거워하는 것이 마땅하다"라고 설득했습니다(32절).

이 비유에 등장하는 둘째 아들은 죄인 취급을 받는 유대인들 또는 이방인들을 가리키고, 첫째 아들은 유대인 지도자들로 자칭 경건한 유대인들을 가리킵니다. 예수님과 이 종교 지도자들 간에 충돌이 생긴 까닭은 서로 다른 구원관 때문입니다. 종교 지도자들은 맏아들과 같은 식으로 구원을 이해했습니다. 이들이 생각한 구원은 자신들이 행한 순종과 선행에 대한 아버지 하나님의 보상이라는 것입니다. 이런 관점에서 본다면 그들만 구원을 얻을 자격이 있고 세리와 창기와 같은 둘째 아들 탕자는 절대로 구원을 받을 자격이 없습니다. 반면에 주님의 관점에서 볼 때, 구원은 인간의 공로에 근거하는 것이 아니라 하나님이 베푸시는 은혜에 근거합니다.

이 비유를 통해 주님은 유대 종교 지도자들뿐만 아니라 우리에게도 도전을 주고 있습니다. 구원은 우리가 행한 옳은 행위나 의에 대한 보상이 아니라 아무 조건 없이 탕자와 같은 죄인을 용서하고 자신의 아들로 받아주신 하나님의 은혜에 근거하고 있는 것입니다. 우리가 이 사실을 망각하는 순간 바리새인과 서기관들처럼 구원의 기쁨을 누리지 못할 것입니다. 하나님이 배설하신 천국 잔치에 참여하지 못할 것입니다.

누군가 아직도 자기가 행하는 그 어떤 행위로 구원을 얻으려고 한다면 그는 복음의 기본도 모르는 사람입니다. 복음의 본질은 아무 자격이 없는 인생을 예수님의 십자가의 희생과 사랑에 근거하여 용서하고 당신의 자녀로 받아들여 주시는 하나님의 크신 은혜입니다.

오늘의 비유에서 탕자라고 하면 우리는 아버지의 가산을 털어먹고 빈털터리가 되어 돌아온 작은아들만 생각하는 경향이 있는데, 집에 있던 큰아들 또한 탕자였습니다. 아니, 진짜 탕자는 작은아들이 아니라 큰아들이었습니다. 작은아들은 '노골적인'(overt) 탕자였다면, 큰아들은 '은밀한'(covert) 그러나 더 악한 탕자였습니다.[57] 그렇게 볼 수 있는 근거는 두 가지인데, 첫째, 자신이 죄인임을 모르고 있었기 때문입니다. 큰아들은 바리새인처럼 의인 의식에 사로잡혀 있었는데, 이는 "내가 여러 해 아버지를 섬겨 명을 어김이 없거늘 내게는 염소 새끼라도 주어 나와 내 벗으로 즐기게 하신 일이 없더니"라는 표현 속에서 잘 드러납니다(29절). 사람이 의인 의식에 빠져 눈이 어두워지면 자신의 죄와 허물이 안 보입니다. 자기는 항상 하나님을 잘 섬겼고 하나님의 명령을 어긴 적이 없다고 생각합니다. 이렇듯 교만한 자는 감사가 없고 원망과 불평만 있을 뿐입니다.

둘째, 자기의 사명을 몰랐기 때문입니다. 하나밖에 없는 동생이 마귀의 종노릇을 하며 완전히 타락해서 멸망의 길로 가고 있다면 그 동생을 구원해야 할 사람은 누구보다도 그의 형이 아니겠습니까? 하지만 그는 그 영혼을 구원해 보겠다는 마음도 없었고, 나가서 찾아보려는 시도도 없었습니다. 심지어는 살아서 돌아온 동생을 보고 기뻐하기는커녕 가산을 다 털어먹은 놈이라고 정죄까지 했습니다.[58] 이러한 모습을 본 아버지의 마음은 얼마나 아팠겠습니까?

만일 오늘날 우리가 교회 안에서 의인 의식에 사로잡혀 사명을 망각한 채 형제자매를 정죄하고 있다면 우리 또한 하나님 아버지의 마음을 아프게 해드리는 탕자입니다.

16장 거지

(거지 나사로와 부자의 비유)

12장에서 예수님께서는 어리석은 부자의 비유를 통해 재물에 관한 교훈을 하셨다면, 여기 16장의 거지 나사로와 연락(宴樂)하는 부자의 비유를 통해 또 한 번 재물에 관한 가르침을 주십니다. 12장에서는 재물에 대한 탐심을 경계하라고 말씀을 하셨다면 본 장에서는 부를 미래를 위해 사용할 것을 권고하십니다.

이 비유는 재물에 관한 예수님의 가르침을 비웃은 바리새인들에게 주어진 것입니다. 주님은 이 비유를 통해 부자는 하나님의 축복을 받은 자로서 의인이며 가난한 자는 그렇지 못한 자라는 바리새인들의 도식이 잘못됐음을 지적합니다.

비유는 자색 옷을 입은 부자와 함께 시작됩니다(19절 상). '자색 옷'은 왕이 입는 옷으로 이 부자는 자신을 왕과 같은 존재로 여겼습니다. 그는 매일 호화로이 연락했습니다(19절 하). 비유 속에 또 다른 인물이 등장합니다(20절). 그는 거지 나사로입니다. 나사로는 히브리어 '에르아살'의 헬라어 형태로 '하나님께서 도우신 자'라는 뜻입니다. 이름의 뜻으로 보자면 나사로는 단순히 가난한 자가 아니라 하나님의 도움을 받는 가난한 자입니다. 이는 4:18과 6:20에 나오는 복음을 영접한 가난한 자와 동일시될 수 있습니다. 그래서 가난한 신자라 할 수 있습니다.[59] 부자가 호의호식하며 향락을 즐길 때 나사로는 육체적인 고통 속에서 신음하며 부자의 상에서 떨어지는 음식물로 허기진 배를 채워야 했습니다(21절).

부자와 거지 나사로의 생전 모습을 성경은 한 문장으로 요약합니다. "너는 살았을 때에 네 좋은 것을 받았고 나사로는 고난을 받았으니"(25절). 본문은 부자의 가장 호화로운 생활과 나사로의 가장 비참한 생활을 날카롭게 대조시킵니다.

비록 부자와 나사로는 엄청나게 큰 차이가 나는 인생을 살았지만 죽음이라는 동일한 운명을 맞이했습니다. 죽음은 모든 인간에게 동일하게 찾아옵니다. 돈이 많다고 해서 죽음을 막을 수는 없습니다. 거지 나사로는 죽음과 동시에 천사에 의해 아브라함의 품, 즉 천국에 갔습니다. 이와 달리 부자는 죽어서 음부, 즉 지옥에 갔습니다(22-23절). 둘의 생전의 삶과 사후의 삶이 완전히 역전됐습니다. 나사로는 하나님의 품에서 편히 쉬며 진정한 연락을 했습니다. 이에 반해 부자는 말로 다 할 수 없는 음부의 고통을 당했습니다(23절).

우리 인생에서 구원의 문제보다 더 중요하고 심각한 것은 없습니다. 이 세상에서 아무리 부하게 살고, 출세하고, 성공했다 할지라도 구원받지 못하면 말짱 꽝입니다. 이 세상의 부귀영화는 잠깐이요 지옥의 고통은 영원하기 때문입니다. 비록 거지 나사로처럼 병들고 가난하게 살았다 할지라도 죽어서 구원받는다고 하면 이 세상 고생이 끝남과 동시에 영생복락(永生福樂)을 누리게 되기 때문입니다. 따라서 우리가 가장 먼저 해결해 놓고 살아야 할 문제는 구원 문제입니다.

이 거지 나사로와 부자의 비유는 내세의 우리의 운명이 '현세'에서, 즉 지금 여기서 우리가 어떻게 사느냐에 달려 있음을 가르칩니다. 그것은 바리새인들처럼 돈만 밝히고, 부자처럼 연락에 취해 니나노 하며 살지 말고 이생의 것들, 특히 재물을 가치 있게 사용하라는 도전입니다. 우리는 이 땅에서 록펠러와 같은 부자가 되려고 발버둥을 칠 것이 아니라 재물을 가난한 이웃을 돕는 구제와 하나님 나라 확장을 위한 선교에 사용함으로써 천국에서 부자가 되는 길을 택해야 할 것입니다.

17장 용서

(용서에 관한 가르침)

용서에 관한 교훈을 주기에 앞서 예수님은 제자들에게 작은 자들을 실족시키지 않도록 주의를 당부하셨습니다(1-2절). 이는 그들을 용서하지 않아 그들이 믿음을 잃거나 믿기를 거부하지 않도록 조심하라는 말씀입니다. 죄를 범한 형제를 덮어놓고 용서하는 것은 사랑이 아닙니다. 먼저 지은 죄에 대해 책망을 해야 합니다. 그리고 듣고 참으로 뉘우칠 때 용서가 수반되는 것입니다. 회개가 전제되어야 용서가 뒤따르는 것입니다(3절). 그러면 형제가 회개할 때 몇 번이나 그를 용서해주어야 할까요? 누가는 형제가 일곱 번이나 죄를 짓고도 돌이켜 회개한다고 고백하면 용서해주라고 말합니다(4절). 마태복음에서 주님은 베드로에게 단지 일곱 번뿐 아니라 일곱 번에 일흔 번, 즉 490번까지 용서하라고 말씀하셨습니다(마 18:22). 이는 무한히 용서하라는 말씀입니다. 제한을 두지 말라는 것입니다. 예수님은 이 가르침을 통해서 당신의 제자라면 언제든지 죄지은 형제를 기꺼이 무한히 용서할 수 있는 마음을 가져야 함을 가르치신 것입니다.

이렇게 기꺼운 마음으로 무제한적으로 형제를 용서하는 일은 결코 녹록한 일이 아닙니다. 이는 믿음이 동반되지 않으면 감내할 수 없는 일입니다. 그래서 사도들은 예수님께 믿음을 더해 달라고 부탁했습니다(5절). 여기서 '믿음'은 회개하는 자를 용서하는 믿음을 가리킵니다. 그러므로 이들의 '믿음을 더하소서'라는 요청은 믿음의 양을 더해 달라는 뜻이 아니라 믿음의 수준을 높여 달라는 뜻입니다. 한 단계 업그레이드된 성숙한 믿음이 있어야지만 주님의 일곱 번이라도 용서하라는 명령에 순종할 수 있는 것입니다(6절).

이 예수님의 용서하라는 명령을 제일 먼저 순종한 사람은 신약성경의 최초의 순교자인 스데반입니다. 사도행전 7장에는 한 장에 걸쳐 스데반의 설교(Stephen's Speech)가 나옵니다. 성령 충만한 스데반은 장문의 설교로 유대인들의 실상을 낱낱이 고발했지만, 죄로 인해 마음이 굳게 닫힌 유대인들은 진실을 외면하기 위해서 양손으로 귀를 틀어막고 일제히 그에게 달려들어 성 밖으로 내치고 돌을 던졌습니다(행 7:56-58). 하나님은 스데반의 마지막 호소를 통해 최후의 순간까지 돌이킬 기회를 주셨지만, 이 목이 곧고 마음과 귀에 할례를 받지 못한 유대인들은 성령의 음성을 끝내 거역함으로써 주어진 기회를 다 날려버렸습니다.

'기회'라는 말은 헬라어로 '카이로스'입니다. 이 말은 제우스의 아들이자 기회의 신(神)인 '카이로스'에게서 온 것입니다. 카이로스 신의 앞머리는 머리카락이 무성한 반면 뒷머리는 대머리이며, 어깨에는 커다란 날개가 달려 있고, 발에도 보조 날개 두 쌍이 추가로 달려 있습니다. 이를 두고 이솝은 다음과 같이 쓰고 있습니다.

"앞머리가 무성한 이유는 사람들이 그를 발견했을 때 쉽게 붙잡을 수 있도록 하기 위함이고, 뒷머리가 대머리인 이유는 그가 지나가고 나면 사람들이 다시는 붙잡지 못하도록 하기 위함이며, 어깨와 발에 날개가 달린 이유는 최대한 빨리 왔다 빨리 사라지기 위함이다." 기회 앞에서 우물쭈물하는 사람은 결코 이 카이로스의 머리칼을 낚아챌 수 없습니다. 우리가 이 땅을 살아갈 때 여러 기회가 주어지지만, 이 기회들 가운데 놓치게 되면 크게 후회할 두 종류의 기회가 있습니다. 이들은 둘 다 '죄 용서'와 관련된 것으로 하나는 '죄를 용서받을 기회'이고, 다른 하나는 '죄를 용서해줄 기회'입니다.

첫 번째로, 우리 인간들은 이 마음이 완악한 유대인들처럼 예수 그리스도로부터 죄 용서받을 기회를 결코 놓치지 말아야 합니다. 우리가 죄로부터 용서받을 기회는 그리 많지 않습니다. 이 땅에 살아 있는 동안이 유일한 기회입니다. 그 후에는 하나님의 무서운 심판이 있을 뿐입니다. "한 번 죽는 것은 사람에게 정해진 것이요 그 후에는 심판이 있으리니"(히 9:27).

우리 인생들을 영원히 꺼지지 않는 지옥 불구덩이로 인도할 죄로부터 용서받을 시간이 마냥 남아 있는 것은 아닙니다. 스테디셀러 『목적이 이끄는 삶』(The Purpose Driven Life; 디모데, 2003 역간)에서 릭 워렌(Rick Warren) 목사는 인간은 많이 살아야 25,500일을 산다고 말합니다. 지금 당장이라도 눈을 감고 이 숫자를 세어보세요. 한 시간도 채 걸리지 않을 겁니다. 시간이 급류와 같이 흘러갑니다. 크리스마스 10번이면 십 년이 후딱 지나갑니다. 저는 연구 교수로 미국에 간 지 한 달 만에 고속도로에서 차가 폐차될 정도로 큰 사고를 겪고 난 후에야 비로소 '인생 이렇게 한 방에 훅 가는 수가 있구나!' 하고 깨닫게 됐습니다. 생(生)과 사(死)가 종이 한 장 차이에 불과합니다. 육신이 건강하다고 자랑해서는 안 됩니다. 하나님께서 언제 데려가실지 아무도 장담할 수 없기 때문입니다. 살아 숨 쉬고 있는 지금이 유일한 희망이요 기회입니다. 그러므로 아직까지 주님을 마음속에 영접하지 않으신 분은 더 늦기 전에 예수를 믿고 사죄의 은총을 받으시기를 진심으로 축원합니다. 인생 최대의 비극은 죄 용서받지 못하고 하나님 앞에 서는 것입니다. 지금 용서의 카이로스가 당신 옆을 지나가기 전에 '예수를 믿음으로' 이 카이로스의 앞 머리채를 힘껏 움켜잡으시길 바랍니다.

두 번째로, 우리 신앙인들은 예수님과 그분의 종 스데반처럼 이웃의 죄를 용서해 줄 기회를 놓치지 말아야 합니다. 누가복음에 보면, 예수님은 십자가에 달려 돌아가시면서도 자신을 십자가에 매단 사람들의 죄를 용서해 달라고 하나님께 기도했습니다. "예수께서 이르시되 아버지여 저들을 사하여 주옵소서 자기들이 하는 것을 알지 못함이니이다 하시더라"(23:34). 스데반 또한 돌에 맞아 죽으면서도 자신을 향해 돌을 던지는 유대인들의 죄를 용서해 달라고 예수님께 기도드렸습니다. "(스데반이) 무릎을 꿇고 크게 불러 이르되 주여! 이 죄를 그들에게 돌리지 마옵소서. 이 말을 하고 자니라"(행 7:60). 만일 스데반이 저들과 똑같이 이를 부드득 갈면서 증오에 가득 차서 "주님 저 원수들이 제게 행한 것을 똑똑히 보셨죠. 제가 당한 것의 백 배로 되갚아 주세요"라고 저주의 말을 쏟아붓고 죽었다고 생각해 보세요. 이게 간증이 되겠습니까?

용서받을 수 있는 기회뿐만 아니라 용서해줄 수 있는 기회도 항상 주어지는 것은 아닙니다. 스데반처럼 늘 이번이 마지막이라는 생각으로 주님께서 기회를 주셨을 때 긍휼의 마음을 가슴에 품고 이웃의 잘못을 용서해줍시다. 제때 용서하지 못해서 한 번 카이로스가 지나가고 나면 다음에는 기회가 없을 수도 있음을 잊지 맙시다.

결국 예수님의 용서와 스데반 집사의 용서를 통해 우편의 강도와 바리새인 사울이 회개하고 하나님의 품으로 돌아오는 놀라운 역사가 일어났습니다.

　　신자는 이렇게 남을 용서하고도 "그저 당연히 해야 할 일을 했을 뿐입니다"라는 종의 자세를 지녀야 합니다(7-10절). 우리가 주님의 종이라면 그분에게 명령받은 대로 행한 후에도 칭찬이나 감사의 표현을 바라지 말고 단지 "우리는 종으로서 할 일을 했을 뿐입니다"라고 반응해야 합니다. 무익한 종으로서 하나님을 섬길 수 있는 특권과 기회를 주신 것에 감사해야 합니다.

18장 기도

(기도에 관한 가르침)

이미 11장의 한밤중에 찾아온 친구의 비유를 통해 주님은 한 차례 기도에 관해 교훈하신 적이 있습니다. 신자의 삶에서 기도는 빼놓을 수 없는 요소이기에 예수님은 본 장에서 불의한 재판관의 비유를 통해 또 기도에 대한 가르침을 주십니다.

　　비유의 내용을 소개하기 전에 핵심 주제가 미리 언급됩니다. "항상 기도하고 낙심하지 말아야 한다"(1절). 본 절의 '항상' 기도한다는 것은 연속적으로 기도하는 것이 아니라 끈질기게, 집요하게 기도하는 것을 의미합니다.

　　비유 속에는 두 인물이 등장하는데 서로 이해관계가 전혀 없는 사람입니다. 첫 번째 인물은 억울한 일을 당한 여인으로 그녀는 변호사를 살 만한 여력이 안 되기에 스스로 억울한 일을 처리해야 하는 형편에 있는 과부입니다(3절). 두 번째 인물인 재판관은 하나님을 경외하고 사람을 존중하는 것에는 전혀 관심이 없는 불의한 인간입니다(2, 6절). 이런 작자에게 하나님의 특별한 관심과 보호 아래 있는 억울한 일을 당한 과부가 찾아갔을 때 관심이 있었을 리 만무했습니다(4절). 그러나 집요하게 찾아가서 강청하자 과부가 자신을 "괴롭게 하리라"고 예측했습니다(5절). 여기 '괴롭게 하다'(헬. '휘포피아조')는 문자적으로 눈을 쳐서 멍들게 만든다는 의미입니다. 실제로 과부가 열받아서 이 악한 자의 눈탱이를 밤탱이로 만들지는 않겠지만 그녀의 행위의 결연함과 절박함은 그가 자기 보호조치를 생각하지 않을 수 없게 만들었습니다. 남은 조금도 생각하지 않는 자라 할지라도 자기 자신만큼은 끔찍이 생각하기 때문에 불의한 재판관은 결국 과부의 청을 들어주었습니다.

　비유를 마무리하면서 주님은 유대인들에게 익숙한 '더더구나'(히. '칼 와호멜') 논법을 사용하셨습니다. 예수님은 불의한 재판관도 자신과 아무 상관없는 과부에 대해서 그 집요한 태도 때문에 간청을 들어주었다면 의로운 재판장이신 하나님은 자신과 관계있는 성도의 부단한 기도에 대해 더더구나 귀를 기울이시지 않겠느냐고 힘주어 말씀하셨습니다(7절). 하나님은 시간을 질질 끌다가 마지못해 들어준 불의한 재판장과는 달리 속히 기꺼운 마음으로 성도의 기도를 들어주실 것입니다(8절 상).

　기도 응답이 안 되는 이유는 하나님이 아닌 우리 신자에게 있습니다. 하나님께서는 우리 기도에 '속히' 응답하시기를 원하시는데 우리가 '믿음'이 없기 때문입니다. "그러나 인자가 올 때에 세상에서 믿음을 보겠느냐?"(8절 하). 여기서 '믿음'은 1절이 말하는 포기하지 않는 '집요함'을 가리킵니다.[60]

유대인들은 하나님을 피곤하게 해드리지 않기 위해 하루에 세 번 기도하는 것이 최고의 기도라고 생각했습니다. 하지만 저는 여기에 동의하지 않습니다. 우리 그리스도인들은 아빠의 사정을 전혀 고려치 않고 수시로 졸라대는 저의 막내딸처럼 하나님 아버지께 무시(無時)로 매달려야 합니다. 한번 물면 이빨 빠질 때까지 집요하게 물고 늘어지는 불독의 근성을 지녀야 합니다. 우리 신앙의 선배들처럼 소나무 한 뿌리 뽑힐 때까지 끈질기게 부르짖는 기도의 야성이 있어야 합니다. 그러한 끈기가 있을 때 비로소 하나님의 응답이 임합니다. "너는 내게 부르짖으라 내가 네게 응답하겠고 네가 알지 못하는 크고 은밀한 일을 네게 보이리라"(렘 33:3).

19장 세리

(세리 삭개오의 회개)

전 장 말미에 한 부자 청년이 예수님을 찾아와서 영생의 비결을 물었습니다(눅 18:18). 주님께서 구원을 받으려면 네 소유를 팔아 가난한 사람들에게 나누어주고 나를 따르라고 말씀하시자 이 부자 청년은 심히 근심하며 돌아갔습니다(눅 18:22-23). 이 모습을 보시고 주님은 "낙타가 바늘귀로 들어가는 것이 부자가 하나님의 나라에 들어가는 것보다 쉬우니라"고 제자들에게 말씀하셨습니다(눅 18:25). 그런데 본 장에서는 바늘귀로 들어간 낙타가 등장합니다.

예수님께서 여리고 성 밖에서 맹인을 고쳐 주신 후 여리고 성안으로 들어가셨습니다(눅 8:35-9:1). 길가에 앉아서 구걸하던 소경이 나음을 받았다는 소문이 여리고 성안에 살고 있던 세리장이요 부자인 삭개오의 귀에까지 들어왔습니다. 이에 삭개오는 예수님을 보고 싶은 호기심이 생겼습니다. 하지만 그는 너무 단신이어서 무리 속에 있는 주님을 볼 수 없었습니다(2-3절). 하지만 포기하지 않고 다른 방도를 찾았습니다. 그는 주님이 지나가시리라고 예상되는 길로 달려가서 돌무화과나무에 올라갔습니다(4절). 자신이 올라가 있던 그 돌무화과나무를 예수님께서 지나는 순간 삭개오는 지켜만 보고 있었습니다. 그는 그 어떤 시그널도 보내지 않았지만, 주님은 우러러보시고 "삭개오야 속히 내려오라. 내가 오늘 네 집에 유하여야 하겠다"고 말씀하셨습니다(5절). 본 절 속에는 삭개오를 향한 예수님의 주도적 부르심이 돋보입니다. 먼저 삭개오의 이름을 부르시며 명령하는 모습이 그러합니다. 얼핏 보기에는 삭개오가 먼저 예수님을 찾은 듯하지만, 실상은 예수님이 먼저 그를 찾아와서 만나주신 것입니다.

구원에 관한 한 하나님께서는 항상 먼저 인생들을 찾아오십니다. 주도권이 항상 하나님께 있습니다. 다른 종교와 기독교의 차이는 '방향'에 있습니다. 타 종교는 상향 종교(Upward-religion)입니다. 자기의 선행이나 깨달음을 통해서 스스로 '구원'이라고 하는 산에 오르려고 합니다. 이는 결국 사람이 신이 되려는 것입니다. 이에 반해 기독교는 하향 종교(Downward-religion)입니다. 인간은 죄인입니다. 스스로 자신을 구원할 수 있는 힘이 없습니다. 그러기에 하나님께서 인간이 되셔서 죄인인 인간을 직접 찾아오십니다. 하나님께서는 언제나 인생들을 먼저 찾아오십니다. 하나님께서 인생 구원의 주도권을 쥐고 계십니다. 하나님이 찾아

오시면 그곳엔 회복이 있고 구원이 있고 변화가 있습니다.

한 번도 만난 적이 없는 예수님이 자신의 이름을 부르며 속히 내려와 나를 영접하라고 하자 삭개오는 그 말씀에 즉각 순종했습니다. 그는 급히 나무에서 내려와 즐거워하며 예수님을 자기 집으로 맞아들였습니다(6절). 그리고 삭개오는 주님을 대면하여 보는 순간 자기 자신의 참 모습을 깨닫게 됐습니다. 그래서 그는 앞 장의 부자 청년과는 대조적으로 자신의 재물을 과감히 내려놓았습니다. "삭개오가 서서 주께 여짜오되 주여 보시옵소서. 내 소유의 절반을 가난한 자들에게 주겠사오며 만일 누구의 것을 빼앗은 일이 있으면 네 갑절이나 갚겠나이다"(8절). 이는 믿음의 결단이요 회개의 고백입니다. 이것은 삭개오가 새로운 피조물이 됐다는 확실한 증거입니다. 그래서 우리 주님은 삭개오가 구원받았음을 다음과 같이 선언하셨습니다. "예수께서 이르시되 오늘 구원이 이 집에 이르렀으니 이 사람도 아브라함의 자손임이로다"(9절). 마침내 낙타가 바늘귀로 들어가게 됐습니다.

20장 성전

(성전에서 가르치시는 예수님)

나귀를 타고 예루살렘에 도착한 후 주님은 성전에서 장사하는 사람들을 내어 쫓으시고 성전 책임자들에게 허락도 받지 않고 멋대로(?) 사람들을 가르치는 일을 하셨습니다(눅 19:45-47 상). 이에 그들은

분개하여 예수님을 죽이려고 했습니다(47절 하). 그래서 산헤드린에서 대책을 의논하고 중지(衆智)를 모아 그들의 입장에서 봤을 때 주님이 불법적인 활동을 하고 있는 현장으로 달려갔습니다(1절). 그리고 "당신이 무슨 권한으로 이런 일을 하는지 이 권한을 준 이가 누구인지 우리에게 말하라"고 질문했습니다(2절).

성전을 관리할 뿐만 아니라 성전 안에서 일어나는 모든 일을 감독할 권한은 산헤드린과 그것의 대표인 대제사장이 가지고 있었습니다. 그들은 예루살렘 순례자들의 편의를 위해 상인들에게 동물을 팔고 환전하는 일을 허용했지만 나사렛 예수는 그들이 허용한 것을 방해하고 그들이 허용하지 않은 성전에서 가르치는 일을 행했습니다. 그래서 하나님께서 자신들에게 주셨다고 생각했고 로마 황제조차 인정해 준 성전 관할권에 그가 정면으로 도전한다고 여기고 이런 질문을 했던 것입니다.

주님은 이 질문에 즉답을 피하고 역질문을 하셨습니다. "나도 한 말을 너희에게 물으리니 내게 말하라"(3절). 누가는 여기서 예수님의 말을 끊었지만, 마태와 마가의 평행구절을 보면 "너희가 대답한다면 나도 말하겠다"라는 문구가 첨가되어 있습니다(마 21:24; 막 11:29). 이는 더 곤란한 질문을 하여 상대방이 답을 할 수 없게 하고 이에 근거하여 자신의 침묵을 정당화하는 방법입니다. 물론 예수님은 이를 대답 회피용으로 사용하신 것은 아닙니다. 이는 자신을 해할 목적으로 한 악의적인 질문에 직접 응하지 않고 대응 질문을 함으로 그들의 그 적대 행위를 지적하고 대항하시기 위함이었습니다.

예수님의 질문은 "요한의 세례가 하늘로부터 왔느냐, 사람에게서 왔느냐"로, 세례 요한의 권한에 대한 것이었습니다(4절). 여기서 '하늘'

은 감히 여호와(YHWH)라는 하나님의 성호를 입 밖으로 발설하지 못하는 유대인의 언어 관습을 고려해서 한 말로 '하나님'의 대용어입니다. 따라서 "하늘로부터 왔느냐"라는 질문은 요한의 세례가 하나님에게서 온 것이냐는 뜻입니다. 즉 예수님은 하나님께서 요한에게 권한을 주셔서 그가 세례를 베푼 것인지 아니면 아무 권한도 없는데 제멋대로 세례를 준 것인지를 질문하셨던 것입니다.

이 주님의 질문에 답하는 것은 결코 쉽지 않습니다. 만일 "하늘로부터"라고 대답한다면 "그러면 왜 너희는 그를 믿지 않았느냐"라는 후속 질문을 받음으로 요한을 믿지 않은 유대 지도자들은 곤경에 처하게 될 것이고, "사람에게로부터"라고 대답한다면 그들은 요한을 선지자로 알고 지금 성전에서 주님의 가르침을 받고 있던 사람들에게 봉변을 당하게 될 것이기 때문입니다(5-6절).[61] 이런 진퇴유곡의 상황을 모면하기 위해 그들은 "모른다"라고 답변했습니다(7절).

1세기 명예와 수치의 문화에서는 상대를 곤경에 빠뜨리기 위해 질문했다가 이렇게 되치기를 당하면 그건 말로 다 할 수 없는 수치에 봉착하게 되는 것입니다. 명색이 수도 예루살렘 종교 지도자라는 자들이 나사렛 촌놈(?)에게 까불다가 된통 당한 것입니다. 이후로도 이들은 정신을 못 차리고 계속해서 논쟁적인 질문을 던졌지만 한 수 위이신 주님의 역공에 휘말려서 번번이 패했습니다. 직접 말씀은 안 하셨지만 이어지는 비유(9-18절)를 통해 신원이 밝혀지듯이, 예수님은 하나님의 아들이시기에 그들은 도저히 당해낼 재간이 없었던 것입니다.

여러분은 예수님처럼 이렇게 상대방을 수세에 몰 수 있을 만큼 말씀의 능력을 갖추고 계십니까? 계속해서 공격적인 입장에 설 수 있을 정도로 신앙에 대한 견고한 지식이 있습니까? 만일 그렇지 않다면 아볼로를 통해 배우실 것을 권합니다.

바울이 1차 선교지를 돌아보고 있을 때 애굽의 학문의 중심지 알렉산드리아에서 난 '아볼로'라는 유대인이 에베소에 이르렀습니다. 이 사람은 학식이 풍부하고 말을 잘하는 자였습니다. 게다가, 성경에 능통했습니다(행 18:24). 하지만 그의 성경 이해는 구약과 세례 요한의 사역까지로 제한되어 있었습니다(행 18:25). 다시 말해서, 세례 요한의 사역 이후, 곧 예수 그리스도의 사역에 대해서는 전적으로 무지했습니다. 그래서 회당에서 아볼로를 만난 아굴라 부부는 그를 자기 집으로 데리고 가서 요한 이후에 등장한 예수님의 사역에 대해 그에게 소상히 설명해주었습니다(행 18:26). 이제 아볼로는 아굴라 부부를 통해서 예수 그리스도의 사역에 관한 부족했던 부분을 보충함으로써 아주 정확하게 예수님에 관한 메시지를 아무 한계나 결점 없이 완벽하게 증거할 수 있게 됐습니다. 그래서 그는 아가야 지방, 구체적으로 말해서 고린도 교회로 가서 사역을 감당했습니다(행 18:27).

28절은 아볼로가 고린도에서 어떻게 신자들에게 큰 도움을 주었는지 설명하고 있습니다. "이는 성경으로써 예수는 그리스도라고 증언하여 공중 앞에서 힘있게 유대인의 말을 이김이러라." 브리스길라와 아굴라를 통해 아볼로는 오늘날로 말하면 신구약 성경 66권을 완벽하게 꿰게 됐습니다. 그 결과 복음의 적들인 유대인들과의 논쟁에서 그는 백전백승할 수 있었습니다.

요즘은 소위 '달인 시대'입니다. 뭐든 한 가지만 잘하면 그를 최고로 인정해줍니다. 성경으로써 유대인을 꼼짝 못 하게 했던 아볼로를 통해 누가는 우리 신앙인들이 다른 부분에는 조금 부족해도 하나님의 말씀인 성경에서는 달인, 즉 '성달'(聖達)이 되어야 할 것을 권고하고 있는 것입니다. 짬뽕 한 그릇을 맛있게 요리해서 손님께 내놓는 짬뽕의 고수, 즉 짬달이 되기 위해서도 피나는 훈련이 필요하듯이, 하나님의 말씀을 한 코에 꿰는 성달이 되기 위해서는 그만한 노력이 요구됩니다.

성달이 되려면 먼저 성경을 부지런히 읽어야 합니다. 수박 맛을 가장 잘 아는 사람은 수박 장수가 아니라 수박을 많이 먹어본 사람이듯이 성경을 열심히 읽는 사람이 바로 성경의 달인인 것입니다.

두 번째로, 성달이 되기 위해서는 성경을 부지런히 배워야 합니다. 아볼로는 바울 못지않은 지도자였지만 자신의 부족한 부분을 평신도인 아굴라 부부에게 겸손히 배웠습니다. 그러므로 직분이나 나이에 상관없이 말씀을 읽다가 잘 모르는 부분이 있으면 그냥 넘어가지 말고 나보다 몇 수 위인 교역자분들께 과감히 물으십시오. 그들을 '한가하게' 놔두지 말고 '성가시게' 하십시오. 그리하면 여러분도 고린도의 아볼로처럼 하나님의 말씀으로 악한 마귀와 그 하수인들을 날마다 물리치는 성달이 될 것입니다.

21장 헌금
(두 렙돈 헌금)

우리 주님께서 십자가를 지시기 3일 전에 대제사장들과 서기관들과 긴장된 토론을 벌이시다가 잠깐 틈을 내 예루살렘 성전에 있는 여인의 뜰에 가셔서 사람들이 연보 궤에 헌금하는 모습을 지켜보셨

습니다(1절). 예루살렘 성전에는 13개의 수집 상자들이 있었는데, 한 과부가 이 중 하나에 두 렙돈을 던져 넣었습니다(2절). 렙돈은 이스라엘에서 가장 작은 화폐 단위로 하루 품삯에 해당하는 데나리온의 128분의 1에 해당했습니다. 이는 지금으로 치면 500원짜리 동전 두 개 정도인데, 이렇게 적은 금액을 헌금했음에도 불구하고 고액 헌금을 한 부자들은 차치하고 주님은 이 여인이 모든 사람보다 많이 넣었다고 말씀하셨습니다(3절). 그 이유는 부자들은 풍족한 가운데에서 재산 일부를 헌금함에 넣었지만, 이 과부는 가난한 중에 자신의 생활비 전부를 넣었기 때문이었습니다(4절). 본 절에 '생활비'라고 번역된 헬라어는 '비오스'인데 이는 '재산'을 가리킵니다(참고, 눅 8:43; 15:12, 30). 따라서 이 과부는 사실 생활비 전부가 아닌 재산 전부를 넣었던 것입니다.[62]

성경에 보면 과부들은 언제나 구제 대상이었습니다. 과거에는 오늘날과 달리 사회보장제도가 전무해서 남편을 잃은 과부들은 주머니 사정이 형편없었습니다. 하지만 본 장의 과부는 넉넉하지 않은 형편에서도 전 재산을 하나님 앞에 바칠 정도로 믿음이 좋았습니다.

누가는 이 무명의 과부처럼 신실하게 신앙을 유지했던 또 한 명의 과부를 소개한 바 있는데, 그녀는 의인 시므온과 더불어 고대하던 아기 예수를 만나는 영광을 누린 바누엘의 딸 안나입니다. 안나 선지자는 결혼한 지 7년 만에 남편과 사별하고 과부가 됐습니다(눅 2:36-37). 이스라엘에서 남자는 13세에, 그리고 여자는 12세에 성년이 됩니다. 그러므로 만약 안나가 12살에 결혼을 했다면 약 20살 정도에 청상과부가 됐을 것이고 지금이 84세니까 거의 65년을 과부로 생활해왔을 겁니다. 이 긴 세월을 홀로되어 살아온 안나에겐 얼마나 큰 고통이 있었을까요? 인간이 겪는 고통 중에 가장 견디기 힘든 고통이 사랑하는 사람을 잃는 고통이라고 심리학자들은 말합니다. 연인을 잃은 충격은 사람을 바보로 만든다고 합니다. 게다가, 고대 근동의 과부는 자신이 과부인 것을 사람들이 쉽게 알아볼 수 있도록 검은 옷을 입게 되어 있었습니다. 그래서 과부는 사회로부터 격리되어 따돌림을 받으며 살았습니다. 남편을 잃은 것도 서러운데 따돌림까지 받으니 견디기가 쉽지 않았을 것입니다. 하지만 이러한 이중적인 고통을 겪는 비참한 상황에서도 안나는 주님의 전을 사모했습니다. 그래서 성전을 떠나지 않았습니다(눅 2:37 상). 성전을 자신의 삶의 중심으로 삼았습니다. 안나는 또한 주야로 금식하며 기도함으로 하나님을 섬겼습니다(눅 2:37 하). 자신의 불행에도 불구하고 하나님의 전을 떠나지 않고 기도하고 금식하며 메시아를 기다리던 참으로 경건한 사람, 놀라운 믿음의 사람 안나에게 하나님께서는 대망의 메시아 예수 그리스도를 만나는 영광을 주셨습니다. 안나는 아기 예수를 만난 후 밖에 나가서 많은 사람에게 그를 증거했습니다. 웬만하면 이런 불행을 당했을 때 "될 대로 돼라" 하며 자포자기하거나 타인을 원망할 텐데 안나는 불행 중에도 감사했습니다(눅 2:38). 불행을 극복하고 오히려 하나님을 찬양했습니다. 이렇게 안나 선지자처럼 자신의 불행을 넘어서서 사역을 감당하는 사람이 진짜 믿음의 사람입니다.

안나처럼 참 믿음의 사람이었던 본 장의 과부는 전 재산이 달랑 두 렙돈에 불과했습니다. 천 원이 전 재산이라고 하니까 우리는 '아! 이 과부가 그동안 일은 안 하고 탱자탱자 먹고 놀면서 게으름을 피웠구나'라고 생각하기 쉽습니다. 하지만 이유는 다른 데 있었습니다. 앞 장 마지막 단락에서 예수님은 제자들에게 "서기관처럼 되지 말라"고 주의를 주셨는데, 서기관들은 과부의 재산을 관리하다가 빼앗을 정도로 부도덕하고 돈을 탐하는 자들이었습니다(눅 20:47). 이 과부도 필경 이런 탐관

오리와 같은 서기관들로 인해 피해를 보았기 때문에 남아 있는 재산이 두 렙돈에 불과했던 것입니다.

과부의 기사 뒤에 성전 파괴의 예언이 등장하는 것은 과부의 행위에 대한 주님의 반응이 칭찬의 감탄만이 아니라 과부의 가산을 삼키는 서기관과 같은 종교 지도자들의 불의에 대한 한탄임을 암시합니다.

하나님께서는 헌금의 많음보다 마음과 정성을 더 소중히 여기십니다. 금전상으로 볼 때 과부의 헌금은 성전 재정에 거의 도움이 되지 않았을 것입니다. 하지만 예수님은 헌금의 양보다 질을 더 중시했습니다. 우리도 주님처럼 헌금의 가치를 양이 아닌 신앙과 경건의 질로 따져야 할 것입니다.

22장 만찬

(최후의 만찬)

유월절이 다가오자 예수님께서는 제자들에게 유월절 만찬을 준비시키셨습니다(1, 8절). 주님의 분부를 받은 제자들은 성내의 큰 다락방에서 만찬을 준비했습니다(9-13절). 이 최후의 만찬 석상에서 예수님께서 성찬식을 거행하셨습니다. 제자들과 유월절 식사를 하시는 중에 주님은 유대인들의 유월절 식사 풍습을 따라 식사 자리에 놓인 떡과 포도주의 의미를 설명하기 시작하셨습니다. 유월절 식사 때 이스라엘 백성들은 유월절 음식에 대한 설명을 통해 이스라엘이 애굽의 노예 상태에서 해방된 것을 기념했는데, 이제 주님은 제자들과의 마지막 만찬 석상에 놓인 빵과 포도주에 대한 설명을 통해 새 이스라엘(제자들을 포함한 교회 공동체)이 죄와 죽음의 노예 상태에서 해방된 것을 기념했습니다. 다시 말해서, 출애굽(Exodus)보다 더 새롭고 더 크고 진정한 의미의 출애굽(New Exodus)을 기념했습니다.

먼저 주님은 식탁에 놓인 '잔'을 취하여 감사 기도를 하시고 제자들에게 주시며 "이것을 갖다가 너희끼리 나누라"고 말씀하셨습니다(17절). 그리고 "이 잔은 내 피로 세우는 새 언약이니 곧 너희를 위하여 붓는 것이라"고 잔에 의미를 부여하셨습니다.(20절). 평행기사를 다루는 마태복음은 "이것은 죄 사함을 얻게 하려고 많은 사람을 위하여 흘리는 바 나의 피 곧 언약의 피니 받아 마시라"라고 좀 더 상세히 진술하고 있습니다(마 26:27-28). 예수님의 이 말씀은 구약성경과 다양한 연관 관계를 가지고 있습니다. 먼저, 주님의 '내 피로 세우는 새 언약'은 예레미야 31:31-34의 여호와께서 새 언약을 맺겠다는 약속과 관련된 말입니다. 특히, '죄 사함을 얻게 하려고'라는 구절은 예수님께서 이 땅에 오신 목적, 즉 자기 백성들을 그들의 죄의 포로 상태에서 구원하기 위함이라는 말씀이 예수님의 십자가상의 죽으심을 통해서 성취될 것임을 분명하게 해줍니다. 게다가, '언약의 피'라는 말씀은 여호와 앞에서 피를 매개로 언약식을 거행했던 출애굽기 24:8과 연관된 말입니다. 이는 모세의 영도하에 옛 이스라엘이 시내 산에서 짐승의 피로 맺었던 옛 언약의 시대를 마감하고, 이제 예수님의 주도하에 새 이스라엘이 갈보리 산에서 당신의 피로 새 언약을 수립할 것을 예고한 말입니다. 다른 말로 하면 지금 주님께서는 갈보리 십자가상에서 흘리실 보혈을 통해서 당신이 피로 값 주고 살 몸 된 교회와 새롭게 '혈맹(血盟) 관계'를 맺겠다고 약속하시는 것입니다.

이어서 주님은 '떡'을 취하여 축사하고 떼어 제자들에게 주며 "이것은 너희를 위하여 주는 내 몸이니 너희가 이를 행하여 나를 기념하라"고 말씀하셨습니다(19절). 예수님의 이러한 '빵'을 쪼개시는 행동은 당신의 몸이 십자가에서 찢기게 될 것을 상징하는 것으로 이해되어야 할 것입니다. 따라서 제자들은 쪼갠 빵을 받아먹음으로 주님의 죽음의 효력을 누리게 되는 것입니다. 이스라엘이 유월절 음식을 먹음으로써 애굽에서 나온 의미를 되새기고 구원의 결과를 누리게 되듯이, 제자들도 '생명의 떡'을 나눠 먹음으로써 예수 그리스도의 구속적 죽음의 의미를 되새기고 그 죽음의 효력을 함께 누리게 되는 것입니다.

최후의 만찬 석상에서 주님께서 하신 말씀은 유언과도 같은 말씀입니다. 이제 이 땅에서 더 이상 예수님과 그들 사이에는 만찬이 없을 것이기 때문입니다. 하지만 제자들은 주님의 마지막 말씀에 별로 관심이 없었습니다. 그들의 마음은 딴 데 가 있었습니다. 한 제자는 물욕에 사로잡혀서 돈 받고 스승을 팔아넘기는 데에만 골똘했습니다. "그러나 보라 나를 파는 자의 손이 나와 함께 상 위에 있도다"(21절). 나머지 열한 제자도 매한가지였습니다. 그들은 권력욕에 사로잡혀서 "누가 크냐" 하며 서로 박 터지게 싸웠습니다(24절). 재물과 권력욕에 빠져 주님의 마지막 당부는 안중에도 없는 이런 제자들의 모습을 보고 우리 주님은 얼마나 속상하셨을까요?

예나 지금이나 대부분의 사람들이 영혼까지도 탈탈 털어서 사려고 하는 것이 바로 유명세와 재물과 권력입니다. 청소년들은 스타가 되고 싶어 안달하고, 청년들(영끌족)은 부자가 되고 싶어 몸부림치고, 장년들은 금배지를 달고 싶어 고군분투합니다. 만일 우리 신자들이 주의 만찬 석상의 제자들처럼 믿지 않는 사람들이 추구하는 부와 권력과 명예라는 콩밭에만 마음이 가 있다면 주님은 또 한 번 복장이 터지십니다. 그러므로 여러분은 이 못난 제자들과 달리 겸손과 섬김의 도를 몸소 실천함으로 우리 주님의 마음을 시원하게 하는 사이다 신자가 되시길 주님의 이름으로 축원합니다.

23장 죽음
(예수님의 **죽음**)

유월절 만찬 준비 전에 이미 대제사장과 서기관들이 주님을 죽일 방도를 궁리하고 있었습니다. 그리고 열두 제자들 중의 하나인 가룟 유다에게 사탄이 역사해서 돈을 받고 그들에게 스승을 넘기기로 약조했습니다(눅 22:2-5). 결국 예수님은 악한 제자의 배신으로 종교 지도자들에게 체포가 되어 재판을 받게 되셨습니다.

주님은 각기 다른 대상에 의해 최소 두 차례의 심문을 받으셨습니다. 첫 번째는 산헤드린에서 유대 종교 지도자들에 의해 심문을 받으셨습니다. 그들은 "네가 그리스도냐"(눅 22:67), "네가 하나님의 아들이냐"(눅 22:70 상)고 주님의 정체성을 단도직입적으로 물었습니다. 종교 지도자들이 "그렇다"라고 말할지라도 믿지 않을 것을 예수님은 아셨기 때문에 "너희들이 내가 그라고 말하고 있느니라"라고 다소 에둘러 말쏨하셨습니다(눅 22:70 하). 그러자 유대 종교 지도자들은 주님이 신성모독했다고 판결을 내렸습니다(눅 22:71). 신성모독죄는 가장 중한 벌로 사형에 처해지지만 그들에게는 사형을 집행할 권한이 없었습니다. 그래서 예수님은 두 번째 심문을 받으셔야만 했습니다.

무리가 다 일어나서 예수님을 사형 집행 권한이 있는 로마 총독 빌라도에게 끌고 갔습니다(1절). 무리 중의 한 사람이 예수님을 '혹세무민하고 로마에 대한 납세 거부를 선동하는 자칭 유대인의 왕'이라고 고발했습니다(2절). 이에 빌라도는 "당신이 고발된 대로 유대인의 왕이냐"고 주님께 물었습니다(3절 상). 예수님은 그에게 "당신이 그렇게 말하고 있군요"라고[63] 답변을 하셨습니다(3절 하). 이는 긍정이지만 긍정이 아니고, 그렇다고 부정이라 할 수도 없는 애매모호한 답변입니다. "당신이 한 말이 틀린 것이라 할 수는 없지만 당신이 염두에 두고 있는 그런 의미는 아니다"라는 것이 예수님의 답변입니다. 요한복음에 보면 예수님은 자신의 나라가 이 세상에 속한 것이 아니라는 것을 전제하고 나서 빌라도에게 자신이 왕이라고 답변했습니다(요 18:36-37). 그래서 빌라도는 예수가 왕 됨의 주장을 부인하지는 않았으나 그것이 세속 권력을 목적으로 하지 않았음을 알아 반역의 죄가 없다는 결론을 내렸습니다.[64] "내가 보니 이 사람에게 죄가 없도다"(4절).

심문을 통해 주님이 죄가 없다는 사실을 분명히 알고 빌라도는 세 번이나 무죄 판결을 선언하지만(22절), 무리가 거듭 큰 소리로 예수님을 십자가에 못 박으라고 외치자 무리의 압박에 못 이겨 결국 그들의 요구를 들어주었습니다(23-24절). 이것은 빌라도의 이름이 그리스도인들의 신앙 고백에서 언제나 언급되어 영원토록 기억되게 만든 치명적인 순간이었습니다. 어찌 보면 빌라도가 억울해 보일지도 모릅니다. 하지만 그는 가장 정의롭게 사법적 판단이 요구되는 일에 자신의 입장을[65] 고려하는 이기심에 휘둘려 정치적 결정을 내리는 비겁과 우를 범한 수많은 정치꾼의 화신이 됐습니다.

정치꾼 빌라도를 움직이는 여론의 압력을 구성하면서 실제로 예수님을 십자가에 못 박게 만드는 사람들을 누가는 불특정 다수를 가리키는 '무리'라는 말로 표현합니다. 무리는 예수를 풀어주자는 빌라도의 설득을 세 번씩(18, 21, 23절)이나 거부하고 결국 자신들의 뜻을 관철시켰습니다. 이것은 베드로의 3회 부인에 필적하는 우리 죄인 모두의 예수 부인이었습니다. 이런 무리를 위해 그동안 주님은 무슨 일을 하셨습니까? 주님은 온 유대 땅을 돌아다니며 사람들을 계몽하셨습니다. 식사할 겨를도 없이 무리를 섬기고 또 섬기셨습니다. 사람들의 필요에 민감하여 혼신을 다해 그들을 섬기셨습니다. 그런데 그 모든 섬김이 소요와 선동이라는 죄목으로 돌아오고 있었습니다. 하지만 주님은 야속한 대중의 배신 앞에 한 말씀도 하지 않으셨습니다.[66]

억울하고 분하기 그지없는 그 모든 배반의 참언에 일체 침묵으로 일관하시던 주님께서는 자신을 위해 우는 여인들을 향해 비로소 입을 열어 그들의 안타까운 미래에 대해 경계와 탄식을 발하셨습니다. "예수께서 돌이켜 그들을 향하여 이르시되 예루살렘의 딸들아 나를 위하여 울지 말고 너희와 너희 자녀를 위하여 울라"(28절). 지금 표면적으로는 예루살렘의 딸들이 억울하게 형장으로 끌려가는 예수님을 위해 울고 있지만 실상 울고 있는 것은 예수님이며 애곡의 대상은 예루살렘입니다. 우리 주님은 예루살렘의 임박한 비극적 운명을 내다보시고 지금 울고 있는 것입니다. 하나님의 백성을 평강의 길로 인도하고 예루살렘을 구원하러 오신 주님을 배척하고 십자가에 달라고 고함쳤던 예루살렘 성 사람들(이스라엘)은 주후 66-74년 로마에 저항하여 싸우다가 처참하게 멸망하고 맙니다.

　예수님은 이스라엘의 심판을 비통해하며 형장으로 끌려가서 결국 십자가에 달려 최후를 맞이하게 됩니다. 누가복음의 처형 기사에는 타 복음서에 소개되지 않는 한 에피소드가 나옵니다. 그것은 주님과 함께 십자가에 못 박힌 두 강도의 기사입니다. 골고다 언덕에서 십자가에 달려 고통을 받고 있을 때 예수님의 좌우에 강도도 함께 십자가에 달려 죽어가고 있었습니다. 이 양편의 강도는 모두 처음에는 주님을 조롱했지만(마 27:44; 막 15:32), 우편에 있던 강도는 예수님이 사람들의 죄에 대한 용서의 기도를 하자(34절), 이에 깊이 감동을 받고 회심했습니다. 그래서 비방을 멈추고 "네가 정죄를 받고도 하나님을 두려워하지 아니하느냐"고 좌편의 강도를 꾸짖으며 "예수여 당신의 나라에 임하실 때에 나를 기억하소서"라고 주님께 구원을 호소했습니다(40, 42절). 그는 예수님의 죽음은 자신과 달리 아무 죄 없이 죽는 죽음이기에 예수님이 자기에게 구원을 가져다주실 분이라고 믿었습니다(41절). 예수님이 십자가에 달려 수치스러운 죽임을 당하고 있음에도 불구하고 우편의 강도는 예수님을 메시아로 고백했던 것입니다. 이에 주님은 "내가 진실로 네게 이르노니 오늘 네가 나와 함께 낙원에 있으리라"라고 그의 소원을 들어주셨습니다(43절). 예수님은 말로만 용서의 기도를 하신 분이 아니라 구체적인 행동을 통해 죽어가고 있는 강도를 구원하는 용서의 사랑을 십자가에서 실천하신 것입니다.

24장 부활

(예수님의 **부활**)

주님이 십자가에 달려 죽으시고 아리마대 요셉이 마련한 무덤에 장사 된 지 3일 후에, 여인들은 향품을 준비해서 주님의 무덤에 갔습니다. 그리고 무덤을 막고 있던 돌이 옮겨진 것을 보고 들어가 보니 예수님의 시체가 보이지 않아서 낙심하고 있을 때 천사 둘이 나타나서 부활의 기쁜 소식을 그들에게 전해주었습니다. 예수님은 자신이 말씀하신 대로 사망 권세를 깨고 죽은 지 사흘 만에 당당히 부활하셨습니다. 이 놀라운 사실을 듣고 그들은 돌아가서 사도들에게 전했습니다(1-9절).

네 복음서는 한결같이 여인들이 가장 먼저 예수님의 무덤으로 달려갔다고 증언합니다(1절; 마 28:1; 막 16:1-2; 요 20:1). 당시 로마 제국이나 유대 사회에서 여성들은 남성들에 비해 열등한 존재로 간주됐습니다. 그런데 헬라인 누가는 예수님께서 자신처럼 소외당했던 여자들에게 보이신 관심에 주목하고 있습니다. 예수님의 어머니인 마리아에 대해 많은 부분을 할애하고 있고(눅 1:26-56; 2:5-7, 19-20, 34-35), 세례 요한의 어머니 엘리사벳(눅 1:5-7, 24-25, 39-45)과 성전에서 메시아를 기다린 여선지자 안나(눅 2:36-38), 외아들을 잃은 나인 성 과부(눅 7:11-17), 예수님을 모신 여인들(눅 8:2-3), 18년 동안 귀신 들린 채 허리를 펴지 못했던 여인(눅 13:10-17)과 예수님이 십자가에 못 박히시게 됐을 때 따라가며 울었던 예루살렘 여인들(눅 23:27-31)에 대해 말한 사람은 누가밖에 없었습니다. 이 여인들을 대표해서 일곱 귀신 들렸다가 치유받은 막달라 마리아는 자신에게 한량없는 사랑을 베풀어 주신 예수님의 은혜에 감사해서 그분의 무덤가에 가장 먼저 다가갔던 것입니다.

공생애 삼 년 동안 주야장천 예수님을 좇았던 열두 제자들은 예수님을 배반하거나 부인하거나 버리고 도망한 데 반해 여인들은 예수님께서 마지막 죽으실 때까지 그분과 함께 머물렀습니다. 그들의 이 변함없는 일편단심 민들레와 같은 마음은 그들에게 교회사에서 가장 중요한 순간, 즉 십자가, 부활, 승천, 오순절 성령 강림 사건의 현장 증인이 되는 영예를 안게 해주었습니다. 이 여인들은 주님에 대한 애틋한 사랑을 가슴에 품고 하루는 골고다 언덕으로(눅 23:27), 하루는 부활의 동산으로(1절), 하루는 감람 산으로(행 1:6), 그리고 또 하루는 오순절 마가의 다락방으로(행 1:14) 달려갔습니다. 세상 사람들은 "사랑은 움직이는 거야"라고 허튼소리 하지만 우리 신앙인들은 이 여인들의 순수한 마음을 본받아 상황에 요동하지 않고 예수님을 사랑하는 순정의 사람이 다 되어야겠습니다.

주님은 부활 직후 어느 시점에 갈릴리를 방문하여 다볼 산에서 열한 제자들에게 지상 대위임령을 부여하신 후(마 28:16-20), 다시 예루살렘에 돌아오셔서 베다니에 있는 감람 산으로 가셨습니다(50절). 그리고 거기서 손을 들어 그들을 축복하신 후 그들을 떠나 하늘로 올려지셨습니다(51절). 이로써 주님은 죄의 포로 상태에 있는 자신의 백성에게 구원을 가져오는 예루살렘 여행 목적을 최종적으로 성취하게 됐습니다. 그리하여 시온에서 자신의 목적을 다 이룬 후에 예수님은 하나님 아버지가 계신 곳으로 승천하시게 됐습니다. 예수님의 승천으로 말미암아 사도들은 새로운 시대가 전개되는 전환 시점에 놓이게 됐습니다. 사도들은 큰 기쁨으로 예루살렘에 돌아와 늘 성전에 있으면서 하나님을 찬양했습니다(53절).

누가는 그의 복음서 첫 장을 '성전'에서 기도하며 메시아의 시대를 기다리는 경건한 사람들의 기록으로 시작했던 것같이 마지막 24장을 승천하신 주님이 약속하신 성령을 기다리면서 '성전'에서 찬양하는 제자들을 기록함으로 마감하고 있습니다. 1장에 기록된 사람들의 소망과 꿈이 세례 요한의 탄생과 메시아의 오심으로 이루어진 것같이, 누가는 성령을 기다리는 제자들의 기대가 절망으로 끝나지 않고 이루어질 것을 바라보면서 기록을 끝내고 있는 것입니다. 그리고 이 제자들의 소망이 성취되는 사건은 사도행전에 기록되어 있습니다.[67]

제2부 요한복음

배경과 지도

배경

예수님의 열두 사도 중에서 사랑을 가장 많이 받았던 제자(the beloved disciple)인 요한은 예수님 승천 후인 주후 37-48년경 주님의 육신의 모친이었던 마리아를 모시고 에베소에 있었습니다. 그리고 그 중간 사역은 알려지지 않았고, 80년대 이후에는 에베소 부근인 소아시아 일곱 교회에서 목회를 했습니다. 이때 요한복음, 요한서신, 요한계시록을 차례로 저술하게 되는데, 사도가 이 세 부류의 책을 쓰기로 결심한 이유는 당시 그가 사역했던 교회가 대내외적인 위기에 봉착해 있었기 때문이었습니다. 그 당시 요한 공동체를 위협했던 3대 대적이 있었는데, 이 적들에 대처하기 위해 요한 문헌이 저술됐습니다.

여기서는 요한복음이 쓰이게 된 첫 번째 대적만 살펴보겠습니다. 그리고 요한서신, 요한계시록을 다룰 때 두 번째와 세 번째 대적에 대해 말씀드리겠습니다. 요한의 교회 공동체의 첫 번째 대적은 유대, 다시 말해서 유대교였습니다. 주후 70년 예루살렘 성전이 파괴된 후에 유대교는 4대 종파, 즉 바리새파, 사두개파, 엣센파, 열심당 중에 바리새파만이 남게 됐습니다. 그중에서도 온건파인 힐렐파(Hillel Schools)가 후기 유대교 개혁운동을 주도했습니다. 이들은 안으로는 개혁을 부르짖었지만, 밖으로는 폐쇄적이고 반기독교적인 운동을 전개했습니다.

유대교와 기독교가 첨예하게 대립하게 된 것은 두 가지 이슈 때문이었습니다. 첫째는 교리의 문제였습니다. 특히, 신론의 차이로 인해 문제가 생겼습니다. 유대교는 유일신론을 주장합니다. 오직 여호와 하나님만을 신(God)으로 숭배합니다. 하지만 기독교에는 삼위일체 사상이 있습니다. 예수님 또한 하나님이십니다. 유대교에서는 이를 신성모독이요 이단 사설로 매도했습니다. 하지만 보다 근본적인 문제가 있었습니다. 그것은 경제·사회적 문제였습니다. 사도행전에도 언급되듯이, 유대교의 회당에는 로마의 백부장 고넬료와 같은 하나님 경외자(God's Fearers)라는 이방인들이 있었습니다. 이들은 자신들보다 고상한 윤리를 지닌 유대교를 흠모하여 회당 예배에 참석했습니다. 하지만 유대교에서 이들은 정식 회원이 아닌 주변 인물에 불과했습니다. 그런데 이들이 눈칫밥을 먹으면서 곁불을 쬐고 있던 찰나 유대교보다 더 높은 도덕성을 지닌 교회가 등장한 것입니다. 게다가, 교회에서는 이들을 대우해 주었습니다. 그러자 이들이 하나둘씩 회당(헬. '쉬나고게')을 떠나 교회(헬. '에클레시아')로 옮겨가게 됐습니다. 평소에 헌금도 많이 하고 박해 시에는 지배 계층인 로마인으로 회당을 보호해줬던 이 하나님 경외자들의 이탈, 이것이 유대교가 기독교를 눈엣가시처럼 여기며 핍박했던 보다 근본적인 이유였습니다.

이들이 예수의 신성(神性)을 부정하고 교회 공동체를 핍박하며 기독교를 맹공격하자 이를 반격하기 위해 사도는 요한복음을 쓰게 된 것입니다.[68]

지도

요한복음 또한 공관복음처럼 첫 장, 즉 1장에 지도가 소개됩니다. "태초에 말씀이 계시니라. 이 말씀이 하나님과 함께 계셨으니 이 말씀은 곧 하나님이시니라"(요 1:1). 여기 보면 '말씀'이 나오는데, 1장의 타이틀이기도 한 이 '말씀'의 정체가 무엇인지 14절에서 구체적으로 설명해 주고 있습니다. 거기 보면 "말씀이 육신이 되어 우리 가운데 거하시매"

라고 했습니다. 그러므로 이 말씀은 '성육신하신 예수님'을 가리킵니다. 그러니까 1:1을 통해 요한은 "말씀이신 예수님이 하나님이시다" 이런 주장을 하고 있는 겁니다. 이게 요한복음 전체를 이끌어 나가는 로드 맵입니다.

　예수님의 신성을 부정하는 유대교에 대해 사도 요한은 "예수님이 하나님이시다" 이렇게 일성을 토하면서 자신의 복음서의 문을 엽니다. 그리고 이것을 독자들이 잊어버릴까 봐 결론 부분에서 다시 한번 사도 도마의 입을 빌려 부활하신 예수님을 "나의 주 나의 하나님"이라고 고백하게 합니다(20:28). 이렇게 자신의 복음서의 시작과 끝부분에 같은 단어를 반복 사용해서 '예수님의 하나님 되심'을 독자들에게 각인시키는 것입니다.

제4장
요한복음

　요한복음은 총 21장으로 되어 있는데, 각각의 장의 제목을 두 글자로 정리하겠습니다. 요한복음은 "태초에 말씀이 계시니라"라는 말로 시작합니다. 그래서 1장은 말씀입니다. 이 말씀은 성육신하신 예수님이신데, 2장에는 성육신하신 예수님이 가나의 혼인 잔치에 가십니다. 거기서 물로 포도주를 만드십니다. 그러므로 2장은 혼인입니다. 혼인은 신랑과 신부가 하죠. 3장에 보면 신랑이 나옵니다. 랍비 니고데모와 예수님이 중생 문답을 주고받습니다. 그래서 3장은 랍비입니다. 이어 4장에는 신부가 등장합니다. 물 길러 나온 사마리아 여인에게 예수님께서 생수를 주겠다고 하십니다. 따라서 4장은 여인입니다. 이 둘이 만나서 38년을 삽니다. 그래서 5장은 삼팔입니다. 여기 보면 38년 된 병자를 치유하는 사건이 나옵니다. 부부가 38년을 살면 싫증도 날 법하죠. 그래서 6장에서 정력을 보충하기 위해 오이를 먹습니다. 따라서 6장은 오이, 즉 오병이어 이적입니다. 그러면 오이를 어디서 먹느냐? 초막에 숨어 몰래 먹습니다. 그래서 7장은 초막입니다. 여기서는 예수님께서 초막절과 관련된 메시지를 선포하십니다. 그리고 초막에서 나쁜 짓, 즉 간음을 합니다. 그래서 8장은 간음입니다. 현장에서 간음하다 붙잡혀 온 여인을 용서하는 내용입니다. 나쁜 짓을 하면 벌을 받아야죠. 그래서 시력을 잃습니다. 따라서 9장은 맹인으로 기억하면 됩니다. 맹인 치유 사건입니다. 앞을 못 보면 안타깝죠. 그래서 선한 목자가 짠 하고 출현합니다. 따라서 10장은 목자입니다. 선한 목자의 비유입니다. 나타난 목자가 결국 맹인을 소생시켜 줍니다. 그래서 11장은 소생입니다. 예수님이 죽은 나사로를 소생시켜 주시는 이야기입니다. 그러면 어떻게 소생시켜 주시느냐? 향유를 발라서. 그래서 12장은 향유 이렇게 기억하시면 됩니다. 마리아가 예수님의 발에 향유를 붓는 사건입니다. 여기 1-12장까지를 표적의 책이라고 합니다. 그래서 요한복음 전반부(1-12장)를 표적 이렇게 두 글자로 기억하세요.

이제 또 달려가 보죠. 13장은 12장의 향유를 가져와서 어디에 붓느냐? 발에 붓습니다. 그래서 13장은 세족으로 암기하세요. 세족식 장면입니다. 주님께서 친히 제자들의 발을 닦아주면서 곧 떠나겠다고 말씀하십니다. 그래서 14장은 고별 이렇게 기억하세요. 고별 담화를 하는 내용입니다. 스승이 떠난다고 하니까 제자들이 동요해서 흩어지려고 합니다. 그러자 포도송이처럼 붙어 있으라고 말씀하십니다. 그러므로 15장은 포도로 기억하세요. 포도나무 비유입니다. 이어서 내 말을 듣고 흩어지지 않으면 성령을 보내주겠다고 약속하십니다. 그래서 16장은 성령으로 기억하세요. 이 장에서는 보혜사 성령의 사역이 소개됩니다. 이 약속을 한 후에 세족식을 기도로 마무리하십니다. 그래서 17장은 기도, 예수님의 제사장적 대(大)기도입니다. 기도한 후에 체포되시죠. 그래서 18장은 체포. 붙잡힌 후 안타깝게도 십자가에 달려 죽으십니다. 그래서

19장은 죽음. 하지만 죽음이 끝은 아니죠. 부활하십니다. 그래서 20장은 부활. 다시 살아난 후에 주님은 자신을 부인한 베드로를 찾아가 내 양을 먹이라고 목양의 사명을 주십니다. 그래서 21장은 사명. 이렇게 모두 두 글자로 정리했습니다. 전반부가 표적의 책이라면 여기 후반부(13-21장)는 영광의 책입니다. 그러므로 13-21장을 영광 이렇게 또 두 글자로 기억하시면 되겠습니다.

<요한복음 각 장 제목 두 글자 도표>

1장	2장	3장	4장	5장	6장	7장
말씀	혼인	랍비	여인	삼팔	오이	초막
8장	9장	10장	11장	12장	13장	14장
간음	맹인	목자	소생	향유	세족	고별
15장	16장	17장	18장	19장	20장	21장
포도	성령	기도	체포	죽음	부활	사명

1장 말씀

(**말씀** 하나님의 성육신)

요한복음은 "태초에 말씀이 계시니라"라는 말로 시작합니다(1절 상). 사도가 '태초에'라는 시간을 지칭하는 용어로 자신의 복음서를 시작하는 이유는 유대인들의 애먼 주장 때문입니다. 유대교인들이 기독교인들에 대해 내세우는 자신들의 강점들 가운데 하나는 유구한 역사였습니다. 유대교는 수천 년을 이어온 종교인 반면, 기독교는 고작 수십 년 전에 생긴 종교라는 것입니다. 종교 역사적인 면에서 보면 쨉이 안 된다는 말입니다. 이에 대해 지금 요한은 예수님은 이미 '태초에'(헬. '엔 아르케'), 즉 영원 전부터 계셨던 분이라는 점을 지적함으로써 유대인들에게 반박하고 있는 것입니다.

'태초에'라고 하면 요한복음을 읽는 독자들은 "태초에 하나님이 천지를 창조하시니라"는 창세기 1:1을 자연스럽게 떠올릴 것입니다. 그런데 '하나님'이 들어갈 그 자리를 지금 '말씀', 즉 예수님이 차지하고 있습니다. 이렇게 창조 사역의 주체를 요한이 '하나님' 대신 '말씀'으로 대체한 것은 예수님이 이 땅에 오신 목적이 새 창조 사역, 즉 구속 사역을 하시기 위함임을 시사해 줍니다. 그런데 왜 요한은 알아듣기 쉽게 '태초에 예수님이 계시니라' 이렇게 하지 않고 '태초에 말씀이 계시니라'라고 했을까요? '예수'라는 이름은 성자 하나님의 지상 생애 기간이 시작되면서 생긴 이름이어서 태초에 존재하고 있던 성자를 '예수'라는 이름으로 부르는 것은 적절치 못했기 때문입니다. 그래서 그에게는 다른 명칭이 필요했는데 창조의 사역자로서의 의미를 가장 잘 드러내고 있는 것이 바로 이 '말씀'이라는 용어였기 때문입니다.[69]

'말씀'은 신약 원어인 헬라어로 '로고스'(Logos)인데, 로고스는 요한복음의 독자들에게 너무나 친숙한 용어였습니다. 먼저 구약을 잘 아는 유대인들에게 하나님의 말씀은 창조와 계시와 구원의 수단이었습니다. 하나님께서는 말씀으로 세상을 창조하셨고, 또 말씀을 통해서 이 세상에 자신을 드러내셨으며, 말씀대로 살아가면 구원을 얻게 하셨습니다. 헬라 세계에 사는 독자들 또한 이 로고스라는 개념을 잘 알고 있었습니다. 헬라 철학의 근간인 플라톤 철학에서 로고스는 핵심 용어였습니다. 그들에게 로고스란 합리적인 생각과 그 생각의 외적 표현인 말을 뜻했는데, 이 로고스는 유대인들과 동일하게 창조와 계시와 구원의 수단이 었습니다. 그래서 유대인도 헬라인도 같이 잘 이해할 수 있는 개념을 동 원해서 지금 요한은 예수님을 '말씀'으로 소개하고 있는 것입니다.

이어서 요한은 말씀이신 예수님이 성부 하나님과 친밀한 교제를 나 누시는 '하나님'이라고[70] 말함으로써 유대인들을 놀래킵니다. "이 말씀 이 하나님과 함께 계셨으니 이 말씀은 곧 하나님이시니라"(1절 하).

이 선재(先在)하신 말씀 하나님께서는 창조의 일꾼으로 두 종류의 창 조 사역을 감당하셨습니다. 먼저 첫 창조 사역에 동참하셨습니다. "만 물이 그로 말미암아 지은 바 되었으니 지은 것이 하나도 그가 없이는 된 것이 없느니라"(3절). 첫 창조 사역은 성부 하나님의 단독 사역이 아 니라 삼위 하나님의 공동 사역이었습니다. 성부 하나님께서 세상을 창 조하셨으나 성자 예수님을 통하여—'그로 말미암아'—하셨습니다. 그 리고 창세기 1:2에 하나님의 영이 수면 위에 운행하셨다는 언급을 통해 알 수 있듯이, 성령 하나님 또한 창조 사역에 관여하셨습니다.

그리고 이어서 새 창조 사역을 하십니다. "그 안에 생명이 있었으니 이 생명은 사람들의 빛이라"(4절). 세상에 빛을 창조하신 말씀 하나님이 어둠 속에 있는 인간을 구원하기 위해, 즉 새롭게 창조하기 위해 빛으 로 오셨다고 요한은 증언합니다. 그런데 빛이 어둠에 비치되 어둠이 깨 닫지 못했습니다(5절). 여기 '깨닫다'에 해당하는 헬라어 동사는 '카타람 바노'인데, 이 동사는 '깨닫다'와 '이기다' 두 가지 의미를 지닙니다. 이 단어를 통해 사도는 지금 사탄에 사로잡힌 어둠에 속한 자들이 빛이신 로고스를 깨닫지 못해서 영접하지 않고 박해하지만 결국 로고스를 이 기지 못할 것이라는 승리 선언을 하고 있는 겁니다.

그러면 구체적으로 누가 깨닫지 못한 걸까요? "참 빛 곧 세상에 와서 각 사람에게 비추는 빛이 있었나니 … 세상이 그를 알지 못하였고 자기 땅에 오매 자기 백성이 영접하지 아니하였으나"(9-11절). 로고스가 '자기 땅'에 왔는데, '자기 백성'이 깨닫지 못했습니다. 여기 '자기 땅'과 '자기 백성'은 각각 '팔레스타인'과 '유대인'을 가리킵니다. 하나님께서는 수천 년 동안 아브라함의 언약과 다윗의 언약 등을 통해서 메시아를 이 땅에 보내겠다고 끊임없이 약속하셨고 그 약속대로 메시아가 자기 땅, 자기 백성에게 왔건만 팔레스타인에 사는 자기 백성이라고 하는 유대인들은 그분을 알아보지 못했고 그래서 그분을 영접하지 않고 철저히 배척했습니다. 그리고 궁극적으로는 십자가에 달려 죽게 했습니다. 그래서 요한복음에서 이 유대인이라는 말이 매우 부정적으로 사용됩니다. 육신적으로는 아브라함과 야곱의 후손이지만 예수님을 거부함으로써 하나님의 백성과 자녀가 되는 자격을 상실한 자를 '유대인'이라고 부릅니다. 반면에 유대인 가운데 예수님을 받아들여서 그분을 믿음으로 참 하나님의 백성이 된 자를 '이스라엘'이라고 부릅니다. 그러니까 이스라엘은 유대인에 반해 긍정적인 표현입니다.

자칭 하나님의 백성이라고 하는 유대인들이 메시아를 영접하지 않은 것이 첫 번째 스캔들(scandal)이라면 이어지는 12절에는 두 번째 스캔들이 언급됩니다. "영접하는 자 곧 그 이름을 믿는 자들에게는 하나님의 자녀가 되는 권세를 주셨으니." 헬라어 원문과 비교하면 한글 개역개정판에는 두 단어가 빠져 있는데, 원문에 보면 역접 접속사 '그러나'를 뜻하는 '데'가 있습니다. 그래서 이 유대인들과 대조되는 참 하나님의 백성인 이스라엘을 여기 소개하고 있는 것입니다. 그리고 또 하나 생략된 단어는 '누구든지'라는 뜻을 지닌 '호소이'입니다. 그래서 유대인의 입장에서 하나님의 자녀는 자기들인데 유대인이냐 아니냐와 관계없이 '누구든지' 예수님을 영접하기만 하면 하나님의 자녀가 될 수 있다는 것은 엄청난 스캔들입니다.

　여기 하나님의 자녀가 되는 방법으로 요한이 제시한 '영접'은 가정에서 사용하는 언어로 손님을 집 안에 모셔 극진히 대접하는 것을 의미합니다. 따라서 '영접한다'(헬. '람바노')라는 말은 예수님에 대한 어떤 사실들을 지적으로 받아들이는 것뿐 아니라 그분과 인격적으로 친밀하게 관계를 맺는 것을 뜻합니다.

　12절이 인간적인 측면에서 하나님의 자녀가 되는 방법을 제시했다면, 이어지는 13절에는 이를 신적 측면에서 설명합니다. "이는 혈통으로나 육정으로나 사람의 뜻으로 나지 아니하고 오직 하나님께로부터 난자들이니라." 13절 상반절에서 요한은 세 가지, 즉 혈통, 육정, 사람의 뜻으로는 하나님의 자녀가 될 수 없다고 말합니다. '혈통'은 육체적 혈연관계를 말하는데, 요한이 여기서 '혈통'을 언급한 것은 유대인을 염두에 두고 하는 말입니다. 그는 유대인들이 가지고 있던 혈통적인 자부심을 비난한 것입니다. 유대인들은 하나님과 언약을 맺은 혈통적인 조상덕분에 하나님이 자신들만 사랑하신다고 생각했습니다. 그런데 요한은 그런 착각을 교정해 주는 것입니다. 제아무리 탁월한 혈통을 가지고 태어났을지라도 그것이 우리로 하여금 하나님의 자녀가 되게 할 수는 없다고 단호하게 말하고 있는 겁니다. 오늘날에 적용하면 나는 모태 신앙이다, 우리 집안은 몇 대째 예수를 믿는다, 우리 가문에서는 순교자가 몇 명 나왔다, 이런 것이 우리를 구원하는 것이 아니라는 말입니다. '육정'은 육체적 욕구와 이로 인한 가치 체계를 일컫는 말로, 예를 들어, 사회적 명망이나 권력이나 부 같은 게 육정에 속하는 것인데, 이런 것으로 구원이 오는 것이 아니라는 말입니다. 어떤 사람들은 직분 받은 것을 구원받은 것으로 생각하는데, 장로 된 것, 목사 된 것이 구원받는 것이 아니라는 말입니다. 교회의 중직이 된다는 것이 그 사람의 속사람에는 아무런 영향을 미치지 못합니다. 그 심령이 얼마나 주님을 받아들이고 주님을 갈망하며 주님과 가까이 있는가, 이게 그 사람의 영혼을 구원시키는 것이지 겉으로 드러난 직분이라든가 명망이 사람을 구원시키지 못한다는 말입니다. '사람의 뜻'은 사람의 의도로 인간의 이성적인 노력, 수양, 율법 준수 등을 통칭하는 말입니다. 이런 것을 통해서 구원받지 못한다는 말입니다. 내가 무엇을 지킨다, 내가 자비를 베푼다, 이런 것들을 통해 구원받지 못한다는 것입니다.

그러면 구원은 어떻게 받을 수 있을까요? "하나님께로부터 나야" 합니다(13절 하). 사람으로부터의 출생이 아니라 하나님께로부터의 출생, 즉 새로운 출생을 해야 구원받을 수 있습니다. 이것은 중생, 곧 거듭남을 말하는데, 3장의 랍비 니고데모 편에서 자세하게 다루어집니다.

2장 혼인

(가나의 **혼인** 잔치 이적)

본 장은 요한복음에만 등장하는 가나의 혼인 잔치 이적 기사입니다. 구약에서는 하나님께서 베푸시는 구원을 종종 '잔치'(party)에 비유하곤 했습니다. 예를 들면, 다윗이 지은 유명한 시편 23편은 하나님의 백성이 원수에게 쫓기다가 얻게 되는 하나님의 구원을 "내 원수의 목전에서 내게 상(잔칫상)을 차려주시어"라고 묘사했습니다(시 23:5). 이사야서에서도 메시아 시대의 구원을 시온에서 베푼 큰 잔치로 비유했습니다(사 25:6). 구원을 이같이 잔치에 비유한 연유는 잔치가 상징하는 '풍성함' 때문입니다. 잔치에는 배부름과 만족이 있습니다. 또한 배불리 먹고 마신 뒤에 오는 기쁨이 있습니다. 그러기에 잔치는 하나님 나라의 구원을 상징하기에 적합합니다.

　사탄의 나라에서 인간의 삶은 부족함, 즉 결핍으로 특징지어집니다. 인간은 지혜가 없어서 무지몽매하고, 능력이 모자라서 무능하며, 시간이 모자라서 영원히 살지 못합니다. 그래서 항상 불만이 있고, 슬픔이 있고, 갈등과 증오가 있습니다. 반면에 하나님 나라의 구원은 창조주의 무한한 풍성함에 동참하는 것입니다. 그래서 그곳에는 부족함이 없고, 부족에서 오는 고난이 없습니다. 그러기에 구원을 풍성함을 상징하는 잔치로 그리는 것입니다. 그런데 잔치 중에서도 가장 흥겨운 잔치가 바로 '혼인 잔치'입니다. 그래서 가나 혼인 잔치의 표적이 진정으로 의미하는 것은 예수님께서 메시아로서 마침내 하나님의 큰 구원을 가져오셨다는 것입니다.[7]

　이스라엘에서는 우리 관습과는 달리 먼저 잔치를 하고 결혼식을 올렸습니다. 낮 시간 동안은 실컷 먹고 마시고 잔치를 즐기다가 저녁 늦게 결혼식을 거행했습니다. 그런데 혼인 잔치에서 가장 중요한 음식은 포도주였습니다. 포도주는 이스라엘 사람들에게 즐거움을 주는 아주 귀한 음료였습니다. 따라서 혼인 잔치 하면 포도주를 연상할 정도였습니다. 그런데 이런 귀한 음료수가 혼인 잔치 중에 '동이 났다'(3절 상)라고 하는 사실은 잔치에 흥이 깨어진 것을 의미합니다. 기쁨의 잔치가 죽어버린 것을 뜻합니다. 이는 잔치가 부요함과 하나님의 구원을 상징하는 그림 언어이듯이, 율법과 의식은 존재하지만 하나님과의 진정한 기쁨과 만남이 없는 예수님 당시의 유대교의 현주소를 보여 주는 또 하나의 그림 언어입니다. 6절에 유대교의 정결 예식을 위해 마련된 손발을 씻는 항아리들은 '유대교의 성전 체제'를 상징합니다. 이제 예수님이 오심으로써 효력이 끝난 율법 아래 있는 삶을 가리킵니다. 항아리들에 물을 아무리 가득 채운다 한들, 손발을 아무리 깨끗하게 씻는다 한들 포도주가 떨어져서 곤경에 처한 이들에게는 아무런 도움이 되지 않습니다. 유대교 성전만으로는, 율법 아래 있는 종교적인 삶만으로는 하나님이 주시는 진정한 잔치의 기쁨을 누릴 수 없는 것입니다. 이런 유대교의 무력함을 보여 주기 위해 요한은 돌 항아리의 숫자를 구체적으로 '6'이라고 언급한 것입니다. 완전수인 '7'에 하나 부족한 '6'은 불완전한 상태를 상징합니다. 요한계시록에서 악한 마귀의 숫자가 '666'이라고 한 것도 같은 맥락입니다. 이는 완전하신 성부, 성자, 성령 하나님을 대신하는 불완전한 사탄의 삼위일체를 묘사한 것입니다.[72]

결혼식에서 가장 중요한 음료인 포도주가 동이 나자 예수님의 어머니가 발을 동동 구르며 걱정하는 것을 보면 결혼하는 사람이 마리아의 가까운 친척임을 짐작할 수 있습니다. 게다가, 예수님과 그의 형제들뿐만 아니라 제자들까지 다 참석한 것을 보면 굉장히 가까운 친척임에 틀림없었습니다. 손님은 계속 오는데 포도주가 떨어지자 고민 끝에 마리아는 예수님께 찾아가 포도주가 동이 난 사실을 이야기했습니다(3절 하). 그러자 주님께서는 "여자여 나와 무슨 상관이 있나이까?"(4절 상)라고 언뜻 이해가 안 가는 대답을 하셨습니다. 아들이 어떻게 자신의 어머니를 오만불손하게 "여자여!"라고 부를 수 있는가 좀 의아해하는 분이 계실 줄 압니다. 하지만 당시 관습으로 이 호칭은 여성을 존경하는 의미로 부르는 점잖은 호칭이었습니다. 그래서 NIV 성경은 이 '여자여'를 'Dear woman'(친애하는 여인이여)이라고 경칭(敬稱)으로 번역을 했습니다. 그러나 예수님의 마리아에 대한 호칭은 이보다 더 깊은 의미를 담고 있습니다. 여기에서 예수님께서는 자신과 마리아의 관계를 아들과 어머니의 주관적 관계가 아닌 창조주 하나님과 피조물 인간의 관계로 설정해 놓고 계신 것입니다. 이제 예수님께서 마리아를 어머니로 모시고 한 집안에서 살던 사생애는 끝났습니다. 마리아와 요셉의 아들로서가 아니라 하나님의 아들로서 '세상 죄를 대신 짊어지는 하나님의 어린양'(요 1:29)으로서 공생애를 시작하는 시점이 밝아 왔습니다. 지금 예수님께서는 자신의 위상이 이전과는 판이하게 다른 새로운 분수령에 서 계십니다. 그래서 이 사실을 주님은 마리아에게 상기시켜 주기 위해 '여자여'라는 호칭을 사용하고 계신 것입니다. 지금부터 예수님은 메시아요 마리아는 구원을 받아야 할 죄인 중의 한 명에 불과했습니다. 더 이상 사사로운 어머니와 아들의 관계가 아니었습니다.

'여자여!'라는 호칭과 '나와 무슨 상관이 있습니까'라는 어구를 통해서 예수님께서는 마리아의 요청을 점잖게 거절하셨습니다. 게다가, 추가적인 이유를 하나 더 제시하셨는데 그것은 "자신의 때가 아직 이르지 않았기 때문"이었습니다(4절 하). 여기서 '내 때'라는 말은 요한복음 전체에서 총 9번 사용됐는데, 대부분 예수님 자신의 죽음을 암시합니다. 하지만 이 절에서는 예수님께서 사람들 앞에서 하나님의 아들로서 자신을 본격적으로 드러내실 때, 즉 자신의 '공생애 때'를 의미합니다. 그러므로 '내 때가 아직 이르지 않았다'는 주님의 말씀은 하나님의 아들로서 드러내놓고 이적을 베풀면서 사역할 공생애 때가 아직 아니라는 말씀을 우회적으로 표현한 것입니다. 다시 말하면, 포도주를 만들어 달라는 마리아의 요청을 사실상 거절한 것이나 다름 없었습니다. 하지만 마리아는 예수님의 거절을 거절로 보지 않았습니다. 그래서 하인들에게 예수님께서 시키시는 대로 하라고 지시했던 것입니다(5절). 하인들은 마리아의 지시대로 예수님의 말씀에 철저히 순종했습니다. 얼마 후 예수님께서는 하인들을 불러서 마당에 있는 항아리에 물을 아귀까지 가득 채우라고 명령하셨습니다(7절). 하인들은 예수님께서 시키시는 대로 아귀까지 물을 가득 채웠습니다. 물 채우는 작업이 끝나자 주님께서는 이제 떠서 연회장에게 갖다주라고 분부하셨습니다(8절). 이때도 하인들은 군말 없이 순종했습니다. 그러자 물이 포도주로 변하는 이적이 일어났습니다(9절).

주님께서 행하신 이 물이 변하여 포도주가 된 기적 사건은 구약 선지자들의 기적 사건들과 흡사합니다. 먼저, 엘리사가 여리고에서 첫 번째 행한 기적 사건은 오염된 물을 단물로 바꾼 기적이었습니다(왕하 2:19-22). 또한, 이 이적은 마라에서 모세가 행한 쓴 물을 단물로 바꾼 사건과 비교됩니다(출 15:22-27). 아울러, 엘리야가 시돈의 사르밧에서 기름과 밀가루의 기적을 베푼 사건(왕상 17:8-24)과 엘리사의 기름을 풍성하게 베푼 기적(왕하 4:1-7)과도 유사합니다. 따라서 이 기적 사건을 통해서 사도 요한은 일차적으로 예수님의 정체성을 기적을 행하는 구약의 선지자로 그리고 있는 것입니다. 왜냐하면 구약의 선지자로서의 예수님의 모습은 결국 그를 선지자 중의 한 사람으로 이해한 사람들을 하나님의 아들, 그리스도로 이해하도록 안내하는 역할을 할 것이기 때문입니다.

물이 포도주로 변한 것은 완전한 화학적 변화입니다. 본질적인 변화입니다. 그러므로 누구든지 예수님을 만나면 물이 포도주로 변화하듯이 삶의 근본적인 변화가 일어납니다. 물처럼 무미건조하고 맹탕인 인생이 포도주와 같이 맛과 빛깔과 향기가 있는 인생으로 변화됩니다. 슬픔과 절망의 사람이 기쁨과 소망의 사람으로 거듭납니다. 사탄의 포로에서 하나님의 자녀로 변화됩니다. 따라서 이 땅에 사는 사람은 반드시 한 번은 예수님을 만나서 변화되어야 합니다. 자신의 운명이 영원히 결정지어지기 전에 오늘 주님을 만나서 변화되어야 합니다. 변화되지 못하고 예수님께 가면 땅을 치며 후회하게 됩니다.

3장 랍비

(랍비 니고데모와의 문답)

2장 후반부에 보면 유월절에 예수님께서 성전을 방문하기 위해 예루살렘에 올라가셨습니다. 그리고 거기서 많은 표적을 행하셨는데, 이를 보고 믿은 자들이 제법 있었습니다. 그런데 그들 중에 니고데모도 포함되어 있었던 것 같습니다. 그래서 그는 한밤중에 주님을 찾아와서 "랍비여, 당신이야말로 하나님이 보내신 선지자라는 것을 나는 알았습니다. 왜냐하면 당신이 예루살렘에서 행하시는 놀라운 표적을 보았는데 이것은 아무나 할 수 없는 일이기 때문입니다"라고 칭찬을 늘어놓았습니다(2절).

예수님을 찾아온 니고데모는 화려한 프로필을 지니고 있던 사람이었습니다. 그의 이름 자체가 이를 잘 보여줍니다. 니고데모란 니케와 데모스의 합성어입니다. 니케(Nike)는 그리스의 승리의 여신 니케로 여기서 유명한 스포츠 회사 나이키라는 말이 나왔습니다. 그리고 데모스란 민중(people)이라는 뜻입니다. 그래서 이 둘을 합치면 '사람들 가운데에 승리한 자'라는 의미입니다. 니고데모의 위너(winner)로서의 진면목이 본 장에 자세히 나와 있습니다.

먼저 1절 상반절을 보면 니고데모는 존경받는 바리새인으로 소개됩니다. 이어 하반절에는 유대인의 지도자라고 했습니다. 이는 지체 높은 산헤드린 공회원을 의미합니다. 4절에 예수님께서 거듭나야 한다고 했을 때, "사람이 늙으면 어떻게 날 수 있사옵나이까"라고 대답하는 것으로 봐서 나이도 제법 들었던 것 같습니다. 다시 말해서, 인생 연륜이 있었던 사람이었습니다. 게다가, 그는 10절에 보면 이스라엘의 선생, 즉 랍비라고 했습니다. 이런 내로라하는 인물이 체면 무릅쓰고 갈릴리 촌동네 출신이자 무명의 나이 어린 예수를 찾아왔다고 하는 것은 대단한 사건이었습니다. 그는 자신에게 주렁주렁 붙어 있던 모든 계급장을 떼고 겸손히 진리를 찾아 나섰던 것입니다.

하지만 자신의 빼어난 프로필에도 불구하고 니고데모는 영적으로는 어린아이와 같은 사람이었습니다. 한마디로 빛 좋은 개살구와 같은 인물이었습니다. 이는 그가 예수님을 찾아온 시각에서 암시적으로 드러납니다. 니고데모가 주님을 찾아온 시각은 '밤'이었습니다. 요한복음에서 '밤'이라는 단어가 사용됐을 때 자주 부정적인 의미와 영적 어두움의 상태를 내포하고 있다는 사실은 니고데모가 밤에 예수님을 찾아온 이유를 어느 정도 설명해주는 것처럼 보입니다.

다시 말해서, '밤'이라는 단어는 니고데모가 예수님을 찾은 시간과 관련되어 사용됨과 함께 독자들에게 그가 랍비라고 불릴지라도 영적 어두움의 상태에 있었음을 시사해 줍니다. 따라서 니고데모는 밤의 사람으로 영적 암흑 상태에서 빛 되신 예수님께 나아왔던 것이었습니다. 이와 반대되는 표현이 요한복음 13장에 등장합니다. 가룟 유다는 예수님의 열두 사도로 뽑혀서 근 3년간 예수님과 함께 지냈지만, 돈에 눈이 어두워져서 빛이신 예수님을 떠나 어두운 밤에 스승을 팔러 밖으로 나갔습니다. 이에 대해 요한은 "유다가 그 조각을 받고 곧 나가니 밤이러라"고 표현합니다(13:30). 유다는 다시 암흑으로 들어갔던 것입니다. 그리고 결국 예수님을 판 후 목을 매 자살하고 말았습니다(마 27:5). 니고데모처럼 흑암의 사람이 빛 되신 예수님을 향해 뚜벅뚜벅 걸어 나오면 거기엔 '영생'(永生)이 있지만, 가룟 유다처럼 주님의 제자가 그분을 등지고 어두움을 향해 걸어 들어가면 '영벌'(永罰)이 있을 뿐입니다.

주님께서는 자신을 찾아온 니고데모에게 거듭남의 중요성을 강조하셨습니다. "진실로 진실로 네게 이르노니 사람이 거듭나지 아니하면 하나님의 나라를 볼 수 없느니라"(3절). 여기 '진실로'란 말은 헬라어로 '아멘'인데, 이렇게 진실로라는 말을 두 번 반복하는 이중 아멘의 사용은 요한 특유의 표현으로 신약성경의 다른 곳에서는 그 예를 찾아볼 수 없습니다. 요한복음에서 이중 아멘은 예수님께서 중요한 가르침을 시작하실 때 자주 사용한 표현입니다. 따라서 사람이 거듭난다고 하는 것은 나도 되고 안 나도 되는 선택의 문제가 아닙니다. 인간은 필히 거듭나야 되는 것입니다.

예수님께서 말씀하신 '거듭난다'는 말은 문자 그대로는 '다시 태어난다'는 의미입니다. 여기에서 한자어 두 번 '중'(重) 자(字)를 써서 '중생'(重生)이라는 말이 나왔습니다. 하지만 '거듭난다'라는 말은 우선적으로는 '위로부터' 태어난다는 의미입니다. 니고데모는 이스라엘의 선생이라고는 하나 '아래의' 물리적인 세상 사람이었기에 '위의' 영적인 세계에 대한 이해를 할 수 없었습니다. 그래서 "사람이 늙으면 어떻게 날 수 있사옵나이까? 두 번째 모태에 들어갔다가 날 수 있사옵나이까"라고 자다가 봉창 두드리는 소리를 한 것입니다(4절). 이게 당시의 유대교가 얼마나 껍데기만 남고 생명이 없었는가를 단적으로 보여 주는 실례입니다. 바리새인 니고데모는 유대인의 선생이요, 지도자였지만 하나님과 연결이 끊어지고 사람들과 율법을 토론하고 신학 논쟁만 하고 있었습니다. 기독교 또한 거듭남에 대한 교리는 말하면서 실제로 중생을 경험하지 못하고 중생이 가져다주는 생명의 풍성함을 누리지 못한다면 유대교로 전락해버리는 것입니다.

그러면 예수님이 니고데모에게 말한 위로부터 나는 영적 거듭남, 중생이란 무엇일까요? 이는 3절과 5절을 서로 비교하면 쉽게 이해할 수 있습니다. 3절에서 주님께서는 니고데모에게 "사람이 거듭나지 아니하면 하나님 나라를 볼 수 없느니라"라고 말씀하셨습니다. 그리고 5절에서는 "사람이 물과 성령으로 나지 아니하면 하나님 나라에 들어갈 수 없느니라"라고 3절을 풀어서 설명해주셨습니다. 따라서 거듭나는 것, 즉 위로부터 나는 것은 바로 물과 성령으로 태어나는 것이고, 하나님 나라를 보는 것은 하나님 나라에 들어가는 것을 말합니다.

여기 거듭남의 비결로 제시된 '물과 성령'에 대한 해석이 다양합니다. 특히, 물에 대한 견해가 여럿인데, 어떤 사람은 '물 세례'로 또 다른 사람은 '말씀'으로 이해합니다. 하지만 물과 성령은 서로 다른 두 개체가 아닙니다. 물은 하나님의 영인 성령의 메타포이기 때문입니다. 이러한 주장을 뒷받침하는 근거는 3가지입니다. 첫째로, 에스겔 36-37장에 보면 물이 성령의 은유로 사용되고 있습니다. 둘째로, 요한복음에서 '물'은 보통 '성령'을 의미합니다(요 4:14; 7:38). 마지막으로, 5절의 '물과 성령으로'라고 할 때 '-으로'에 해당하는 헬라어 전치사 '에크'가 하나만 사용되어 물과 성령을 모두 지배하고 있기 때문입니다. 따라서 물과 성령으로 태어난다고 하는 것은 두 종류의 서로 다른 출생을 의미하는 것이 아니라 '물, 곧 성령'으로 태어나는 것을 말합니다. 특히, 물은 성령의 정화하는 사역을 의미합니다. 그러므로 예수님께서 위로부터 나야 한다는 말씀은 위에서 오는 하나님의 힘, 즉 성령의 능력으로 다시 태어나야 하나님의 나라에 들어가서 하나님의 생명인 영생을 얻을 수 있다는 의미입니다. 이렇게 다시 태어난 사람이 바로 영(靈)에 속한 사람, 즉 성령이 그 안에 내주하는 중생한 사람입니다.

하나님의 시각에서 볼 때 세상이라는 운동장에는 두 종류의 사람만이 뛰놀고 있는 것입니다. 겉모습은 별 차이 없어 보이지만 성령으로 거듭나서 그 안에 하나님의 영이 내주하는 영에 속한 사람이 있는가 하면 중생하지 못한 채 여전히 육에 속해 있는 가련한 인생이 있는 것입니다.

니고데모처럼 제아무리 학식과 지위가 있고 사람들로부터 존경받는 경건해 보이는 사람일지라도 성령으로 거듭나지 않으면 하나님 나라의 진리를 설명해 주어도 말귀를 알아듣지 못하고 답답한 소리만 늘어 놓을 수밖에 없고 결국은 하나님 나라에 들어갈 수 없는 것입니다.

성령으로 거듭나는 것은 우리의 영원한 운명이 결정되는 참으로 중요한 일입니다. 그러므로 어머니의 모태로부터 육적으로 태어난 인간은 반드시 하나님으로부터 영적으로 한 번 더 태어나야 합니다.

그러면 위에서 오는 성령의 능력을 힘입어 다시 나게 되어 하나님 나라에 들어가 영생을 얻는 일은 어떻게 가능할까요? 이는 아래 세상에서 아무리 율법을 지키고 경건한 삶을 사는 일에 매진한다 해도 그것으로는 불가능합니다. 그래서 예수님께서 '위에서' '아래로' 내려오셨습니다. 그리고 십자가에 달려 돌아가셨습니다. 예수님께서는 이 십자가 사건을 민수기에서 모세가 광야에서 뱀을 들어 올린 사건에 빗대어 설명하셨습니다(14절).

출애굽한 이스라엘 백성들은 광야에서 모세를 원망하며 대들자 하나님께서 독사를 보내 그들을 물게 하셨습니다. 그래서 모세가 간구하자 하나님께서 구원의 방도로 구리 뱀을 만들어 장대에 달아 높이 들어 올리고 그것을 바라보는 자들은 살게 하셨습니다(민 21:4-9).

주님께서는 이 민수기 사건을 모형론적으로 자신에게 적용하십니다. 아래 세상의 율법의 최고봉인 니고데모조차 자신의 경건을 통해 구원받을 수 없습니다. 그도 모세에 의해 장대에 달려서 들려 올려진 구리 뱀처럼 십자가에 달려 들려 올려지는 예수님을 바라볼 때만 구원을 얻을 수 있습니다. 구리 뱀이 하나님께서 출애굽 세대에게 마련해 주신 구원 얻는 방도였듯이 십자가에 달려 들려 올려지는 예수님이 하나님께서 마련해 주신 종말의 구원의 방도이기 때문입니다.

예수님을 바라보는 것이 바로 위의 하나님께 전적으로 의존하는 것인데 그때 하나님은 인간에게 위로부터 그의 영, 곧 성령을 부어주시어 이에 힘입어 인간이 거듭나고 영생을 얻게 된다는 것입니다.

아래 세상에서는 구원의 가능성을 찾을 수 없습니다. 유대교의 율법 준수, 플라톤 철학을 통한 지식 얻음, 불교의 깨달음, 스토아 철학의 자연에의 순응, 현대 과학 기술 혁명 등 아래 세상에서의 인간 문제 해결을 위한 그 어떠한 시도에도 구원은 없습니다. 구원은 오직 눈을 들어 위의 하나님을 바라볼 때만 가능합니다. 철저히 하나님께 자신을 던질 때만 구원을 얻을 수 있습니다. 구원은 오직 하나님께로만 옵니다. 오직 위에 계신 하나님의 은혜로만 구원이 옵니다.

니고데모는 요한복음에만 세 번 등장합니다. 3장에서 중생 문답을 할 때 한 번 등장하고, 7장에서 예수님을 변호할 때 한 번 나옵니다. 그리고 19장에 주님의 시신을 장사할 때 또 한 번 등장합니다. 이 세 번 등장하는 니고데모를 통해서 그의 신앙에는 세 가지 단계가 있었음을 짐작할 수 있습니다.

요한복음 3장은 니고데모 신앙의 제1기(期)라고 할 수 있습니다. 이때 그는 유월절에 예수님께서 예루살렘에서 행하신 이적을 보고 믿는 불안정한 믿음의 소유자였습니다. 대개 처음 신앙생활을 할 때는 믿음이 연약하여 증거를 요구하는 경향이 있습니다.

저 또한 초신자 때 그랬습니다. 목사님은 늘 입에 허옇게 거품을 물고(?) "하나님은 살아계시며, 예수님께서는 우리들의 죄 때문에 십자가에 달려 돌아가시고, 사흘 만에 다시 살아나셨다"고 말씀하셨지만 잘 믿어지지 않았습니다. 그래서 한번은 친구와 함께 어느 기도원에 올라가서 하나님께서 정말로 살아계시다면 '나 여기 이렇게 버젓이 살아있노라'고 음성을 좀 들려달라고 부르짖으며 기도했습니다. 하지만 정성이 부족했던 탓인지 그 어떤 미세한 목소리조차도 들을 수 없었습니다. 그래서 허탈한 마음을 부여잡고 하산했습니다.

그 후 예배와 성경 공부를 통해 꾸준히 말씀을 들으면서 가랑비에 옷 젖듯이 전혀 의식하지 않고 있는 사이에 저의 심령에 변화가 일어났습니다. 어느 날 갑자기 하나님의 말씀이 믿어지고, 하나님께서 분명히 살아계시며, 예수님께서 나의 죄를 위해 십자가에 달려 돌아가셨다는 사실이 이해가 됐습니다. 하나님의 음성은 너무도 가까이 있었습니다. 성경 말씀이 바로 살아계신 하나님의 '육성 녹음테이프'였습니다.

이제 더 이상 눈에 보이는 증거는 필요 없습니다. 너무도 분명한 증거가 손만 뻗으면 닿을 수 있는 곳에 있었건만 어리석게도 그것을 깨닫지 못했던 것이었습니다. 하나님 말씀인 성경 하나로는 만족하지 못하기 때문에 믿음 없는 유대 지도자들처럼 눈에 보이는 증거를 요구했던 것이었습니다. 니고데모도 처음엔 그런 사람이었습니다.

요한복음 7장은 니고데모가 신앙의 제2기(期) 상태에 접어든 모습을 보여줍니다. 초막절에 아랫사람들을 풀어서 죄 없으신 예수님을 잡아오라고 대제사장과 바리새인들이 명령을 내렸는데 부하들이 빈손으로 와서는 "그 사람이 말하는 것처럼 말한 사람은 이때까지 없었나이다"라고 하자, 흥분한 바리새인들은 "너희도 미혹되었느냐 당국자들이나 바리새인 중에 그를 믿는 자가 있느냐 율법을 알지 못하는 이 무리는 저주를 받은 자로다"라고 공포 분위기를 조성했습니다(요 7:47-48).

이런 살벌한 상황에서 아무도 반론을 제기하지 못하고 숨을 죽이고 있는데 동료 바리새인 중의 한 사람이 과감히 나서서 따져 물었습니다. 그가 바로 전에 예수님께 왔던 '니고데모'였습니다(요 7:50).

니고데모는 "우리 율법은 사람의 말을 듣고 그 행한 것을 알기 전에 심판하느냐?"고 동료들에게 항의했습니다(요 7:51). 그러자 "너도 갈릴리에서 왔느냐? 찾아보라. 갈릴리에서는 선지자가 나지 못하느니라"고 핀잔을 들었습니다(요 7:52).

남의 눈을 의식해서 밤에, 그것도 표적에 의지해서 예수님을 찾았던 니고데모가 이제는 동료들이 어떻게 나올지 별로 신경 쓰지 않고 할 말은 하는 단계로 접어든 것을 볼 수가 있습니다. 그러나 니고데모는 아직까지는 적극적으로 주를 변호하는 입장이 아닌 사도행전 5장에서 산헤드린 공회가 베드로와 요한을 없애려고 할 때 중재에 나섰던 존경받는 바리새인 가말리엘처럼 신중론을 펴는 정도에 머물렀던 것 같습니다.

그는 여전히 익명의 그리스도인으로 남아있었던 것입니다.

하지만 요한복음 19장에 등장하는 니고데모는 완전히 다른 사람이 되어 있었습니다. 신앙의 절정기인 제3기(期)에 접어든 상태에 있었습니다. 그래서 또 한 명의 익명의 그리스도인이었던 아리마대 요셉과 함께 예수님의 시체를 수습하여 유대인의 장례 법대로 그 위에 자신이 가져온 향품을 바르고 세마포로 쌌습니다(19:39-40). 삼 년 동안 예수님의 분신(分身)이 되어 주야장천 주를 따랐던 열두 사도는 머리터럭 하나라도 보일까 봐 꼭꼭 숨어 몸을 사리고 있는 상황에서 니고데모는 과감하게 커밍 아웃(coming out)했던 것입니다.

동방정교회 전승에 따르면, 니고데모는 이후에 기독교로 개종하여 예수님을 전하다가 동료 유대인들의 손에 의해 순교당했다고 합니다. 당신은 지금 신앙의 몇 기(期)에 머물고 계십니까?

4장 여인

(수가 성 **여인**과의 대화)

요한은 3장에서 경건의 최고봉을 상징하는 정통 유대교 랍비 니고데모를 등판시켰습니다. 그리고 이제 4장에서는 경건이라고는 눈을 씻고 찾아봐도 도저히 찾을 수 없는 시내 산 모세 언약 체계의 최하 골짜기에 있는 사생아 사마리아 여인을 내세워 극한 대조를 이룹니다. 아래의 표는 이 두 인물이 얼마나 대조되는지 잘 보여줍니다.

랍비 니고데모	수가 성 여인
경건한 유대인	불결한 사마리아인
대우받던 남자	천대받던 여자
이름 있음	이름 없음
바리새인	결혼 5번 실패 후 현재 동거 중
이스라엘 선생으로 석학	교육받지 못한 까막눈
지체 높은 산헤드린 공회원	가장 밑바닥에 있는 하층민
밤중에 주님을 찾아옴	대낮에 주님이 찾아가심
열매 없음	동네 사람 전도

이들의 성별, 신분, 경제적 상황, 사회적 지위, 도덕성, 교육 수준은 너무도 달랐지만 한 가지 공통점이 있었습니다. 둘 다 주님이 필요했습니다. 모든 인간(니고데모처럼 경건의 화신도)은 예수님을 만나서 '새사람' 되어야 합니다. '구원'받아야 합니다. 또한 예수님을 만나면 누구나(사마리아 여인처럼 죄인 중의 괴수도) '새사람'이 될 수 있습니다. '구원'받을 수 있습니다.

예루살렘에서 볼 일을 마치고 예수님께서는 다시 고향 갈릴리로 돌아가기 위해 길을 떠나셨습니다(3절). 당시 예루살렘에서 북쪽 갈릴리 지방으로 가는 길은 세 가지가 있었는데, 그중 하나가 사마리아를 관통하여 가는 길이었습니다. 이 길은 빨라서 좋았지만 사마리아인과의 오랜 반목 관계 때문에 경건한 유대인이라면 그 누구도 가지 않는 길이었습니다. 하지만 예수님은 일부러 사람들이 꺼리는 사마리아를 통해서 가시기로 마음먹었습니다. 사마리아를 거쳐 가는 길이 시간을 아낄 수 있기 때문에 그 길을 선택한 것은 아니었습니다. 주님께서는 분명한 목적이 있었기 때문에 그 길로 가시기로 작정하신 것입니다. 이러한 사실은 요한이 4절에서 신적 당위성을 나타내는 동사("반드시 사마리아를 통하여 지나가야 한다")를 사용한 것을 통해 분명히 드러납니다.

예수님은 우연이나 무의식적으로 사마리아를 통하여 가시겠다고 한 것이 아니었습니다. 그 일은 하나님께서 오래전에 세우신 계획으로서 반드시 일어나야 하는 것이었습니다. 그러면 사마리아에서 행하려고 하신 하나님의 뜻은 무엇이었을까요? 그것은 우선적으로는 수가 성 여인을 구원하는 것이었고, 더 나아가서는 그 여인을 통해 수가 성에 살고 있는 마을 사람들에게 복음을 전하여 그들 또한 구원받게 하려는 것이었습니다. 바로 이 일을 위해서 하나님의 아들이 유대인이라면 그 누구도 상종하기를 원치 않았던 천하디천한 사마리아 여인을 마음에 두고 일부러 모든 사람이 꺼리는 그 길을 택하여 친히 찾아오셨던 것입니다.

예수님께서 보잘것없는 초라한 여인 하나를 만나 구원하시기 위해서 오래전부터 작정하시고 전날 오후에 예루살렘을 떠나 그다음 날 정오까지 비지땀을 흘려가며 그 뜨거운 사막 길을 마다치 않고 걸어오셨다는 사실은 오늘날 그분의 제자라고 자처하는 우리 그리스도인들에게 시사하는 바가 큽니다. 주님은 사람을 봐가며 만나시는 분이 아니었습니다. 니고데모는 경건한 유대인 랍비요 지체 높은 산헤드린 공회원이었기 때문에 인터뷰에 응해주셨고 수가 성 여인은 타락한 사마리아 여인이요 소위 돈도 빽도 없는 밑바닥 인생이었기에 꺼리셨던 것은 아니었습니다. 주님은 그가 부자든 가난하든, 남자든 여자든, 유대인이든 사마리아인이든, 학식이 있든 무식하든 상관하지 않고 만나주셨습니다. 하지만 우리는 니고데모처럼 잘나가는 사람은 가까이하고 싶어 하지만 수가 성 여인과 같은 별 볼 일 없는 인간은 은근히 피하는 경향이 있습니다. 나에게 이익이 될 것 같으면 어떻게 해서라도 친구로 만들고 싶어 하면서도 별로 도움이 될 것 같지 않으면 아는 체도 안 하려고 합니다. 누구나 알듯이 음식을 가려 먹는 편식(偏食)은 육적 건강에 좋지 않습니다. 그러나 자신에게 플러스가 될 것 같은 사람만 가려서 만나는 편인 (偏人)은 영적 건강에 도움이 되지 않습니다. 왜냐하면 그것이 바로 타락 했다는 증거이기 때문입니다.

예수님께서는 자신이 작정하신 대로 사마리아의 수가라 하는 동네 에 들어가셨습니다(5절). 거기에는 야곱의 우물이 있었는데, 주님은 오 랜 여행으로 피곤하여 우물곁에서 잠시 쉬고 계셨습니다(6절). 이때 사 마리아 여인 하나가 물을 길으러 나왔습니다(7절). 예수님께서는 조상 야곱의 우물을 통해 물을 얻으려는 수가 성 여인에게 물을 좀 달라고 하면서 아울러 영원히 목 마르지 않는 생수를 주겠다고 약속하셨습니 다(10절; 참고, 14절). 예수님은 생수를 영적인 의미로 말씀하셨는데, 수가 성 여인은 니고데모처럼 그것을 육적으로, 즉 마시는 물로 이해함으로 써 엉뚱한 소리를 했습니다. "여자가 이르되 주여 물 길을 그릇도 없고 이 우물은 깊은데 어디서 당신이 그 생수를 얻겠사옵나이까? 우리 조상 야곱이 이 우물을 우리에게 주셨고 또 여기서 자기와 자기 아들들과 짐 승이 다 마셨는데 당신이 야곱보다 더 크니이까?"(11-12절).

여기 주님과 사마리아 여인 간의 대화 속에는 풍성한 상징들이 있 습니다. 먼저 물 길으러 온 사마리아 여인은 사마리아족(族)과 이방 우 상 숭배와 혼합된 그들의 종교를 상징합니다. 18절에서 예수님께서 지 적하셨듯이, '그녀가 남편이 대여섯 명 있다'라고 하는 사실은 바로 이 혼탁한 사마리아 교(敎)에 대한 상징인 것입니다. 또한 야곱의 우물은 시내 산 언약 체계, 즉 율법 언약 체계를 상징합니다. 그러므로 야곱의 우물에 매인 사마리아 여인은 지금 하나님께서 자신에게 주신 시내 산 율법을 지키면 생명을 얻을 수 있다고 예수님께 암묵적으로 주장하고 있는 것입니다. 이에 대해 주님께서는 야곱의 우물은 마셔도 결국 다시 목마르겠지만 자신이 주는 물을 마시면 영원히 목마르지 않을 것이라고 말씀하셨습니다(13-14절).

예수님께서 주시는 물은 물리적 의미의 물이 아니고 요한복음 3장과 마찬가지로 성령을 의미합니다. 따라서 주님께서 영생수를 주시겠다는 약속은 하나님께서 시내 산 언약 체계의 최고봉인 니고데모에게 위로부터 물, 즉 성령을 부어주어서 그를 거듭나게 하고 영생을 주셨듯이 시내 산 언약 체계의 가장 낮은 골짜기에 있는 사마리아 여인에게도 율법이 아닌 성령의 은혜로 아래에서 위로 올라가는 구원을 얻게 해주시겠다는 말씀인 것입니다. 경건한 니고데모도, 지저분한 수가 성 여인도 모두 율법이 아닌 하나님의 은혜로만 구원을 얻을 수 있는 것입니다. 구원은 '오직 은혜'(Sola Gratia)로만 가능합니다. 제아무리 선량한 유대인도 은혜로만 구원을 얻을 수 있고, 그 반대인 죄인 중의 괴수도 은혜로만 구원을 얻을 수 있는 것입니다. 야곱의 우물, 즉 시내 산 율법 체계에는 구원이 없습니다. 거기에는 사마리아 여인이 엘리자베스 테일러처럼 남편을 다섯이나 갈아봤지만 해갈이 없었듯이 타는 목마름만 있을 뿐입니다.[73]

니고데모의 신앙이 세 단계를 거쳐 성장했듯이, 수가 성 여인의 믿음 또한 세 단계를 거쳐 발전해 나갔습니다. 이는 예수님에 대한 그녀의 지식이 세 단계를 거쳐 변화된 것을 통해 알 수 있습니다. 그녀는 처음에 옷차림이나 말투 등 주님의 겉모습만 주목하고 자신에게 물을 달라고 하는 그를 '유대인'(a Jew)으로 인식했습니다. 그래서 "당신은 유대인

으로서 어찌하여 사마리아 여자인 나에게 물을 달라 하나이까"하고 반
문했던 것입니다(9절). 하지만 예수님께서 "가서 네 남편을 불러오라"고
말씀하며 여인이 갖고 있는 문제의 핵심(영혼의 갈증)을 지적하자 서서히
영안이 열리기 시작했습니다. 그리하여 신앙이 한 단계 업그레이드 되
어 주님을 '선지자'(a Prophet)로 인식하게 됐습니다. "주여 내가 보니 선
지자로소이다"(19절). 여인의 신앙은 한 단계 발전했지만 거기서 멈추지
않았습니다. 그녀는 예수님을 선지자로 인식하자 곧바로 그동안 궁금
했던 예배 문제를 질문했습니다. "우리 사마리아인들은 지금 그리심 산
에서 예배하고 있으며 그곳이 참 성전이라고 생각하는데, 당신네 유대
인들은 예루살렘에서 예배 드리며 그곳이 참 성전이라고 상반된 주장
을 합니다. 누구 말이 맞습니까?"(20절). 이에 대해 예수님께서는 일단은
예루살렘에서의 예배의 정당성을 인정하셨습니다(22절). 하지만 동시에
예수님의 오심으로 말미암아 예배의 처소로서의 장소적 의미는 완전히
배제되어 어디서 예배 드리느냐 하는 문제는 더 이상 의미가 없고 다만
'성령과 진리 안에서' 예배드리는 것이 중요하다고 대답해 주셨습니다
(24절). 이쯤에서 여인은 자신이 "그리스도 곧 메시아가 오리라 한 것을
알고 있다"고 고백함으로써 예수님께 메시아에 대한 기대를 피력했습
니다(25절). 주님께서는 이 기회를 놓치지 않고 "내가 그라"고 선포하셨
습니다(26절). 이 말은 수가 성 여인에게 '복음'이었습니다. 자신의 타는
목마름을 한순간에 해갈시켜 주는 '생수'였습니다. 그녀는 영안이 활짝
열려 드디어 '메시아'(the Messiah)로서 주님의 실체를 알아보았습니다.
그리고 나서 물동이를 버려두고 이 기쁜 소식을 전하기 위해 마을을 향
해 정신없이 달려갔습니다(28절).

   믿음이란 결국 '시각'이 바뀌는 것입니다. 주님을 바라보는 '관점'이

변하는 것입니다. 여러분의 눈에 비친 예수님은 어떤 분이십니까? 그저 연약한 인간(유대인)입니까? 석가, 공자, 마호메트와 더불어 세계 4대 성인(선지자) 중의 하나입니까? 아니면 갈한 심령에게 영원히 목마르지 않는 생수를 주시는 하나님의 아들(메시아)이십니까?

5장 삼팔

(38년 된 병자 치유)

이전 2-4장에서 유대교의 정결 의식(2장 전반부), 성전(2장 후반부), 랍비(3장), 야곱의 우물, 즉 시내 산 언약 체계(4장)를 언급함으로써 요한이 예수님을 유대교의 여러 제도들을 성취하시는 분으로 묘사했다면, 이제부터 살펴볼 5-10장에서는 안식일(10절), 유월절(요 6:4), 초막절(요 7:2), 수전절(요 10:22) 등 유대교에서 구원을 상징하는 절기들을 배경으로 제시함으로써 예수님을 유대 절기의 의미를 실현하는 참 메시아로 그리고 있습니다.

5장의 표적 사건인 38년 된 병자 치유 사건 또한 절기를 배경으로 합니다. 이 치유 사건을 시작하는 1절에 보면, 때는 '유대인의 명절'이었습니다. 이 명절이 어떤 절기였는지 정확히 알 수는 없지만 예수님은 평소 관습대로 예루살렘으로 올라가셨습니다. 그리고 예루살렘 양 문 곁에 있는 베데스다 연못을 방문하셨습니다(2절). 이 못에는 행각이 5개 있었는데, 그 안에는 각색 질병을 가진 자들이 누워있었습니다(3절). 이들은 천사가 연못에 내려와 물을 동(動)하게 할 때 제일 먼저 연못에 들어가는 사람은 그 어떤 병도 낫는다는 전설을 믿고 물이 움직이면 제일 먼저 못에 들어가 치유를 받으려고 연못가에 죽치고 있었습니다(3-4절).

이 병인들 가운데는 38년이라는 오랜 세월 동안 병을 앓고 있는 사람이 있었습니다(5-6절). 잦은 전쟁과 질병, 그리고 급격한 유아 사망률로 인해 1세기 당시 팔레스타인 사람들의 평균 수명은 40년 정도였습니다. 이것을 감안해 볼 때 38년 동안 병상에 있던 이 병자는 거의 한평생을 병마에 시달리며 고통 가운데 살아온 것입니다. 긴 병에 효자 없다고 이 사람은 부모도, 아내도, 자식도, 친구도 버린 사람이었습니다. 어느 누구도 돌보지 않는 가련한 사람이었습니다. 이 절대 절망의 삶을 살아가고 있는 이름도 없는 이 사람을 우리 주님은 긍휼의 눈으로 바라보며 다가가서 "네가 낫고자 하느냐"라고 물으셨습니다(6절). 그리고 "네 자리를 들고 걸어가라"고 말씀하심으로 치유의 은혜를 베풀어 주셨습니다(8절).

이 38년 된 병자가 치유된 날은 공교롭게도 '안식일'이었습니다(9절). 율법에는 안식일에 물건을 옮기는 것을 금하는 구체적인 조항이 없지만 유대인들은 자신들의 전통에 따라 안식일에 물건을 옮기는 행위를 금했습니다. 그래서 유대인들은 이 병자를 안식일에 치유하여 그가 자리를 들고 걸어가게 함으로써 안식일 법을 어기게 했다고 예수님을 박해했습니다(16절). 예수님께서는 이 병자를 고치는 것도 중요했지만 당시 유대인들이 지니고 있었던 잘못된 안식일 개념을 바로잡고자 일부러 안식일에 병자를 치유하셨습니다.

창세기 1-2장에 보면 하나님께서 6일 동안 천지를 창조하시고 제7일 날 안식하셨습니다. 우리처럼 힘들어서 하루 재충전하고 또 일하기 위함이 아니라 하나님의 창조가 완성됐기 때문이었습니다. 그래서 창조의 완전성을 기념하고 기억하기 위해 우리 또한 그날 쉬는 것입니다. 이날 우리가 생업에 종사하지 않고 쉴 수 있는 것은 비록 쉴지라도 하나님께서 공급하신다는 신앙이 있어야 가능합니다. 하지만 이날 하나님은 아무 일도 안 하시는 것이 아니라 자신이 창조하신 창조물을 붙잡고 운행하고 계시고 사람들에게 생명과 행복과 안녕을 공급하시는 일을 계속하시는 것입니다. 만일 하나님께서 일하시지 않으면 이 세상은 다 멸망할 것입니다. 그러므로 하나님이 쉬셨다는 것은 그 이상의 의미가 있는데 유대인들은 이걸 몰랐습니다. 유대인들은 단지 '하나님이 쉬시니까 우리도 쉰다. 하나님도 아무 일 안 하셨으니까 나도 아무것도 안 하고 쉰다', 이렇게 단순하게 생각한 것입니다. 말씀을 단순히 문자로만 붙잡고 있는 것입니다.

예수님은 문자에 얽매이지 않으시고 아버지께서 이날에 일하시기에 나도 일한다는 정신으로 일을 하셨습니다(17절). 하나님 아버지께서 안식일 날 안녕과 행복과 생명을 위해서 일하시기에 나도 똑같이 그런 일들을 하신다고 말씀하셨습니다. 그래서 안식일 날 일부러 병자를 고치신 것입니다.

본 장에 등장하는 38년 된 병자는 허황된 미신에 사로잡혀서 천사가 베데스다 연못에 내려와 물을 휘젓기만을 눈이 빠지게 지켜보고 있던 자였습니다. 이런 자를 주님이 친히 찾아와서 "낫고자 하느냐"라고 물으셨을 때 그는 "아멘, 낫기를 원합니다"라고 대답하지 않고 병이 낫지 못하는 이유만 줄줄이 댔습니다. 이 사람은 믿음이 1도 없는 사람이었습니다. 하지만 주님은 말씀만으로 그를 치유해주셨습니다. 그리고 다시 와서 "네가 나았으니 더 심한 것이 생기지 않게 다시는 죄를 범하지 말라"(14절)고 말씀하심으로 애프터 서비스(after service)까지 해주셨습니다. 하지만 그는 자신의 두 발을 사용하게 된 것에만 만족하고 뛸 듯이 기뻐했습니다. 38년 된 불치병을 고쳐 주신 주님에게 감사하거나 주님께서 자신에게 행한 일의 진가를 인정하는 말은 전혀 하지 않았습니다. 오히려 자신을 안식일에 고친 자가 예수라고 당국에 고발했습니다 (15절). 이 38년 된 병자는 육신의 질병을 고침 받기는 했으나 영적인 고침을 받지는 못했습니다. 이는 표적의 한계를 잘 보여 주는 대표적인 사례입니다. 표적이 구원을 담보하는 것은 아닙니다. 38년 된 병이 나았다고 해서 반드시 구원으로 들어가는 것은 아닙니다.

6장 오이
(오병이어 이적)

오병이어 이적은 비록 공관복음과 요한복음 모두에 소개되고 있지만, 요한복음 기사는 공관복음 기사와 차이를 보이는데, 이를 열거하면 다음과 같습니다: ⑴ 유대인의 절기인 유월절이 가까이 왔을 때였음(4절), ⑵ 예수님께서 빌립을 시험하심(6절), ⑶ 소년이 보리떡 다섯과 생선 둘을 제공함(9절), ⑷ 백성들이 표적을 보고 예수님을 왕으로 삼고자 함(14-15절).

이 미묘한 차이 속에는 요한의 신학적 의도가 반영되어 있습니다. 이것을 충분히 고려할 때 요한복음의 이 오병이어 사건의 의미를 제대로 파악할 수 있습니다. 첫째, 요한은 예수님께서 오병이어의 기적을 베푸신 때가 유대인의 절기인 유월절이 가까워지는 시점이었다고 언급함으로써 예수님이 이 이적을 통해 보이신 행동이 유대인의 유월절 절기를 능가하는 대치의 사건임을 보여줍니다. 다시 말해서, 사도는 오병이어 사건과 유월절을 연결시킴으로 첫 출애굽 때 유월절 어린양의 죽음으로 그것을 먹은 자들이 생명을 유지했듯이, 새 출애굽 때 진정한 유월절 어린양이신 예수님의 죽으심으로 그의 살과 피를 먹고 마시는 자들이 영생을 얻을 것을 시사합니다.

둘째, 공관복음과는 달리 요한복음의 오병이어 사건에서 예수님은 빌립을 시험하십니다. 많은 무리가 자신의 말씀을 듣기 위해 몰려오자 예수님은 우리가 "어디서 떡을 사서 이 사람들을 먹이겠느냐"라고 빌립을 시험하셨습니다(5절). 주님께서는 상황을 이용해서 제자를 신앙적으로 훈련시키려는 의도로 갈릴리 바닷가 인근 벳새다 출신인 빌립을 시험하셨습니다. 하지만 안타깝게 그는 믿음으로 접근하지 않고 계산기를 열심히 두드렸습니다. "이 많은 사람을 먹이려면 이백 데나리온(대략 2,400만 원)으로 떡을 사도 부족합니다"라고 대답했습니다(7절). 가나의 혼인 잔치에 다른 제자들과 함께 동석했던 빌립은 그때 주님이 물로 포도주를 만든 표적을 보았음에도 이 순간 그 사실은 까맣게 잊어버리고 영적 맹인이 되어 있었습니다. 그래서 이렇게 믿음 없는 소리를 하며 시험에 실패했습니다.

셋째, 빌립이 실패하자 안드레가 나섰습니다. 그는 한 소년이 보리떡 다섯 개와 생선 두 마리를 가지고 있다는 사실을 주님께 말했습니다(9절). 결국 이 소년이 제공한 음식으로 놀라운 기적이 일어나게 되는데, 요한만이 이때 제공된 떡이 '보리떡'이라고 구체적으로 언급합니다. 열왕기하 4:42이하에 보면 기적과 능력의 선지자 엘리사는 보리떡 20개로 100명을 먹이는 기적을 행합니다. 하지만 예수님께서는 4배 더 적은 보리떡 5개로 50배나 많은 5,000명을 먹이시는 이적을 베풉니다. 이를 통해 사도는 주님을 엘리사를 비롯한 구약의 그 어떤 위대한 선지자들보다 위대하신 분으로 묘사하고 있는 것입니다.

넷째, 요한복음에만 백성들이 이 표적을 보고 반응한 내용이 기록되어 있습니다. 군중들은 예수님을 세상에 오실 그 선지자로 보고 왕으로 삼으려고 했습니다(14-15절 상). 14절의 '그 선지자'란 신명기 18:15과 18절에 하나님께서 약속하신 모세와 같은 선지자, 즉 이스라엘에게 새 출애굽을 줄 메시아를 가리킵니다. 하지만 이들의 메시아관은 지극히 협소했습니다. 이들은 구약의 통합적인 메시아관을 제대로 이해하지 못했습니다. 이사야의 고난받는 종으로서의 메시아, 스가랴의 창에 찔리는 메시아와 같은 대속의 죽음을 죽을 메시아로는 예수님을 보지 못하고 자신들의 주린 배를 채워주고 로마로부터 자신들을 해방시켜줄 민족주의적이고 정치·군사적인 메시아로 주님을 오인하여 자신들의 임금으로 삼으려 했습니다. 예수님께서는 이런 그릇된 메시아관에 부화뇌동하지 않으셨습니다. 그래서 홀로 산으로 올라가셨습니다(15절 하).

7장 초막
(초막절 강화)

6장은 유월절을 배경으로 했습니다. 그리고 7장은 초막절을 배경으로 합니다. "유대인의 명절인 초막절이 가까운지라"(2절). 6장이 유월절

을 완성하고 대치하는 분으로 예수님을 제시한다면 7장은 초막절을 완성하고 대치하시는 분으로 묘사합니다. 유월절은 3-4월이고 초막절은 9-10월이므로 7장은 오병이어 표적 사건 이후 6개월이 지났을 때 일어난 일을 기록한 것입니다.

예수님은 유대 지역에서 유대인들이 자신을 죽이려는 음모를 감지하고 갈릴리에 머물러 계셨습니다(1절). 이런 상황에서 초막절이 다가오고 있었습니다(2절). 초막절은 유월절, 오순절과 함께 이스라엘 남자들이 의무적으로 참석하는 3대 절기 중의 하나였습니다. 이 기간에는 이스라엘 전역뿐 아니라 타국에서도 큰 무리가 예루살렘으로 몰려들어 8일간 축제를 벌였습니다. 예수님의 형제들은 예수님께 촌구석에만 있지 말고 이 기간을 이용해서 세상에 자신을 알리라고 제의했습니다(3절). 형제들의 요구는 성전 꼭대기에서 뛰어내려 자신을 과시하라는 악한 마귀의 유혹과 다를 바 없었습니다. 그래서 주님은 자신의 때가 이르지 않았다고 말씀하시며 그들의 충고를 거절하셨습니다(6절). 그런데 예수님께서는 올라가지 않겠다고 하신 후 형제들이 명절에 예루살렘에 올라가자 얼마 지나지 않아서 예루살렘에 올라가셨습니다(10절). 이는 주님은 사람들의 요청과 뜻에 따라 움직이시는 분이 아니라 하나님의 명령과 계획에 따라 움직이시는 분임을 드러냅니다. 요한복음에서 우리는 이러한 예수님의 모습을 심심치 않게 볼 수 있습니다(요 2:1-11; 4:43-53; 11:5-15).

예수님은 초막절이 시작된 지 4일째쯤, 사람들이 가장 많이 몰리는 시점에 예루살렘 성전에 올라가서 가르치셨습니다(14절). 그리고 초막절

중에 가장 큰 날인 마지막 날에 수많은 사람이 거룩한 성회에 운집할 때 서서 다음과 같이 외치며 초막절 강화를 시작하셨습니다. "누구든지 목마른 자는 내게로 와서 마시라. 나를 믿는 자는 성경에 이름과 같이 그 배에서 생수의 강이 흘러나오리라"(37-38절). 이 말씀은 이 기간 동안 하루에 한 번씩, 일주일 동안 제단에 물을 떠다 붓는 의식을 반영합니다.[74] 초막절이 추수기에 있기 때문에 기혼 샘에서 물을 길어 떠다 붓는 의식은 그 해의 풍성한 수확을 위해 비를 간구하는 의미를 담고 있었습니다. 이때 의식에 참여한 사람들은 한편으로는 하나님께서 광야 생활 중에 물을 주심을 감사하며 한편으로는 풍성한 비를 구했습니다. 그래서 초막절의 핵심은 '물'이었습니다. 예수님은 이 강화를 통해 자신이 생수의 원천이요 제공자임을 분명히 했습니다.

38절에서 예수님을 믿으면 믿는 자의 '배'에서 '생수'가 흘러나온다고 했는데, 여기서 '배'는 '마음'을, '생수'는 수가 성 여인에게 주었던 생수와 같은 '성령'을 의미합니다(39절). 비록 같은 '생수' 얘기를 하고 있지만 4장과 7장은 두 가지 면에서 차이가 있습니다. 하나는 4장의 생수는 단지 끝없이 솟아오르는 생수의 '샘물' 정도였지만 7장의 생수는 상상을 초월할 정도로 넘쳐나는 '강물'이라는 것입니다. 이것은 엄청나게 풍성한 물이 신자의 마음으로부터 흘러넘칠 것을 말합니다. 또 하나는 4장에서 예수님께서는 생수를 약속하셨지만 언제 어떻게 주실지에 관해 말씀하시지는 않았습니다. 하지만 7장에서는 자신이 영광을 받으신 다음 생수를 주실 것이라고 밝히셨습니다. 39절은 성령의 오심이 예수님께서 영광을 받으시는 십자가·부활 사건과 절대적으로 관련됐다는 사실과 성령의 선물은 예수님의 구속 사건의 결과로 주어질 것임을 밝히고 있습니다. 이 말씀은 14-16장에서 중점적으로 다룰 예수님의 가심

과 성령의 오심을 예고하고 준비하는 역할을 합니다.[75]

예수님의 초막절 강론을 들은 유대인 회중의 반응은 양분됐습니다. 어떤 이들은 선지자 또는 그리스도라고 했지만(40-41절 상), 또 다른 이들은 갈릴리에서 그런 인물이 날 수 없다고 이런 주장에 대해 전면 부정했습니다(41절 하). 이들이 예수님을 메시아로 거부한 것은 성경에 근거한 것이 아니라 결국 자신들의 무지(이들은 예수님을 갈릴리 출신의 요셉의 아들로만 알고 있었으나, 실제로 주님은 베들레헴 출신의 다윗의 후손이었음)와 교만 때문이었습니다.

메시아를 깨닫지 못하는 무지와 교만은 일반 대중보다 그들의 지도자인 대제사장들과 바리새인들에게 더욱 두드러지게 나타났습니다. 그들은 예수를 붙잡아오라는 임무를 주었음에도 그 일을 제대로 수행하지 못한 자신들의 수하에 있는 성전 관리인들을 나무랐습니다(45절). 예수님의 말씀을 듣고 압도되어 "그 사람이 말하는 것처럼 말한 사람은 이때까지 아무도 없었나이다"(46절)라고 그들이 말하자, 바리새인들은 예수를 두둔하는 무리는 하나님으로부터 저주를 받게 될 것이라고 그들에게 심한 비난의 욕설을 아끼지 않았습니다(49절). 이에 바리새인 중의 한 사람인 니고데모는 율법에 따라 예수님에 대해 좀 더 신중하게 처리할 것을 제안했습니다(50-51절). 하지만 이 헛똑똑이들은 갈릴리에서 메시아가 나오지 못한다는 동일한 논리로 니고데모의 제안도 일축했습니다. 이때부터 니고데모는 분별력과 신중함을 상실한 유대 지도자들에 대해 환멸을 느끼고 이들의 공동체에서 점점 멀어져가게 됩니다. 그리고 결국 십자가에서 돌아가신 주님의 시신을 아리마대 사람 요셉과 함께 돌보며 예수님을 무덤에 안치하는 믿음과 담대함을 보여줌으로써 예수 안에서 새롭게 피어나는 인생으로 살아가게 됩니다(19:39-40).

8장 간음

(**간음**한 여인 용서)

이제 유대인의 큰 명절인 초막절이 끝나고 다 집으로 돌아갔습니다(요 7:53). 그런데 예수님이 아침에 다시 성전으로 들어오시자 백성들이 다 나아와서 그의 가르침을 받았습니다(2절). 정식으로 랍비 교육도 받지 않은 목수 출신의 새파란 젊은 이가 성전에서 가르치는데 사람들이 그의 강의를 듣기 위해 구름 떼처럼 모여들자 율법 전문가로 자부심을 가지고 있었던 서기관들과 바리새인들은 자존심이 많이 상했을 것입니다. 그래서 주님을 시기하기 시작했는데 시간이 지나감에 따라 그 시기는 살인적 시기로 발전했습니다. 그래서 예수님을 함정에 빠뜨리기 위해 간음하다 현장에서 붙잡힌 여인을 예수님 앞에 끌고 왔습니다(3절). 유대인의 지도자들이 이 여인을 주님께 데려온 것은 음행을 해결하려는 데 그 목적이 있는 것이 아니라 예수님을 고소할 트집을 잡으려는 데 목적이 있었습니다. 그래서 요한은 그들의 저의를 간파하고 이렇게 진술합니다. "그들이 이렇게 말함은 고발할 조건을 얻고자 하여 예수를 시험함이러라"(6절).

이 간음 사건은 이미 서기관들과 바리새인들에 의해 치밀하게 각본이 짜인 사건이었습니다. 본문을 보면 최소 두 가지의 짜인 흔적이 발견됩니다. 먼저 음행 중에 현장에서 현행범으로 체포됐다는 점입니다. 범죄들 중에는 현행범으로 잡기 어려운 범죄들이 있습니다. 도둑질이나 살인, 이런 것들은 현장에서 잡히기 쉽습니다. 하지만 간음은 둘이 몰래 숨어서 저지르는 범죄입니다. 그러므로 이 여인이 그 과정 중에 잡혔다는 것은 누군가 미리 덫을 놓고 미행하고 추적하지 않았다면 불가능한 것입니다. 또 하나의 의도된 흔적은 현행범으로 여인만 잡혀 왔다는 것입니다. 음행은 혼자서 저지를 수 있는 죄가 아닙니다. 그런데 함께 음행한 남자는 같이 끌려오지 않았고 이 여인만 끌려왔다는 것은 처음부터 이 여인만이 표적이었음을 말해줍니다. 그러므로 의적으로 예수님을 고발할 조건을 찾기 위해서 지금 바리새인들과 서기관들이 공모하고 있는 것입니다.

　그들은 "모세는 율법에 이러한 여자를 돌로 치라 명하였거니와 선생은 어떻게 말하겠나이까"라고 예수님께 질문했습니다(5절). 이 질문은 참으로 까다로운 질문입니다. 말 한마디 까닥 잘못하면 삼중적으로 공격을 받을 수 있는 질문이기 때문입니다. 만일 돌로 치라고 하면, 다시 말해서 위기를 만났다고 이 여인을 모른 체하고 지금만큼은 공의를 집행하겠다고 하면 죄인들의 친구를 자처하며 긍휼과 자비의 정신을 가르쳤던 것과 다른 가르침을 주기에 배신감과 좌절감을 느끼고 제자들이 떠날 것입니다. 게다가, 사형권은 식민 통치를 받는 유대인들에게는 주어지지 않았고 로마인들에게만 있었기에 이렇게 말하면 유대인인 예수님은 로마 법을 위배한 자가 되어서 로마 법에 의해 처형을 받게 됩니다. 반대로, 돌로 치지 말라고 하면 모세의 율법을 어기는 것이기에 율법에 살고 율법에 죽었던 극우 테러리스트에 의해 살해당할 수 있었습니다. 지금 주님은 이런 진퇴양난에 처해있었던 것입니다.

　그들의 곤란한 질문에 주님은 단 한마디도 대꾸하지 않으셨습니다. 그저 몸을 굽혀 손가락으로 땅에 뭔가를 쓰기만 하셨습니다(6절). 예수님이 땅바닥에 무엇을 쓰셨는지 우리는 알 수 없습니다. 사건의 정황상 아마도 그곳에 온 사람들이 계명을 어긴 것들을 쓰셨지 않았나 추정해 볼 따름입니다. 그리고 주님은 "너희 중에 죄 없는 자가 먼저 돌로 치라"고 말씀하시고 다시 몸을 굽혀 손가락으로 계속 쓰셨습니다(7-8절). 이에 양심에 가책을 느끼고 나이 든 어른부터 떠나기 시작했습니다(9절). 이제 다 떠났습니다. 예수님과 여인만 남았습니다.

단둘이 남아 있는 상황에서 주님은 그녀에게 "나도 너를 정죄하지 아니하노니 가서 다시는 죄를 범하지 말라"고 말씀하셨습니다(11절). 이 짧은 예수님의 말씀은 복음의 정수를 제대로 보여줍니다. 여기서 순서가 중요합니다. "너 죄짓지 마. 그러면 정죄 받지 않고 살 수 있어." 이것은 복음의 순서가 아니고 율법의 순서입니다. 율법은 철저하게 인과율의 법칙을 따릅니다. 원인과 결과의 카테고리를 벗어나지 못합니다. "네가 법을 잘 지키면 너는 범법자가 아니니까 살 거야." 그런데 하나님 앞에 상대적으로 법을 잘 지킬 수는 있으나 절대적으로 법을 잘 지킬 수 있는 의인은 없기에 이것이 율법의 한계입니다. 하지만 복음은 이를 넘어섭니다. 복음은 먼저 용서를 베풉니다. 복음의 성격은 정죄하지 않는 것입니다. 그 정죄는 예수님이 대신 받으시기 때문입니다. 이 여인의 죄의 수치와 형벌을 십자가에서 다 감당하시기 때문입니다.

주님은 그녀를 정죄하지 않고 살려주고 난 다음에 "다시는 죄를 범하지 마라"고 당부하셨습니다. 예수님의 죄 용서를 받고 난 다음에 그 은혜를 기억할 때 우리는 다시는 그 죄로 돌아가고 싶지 않을 것입니다. 이 여인은 죄 용서를 받은 뒤에는 딴 남자와 뒹굴지 않고 완전히 바뀌어 새사람이 됐을 것입니다. 은혜로 인하여서 내면이 바뀐 삶을 살아갔을 것입니다.

9장 맹인

(맹인 치유)

예수님께서 길을 가시다 날 때부터 맹인
된 사람을 만났습니다(1절). 제자들은 이
사람이 맹인 된 것이 그의 죄 때문인지
아니면 부모의 죄 때문인지 주님께 물었
습니다(2절). 제자들은 이 맹인의 질병과
장애를 연결시켰습니다. 이는 1세기 유대
인들이 공통적으로 가지고 있었던 질병에 대한 시각이었습니다. 이들
의 카테고리는 둘밖에 없었지만 예수님은 "그에게서 하나님이 하시는
일을 나타내고자 하심이라"고 말씀하심으로 다른 경우도 있다고 답변
해 주셨습니다(3절). 제자들은 이 불쌍한 장애인의 고통에는 관심이 없
었고 오로지 죄의 원인에만 관심이 있었습니다. 그러나 예수님은 그의
고통과 그 고통을 통해 이루실 하나님의 목적에 더 관심이 있었습니다.
이 맹인의 눈을 뜨게 함으로써 예수님이 메시아이심을 드러내시는 것
이 하나님의 목적이었습니다. 구약에서 맹인 치유는 메시아만이 할 수
있는 사역이었기 때문입니다(사 29:18; 35:5; 42:7).

주님은 이 병인을 고치시기 위해 땅에 침을 뱉어 진흙을 이겨 눈에
발랐습니다(6절). 이 진흙을 이긴 행위는 하나님의 아담 창조 장면을 연
상시킵니다(창 2:7). 그러므로 예수님께서는 자신의 행위가 하나님의 행
위와 같은 신적 행위임을 의도하신 것입니다. 이어 맹인에게 실로암 못
에 가서 씻으라고 명하셨습니다(7절 상). '실로암'은 '보냄을 받았다'라는
의미인데, 예수님이 하나님으로부터 보냄받은 자이시기에(요 8:42; 10:36;

17:18) 실로암은 예수님을 가리킵니다. 따라서 맹인이 실로암 못에서 고침을 받은 것은 맹인인 인간이 예수님을 통해 전인적인 치료를 받은 것을 상징합니다.[76]

　　주님의 명령에 순종한 맹인은 결국 눈을 뜨게 됐습니다(7절 하). 이 표적의 강조점은 예수님이 우리 인생들의 눈을 '개안'해주시는 분이라는 점입니다. 사람은 누구나 이 맹인처럼 태어날 때부터 소경 된 자입니다. 죄로 눈이 어두워져서 진정 보아야 할 분, 자신을 창조하시고 이 땅에 존재하게 하시는 분을 전혀 알아보지 못합니다. 그러므로 이 맹인처럼 실로암에 가서 예수님을 만나고 개안 수술을 받아야 합니다.

　　육신의 시력이 회복된 맹인은 시간이 지나갈수록 주님에 대한 인식이 진일보했습니다. 처음에 이웃 사람들이 "어떻게 눈이 떠졌느냐"라고 물었을 때 "예수라 하는 그 사람을 통해 내가 보게 되었다"라고 답변함으로 주님을 그저 평범한 한 '인간'으로 생각했습니다(10-11절). 이어 바리새인들이 안식일에 맹인을 치유한 것을 문제 삼으며 "네 눈을 뜨게 한 그를 어떤 사람이라 하느냐"라고 따져 물었을 때 한 단계 업그레이드되어 '선지자'라고 대답했습니다(17절). 유대 종교 지도자들 앞에서 거듭 주님을 변호하다 쫓겨난 후 다시 주님을 만났을 때 그의 신앙은 최고조에 달해 있었습니다. 예수님이 "네가 인자를 믿느냐?"라고 물으며 자신이 인자라고 말씀하시자 그는 "주여 내가 믿나이다"라고 말하고 절했습니다(35-38절). 그는 육안뿐 아니라 영안이 활짝 열려 예수님의 정체―'인자'(신적 메시아)―를 알아보고 그 앞에 꿇어 경배했습니다. 그리하여 요한복음에 나오는 최초의 예배자가 됐습니다.

10장 목자

(선한 **목자**의 비유)

본 장을 시작하면서 저자는 목자와 도둑을 대비시킵니다. 목자는 문으로 들어가는 자고 도둑은 다른 데로 넘어가는 자입니다(1-2절). 목자는 정도(正道)로 가는 예수님을 가리키고 도둑은 갓길로 가는 유대인 종교 지도자들을 지칭합니다. 여기서 예수님이 자신을 목자로 비유하실 때 당시 돌담으로 둘러싸인 공동 울타리를 사용하여 목자가 양을 치는 배경을 이해하는 것이 필요합니다. 마을에서 양을 칠 때 고용된 문지기 한 사람이 보통 세 명 혹은 네 명의 목자의 양 떼를 같이 지켜 주었습니다. 이렇게 해도 어려움이 없는 것은 목자가 양을 알고 양도 목자를 알기 때문이었습니다(4절). 밤에 한 사람만 지키면 아침에 목자들이 와서 자신들의 양들을 불러서 초원으로 갑니다. 양의 가장 큰 특징은 '듣는 것'입니다. 양이라는 동물은 시력이 좋지 않은 동물이어서 시각보다는 청각을 사용해서 목자의 음성을 듣습니다. 그래서 요한복음에서 양의 특징은 듣는 자입니다. 예수님의 말씀을 듣고 주님이 보낸 증인들의 말씀을 듣는 자입니다.

주님의 양이 아니어서 자신의 비유를 이해하지 못하는 유대인들에게 주님은 이중 아멘("진실로 진실로")을 사용하여 엄숙한 진리를 선언하십니다. "나는 양의 문이라"(7절). 이 말씀 또한 배경 이해가 필요합니다. 공동 울타리를 나와서 풀을 찾아 이동할 때 목자는 자신의 양들을 위해 야외 울타리를 만듭니다. 그리고 목자가 양들을 불러 친히 자신이 문 역

할을 하고 양들을 들인 후 그곳에 앉아 지킵니다. 그러므로 양의 문인 목자를 통과해야 이리로부터 보호와 안전과 구원을 보장받습니다. 그래서 "내가 문이니 누구든지 나로 말미암아 들어가면 구원을 받고 또는 들어가며 나오며 꼴을 얻으리라"(9절)라고 말씀하신 것입니다. '양의 문'이신 예수님만이 우리 인간의 유일한 구원의 통로입니다.

이 말씀과 관련하여 요한은 다시 한번 예수님과 도둑을 대비시킵니다. "도둑이 오는 것은 도둑질하고 죽이고 멸망시키려는 것뿐이요 주님이 온 것은 양으로 생명을 얻게 하고 더 풍성히 얻게 하려는 것이라"(10절). 도둑은 양을 철저한 멸망으로 이끌지만, 예수님은 풍성한 구원으로 인도하십니다. 이 멸망시키는 도둑과 구원을 주시는 예수님의 비유는 자연히 선한 목자와 삯꾼 목자의 비유로 연결됩니다. 참 목자인 선한 목자와 거짓 목자인 삯꾼 목자를 판별하는 시금석은 자신이 치는 양을 위해 목숨을 내어주느냐 여부입니다(11-14절).

요한복음 10장은 이전 장들이 절기를 배경으로 했듯이 유대인의 절기 중 하나인 수전절(히. '하누카')을 배경으로 합니다(22절). 수전절은 요한복음에만 나오는 절기로 주전 165년 유다 마카비 형제가 시리아의 안티오쿠스 에피파네스에 의해 더럽혀진 성전을 회복하여 다시 봉헌한 날을 기념하는 절기입니다. 기독교인에게는 성탄절로 알려진 12월 25일에 시작하여 8일 동안 계속되는 절기입니다. 이 기간에 유대인들은 촛불을 밝히고, 할렐루야 시편을 부르며, 종려나무 가지를 흔들며 행진합니다. 혁명 운동 당시에는 헬라 세력과 야합한 야손, 메넬라오스와 같은 대제사장들이 삯꾼 목자였습니다. 반면에 성전 회복과 팔레스타인의 독립을 위해 목숨을 아끼지 않고 싸우다 죽은 유다 마카비 형제들이 선한 목자였습니다. 이러한 배경을 가지고 있는 수전절에 예수님께서 이 비유를 하심으로 유대 종교 지도자들을 삯꾼 목자로 지목하고 자신을 선한 목자로 선포하고 있는 것입니다. 선한 목자이신 예수님은 마카비와 같이 자신의 양들을 위해 기꺼이 자신의 목숨을 버릴 것을 계시하신 것입니다. 이는 결국 십자가에서 죽음으로 성취됩니다. 그래서 지금까지 예수님을 유대인의 주요 절기를 완성하신 분으로 소개한 요한은 여기에서도 그를 이 수전절의 소망의 성취자로 제시하고 있는 것입니다.[77]

11장 소생

(나사로의 소생)

예수님이 적대적인 유대 종교 지도자들을 피해 베다니에서 거하고 계실 때 자신이 사랑하는 친구 나사로가 병들었다는 기별을 베다니에서 온 전령을 통해 전해 들었습니다(요 10:40-11:3). 여기 같은 이름을 가진 두 장소가 나오는데, 예수님이 머문 베다니는 예루살렘 북동쪽의 요한이 세례를 베풀던 곳이고 전령이 온 베다니는 예루살렘에서 3km 정도 떨어져 있는 감람 산 기슭의 나사로가 사는 베다니입니다. 둘 사이는 150km 정도 떨어진 제법 먼 거리입니다. 이 소식을 듣고 주님은 한걸음에 달려가지 않고 이틀이나 더 자신이 계시던 곳에 머무셨습니다(5-6절). 이렇게 하신 이유는 나사로가 완전히 죽을 때까지 기다리신 것입니다. 그래서 그를 다시 살리심으로써 하나님의 영광과 자신의 영광을 드러내시기 위함이었습니다.[78]

예수님은 의도적으로 이틀을 지체하신 후에 예루살렘 베다니에 도착해서 보니 나사로는 이미 죽어서 무덤에 있은 지 나흘이나 되어 있었습니다. 주님은 나사로의 무덤으로 가는 도중 그의 누이 마르다를 만나서 그녀의 오라버니가 다시 살아날 것이라고 말씀하셨습니다(23절). 이에 마르다는 나사로의 부활이 마지막 날에 있을 것으로 오해했습니다(24절). 이때 예수님은 "나는 부활이요 생명이니 나를 믿는 자는 죽어도 살겠고 살아서 나를 믿는 자는 영원히 죽지 아니하리니 이것을 네가 믿느냐"라고 물으셨습니다(25-26절). 그러자 마르다는 "주는 그리스도시요 세상에 오시는 살아계신 하나님의 아들이신 줄 내가 믿나이다"라고 마태복음에서 사도 베드로가 한 신앙 고백과 같은 놀라운 고백을 했습니다(27절).

주님은 자신이 부활이요 생명이라고 한 말씀을 증명하기 위해 나사로의 무덤으로 향하셨습니다. 나사로의 무덤은 유대의 관습에 따라 굴로 되어 있었고 입구는 돌로 막혀 있었습니다(38절). 예수님께서 돌을 옮겨 놓으라고 하시자 마르다는 죽은 지 나흘 되어 시신에서 냄새가 난다고 대답했습니다(39절). 그러자 예수님께서는 "내 말이 네가 믿으면 하나님의 영광을 보리라 하지 아니하였느냐"라고 말씀하셨습니다. 그리고 돌을 옮겨 놓자 하나님께 감사 기도하고 큰 소리로 "나사로야 나오라"고 외쳤습니다(40-43절). 이 말을 듣고 죽은 지 나흘이나 되어 썩은 냄새가 진동했던 죽은 나사로가 무덤에서 얼굴에 수건이 싸이고 수족이 베로 동인 채로 살아서 나왔습니다(44절).

당시 유대인들은 죽은 영혼이 3일째까지는 돌아올 가능성이 있다고 생각하고 있었습니다. 즉, 3일째까지는 살 가능성이 있다고 믿었습니다. 하지만 그 후에는 스올에 들어가기 때문에 그 누구도 살릴 수 없는,

유대인들마저도 절망하는 시간이 나흘째 되는 날이었습니다. 그래서 나사로 소생 사건은 잠깐 기절한 자를 다시 회복시킨 것이 아니라 확실히 죽은 자, 다시 살아날 가능성이 1도 없는 자를 살리신 것임을 분명히 하기 위해서 주님은 이틀을 지체하고 나흘째 되는 날에 도착하여서 그를 일으키신 것입니다. 유대인 민속 신앙이 어떻게 할 수 없는 지경에 이르렀을 때 우리 예수님은 하나님만이 하실 수 있는 죽은 자를 불러낼 수 있는 능력으로 나사로를 살려 내신 것입니다.

요한복음 표적 기사의 결정판인 이 나사로의 죽음과 부활 사건은 예수님의 죽음과 부활에 대한 '예고편'입니다. 이 둘은 최소한 세 가지 면에서 서로 연결되어 있습니다. 첫째, 주님은 무덤 앞에서 "나사로야 나오라"고 고함을 치셨는데, 이때 사용된 '고함을 치다'라는 헬라어 동사 '크라우가조'가 놀랍게도 유대인들이 예수님을 십자가에 죽이라고 고함칠 때 사용됐다는 점입니다. 요한은 일부러 동일한 단어를 사용함으로써 예수님께서 나사로를 죽음에서 불러내시는 고함이 예수님을 십자가에 못 박는 유대인들의 고함을 예고하게 했던 것입니다. 둘째, 공관복음에서는 예수님의 시신과 부활과 관련해서 '천'이라는 헬라어 '수다리온'이 등장하지 않습니다. 반면에 요한복음에서는 예수님의 부활을 묘사하면서 죽은 자 가운데서 살아난 나사로의 얼굴을 덮었던 천과 동일한 단어를 언급합니다(요 20:7). 따라서 이 '천'을 매개로 요한은 나사로의 부활을 통해 예수님의 부활을 재차 예고하는 것입니다. 셋째, 나사로의 결박과 풀려남은 예수님이 결박되나 죽음의 결박에서 풀려날 것, 즉 부활할 것을 예고합니다.[79]

12장 향유

(**향유** 붓는 여인)

12장에 보면 잔치가 벌어집니다(1-2절). 이 파티는 오라버니 나사로를 살려준 것에 대한 감사 파티이고 동네 사람들이 함께 축하하는 파티입니다. 하지만 이것은 12장만 달랑 떼어서 볼 때의 모습입니다. 이것은 일반적인 파티가 아닙니다. 그 이유는 12장이 결과 접속사인 헬라어 '운'('그러므로')으로[80] 시작되기 때문입니다. 이 잔치는 11장과 연계하여 이해해야지 그 진의를 옳게 파악할 수 있습니다. 11장에서 예수님이 죽은 지 나흘 된 나사로를 살리자 사람들이 예수님을 하나님과 같은 신적 존재로 믿고 따랐습니다. 그러자 이스라엘의 입법, 사법, 행정권을 다 쥐고 있는 산헤드린 공회가 공식적으로 예수님을 죽이기로 결의를 했습니다(11:47, 53). 그리고 12:9-11을 보면 다시 살아난 나사로를 보면서 사람들이 예수님을 믿기에 나사로까지 죽이려고 모의를 했습니다. 주님만 죽이는 것으로 끝나지 않고 누구든지 주님과 함께 있으면 다 죽이겠다는 서슬 시퍼런 분위기, 이 살기등등한 위협의 분위기 속에서 지금 잔치를 하고 있는 것입니다.

'그러므로' 나사로는 이러한 살해 위협을 알고 있었지만, 자신을 살려주신 예수님에 대한 고마운 마음이 더 컸기에 잔치를 벌이고 잔칫상에 주님과 함께 앉아 있었던 것입니다. 이것은 단지 팔자 좋게 앉아 있는 것이 아니라 순교적인 예배의 모습으로 앉아 있는 것입니다. 이어지는 향유를 붓는 장면의 서두 또한 '그러므로'('운')로 시작됩니다(3절 상).

'그러므로' 마리아는 자신의 오라버니를 살려주신 예수님에 대한 사랑과 그로 인해 얼마 안 있으면 죽게 될 주님에 대한 장례를 준비하기 위해 귀중한 향유 옥합을 기꺼이 깨뜨린 것입니다.

　이 잔치의 정점에서 마리아는 일 년 치 연봉에 맞먹는 300데나리온이나 되는 귀한 향유를 예수님의 발에 붓고 머리털로 그 발을 닦았습니다(3절 하). 마리아가 여자의 영광을 상징하는 머리카락으로 예수님의 발을 닦아 드린 것은 곧 있을 세족식에서 베드로를 비롯한 사도들이 주님의 발은 고사하고 서로의 발도 물로 씻어 주지 않는 모습과 극한 대조를 이룹니다. 이러한 대조를 더욱 두드러지게 한 것은 가룟 유다의 반응이었습니다. 그는 "이 향유를 어찌하여 300데나리온에 팔아 가난한 자들에게 주지 아니하였느냐"라고 말함으로 자신이 가난한 사람을 끔찍이 위하는 사람인 양 행세했지만, 실상은 가난한 사람들을 생각했기 때문이 아니라 돈에 대한 욕심 때문에 그렇게 말한 것입니다(5-6절).

　마가는 마리아가 부은 향유를 '나드'(nard)라고 구체적으로 밝힙니다(막 14:3). '나드'는 인도에서 수입된 최상품 향유로 대개 죽은 사람을 위해 사용했던 것으로 보입니다. 예수님은 향유의 이러한 용도를 활용하여 마리아의 행동에 대해 "이 여자가 내 몸에 이 향유를 부은 것은 내 장례를 위하여 함이니라"고 의미를 부여하셨습니다(7절).

　'한 데나리온'이란 당시 일용직 노동자가 하루 일하고 받는 품삯에 해당했으니, 마리아는 겁도 없이 한순간에 오천만 원 이상을 허비한 것입니다. 이 정도의 액수를 허비한 것은 오늘날도 충분히 뉴스거리일 텐데 왕과 그 일족을 제외한 인구의 90퍼센트 이상이 빈곤선 이하에서 허덕이던 당시의 상황에서는 이만저만한 낭비가 아니었을 것입니다. 그러면 마리아는 왜 자기 목숨과도 같은 이 엄청난 돈을 주님께 한 번에

털어 넣었을까요? 이는 '메시아'로서 예수의 죽음을 내다보았기 때문입니다.

　제자들은 예수님의 죽음에 대해 수차례에 걸쳐서 교육을 받아왔지만(마 16:21; 17:22-23; 20:17-19), 그때마다 그들은 그 의미를 제대로 깨닫지 못하고 엉뚱한 반응을 했습니다(마 16:22; 17:23; 18:1; 20:20-21). 그래서 마리아의 이 의미심장한 행동 앞에서도 스승의 죽음보다 '이게 돈이 얼만데' 하며 자신들의 눈앞에 보이는 현실적 문제들에만 집착했던 것입니다. 하지만 마리아는 예수님을 '메시아'로 알아보고, 제자들처럼 돈 생각하지 않고 자신의 전부인 향유 옥합을 과감히 깨어 부음으로써 주님께 '올인'(all-in)했던 것입니다. 예수님께 자신의 모든 것을 걸었던 것입니다. 이러한 온전한 헌신을 통해서 주님을 얻을 수만 있다면, 주님께 사랑받을 수만 있다면 그녀에게 그것은 '헛된' 것이 아니었습니다. 그것은 '거룩한' 낭비였습니다.

　향유를 깨뜨린 것이 제자들에게는 '쓸데없는 낭비'였지만, 마리아에게는 오라버니의 소생에 대한 '부족한 답례'였습니다. 가룟 유다는 '돈'을 생각했지만, 마리아는 '사람'을 생각했습니다. 죽었다 다시 살아난 오라비 나사로와 그 나사로를 살려주신 예수님만 생각했습니다.

13장 세족

(세족 행사)

최후의 만찬 석상에서 예수님께서는 두 가지 의식을 최초로 거행하셨습니다. 공관복음에는 주님께서 단지 성찬식만 베푼 것으로 기록하고

있으나(마 26:17-30; 막 14:12-26; 눅 22:7-23), 요한복음에 따르면 그 전에 세족식이 있었습니다(4-11절). 예수님께서는 저녁 식사 도중에 갑자기 일어나서 겉옷을 벗고 수건을 가져다가 허리에 두르고 대야에 물을 떠서 제자들의 발을 씻으시고 그 두르신 수건으로 닦기 시작했습니다(4-5절). 당시 유대에서는 종조차 상전의 발을 씻어 줄 의무가 없었는데 스승이 손수 제자들의 더러운 발을 씻겨주는 세족식을 거행하시니 이를 본 베드로는 적지 않은 충격을 받았을 것입니다. 그래서 자신의 차례가 됐을 때 베드로는 "내 발을 절대로 씻지 못하시리이다"라고 주님을 만류했습니다(8절 상). 이에 예수님께서는 "내가 너를 씻어 주지 아니하면 네가 나와 상관이 없느니라"라고 대답하셨습니다(8절 하). 여기 발을 씻는 것은 뒤따르는 10절의 온몸을 씻는 목욕과 대조됩니다. '몸 전체'를 씻는 목욕 행위는 주님의 속죄, 즉 '칭의'를 의미하고 신체의 일부인 '발'만 씻는 것은 매일의 '회개'를 뜻한다고 볼 수 있습니다.

예수님께서 수건을 '허리에 동이고' 자신을 비롯한 사도들의 발을 씻어 주신 이 세족식 사건은 30년 이상이 지났을 때도 여전히 베드로의 뇌리에 강하게 남아 있었습니다. 그래서 그는 자신의 생애 말년에 순교를 눈앞에 둔 상황에서 쓴 편지인 베드로전서에서 "마음의 허리를 동이라"고 성도들에게 권면합니다(벧전 1:13). 제자 베드로의 눈동자에 비친 스승 예수는 늘 '마음의 허리를 동이는 삶'을 살았던 분이셨습니다. 여기서 '허리를 동이다'라는 동사(헬. '존누미')는 두 가지 의미를 지니는데, 그중 하나는 '깨어 근신하다'라는 뜻입니다(눅 12:35). 그리고 또 하나는

'겸손과 섬김의 본을 보이는 사랑을 하다'라는 의미입니다(4절). 예수님께서는 늦은 밤이고 이른 새벽이고 가리지 않고 늘 기도하면서 깨어 근신하는 삶을 사셨으며, 아울러 말로만이 아니라 직접 양팔을 걷어붙이고 허리에 수건을 두른 채 제자들의 먼지 펄펄 나는 그 더러운 발을 손수 씻겨주는 겸손과 섬김의 본을 보이며 이 땅에서 한평생을 보내셨습니다. 그러므로 주님의 제자인 저와 여러분도 스승의 본을 받아 깨어 근신하며, 겸손과 섬김의 자세로 마음의 허리를 동이는 삶을 살아야겠습니다.

14장 고별
(고별 담화)

13장에서 세족식 후에 만찬 석상에서 예수님은 제자들에게 자신이 떠날 것이라고 말씀하셨습니다(요 13:31-36). 사실 이때부터 고별 담화는 시작되는 것입니다. 이 담화는 14장에서 좀 더 심화됩니다.

자신들이 3년 동안 따랐던 주님이 떠나신다고 하자 제자들은 근심했습니다. 그래서 예수님은 "너희는 마음에 근심하지 말라. 하나님을 믿으니 또 나를 믿으라"고 말씀하셨습니다(1절). 믿음은 근심에 대한 유일한 처방전입니다. 근심의 진정한 원인은 '하나님 없음' 혹은 '믿음 없음'이기 때문입니다.

이어서 주님은 자신이 가는 것에 대해 제자들이 왜 근심할 필요가 없는지 두 가지 이유를 제시하셨습니다. 첫째, 예수님은 '거처'를 예비하러 가시는 것이기 때문입니다(2절). 둘째, 예수님은 우리를 영접하기 위해 다시 오실 것이기 때문입니다(3절). 예수님의 '가심과 오심'은 요한복음 14-16장의 핵심 주제입니다. 요한복음에서 주님의 '가심'은 죽음을 의미합니다. 하지만 그것은 단지 죽음만 의미하지 않습니다. 그분의 십자가와 부활과 승천까지를 모두 포함합니다. 한편 요한복음에서 예수님의 '오심'은 재림만을 의미하지 않습니다. 그분의 오심은 부활하셔서 제자들에게 나타나시고, 성령으로 오셔서 신자 안에 내주하시고, 최종적으로 오셔서 최후 심판을 단행하시는 재림까지를 모두 아우르는 것입니다.

여기 주님이 제자들에게 '거처를 예비하러 간다'라고 하셨는데, 이 '거처'(헬. '모네')는 우리가 가야 만나는 거처, 즉 '천국'일 뿐 아니라 우리 주님이 영으로 오셔서 우리 안에 거하시는 거처, 즉 '성전'을 의미합니다. 고별 담화의 문맥에서는 천상적 처소로서 '천국'보다는 지상적 처소로서의 '성전'을 의미합니다. 이것은 구약 시대에 하나님의 영광이 성전 안에 거했듯이 이제 신약 시대에 성령이 신자 안에 내주하겠다는 말씀입니다. 다시 말해서, 신자를 하나님의 영이 거하는 성전으로 삼으시겠다는 말씀입니다.

성전의 역사는 모세에게까지 거슬러 올라갑니다. 애굽에서 나온 후에 하나님은 모세에게 이동식 성전인 성막을 건축하라고 명하셨습니다. 그리고 모세가 성막을 하나님께 봉헌할 때 하나님의 임재의 상징인 영광이 모세가 출입하기 힘들 정도로 성막에 가득 찼습니다(출 40:33-35). 왕정 시대에 들어서자 하나님은 솔로몬을 통해 성전을 건축하게 하셨습니다. 그리고 솔로몬이 성전을 봉헌할 때 엘리의 아들들의 범죄로 떠났던 여호와의 영광이 다시 임했는데 모세 때보다 더 충만하게 임해서 제사장들이 서서 섬기지 못할 정도였습니다(왕상 8:10-11). 그러다 유다의 범죄로 바벨론이 쳐들어와서 성전이 훼파됐을 때 영광이 떠나갔습니다. 그 후 귀환민들은 스룹바벨 성전을 지었고 예수님 당시에도 헤롯 성전이 중건되고 있었지만 영광이 더 이상 임하지 않았습니다. 그런데 예수님이 육신이 되어 오시자 예수님 위에 영광이 임했습니다(요 1:14). 떠난 영광이 그 당대에 헤롯 성전으로 가지 않고 우리 예수님에게 돌아왔습니다. 그러므로 예수님이 참 성전이요, 구약의 모든 성막과 성전은 예수님에 대한 예표요 그림자에 불과합니다. 이 성전 되신 예수님이 죽으시고 부활하시고 승천하시고 성령으로 신자 가운데 오셔서 신자를 하나님의 영이 거하시는 처소, 즉 성전 삼아주심으로 성전 개념이 확대됩니다.

성전은 만민이 기도하는 집입니다(사 56:7). 그래서 먼저 성전 되신 예수님은 우리를 성전 삼은 후에, 기도에 대해 언급하십니다. 무엇이든 예수님의 이름으로 구하면 당신이 친히 시행하겠다고 말씀하십니다(13절). 고대에 이름은 단순한 명칭이 아니라 그의 전인격을 의미했습니다. 그러므로 예수님의 이름으로 기도하는 것은 예수님의 인격과 뜻과 권위를 가지고 기도하는 것을 의미합니다. 또한 이것은 모든 기도가 응답받을 수 있다는 것이 아니라 주님의 뜻에 맞고 주님께서 기뻐하시는 기도만 응답받을 수 있다는 것을 의미합니다.[81]

15장 포도

(포도 나무의 비유)

요한복음 15장을 열면서 예수님은 '나는 … 이다'(헬. '에고 에이미')라는 신적 자기 계시 어구를[82] 마지막으로 사용하셔서 "나는 참 포도나무다"라고 선언합니다(1절 상). 포도나무는 이스라엘에서 자주 발견되는 나무이기에 구약에서는 하나님의 백성인 이스라엘을 포도나무에 비유하곤 했습니다(시 80:8; 사 5:3 등). 그런데 예수님이 자신을 참 포도나무로 선포하는 것은 구약에서 계속해서 포도나무로 간주되어온 이스라엘이 포도나무임을 부인하는 선언입니다. 이스라엘은 하나님의 언약 백성임에도 불구하고 끊임없이 배교함으로 결국 실패한 포도나무가 됐습니다. 그래서 요한은 실패한 포도나무를 예수님이 대체할 것이라고 말하고 있는 것입니다.

　자신을 포도나무로 계시하신 주님은 제자들을 이 포도나무에 붙어 있는 가지라고 지칭하셨습니다. "나는 포도나무요 너희는 가지라"(5절 상). 요한복음 10장에서는 둘 간의 관계를 목자와 양의 관계로 묘사했습니다. 목자와 양의 관계는 친밀한 관계이지만 유기적으로 연합되어 있는 관계는 아닙니다. 둘은 서로 떨어져 있습니다. 목자는 목자이고 양은 양입니다. 그런데 14장에서는 예수님의 가심과 성령의 오심으로 신자를 하나님의 영이 내주하는 성전 삼아주셨습니다. 그래서 둘 간은 훨씬 더 유기적으로 연합된 모습을 띠게 됐습니다. 그리고 여기 15장에서 포도나무와 가지라고 함으로써 보다 강하게 결속되어 있음을 보여줍니다.

가지인 신자가 열매 맺는 참 가지가 되기 위해서는 반드시 참 포도나무인 예수님에 붙어 있어야 합니다. 예수님과의 '연합'이 필수적입니다(5절 하). 그런 점에서 "내게 붙어 있어 열매를 맺지 아니하는 가지는 아버지가 그것을 '제거한다'"라고 번역한 한글 개역개정판의 말씀(2절 상)은 재고되어야 합니다. 예수님은 자신 안에 붙어 있는 가지를 끊어내지 않기 때문입니다. 그러므로 여기 '제거하다'라는 헬라어 '아이로'는 그것의 또 다른 의미 '들어 올리다'로 번역하는 것이 타당합니다. 주님 안에 붙어는 있지만 열매를 맺지 못하면 아버지께서 그것을 들어 올리신다는 의미입니다. 그렇게 정화시켜 회복시키십니다. 포도나무가 땅바닥에 붙어 있으면 습한 기온과 벌레 때문에 죽을 수밖에 없습니다. 그래서 계속 열매를 맺을 수 없기에 들어 올리는 것입니다. 이는 베드로를 비롯한 제자들이 범죄했음에도 불구하고 바로 제거하지 않고 다시 들어 올려 회복시켜 주신 것을 통해 증명됩니다.

이에 반해서 예수님께 붙어 있지 않은 자는 제거됩니다. "내 안에 거하지 아니하면 가지처럼 밖에 버려져 마르나니 사람들이 그것을 모아다가 불에 던져 사르느니라"(6절). 이런 대표적인 인물이 가룟 유다입니다. 유다는 물리적으로는 주님과 같이 있었어도 유기적으로 함께한 적이 없었습니다. 단 한 번도 예수님께 접붙여진 적이 없는 자였습니다. 그래서 처음부터 마귀로 나옵니다(요 6:70). 유다는 사도가 아니라 돈만 밝히는 도둑이었습니다(요 12:6). 그 결과 주님을 팔고 최후를 맞이했습니다(마 27:5).

16장 성령

(**성령**의 사역)

예수님은 고별 담화를 하면서 자신이 떠난 후에야 성령이 오기 때문에 자신이 가는 것이 제자들에게 더 유익이라고 말씀하셨습니다. 이 사실을 강조하기 위해 무려 다섯 번이나 성령에 대해 언급하셨습니다(요 14:16-17, 26; 15:26-27; 16:7-11, 12-14).

주님은 성령을 '보혜사'(헬. '파라클레토스')라고 칭하셨습니다. 사실 예수님 자신이 보혜사이십니다(요일 2:1). 그래서 성령은 엄밀히 말하면 또 다른 보혜사입니다(요 14:16). '보혜사'란 법률 용어로 '법조인'을 의미합니다. 대상이 누구냐에 따라서 변호사도 될 수 있고 검사도 될 수 있습니다.

요한은 제자들에게 유익이 되는 오실 성령의 사역을 두 가지 측면에서 제시합니다. 하나는 세상과 관련된 사역이고, 다른 하나는 제자들과 관련된 사역입니다. 세상과 관련된 사역은 한마디로 말하면 세상을 고소하고 고발하는 사역입니다(8절). 여기 8절에 '책망하다'로 한글 개역개정판에 번역된 동사는 헬라어로 '에렝코'입니다. 이 단어는 신약에 총 17번 사용됐는데, 잘못된 행위를 '폭로하다', 혹은 '책망하다', 혹은 '고소하다'라는 뜻을 가지고 있습니다. 이 세 가지 의미 가운데 본문에서는 '고소하다'라는 의미로 사용됐습니다. 지금 성령이 세상에 대해 법정의 검사와 같은 역할을 하고 있기 때문입니다.

'세상'은 일차적으로는 예수님을 끊임없이 대적하고 죽이는 '유대인'을 지칭합니다. 그리고 궁극적으로는 하나님의 대적인 사탄을 추종하는 '불신 세상'을 가리킵니다. 검사 성령님이 이 세상을 고소하는 죄목은 세 가지, 즉 '죄'와 '의'와 '심판'입니다(9-11절). 보혜사는 세상의 죄와 그릇된 의의 기준과 잘못된 심판을 고소할 것입니다. 세상은 예수님을 믿지 않는 불신의 죄를 저질렀고, 자신들만의 정의 기준을 따라서 죽였습니다. 예수의 십자가의 죽음이 그를 향한 하나님의 심판이라고 오판을 했습니다. 오실 성령은 세상이 제시한 이 죄와 정의와 심판의 기준이 얼마나 잘못된 것이었는지 적나라하게 드러낼 것입니다.

보혜사가 세상에 대해 검사 역할을 했다면, 제자들에 대해서는 변호사 역할을 할 것입니다. 예수님이 떠나시고 적대적인 세상에 홀로 남을 제자들을 보혜사는 와서 위로해주고 샬롬을 줄 것입니다. 아울러 진리의 영으로서 제자들을 진리 가운데 인도할 것입니다(12-15절).

17장 기도
(예수님의 삼중 기도)

유대 문헌은 고별 담화를 보통 기도로 마무리합니다(창 49장; 신 32장; 『희년서』 22장; 시락서 51장 등). 여기서 예수님도 기도로 고별 담화를 마무리하시므로 이를 유대적 기도로 볼 수 있는데, 이 기도는 세 부분, 즉 예수님 자신을 위한 기도(1-5절), 제자들을 위한 기도(6-19절), 후대의 신자들을 위한 기도(20-26절)로 이루어

져 있습니다.

주님은 눈을 들어 하늘을 우러러보며 기도를 시작하셨습니다. 하나님을 '아버지'라고 부르며 간구하셨습니다(1, 5, 11, 21, 24-25절). 이는 하나님과의 친숙한 관계를 나타내는 것으로 예수님의 기도의 독특한 특징입니다. 예수님을 제외한 그 어떠한 유대인도 하나님을 아버지라고 부르며 기도하지 않았기 때문입니다.

주님은 아버지께 아들의 영광을 위한 기도를 하셨습니다. "아들을 영화롭게 하사 아들로 아버지를 영화롭게 하옵소서"(1절). 구약성경에서 하나님은 자신의 영광을 그 어떤 사람에게도 주지 않으십니다(사 42:8; 48:11). 그러므로 아들을 영광스럽게 해달라고 하는 것은 예수님의 신적 정체성을 드러냅니다. 아들은 십자가에서의 죽음을 통해서 아버지를 영화롭게 하시고 아버지는 아들을 살리심으로써 아들을 영화롭게 하심으로 이 기도는 응답될 것입니다.[83]

이어서 주님은 공생애 기간 내내 자신을 따라다녔던 제자들을 위해 기도하셨습니다. 제자들을 위한 기도의 내용은 크게 두 가지입니다. 하나는 그들의 보전을 위함입니다. "내가 비옵는 것은 그들을 세상에서 데려가시기를 위함이 아니요 오직 악에 빠지지 않게 보전하시기를 위함이니이다"(15절). 그리고 또 하나는 그들의 거룩을 위함입니다. "그들을 진리로 거룩하게 하옵소서. 아버지의 말씀은 진리니이다"(17절).

주님이 제자들의 보존을 위해 기도하신 이유는 제자들은 보호를 위한 기도가 절실히 필요하기 때문입니다. 제자들은 보호받지 못하는 많은 시험과 유혹이 기다리는 삶을 살아갈 것이기에 보호를 위한 기도는 그 어떤 기도보다도 그들에게 중요했습니다. 주님은 제자들의 보호와 더불어 거룩을 위해 기도하셨는데, 이는 거룩함과 그들이 감당할 미션

이 함께 가기 때문입니다. 거룩함이 동반되지 않는 사역은 세속화의 길로 빠질 수밖에 없기 때문입니다.

제자들을 위해 기도한 후에, 그 제자들의 가르침과 전파 사역을 통해 믿게 될 신자들을 위한 기도가 이어졌습니다. 이들에 대해서 예수님은 하나 되게 해달라고 간구하셨습니다. "아버지여, 아버지께서 내 안에, 내가 아버지 안에 있는 것같이 그들도 다 하나가 되어 우리 안에 있게 하사 세상으로 아버지께서 나를 보내신 것을 믿게 하옵소서"(21절).

하나 됨은 무조건 하나가 되는 것이 아니라 원칙이 있습니다. 즉, 예수 중심, 신앙 중심, 말씀 중심의 연합이어야 합니다. 이 세 가지 부분에서 하자가 없으면 우리는 서로 용납하고 하나가 되려고 애를 써야 합니다.

18장 체포

(예수님의 체포)

13장부터 17장까지 긴 고별 담화가 마무리되고 이제 18장부터는 상황이 긴박하게 전개됩니다. 주님이 체포되어 정죄 받고 십자가에 처형당하시는 과정이 쉼 없이 진행됩니다. 예수님의 체포 과정을 보면 모든 것을 자신이 친히 주도하시는 모습을 볼 수 있습니다. 강화를 마치고 주님은 제자들과 함께 기드론 시내 건너편 겟세마네 동산으로 들어가셨습니다(1절). 이는 죽음을 피하기 위하여 이곳에 숨으신 것이 아니라 잡히려고 일부러 이곳에 오신 것입니다. 왜냐하면 주님을 팔 가룟 유다도 이곳을 알고 있었기 때문입니다(2절). 주님은 언제 어디서 체포될지 그 시간과 장소까지도 주관하셨습니다.

유다는 예수님을 체포하기 위해서 600명이나 되는 로마 군대와 유대 성전 수비대를 대동하여 동산으로 왔습니다(3절). 이들이 올 때 '등과 횃불'을 들고 왔는데, 세상의 빛이신 주님을 잡으러 등과 횃불을 든 것은 이들이 어둠에 속한 자들임을 보여줍니다. 전지하신 주님은 이들이 왜 왔는지 다 아시고 자신을 찾는 자들 앞에 당당히 나아가서 "너희가 누구를 찾느냐"고 물으셨습니다(4, 7절). 그들이 나사렛 예수라고 하자 '내가 그니라'(헬. '에고 에이미')라고 대답하셨습니다(5절). 이는 표면상으로는 자신이 나사렛 예수임을 밝히는 것이지만 실상은 자신이 신적인 존재임을 드러내는 신 현현의 계시였습니다. 왜냐하면 이 말을 듣고 체포단이 땅에 엎드러졌기 때문입니다(6절). 이는 성경에서 하나님의 나타나심에 대한 인간의 반응입니다(겔 1:28; 단 2:46; 행 9:4; 계 1:17 등). 요한이 여기 예수님의 신적 존재의 계시와 체포단의 반응을 기록한 것은 결국 예수님이 이들에게 체포된 것이 힘이 없어서가 아니라 자신의 자발적이고 주도적인 행동에 따른 것임을 보여 주기 위함입니다.[84]

이어 주님은 "나를 찾거든 제자들은 가는 것을 용납하라"고 체포단에 말씀하셨습니다. 이는 나만 잡아가고 제자들은 놓아주라고 부탁하신 것입니다. 예수님은 선한 목자로서 자신의 양들의 생명을 보호하기 위해 자발적으로 목숨을 내놓으신 것입니다. 이에 그들은 주님을 잡아 결박하여서 대제사장의 장인인 안나스에게 데려갔습니다(13절). 이를 시작으로 주님은 총 세 번에 걸친 심문, 즉 대제사장의 장인 안나스의 심

문(12-23절), 대제사장 가야바의 심문(24절), 그리고 로마 총독 본디오 빌
라도의 심문(요 18:28-19:15)을 당하셨습니다. 주님은 체포당할 때와 마찬
가지로 심문당할 때도 모든 것을 주도하셨습니다. 공관복음은 재판 과
정 중에 예수님께서 자신의 정체에 관한 질문에 간단하게 대답한 것 외
에는 놀라울 정도로 잠잠하신 사실을 강조합니다. 그러나 요한복음에
서 예수님은 잠잠하지 않고 당당하고도 여유 있게 대화를 주도해 가십
니다.

　　먼저 서슬이 시퍼런 대제사장 안나스 앞에서 주님은 조금도 주눅
들지 않고 자신의 무죄를 변호하셨습니다(21, 23절). 이에 경험 많고 노련
한 안나스도 두 손을 들고 사위 가야바에게 주님을 인계했습니다. 이 모
습을 통해 요한은 인간 대제사장과 진정한 대제사장을 교묘히 대조시
킵니다. 비록 지금 안나스와 가야바가 대제사장으로 되어있지만 진정
한 대제사장은 예수님이십니다. 예수님은 거룩하고 악이 없고 더러움
이 없으며 죄인에게서 떠나 계시고 하늘보다 높이 되신 분이십니다(히
7:26).

　　로마 총독 빌라도의 관저에서 심문받으실 때도 주님은 누가 심문자
이고 누가 죄인인지 모를 정도로 너무도 당당하게 자신을 변호해 나가
셨습니다. 빌라도와 주고받는 대화 속에서 대화의 주도권은 철저히 주
님이 쥐고 계셨습니다. 대제사장 안나스와의 심문을 통해서 자신을 진
정한 대제사장으로 계시하셨던 예수님은 로마의 황제로 대변되는 총독
빌라도에게는 자신을 진정한 왕으로 드러내셨습니다. "빌라도가 이르
되 그러면 네가 왕이 아니냐? 예수께서 대답하시되 네 말과 같이 내가
왕이니라"(37절).

19장 죽음
(예수님의 **죽음**)

본디오 빌라도는 세 번의 심문을 통해 예수님이 죄가 없다는 사실을 분명히 알았습니다. 하지만 "이 사람을 놓아주면 가이사의 충신이 아니며 자기를 왕이라고 하는 예수는 가이사를 반역하는 자다"라고 유대인들이 자신을 위협하자 결국 주님에게 십자가 처형을 언도했습니다(12-16절). 이 사형 언도 과정을 통해서 요한은 예수님의 십자가 죽음이 유월절 어린양의 죽음임을 암시합니다. 이는 두 가지를 통해 잘 나타나는데, 첫째, 빌라도가 예수님을 유대인들의 요구대로 십자가에 처형하도록 내어준 시간이 '유월절 준비일 제육시'였다는 요한의 언급입니다(14절). 공관복음에 언급하지 않은 사실을 요한만이 거론하는 이유는 주님의 십자가 죽음을 유월절 어린양의 죽음으로 제시하기 위함입니다. 둘째, 유대인들이 빌라도에게 "예수를 제거하라"고 고함쳤는데(15절), 그들이 고함칠 때 사용한 헬라어 동사 '아이로'가 세례 요한이 예수님을 "세상 죄를 제거하는 어린양이다"(요 1:29)라고 할 때 사용한 동사와 동일하다는 점입니다. 이렇게 같은 단어를 사용해서 요한은 예수님을 세상의 죄를 제거하기 위해 세상으로부터 제거되는 하나님의 어린양으로 그리고 있는 것입니다. 예수님의 십자가 죽음은 하나님의 어린양의 죽음으로서 유월절의 진정한 완성임을 저자는 보여 주고 있는 것입니다.

공관복음과 달리 요한복음은 예수님의 십자가 처형과 관련해서 그것을 단지 예수님의 수난을 나타내는 데 그치지 않고 그 고난을 통해 영광을 받는 이야기로 묘사합니다. 이는 사도가 이 십자가 사건을 고난의 사건으로 보지 않고 영광의 사건으로 보았기 때문입니다. 이러한 사실은 처형 현장으로 가는 과정에서부터 잘 드러납니다. 공관복음서에서는 구레네 시몬이 주님을 대신해서 십자가를 지고 간 것을 기록하지만(마 27:32; 막 15:21; 눅 23:26), 요한은 구레네 시몬을 전혀 언급하지 않습니다. 요한은 예수님께서 친히 자신의 십자가를 지고 갔다고 기록합니다(17절). 이는 예수님께서 친히 십자가를 지고 가는 모습을 통해 주님이 얼마나 십자가의 죽음을 자랑스럽고 영광스럽게 여기셨는지를 보여 주기 위함입니다. 십자가 죽음의 시간을 자신이 영광 받는 시간으로 기다려왔던 주님이 십자가를 자발적으로 지고 가는 것은 너무도 당연한 것이기 때문입니다.[85]

예수님은 십자가에 달려 돌아가시는 내내 추호의 두려움이나 공포감을 표현하지 않으셨습니다. 오히려 여유를 보이시며 요한에게 육신의 모친 마리아를 당부하셨습니다(27절). 그리고 최후의 순간에 당당히 이렇게 외치셨습니다. "다 이루었다"(30절 상). 이 말은 헬라어로 '테텔레스타이'인데, 이는 '다 마쳤다', '다 지불했다'라는 의미입니다. 그러므로 주님은 "십자가상에서 하나님께서 계획하신 구속 사역을 성취했다, 우리의 죗값을 다 지불했다"라고 말씀하신 것입니다.

이 말씀을 하신 후에 예수님은 별세하셨는데, 이 주님의 별세와 관련해서 요한은 독특한 표현을 사용합니다(30절 하). 공관복음에서는 예수님의 죽음과 관련해서 일반적으로 죽음을 묘사할 때 쓰는 '마지막 숨을 내쉬다 혹은 죽다'라는 의미를 가진 헬라어 '에크프네오' 동사를 사용합니다(막 15:37; 눅 23:46). 이에 반해 요한은 '넘겨주다'라는 뜻을 가진

'파라디도미'를 씁니다. 이는 예수님의 죽음이 단순히 숨을 거두신 것이
아니라 제자들에게 자신의 영, 즉 성령을 넘겨주고 가는 모습으로 의미
부여하는 것입니다. 요한에게 예수님의 별세는 성령을 신자들에게 주
시는 모습의 예표인 것입니다.

20장 부활
(예수님의 **부활**)

십자가의 죽음이 영광스러운 까닭은 죽
음이 끝이 아니고 부활이 있기 때문입니
다. 그런데 만일 예수님의 부활이 실제로
일어난 역사적 사건이 아니라면 기독교
신앙은 설 자리를 잃게 될 것입니다. 그
래서 요한은 이 장에서 예수님의 부활의
진정성을 부각하기 위해서 부활하신 주님이 계속해서 자신의 제자들에
게 나타나시는 모습을 증언합니다.

먼저, 예수님은 자신을 사랑하여 제일 처음 무덤을 찾았던 막달라
마리아에게 나타나셨습니다. 마리아는 안식 후 첫날 새벽 미명에 무덤
으로 갔는데 무덤에서 돌이 옮겨진 것을 보고 사도들에게 달려가서 그
사실을 알렸습니다(1-2절). 이에 베드로와 요한이 와서 보니 무덤은 비어
있었고 주님의 머리와 몸을 쌌던 수건과 세마포만 있었습니다(3-7절). 이
사도들이 목도한 '텅 빈 무덤'은 예수님의 부활이 허구가 아니라 진짜
임을 가장 강력히 입증하는 증거입니다. 예수님의 적들이 가장 쉽게 부

활 진리를 박살 낼 수 있는 것은 '무덤이 비어 있지 않다'라는 주장이기 때문입니다. 로마 군병들이 철통같이 무덤을 지키고 있었으니까 "너희들이 부활, 부활하는데 여기를 봐라! 여기 예수의 시신이 그대로 있지 않느냐" 하면서 찍소리 못하게 부활을 부인할 수 있는 비지 않은 무덤을 보여 주면 되는데, 로마의 정치 지도자나 유대의 종교 지도자 그 누구도 그렇게 하지 못했다는 것입니다. 그러므로 여기 빈 무덤은 예수님의 부활을 물리적인 증거로 드러내고 있었던 것입니다. 텅 빈 무덤을 보고 두 사도는 돌아갔지만 막달라 마리아는 사라진 주님을 찾으려고 무덤가에 계속 머물렀습니다(10-15절). 그러자 부활한 주님은 그녀에게 나타나서 그녀를 부활의 첫 목격자가 되게 하셨습니다(16절).

이어서, 주님은 그날 저녁 제자들이 모인 자리에 자신의 부활체를 드러내셨습니다. 유대인들이 무서워서 문이란 문은 죄다 꽁꽁 잠그고 불안에 떨고 있는 제자들을 찾아와서 예수님은 "평강이 너희에게 있을지어다"라고 말씀하시며 그들을 안심시키셨습니다. 그러고 나서 자신의 부활이 틀림없음을 증명하기 위해 친히 그들에게 못 자국 난 손과 창 자국 난 허리를 보여 주셨습니다(19-20절).

주님은 여기서 그치지 않고 의심 많은 도마에게 나타나심으로 더는 부활을 부정하지 못하게 최종 방점을 찍으셨습니다. 제자들에게 나타난 지 8일 후에 도마가 그들과 함께 있을 때 찾아와서 믿지 못하는 도마에게 "네 손가락을 이리 내밀어 내 손을 보고 네 손을 내밀어 내 옆구리에 넣어 보라. 그리하여 믿음 없는 자가 되지 말고 믿는 자가 돼라"고 말씀하셨습니다(27절). 그러자 그는 의심을 멈추고 신약성경에서 발견할 수 있는 예수님에 대한 고백 중에 가장 위대한 고백을 했습니다. "도마가 대답하여 이르되 나의 주님이시요 나의 하나님이시니이다"(28절). 이

것은 정말로 표현하기 쉽지 않은 고백이었습니다. 왜냐하면 주님이 활
동하시던 시기와 요한복음이 기록될 무렵에 로마 제국에서 '주'와 '하
나님'으로 불리는 유일한 존재는 로마 황제였기 때문이며, 로마 황제를
반역하는 이들에게는 가차 없는 박해가 가해졌기 때문입니다.[86]

21장 사명
(목양의 사명)

20장에서 부활 후 세 번이나 자신을 따
랐던 사람들에게 나타나셨던 예수님은
또 한 번 그들에게 모습을 드러내셨습니
다. 주님은 디베랴 바닷가에서 고기를 잡
고 있던 7명의 제자를 찾아오셨습니다.
지난번 다락방 모임에서는 제자들 가운
데 특히, 의심 많은 도마의 믿음을 회복시켜 주기 위해 현현하셨다면 이
번에는 일곱 중에 자신을 세 번이나 부인했던 베드로의 사명을 회복시
켜 주기 위해 출현하셨습니다.

정경적 순서에 따르면 요한복음은 사도행전 바로 앞에 위치합니다.
사도행전에는 오순절 성령 강림 사건으로 예루살렘 교회가 탄생하게
되는데, 그 교회의 수장이 되어서 교회를 이끌어가며 사도행전 전반부
인 12장까지 주도적으로 사역하는 사람이 바로 베드로입니다. 그러므로
주님을 배신한 베드로의 회복이 없다면 베드로는 파렴치한 인간이 되
는 것입니다. 그래서 사도행전이 시작되기 전에 주님으로부터 공식적

인 회복과 세움과 파송을 받은 뒤에 사도행전이 시작되는 것입니다. 그 다리 역할을 해주는 것, 즉 복음서와 사도행전을 연결하는 것이 바로 요한복음 21장입니다.

일곱 제자들은 주님의 부활 후에도 그분을 두 번이나 만났지만 확신하지 못하고 다시 고기를 잡으러 갔습니다(3절 상). 하지만 주님은 이 연약한 지체들에게 다시 찾아오셨습니다. 이 바다 전문가들은 밤새 그물을 던졌지만 고기 한 마리 잡지 못했습니다(3절 하). 이는 이미 '그날 밤'과 '그 배'라는 두 용어 속에 예견된 것이었습니다(3절). 앞에서도 언급했듯이, 요한복음에서 '밤'은 물리적인 '밤'일뿐 아니라 영적 어두움의 상태를 의미합니다. 빛 되신 주님을 떠난 사람이 할 수 있는 것은 아무것도 없습니다. 가지가 포도나무에 붙어 있지 않으면 어떤 열매도 맺을 수 없습니다(요 15:5). 또한 그들은 누가복음 5장에서 주님께 첫 부르심을 받기 전 밤새 고기 한 마리도 잡지 못했던 바로 '그 배'(헬. '토 플로이온')를[87] 탔기 때문입니다.

사랑이 많으신 예수님은 곤궁에 빠진 제자들을 홀로 버려두지 않으시고 직접 다가오셨습니다. 그리고 그때 "깊은 데로 가서 그물을 내려 고기를 잡으라"라고 하셨듯이(눅 5:4), 이번에도 "그물을 배 오른편에 던지라. 그리하면 잡으리라"라고 고기가 있는 곳을 정확히 짚어 주셨습니다(6절 상). 이 말을 듣고 제자들은 즉각 순종했습니다. 그 결과 153마리나 되는 많은 고기를 잡게 됐습니다(6절 하; 참고, 11절). 요한은 부활하신 예수님이신 것을 직감하고 "주님이시다"라고 외쳤습니다(7절). 성미 급한 베드로는 바로 물속으로 다이빙해서 90m나 되는 거리를 단숨에 수영해서 주님이 계신 육지까지 왔습니다(8절).

육지에 도착해서 보니 숯불이 있는데, 그 위에 생선과 떡이 있었습니다(9절). 자상하신 주님이 밤새도록 고기 한 마리 잡지 못하고 쫄쫄 굶고 있는 가엾은 제자들을 생각해서 식사를 준비해 놓으신 것이었습니다. 제자들이 조반을 먹은 후에 예수님은 시몬 베드로를 지목하여 그와 독대하셨습니다. '숯불' 앞에서 같은 질문을 '세 번'하신 것은 대제사장의 뜰 앞에서 같은 '숯불'을 피워 놓고 동일하게 '세 번' 부인한 것을 상기시키는 것입니다. 세 번씩이나 같은 질문으로 베드로의 사랑을 확인하는 것은 주님을 세 번 부인했던 베드로를 다른 제자들 앞에 완전히 회복시키기 위한 회개의 촉구 사건이었습니다.[88]

　"요한의 아들 시몬아 네가 이 사람들보다 나를 더 사랑하느냐"(15절)라는 예수님의 질문 속의 '이 사람들'은 헬라어로 '투톤'인데, 이는 남성을 가리킬 수도 있고 중성을 가리킬 수도 있습니다. 그러므로 '이 사람들'(동료들)도 될 수 있고 '이것들'(잡은 물고기와 배)도 될 수 있습니다. 이는 "너는 네가 소중히 여기는 사람들과 재물보다 나를 더 사랑하느냐"는 물음입니다. "네가 진심과 전심(全心)으로 나를 사랑하느냐"는 말입니다. 주님은 베드로에게 이것을 확인하고 싶었던 것입니다. 이 사랑이 전제될 때야 비로소 양을 먹이고 칠 수 있는 것입니다. 목양의 사명을 감당할 수 있는 것입니다.

제3부 사도행전

.

배경과 지도

배경

바울의 동역자였던 헬라인 누가는 자신과 같은 이방 기독교인들, 구체적으로는 데오빌로를 위해 누가복음을 쓰는데(눅 1:3-4), 이는 죄의 포로 상태에 있는 인류를 구원하기 위해서 성육신하신 예수님께서 공생애를 시작하실 때부터 공생애를 마무리하고 예루살렘에서 승천하실 때까지의 일대기를 기록한 것입니다(행 1:1-2).

주님의 승천 이후에 벌어진 일들에 대해 궁금해하는 독자 데오빌로의 갈증을 해소하기 위해 누가는 후속편을 준비했는데, 그것이 바로 사도행전입니다. 이는 예수님 승천 후에 지상에 남아 있는 그분의 제자들이 성령의 능력으로 예루살렘에서 땅끝까지 복음의 증인으로서의 활약상을 저술한 것입니다. 그래서 누가복음과 사도행전은 전편과 후편으로 짝을 이루어 누가복음에서는 예수님께서 직접 이 땅에서 다스리시는 지상행전을, 그리고 사도행전은 주님께서 성령을 통해 하늘에서 통치하시는 천상행전을 전개해 나가는 모습을 기술하고 있습니다.

지도

신약의 여타 책들과 마찬가지로 사도행전도 첫 장에 길 안내 지도가 그려져 있습니다. 복음서의 첫 장인 마태복음 1장, 특히 17절의 "바벨론으로 사로잡혀간 후부터 그리스도까지"라는 구절이 공관복음 전체를 이끌어가는 로드 맵 역할을 했듯이, 역사서인 사도행전 또한 1장, 즉 8절의 "오직 성령이 너희에게 임하시면 너희가 권능을 받고 예루살렘과 온 유대와 사마리아와 땅끝까지 이르러 내 증인이 되리라"는 말씀이 사도행전의 주제 성구이자 사도행전 전체를 끌고 나가는 청사진입니다. 사도행전은 하나님의 말씀인 복음이 예루살렘을 기점으로 인근 지역인 유대와 사마리아를 거쳐 온 세상을 정복해 나가는 이야기입니다.

이러한 사실은 사도행전의 저자인 누가가 하나님의 말씀이 각 주요 거점 도시들을 하나하나씩 물들일 때마다 의도적으로 '말씀'과 '자라다'라는 단어를 함께 사용하여 결론을 내리고 있다는 점에서 분명히 드러납니다. 먼저 6:7은 복음이 예루살렘 전역에 확산됐을 때의 상황을 이렇게 전합니다. "하나님의 말씀이 점점 왕성하여(자라서) 예루살렘에 있는 제자의 수가 더 심히 많아지고 허다한 제사장의 무리도 이 도에 복종하니라." 이어서 12:24은 복음이 인근 유대와 사마리아로 퍼져나가 그 지역을 초토화시키자 "하나님의 말씀은 흥왕하여(자라서) 더하더라"고 증언합니다. 19:20 또한 복음이 소아시아의 주요 도시 중의 하나인 에베소를 점령했을 때, "이와 같이 주의 말씀이 힘이 있어 흥왕하여(자라서) 세력을 얻으니라"고 진술합니다.

끝으로 사도행전 마지막 장 마지막 절인 28:31은 당시 땅끝 중의 하나로 여겨졌던 로마에서 바울이 복음을 전파하는 모습을 다음과 같이 증거합니다. "하나님의 나라를 전파하며 주 예수 그리스도에 관한 모든 것을 담대하게 거침없이 가르치더라." 이 구절은 비록 '말씀의 성장'에 대해 직접적으로 언급하고 있지는 않지만, '주 예수 그리스도'를 '하나님의 말씀'과 동일시할 수 있기 때문에 '주 예수 그리스도에 대한 가르침'은 '말씀의 성장'과 일맥상통한다고 볼 수 있습니다. 따라서 하나님의 말씀이 결국은 로마까지 정복해 나가고 있는 것으로 사도행전이 마무리되고 있는 것을 알 수 있습니다.

공관복음, 특히 누가복음은 예수 그리스도의 구원 여행이 베들레헴에서 시작하여 최종 종착지인 예루살렘 동편 감람 산에서 승천하는 것으로 끝납니다. 누가복음의 후속편인 사도행전은 그 승천 기사를 그대로 이어받아 예수님 자신의 분신인 '하나님의 말씀'이 1:8의 로드 맵에서 제시된 여행 일정을 따라 예루살렘(1-7장) → 온 유대와 사마리아(8-12장) → 땅끝(13-28장)으로 차례차례 확산해 나갑니다.

제5장
사도행전

사도행전은 총 28장으로 되어있는데, 각 장의 핵심 내용을 두 글자로 꼬리에 꼬리를 물며 파악하는 기억법 여행을 떠나겠습니다.

전편인 누가복음이 예수님의 승천 장면으로 끝납니다. 그리고 후편인 사도행전이 이를 이어받습니다. 그래서 1장은 승천(주님의 **승천**) 이렇게 두 글자로 기억하시면 되겠습니다. 올라가면 내려와야죠. 그래서 2장은 강림(오순절 성령 **강림**)입니다. 이에 강림한 성령의 능력으로 베드로가 병자를 고칩니다. 그래서 3장은 치유(나면서 못 걷게 된 자 **치유**)입니다. 치유된 자를 보고 사도들이 담대하게 복음을 증거합니다. 그래서 4장은 증거(담대한 **증거**)입니다. 이렇게 잘되면 꼭 누군가 고춧가루를 뿌리죠. 그래서 5장은 범죄(아나니아 부부의 **범죄**)입니다. 죄가 있는 곳에는 다툼이 있게 마련이죠. 그래서 6장은 분쟁(구제 **분쟁**)입니다. 서로 싸우다 한 사람이 죽습니다. 그래서 7장은 순교(스데반의 **순교**)입니다. 이 죽음에 자극을 받고 빌립이 사마리아로 갑니다. 그래서 8장은 빌립(**빌립**의 전도)입니다. 빌립의 전도를 받고 한 사람이 예수님을 만납니다. 그래서 9장은 만

남(사울과 예수의 **만남**)입니다. 주님을 만난 사람은 돌이킵니다. 그래서 10
장은 회심(고넬료 **회심** 사건)입니다. 그런데 회심하고 딴 데로 가버립니다.
그래서 11장은 이동(선교 중심지의 **이동**)입니다. 자기 맘대로 이동하는 것
은 하나님의 뜻이 아니어서 심판을 받습니다. 그래서 12장은 심판(헤롯에
대한 **심판**)입니다. 여기 1-12장까지가 사도행전 전반부로 사도 베드로의
활약을 주로 다루고 있습니다.

　　이제 후반부를 또 두 글자로 꿰어보겠습니다. 13장은 12장을 끌고
옵니다. 하나님께 심판을 받자 바보가 됩니다. 그래서 13장은 바보(**바보**
섬 전도)입니다. 바보가 되자 '이루' 말할 수 없는 '회의'감에 빠집니다. 그
래서 차례로 14장 이루(이고니온 & 루스드라 전도), 15장 회의(예루살렘 종교 **회
의**)입니다. 이에 '치유'해주려고 신들의 도시 '아덴'으로 데려갑니다. 그
래서 순서대로 16장 치유(귀신 들린 여종 **치유**), 17장 아덴(**아덴** 전도)입니다.
그런데 아덴의 신들은 그를 치료하는 데 고전합니다. 그래서 18장은 고
전(고린도 **전도**)입니다. 이에 '서원'으로 갔더니 다행히 거기서 '소생'이
됩니다. 그래서 차례로 19장 서원(두란노 **서원** 강론), 20장 소생(유두고 **소생**
사건) 이렇게 두 글자로 기억하세요. 이렇게 일이 술술 풀리면 마(魔)가
끼는 법이죠. 알고 보니 불법 시술이어서 잡혀갑니다. 그래서 21장은 체
포(성전에서 **체포**된 바울)입니다. 그런데 체포되고도 뻔뻔하게 변론만 늘어
놓습니다. 그래서 22장은 변론(바울의 **변론**)입니다. 이렇게 자기 방어만
하자, 보다 못한 '조카'가 '감금'합니다. 그래서 차례로 23장 조카(바울의
조카), 24장 감금(2년간의 **감금**)입니다. 이에 풀어달라고 '상소'를 하고 자
신을 '변호'합니다. 그래서 순서대로 25장 상소(황제에게 **상소**), 26장 변호
(아그립바 왕 앞에서 **변호**)입니다. 그리고 '압송'이 되어 '로마'로 끌려갑니
다. 그래서 각각 27장 압송(황제에게 **압송**되는 바울), 28장 로마(**로마** 당도) 이

렇게 두 글자로 기억하시면 됩니다. 여기 13-28장까지가 사도행전 후반
부로 사도 바울의 사역을 주로 다루고 있습니다.

<사도행전 각 장 제목 두 글자 도표>

1장	2장	3장	4장	5장	6장	7장
승천	강림	치유	증거	범죄	분쟁	순교
8장	9장	10장	11장	12장	13장	14장
빌립	만남	회심	이동	심판	바보	이루
15장	16장	17장	18장	19장	20장	21장
회의	치유	아덴	고전	서원	소생	체포
22장	23장	24장	25장	26장	27장	28장
변론	조카	감금	상소	변호	압송	로마

1장 승천
(예수님의 **승천**)

이제 누가는 자신의 복음서가 끝나는 예
수님의 승천 기사를 다시 출발점으로 삼
아 사도행전 내러티브를 이어나갑니다.
주님은 승천 직전에 제자들을 모두 불러
모아 놓고 마지막으로 몇 마디 당부의 말
씀을 하셨습니다. 먼저, 그들에게 "예루
살렘을 떠나지 말고 내게서 들은 바 아버지께서 약속하신 것을 기다리
라"고 분부하셨습니다(4절). 주님의 당부의 말씀 후에 제자들의 질문이
이어졌습니다. "그들이 모였을 때에 예수께 여쭈어 이르되 주께서 이스
라엘 나라를 회복하심이 이때니이까?"(6절). 제자들의 입으로부터 왜

'회복'이라는 말이 나왔을까요? 왜냐하면 예수님 당시 이스라엘은 로마의 식민지였기 때문입니다. 이스라엘은 나라를 잃어버린 지가 꽤 오래됐습니다. 중간에 마카비가 나타나서 이스라엘을 한 100년 정도 독립국가처럼 회복시킨 적도 있었지만, 그것도 다 일시적인 현상에 불과했고 결국 수백 년 동안 나라 구실을 제대로 못 하고 바벨론, 페르시아, 이집트, 시리아, 그리고 마침내 로마의 속국이 되어 계속해서 압제와 착취 속에 고통받고 있었습니다. 그래서 이스라엘 사람들은 오래전부터 하나님께서 구약에 약속하신 메시아가 오기만을 간절히 사모하며 기다리고 있었습니다. 예수님의 제자들은 그 대망의 메시아가 바로 자기 스승이라고 생각하고 그를 통하여 이스라엘이 회복될 것을 기대하며 열심히 좇았습니다. 하지만 예수님이 십자가에 달려 돌아가시자 그런 기대를 잠시 접어 두고 있었다가 죽은 지 3일 만에 부활하시자 자신들의 기대도 동시에 살아나기 시작했습니다. 그래서 이런 죽음의 권세까지도 정복하실 수 있는 분이라면 로마 제국쯤이야 한 방에 두드려 엎고 이스라엘을 독립(회복)시켜 수백 년 동안 맺힌 이 민족의 한을 풀어주실 수 있을 것이라고 생각하고 "이스라엘 나라를 회복하심이 이때니이까"라고 묻고 있는 것입니다. 이 질문 속에서 우리가 알 수 있는 것은 제자들이 꿈꾸는 하나님 나라는 '이스라엘 나라'라고 하는 사실입니다.

제자들이 생각하는 이스라엘 나라는 스승 예수가 생각하는 하나님 나라가 아니었습니다. 주님께서는 제자들이 성령을 받으면 자연스럽게 깨달을 것을 내다보셨기 때문에 하나님 나라에 대해 그들이 오해하고 있는 것을 즉석에서 책망하지 않으시고 자신의 생각만 그대로 피력하셨습니다. "오직 성령이 너희에게 임하시면 너희가 권능을 받고 예루살렘과 온 유대와 사마리아와 땅끝까지 이르러 내 증인이 되리라"(8절). 하나님 나라를 단지 이스라엘이라는 영토에만 국한시키려고 했던 제자들과는 달리, 우리 주님은 그것을 땅끝까지 대폭 확장시키셨습니다. 이 8절의 내용은 사도행전의 건물 청사진 혹은 내용 목차에 비유되기도 합니다. '예루살렘과 온 유대와 사마리아와 땅끝까지'라는 복음의 지리적인 확장은 사도행전이 대체적으로 그리고 있는 교회를 통한 예수님의 복음 사역의 전개 구도입니다. 1-7장은 예루살렘에서, 8-12장은 유대와 사마리아 지역에서, 13-28장은 안디옥에서 출발하여 소아시아 지역을 거쳐 로마까지, 각각 복음의 전파와 확장을 기록하고 있습니다.

　예수님은 제자들에게 세계 복음화의 청사진을 제시한 후, 예루살렘 동쪽 감람 산에서 부활한 지 40일 만에 하늘로 올라가셨습니다(9절). 바로 앞 5절("너희는 몇 날이 못 되어 성령으로 세례를 받으리라")과 8절("오직 성령이 너희에게 임하시면 너희가 권능을 받고 … 내 증인이 되리라")에서 제자들에게 성령을 보내주겠다고 약속했기 때문에 예수님은 하늘로 올라가셨습니다. 이는 예수님의 승천이 있어야만 약속한 성령을 이 땅에 보내주실 수 있기 때문입니다. 예수님의 승천은 성령 강림의 전제 조건이며 없어서는 안 될 필수 과정입니다.

　사도들은 예수님이 승천 직전에 분부하신 말씀을 기억하고 예루살렘으로 돌아왔습니다(12절). 그리고 그들이 평소에 거하던 다락방으로 올라가서 이미 와 있던 다른 제자들과 함께 마음을 같이하여 기도에 힘썼습니다(13-14절). 백이십 문도(門徒)가 함께 모여 기도하던 중에 베드로가 그들 가운데 일어나서 설교하기 시작했습니다(15절). 사도행전에는 여러 사람의 설교가 등장하는데, 이 베드로의 설교는 그중의 첫 번째에 해당하는 설교였습니다.

　베드로는 비록 모인 무리에게 긴 설교를 했지만, 자신이 말하고자 하는 요지는 간단했습니다. 가룟 유다가 예수님을 배신하고 스스로 목을 매 죽음으로써 사도의 한 자리가 비게 된 것은 하나님께서 시편 69:25("그들의 거처가 황폐하게 하시며 그들의 장막에 사는 자가 없게 하소서")에 다윗을 통해 예언한 말씀을 성취하신 사건이기 때문에(16, 20절 상), 이제 120문도는 유다의 그 빈자리를 채울 사람을 세움으로써 또 다른 시편 예언, 즉 시편 109:8("그의 직분을 타인이 취하게 하시며")을 성취해야 한다는 것이었습니다(20절 하). 그래서 두 인물이 천거됐는데 한 사람은 요셉이었고 또 다른 한 사람은 맛디아였습니다. "그들이 두 사람을 내세우니 하나는 바사바라고도 하고 별명은 유스도라고 하는 요셉이요 하나는 맛디아라"(23절).

저자 누가가 이 두 인물을 소개할 때 특이한 점이 발견되는데, 요셉에 대해서는 좀 더 구체적으로 설명하고 맛디아에 대해서는 단순하게 한마디로 그의 이름만 소개하고 있다고 하는 사실입니다. 두 후보 중에 한 사람이 이름을 셋(본명은 요셉이고, 별명이 바사바와 유스도)이나 가지고 있다는 사실은 그가 사람들에게 널리 알려진 유력한 인물이라는 것과 더 나아가서 120문도는 덜 알려진 맛디아보다는 요셉이 선택되기를 은근히 기대했다는 것을 암시합니다. 그들의 마음은 더 유력한 요셉을 택하고 싶었지만, 자기들 마음대로 결정하는 것을 원하지 않고 열두 사도를 선택하기 위해 예수님이 밤새도록 기도하셨던 것처럼(눅 6:12-13), 한마음으로 기도하면서 하나님의 뜻에 모든 것을 맡겼습니다. 이러한 점은 오늘날 한국 교회가 본받아야 할 모습입니다. 교회에서 일꾼을 세울 때 세상적인 명성이나 학연, 지연 혹은 인연에 따라서 하는 경향이 있는데, 이는 여기 초대 교회의 일꾼 세우는 모습을 본받아 반드시 지양되어야 할 것입니다.

　결국 제비를 뽑아 한 사람을 결정했을 때 '하나님의 선물'이란 의미의 이름을 지닌 '맛디아'가 선택되어 그가 열한 사도의 수에 들어가게 됐습니다(26절). 사도직은 제아무리 뛰어난 학식과 평판이 있다 하더라도 하나님의 전적인 은혜 없이는 불가능합니다. 사람의 눈에 그럴듯하게 보인 화려한 요셉이 탈락하고 변변히 내세울 것 없는 초라한 맛디아가 사도로 선출된 것은 인간의 생각과 하나님의 생각이 같지 않을 수도 있다는 사실을 여실히 보여준 사건이었습니다. 베스트셀러가 꼭 양서(良書)는 아니듯 다수결이 반드시 하나님의 뜻은 아니었습니다.

2장 강림
(오순절 성령 **강림**)

　　　　　　　　　　예수님께서는 승천하시기 직전에 제자들이 흩어지지 않고 예루살렘에 머물면 조만간 성령의 권능을 덧입을 것이라고 약속하셨습니다. 그리고 드디어 '때가 차매' 그 약속대로 성령을 보내주셨습니다. "오순절 날이 이미 이르매 그들이 다 같이 한곳에 모였더니 홀연히 하늘로부터 급하고 강한 바람 같은 소리가 있어 그들이 앉은 온 집에 가득하며 마치 불의 혀처럼 갈라지는 것들이 그들에게 보여 각 사람 위에 하나씩 임하여 있더니 그들이 다 성령의 충만함을 받고 성령이 말하게 하심을 따라 다른 언어들로 말하기를 시작하니라"(1-4절). 1절에서 저자 누가는 일부러 날이 '완전히 찼다'는 의미를 가진 헬라어 동사 '심프레로오'를 사용하여 제자들이 기다리던 기간이 다 찼음을 보여 줄 뿐만 아니라 이날의 성령 강림이 결국 주님께서 1:5("너희는 몇 날이 못 되어 성령으로 세례를 받으리라")에서 하신 약속의 성취임을 분명히 했습니다.

교회사적으로 이 오순절 성령 강림 사건은 대단히 중요한 의미를 지니고 있는데, 크게 그 의의를 두 가지만 꼽자면 무엇보다도 먼저 이 사건은 '유일무이한 단회적 사건'이라는 점입니다. 오순절 성령 강림은 성육신 → 십자가 → 부활 → 승천 → 좌정 → 성령 강림으로 이어지는 예수 그리스도의 구속 사역의 최정점에 있는 사건입니다. 이 구속 역사의 각 단계들이 본질적으로 반복될 수 없듯이 오순절 성령 강림 또한 반복될 수 없는 단회적 사건입니다. 하지만 혹자는 사도행전의 다른 성령 강림 사건들을 들어 이 단회성의 주장에 이의를 제기합니다. 8장의 사마리아의 성령 강림, 10장의 고넬료 가정의 성령 강림, 19장의 에베소에서 요한의 제자들에게 임한 성령 사건은 오순절 성령 강림의 단회적인 성격을 배격하고 오히려 그 반복성을 주장하는 것이 아니냐는 질문을 제기할 수 있습니다. 그러나 오순절 성령 강림 사건과 이 세 성령 강림 사건 간에는 큰 차이가 하나 있습니다. 그것은 '방향'의 문제입니다. 전자는 '수직적'이고 후자는 '수평적'입니다. 이를 좀 더 자세히 말하면, 오순절 성령 강림은 성령을 이미 받은 사람들과 아무런 관련 없이 성령께서 하늘에서 '수직적'으로 사도들에게 임했다면 다른 세 강림은 이미 성령을 받은 사도들을 통해 '수평적'으로 임한 것입니다. 이러한 수평적 성령 강림은 지금도 계속 반복해서 일어나고 있습니다.[89]

오순절 성령 강림 사건의 또 하나의 의의는 '신약 교회의 탄생'이라는 것입니다. 오순절 날 예루살렘의 한곳에 모여 있던 제자들에게 성령이 임했을 때 천하만국 출신의 경건한 유대인들도 예루살렘에 함께 머물고 있었습니다(5절). 이 사람들의 귀에 성령 강림의 결과로 제자들이 자기네 말로 방언하는 소리가 들리자 호기심이 발동하여 제자들의 회합 장소로 구름 떼같이 몰려들었습니다. 이들은 외국어를 전혀 배워 본 경험이 없는 이 갈릴리 촌뜨기들이 무려 15개 국어를 유창하게 말하자 몹시 놀라며 이 일이 어찌 된 것인지 자초지종을 알고 싶어했습니다(6-12절). 이에 베드로는 구약 본문들을 세 군데(시 16편; 110편; 욜 2장)나 인용하면서 오순절 성령 강림 사건의 의미를 예수의 삶과 직접 연결시켜서 그들에게 장황한 설교를 했습니다(15-40절). 그리고 설교 말미에 "너희가 회개하여 각각 예수 그리스도의 이름으로 세례를 받고 죄 사함을 받으라 그리하면 성령의 선물을 받으리라"라고 주문했습니다(38절). 이들은 베드로의 이 권면에 순종하여 자신들의 죄를 철저히 회개하고 주님의 이름으로 세례를 받음으로써 구원받게 됐습니다(41절 상). 이날 하루 구원받은 사람이 무려 '삼천 명'이나 됐습니다(41절 하). 오순절 성령 강림으로 결국 신약 교회가 태동된 것입니다.

3장 치유

(나면서부터 못 걷는 자 **치유**)

3장은 2장과 흥미로운 대조를 이룹니다. 2장에서 베드로는 '설교가'였습니다. 그러나 이 3장에서는 '치유자'로 등장합니다. 2장에서는 '삼천 명'이라는 다수가 주님께 돌아왔다면 3장에서는 '단 한 명'이 구원받습니다.

3장은 이렇게 시작합니다. "제구시 기도 시간에 베드로와 요한이 성전에 올라갈새"(1절). 베드로와 요한은 성경에 종종 함께 등장합니다. 베드로와 요한은 야고보와 더불어 갈릴리 호숫가에서 함께 고기를 잡던 동업자였습니다(눅 5:10). 이 둘은 주님을 위해 최후의 유월절 만찬을 같이 준비했습니다(눅 22:8). 부활절 아침에도 함께 예수님의 무덤을 향해 달려갔습니다(요 20:3-4). 그리고 여기 사도행전 3장에서 함께 기도하러 성전으로 올라갔습니다. 베드로와 요한은 함께 기도하는 '기도의 동지'였습니다. 기도에는 이와 같이 함께할 '동지'가 있어야 합니다. 기도에는 '후원자'가 필요합니다. 후원자 없는 신앙생활은 외롭고, 고달픕니다. 그러므로 기도는 혼자 하는 것보다 같이 하는 것이 좋습니다.

베드로와 요한은 예수님의 최측근 제자들이었습니다. 그래서 오늘날 같으면 "나는 예수님의 수제자야", "나는 예수님의 가장 사랑받던 제자야"라고 자기주장하며 서로 주도권 싸움을 했을 것입니다. 서로 다툼이 있었을 것입니다. 하지만 경쟁 관계에 있었어야 할 두 사람이 기도의 동역자가 됨으로써 상호 보완하는 관계가 됐습니다. 함께 기도함으로써 서로 도와주는 관계가 됐습니다. '환상의 콤비'가 됐습니다. 이렇게 함께 기도하는 사람들 사이에는 경쟁이나 시기나 질투는 결코 있을 수 없습니다. 오늘날 교회의 지도자라고 하는 목사와 장로들 간에, 그리고 장로들과 장로들 사이에 다툼이 있는 것은 서로 손에 손을 잡고 기도하는 일이 없기 때문입니다.

베드로와 요한이 기도하러 성전에 올라갔을 때 성전 동쪽 미문(美門)에서 구걸하는 나면서부터 못 걷게 된 걸인을 보게 됐습니다. 그래서 베드로는 그를 주목하며 "우리를 보라"고 소리쳤습니다(4절). 이 말을 들고 걸인은 그들에게 무엇을 얻을까 하여 바라보았습니다(5절). 그러면 황금을 방불케 하는 화려한 고린도의 동(銅)으로 만들어진 미문 앞에 앉아 구걸하던 이 선천성 환자가 원했던 것은 무엇이었을까요? 그것은 두말할 것도 없이 '금과 은', 즉 빵을 살 '돈'이었습니다. 하지만 초대 교회 신자들은 자신들의 소유와 재산을 팔아 필요한 자들에게 나눠 주기 위하여 그 재원을 공동 관리했기에 두 사도는 그에게 줄 돈이 없었습니다(참고, 2:44-45). 그래서 베드로는 "은과 금은 내게 없거니와"라고 외쳤습니다(6절 상).

사도는 그저 적선 몇 푼 하는 것으로 자신의 종교적 의무를 다했다고 생각하지 않고 이 불쌍한 병자의 실질적인 문제에 관심을 보였습니다. 그에게는 빵도 필요했지만 진짜 필요했던 것은 생명의 빵(요 6:35)이신 예수 그리스도였습니다. 육신의 빵은 한 끼의 요기는 될 수 있어도 수가 성의 우물물처럼 먹고 나면 또다시 갈증을 느낄 수밖에 없습니다. 그러나 생명의 빵인 예수 그리스도는 영원히 목 마르지 않는 영생수입니다(요 4:13-14). 그러므로 우리 신앙인들은 불신자들에게 빵보다는 '복음'을 주어야 합니다. 은과 금보다는 '예수'를 주어야 합니다. 사도 베드로는 "나사렛 예수 그리스도의 이름으로 일어나 걸으라"고 명령하면서 이 나면서부터 걷지 못하는 걸인의 오른손을 잡았습니다. 베드로의 손을 잡는 그 순간 이 장애우는 자신을 일으키기 위한 주님의 자비와 사랑의 손길을 느낄 수 있었습니다. 그래서 발과 발목에 힘을 얻고 벌떡 일어날 수 있었습니다(7절). 기적이 일어났습니다. 나사렛 예수의 이름, 즉 예수님의 권세로 회복된 이 걸인은 너무 기뻐서 자신의 기쁨을 주체하지 못하고 주님의 전인 성전에서 경망스럽게 뛰기도 하고 걷기도 하고 하나님을 큰 소리로 찬양했습니다(8절).

　　그가 얼마나 오두방정을 떨었던지 성전 안에 있던 모든 백성이 그를 주목하여 보았습니다. 그리고 그가 본래 성전 미문에 앉아 구걸하던 나면서부터 걷지 못하게 된 자라는 사실을 알고 심히 놀라서 솔로몬의 행각에 있던 그와 베드로, 요한에게 일제히 달려왔습니다(9-11절). 솔로몬의 행각은 예루살렘 성전 동쪽 담장에 붙여 지어진 이방인의 뜰에 있던, 지붕이 있고 벽은 트여 있는 긴 통로형 건축물로 당시의 관습으로는 흔히 강론이 행해지던 곳이었습니다. 베드로는 이 솔로몬의 행각에 모여든 이스라엘 백성들이 행해진 치유 사건을 통해 자기와 요한을 주목하자 "이스라엘 사람들아! 이 일을 왜 놀랍게 여기느냐? 우리 개인의 권능과 경건으로 이 사람을 걷게 한 것처럼 왜 우리를 주목하느냐"고 소리치며 그들의 관심과 초점을 예수님께로 돌렸습니다(12절). 베드로와 요한은 그리스도께 돌아가야 마땅할 영광을 자신들이 중간에서 가로채지 않고 전적으로 그리스도에게 돌렸습니다. 바울도 "그러나 내가 나 된 것은 하나님의 은혜로 된 것이니 내게 주신 그의 은혜가 헛되지 아니하여 내가 모든 사도보다 더 많이 수고하였으나 내가 한 것이 아니요 오직 나와 함께하신 하나님의 은혜로라"라고 하나님께 영광을 돌렸습니다(고전 15:10). 이러한 '무익한 종'의 태도가 바로 주의 일을 하는 사역자들의 바른 자세인 것입니다.

4장 증거

(담대한 증거)

성전 미문에서 날 때부터 못 걷게 된 병자가 치유를 받자 베드로와 요한에게 사람들이 벌 떼와 같이 몰려들었습니다. 그리고 두 사도가 이 고침 받은 걸인을 매개로 성전 내 솔로몬 행각에서 사람들에게 복음을 전하자 상당수가 회심을 했습니다. 하지만 유대 종교 지도자들은 이를 싫어하여 둘을 붙잡아 옥에 가두었습니다(2-3절). 사도들의 가르침을 방해하고 그들을 체포한 장본인들은 제사장들, 성전 맡은 자와 사두개인들이었습니다(1절). 제사장들은 성전에서 백성들을 가르칠 수 있는 합법적인 권한을 유일하게 가진 자들이요, 성전 맡은 자는 성전의 수비대장으로 성전과 성전 주위의 질서와 치안 유지를 총책임지고 있는 자이며, 사두개인들은 종교 귀족들로 죽은 자의 부활을 부인하는 자들입니다. 베드로와 요한이 그들의 심기를 불편하게 했던 이유는 성전에서 백성을 가르칠 권세가 전혀 없는 사도들이 하나님의 백성을 가르친 것과 예수 안에서 죽은 자들의 부활을 선포한 것이었습니다. 전자는 직접적으로 제사장들과 성전 수비대장에 관련된 문제였고, 후자는 부활을 부인하는 사두개인들에게 문제가 됐습니다. 그들은 예수님이 성전에서 그들의 권위에 도전할 때 참지 못했듯이(눅 20:1-8), 그의 제자들이 그리할 때 역시 참지 못했습니다. 누가는 이미 예수께서 그들과의 논쟁에서 승리하신 사실을 기록했기 때문에 여기서도 제자들 역시 승리할 것을 예고합니다.

사도들은 옥에서 하룻밤을 보내고 다음 날 심문을 받기 위해 산헤드린 공회 앞에 섰습니다. 이스라엘 지도자들은 베드로와 요한을 가운데 세우고 "너희가 무슨 권세와 누구의 이름으로 이 일을 행하였느냐"고 물었습니다(7절). 베드로는 부활하신 예수 그리스도의 이름과 권세로 이 일(못 걷게 된 이의 치유 이적)이 일어났다고 대답했습니다(8-10절). 그러고 나서 예수님의 정체를 건축자들의 버린 돌이 모퉁이의 머릿돌이 되신 분이라고 밝히고 그 예수 외에는 구원이 없음을 분명히 말했습니다(11-12절). 베드로의 거침없는 대답에 유대 종교 지도자들은 엄청난 충격을 받았습니다. "그들이 베드로와 요한이 담대하게 말함을 보고 그들을 본래 학문 없는 범인으로 알았다가 이상히 여기며"(13절 상). 이들이 놀란 이유는 사도들의 '담대함' 때문이었습니다. 예전에 베드로는 비겁하고 소심한 '시몬'이었습니다. 그래서 힘없는 계집종 앞에서조차 예수와 한패라는 사실이 탄로 나서 잡혀 죽을까 봐 겁을 잔뜩 집어먹고 스승을 세 번이나 부인했습니다(마 26:69-75). 그러나 그 겁쟁이 시몬이 지금 서슬이 시퍼런 이스라엘 지도자들 앞에서 용사 '베드로'가 되어 기탄없이 할 말을 다하고 있기 때문에 심문자들은 놀랐던 것입니다.

베드로가 세상 말로 이렇게 깡다구가 생긴 이유가 뭡니까? 그것은 성령께서 그의 심령에서 강하게 역사하셨기 때문입니다(8절, "성령이 충만하여"). 옛 술인 소주나 막걸리에 취하면 '객기'가 생깁니다. 그래서 '만용'을 부립니다. 하지만 새 술인 성령에 취하면 '깡', 즉 '배짱'이 생깁니다. 그래서 베드로와 요한처럼 '용기'를 발휘할 수 있는 것입니다. 선천적으로 겁이 많습니까? 공포에 사로잡혀 있습니까? 성령을 받으면 담대해질 수 있습니다. 성령 충만하면 두려움이 사라질 것입니다. 그러므로 사도 베드로처럼 성령을 받아서 변하여 새사람이 되시기를 축원합니다(삼상 10:6, "여호와의 영이 크게 임하리니 … 변하여 새사람 되리라").

성령이 주신 담대함을 당해낼 재간이 없자 종교 지도자들은 공회 석상에서 베드로와 요한을 잠시 밖으로 내보내고 서로 의논을 했습니다(15절). 이들은 두 사도들로 인해 일어난 나면서 못 걷게 된 걸인 치유 사건은 예루살렘에 사는 모든 사람이 다 아는 유명한 표적이었으므로 더 이상 부인할 수 없다는 결론을 내렸습니다(16절). 그래서 그들을 다시 불러 도무지 예수의 이름으로 말하지도 말고 가르치지도 말라고 경고했습니다(18절). 이에 베드로와 요한은 한목소리로 "하나님 앞에서 너희의 말을 듣는 것이 하나님의 말씀을 듣는 것보다 옳은가 판단하라. 우리는 보고 들은 것을 말하지 아니할 수 없다"고 거절의 뜻을 분명히 했습니다(19-20절). 그들 앞에 이 치유 이적으로 병이 나은 확실한 물증(22절, 사십여 세 된 나면서 못 걷게 됐던 자)이 엄연히 있고 사도들을 처벌했다가는 사건의 전후 관계를 다 알고 있는 백성들이 어떤 일을 벌일지 몰라서 관리들은 베드로와 요한을 한 번 더 위협한 후 놓아주었습니다(21절).

사도들은 풀려나자마자 성도들이 모여 있는 곳으로 달려갔습니다. 그리고 그들에게 주님의 이름으로 전도하지도 말고 가르치지도 말라는 제사장들과 장로들의 경고와 위협의 말을 전해 주었습니다(23절). 두 사도의 보고를 들은 온 교인들은 박해자들의 위협에 굴복하지 않고 담대히 복음을 전할 수 있게 해달라고 합심하여 하나님께 기도드렸습니다(24-30절). 하나님께서는 그들의 기도에 즉시 응답하셨습니다. "빌기를 다하매 모인 곳이 진동하더니 무리가 다 성령이 충만하여 담대히 하나님의 말씀을 전하니라"(31절).

초대 교회는 기도로 모든 장벽을 뚫는 교회였습니다. 오순절 날 다 같이 한곳에 모여 기도할 때 성령이 강림했습니다(행 2:1). 온 교회가 오로지 기도에 힘쓸 때 폭발적인 부흥이 일어났습니다(2:42, 47). 박해의 위협에 굴복하지 않게 용기를 달라고 일심(一心)으로 빌었을 때 모인 곳이 진동하며 무리가 성령이 충만하여 담대히 하나님의 말씀을 증거할 수 있었습니다(4:31). 베드로가 옥에 갇혔을 때 온 교회가 모여 간절히 하나님께 간구하자 옥문이 열렸습니다(12:5, 10).

1세기 예루살렘에 살던 성도들이 기도로 자신들 앞을 가로막고 있던 오만 가지 장벽들을 허물어 버렸듯이, 21세기 동방의 예루살렘에 살고 있는 우리도 기도로 우리 앞에 닫혀있는 문이란 문들은 죄다 열어젖혀야 하겠습니다. 기도는 상황을 변화시킵니다. 기도는 세상을 변화시킵니다. 기도는 만사를 변화시킵니다.

예수님은 하나님이시기에 기도할 필요가 없는 분이셨지만 습관을 좇아 기도하셨습니다(눅 22:39-40). 새벽에도 기도하셨고(막 1:35), 밤을 새워서도 기도하셨습니다(눅 6:12). 산에서도 기도하셨고(눅 9:28), 광야에서도 기도하셨습니다(마 4:1-2). 하루를 기도로 시작해서 기도로 끝마치셨습니다. 그리하여 하늘의 능력을 공급받아서 자신의 사명을 훌륭히 감당하고 승리하실 수 있었습니다. 그러므로 주님처럼 매사를 기도로 시작해서 기도로 마치는 성도만이 이 험한 세상에서 당당히 승리할 수 있을 것입니다.

5장 범죄

(아나니아 부부의 **범죄**)

4장은 요셉 바나바가 자신의 밭을 팔아 교회 앞에 구제 헌금을 드리는

장면으로 끝납니다. 아나니아와 삽비라 부부는 바나바가 재산을 교회에 기탁한 다음에 교인들에게 인정과 존경을 받게 되자 자신들도 남들의 이목을 끌기 위해 소유를 팝니다. "아나니아라 하는 사람이 그 아내 삽비라로 더불어 소유를 팔아"(1절). 하지만 불순한 동기는 온전한 헌신을 이끌어낼 수 없었습니다. 막상 바치려니까 '이 돈을 다 갖다주면 우리는 뭘 먹고 사나!' 하는 생각이 들었습니다. 그래서 일부만 기부했습니다. "그 값에서 얼마를 감추매 그 아내도 알더라. 얼마만 가져다가 사도들의 발 앞에 두니"(2절).

사도 베드로는 위선의 탈을 쓰고 소유를 판 값의 전부를 드린 양 시치미를 뚝 떼고 있는 아나니아를 책망했습니다. "베드로가 이르되 아나니아야 어찌하여 사탄이 네 마음에 가득하여 네가 성령을 속이고 땅값 얼마를 감추었느냐?"(3절). 베드로의 이 말에서 흥미로운 사실은 아나니아가 재산을 처분하여 얻은 금액의 일부를 감추는 행위가 '횡령하다' 혹은 '훔치다'(헬. '노스피조마이')라는 희귀 동사를 사용하여 표현되고 있다는 점입니다. 이 동사는 신약에서 총 세 번 발견되는데 2절과 여기 3절, 그리고 디도서 2:10입니다. 디도서에서는 종이 주인의 물건을 도둑질하는 것과 연관되어 사용됐습니다.

구약에서는 이스라엘 백성이 여리고 성을 점령할 때 전리품 중 일부를 취한 아간의 도둑질과 관련해서 단 한 번 이 동사가 사용됐습니다(수 7:1). 따라서 누가는 아간의 저주받은 행위를 묘사할 때 유일하게 한 번 사용된 동사를 여기서 다시 반복함으로써 지금 아나니아를 새 언약 백성을 위협하는 '새 아간'으로 소개하고 있는 것입니다. 아울러, 하나

님의 것을 노략질한 죄로 인하여 아간과 그의 가족이 이스라엘 온 백성
에 의해 심판을 받아 죽었듯이, 아나니아 부부 또한 동일한 죄로 인해
비극적 최후를 맞이할 것을 예고하고 있는 것입니다. 하나님의 백성 중
그 어느 누구도 하나님께서 금하신 노략물에 손을 대지 않았는데 아간
혼자 손을 댔던 것처럼, 초대 교회의 모든 성도들이 교인 가운데 궁핍한
자를 구제하기 위해 재산을 처분하여 얻은 돈을 하나도 아낌없이 다 교
회에 바칠 때 아나니아 부부는 홀로 물질에 대한 탐욕 때문에 이 정신
과 배치되는 행동을 했던 것입니다.[90]

아나니아가 이렇게 땅값의 일부를 횡령할 생각을 가지게 된 이유는
사탄이 그의 마음을 지배했기 때문입니다. 3절에 베드로의 "어찌하여
사탄이 네 마음에 가득하냐?"라는 말은 사탄이 아나니아의 마음에 침
입하여 그 속에 충만했다는 의미가 아니라 사탄이 아나니아의 마음을
성령에게 거짓말하고 땅값의 일부를 착복할 생각으로 가득 채웠다는
뜻입니다. 아나니아가 사탄이 주는 이러한 생각으로 심령이 가득 찼다
는 말은 4장에 두 번(행 4:8, 31) 언급된 '성령으로 충만하다'는 표현의 정
반대 표현입니다. 베드로와 모든 성도들이 성령으로 충만할 때 아나니
아는 성령과 교회 공동체의 생각에 반대되는 불순한 생각, 즉 탐심으로
충만했던 것입니다. 신자란 자신의 심령에 내주하는 성령의 인도함을
받는 자인데 아나니아는 이러한 성령의 인도를 중도에 포기하고 사탄
이 주는 생각으로 충만하여 그의 유혹적인 인도를 택함으로써 결국 성
령 하나님을 기만하고 속이는 중죄를 범했던 것입니다. 그래서 베드로
는 "네가 사람에게 거짓말한 것이 아니요 하나님께로다"라고 책망했습
니다(4절). 아나니아는 이 책망의 말씀을 듣고 땅에 엎드러져 곧 숨이 끊
어졌습니다(5절 상). 사도 베드로가 한 것은 책망밖에 없었습니다. 그런

데도 아나니아가 쓰러져 즉사한 것은 베드로의 말에 충격을 받아 단순히 쇼크사한 것이 아니라 하나님의 즉결 심판에 따른 죽음으로밖에 볼 수 없습니다. 이러한 지엄하신 하나님의 심판을 전해 들었을 때 사람들은 큰 두려움에 사로잡히게 됐습니다(5절 하).

아나니아가 죽었을 때 교회의 청년들은 그를 천으로 싸서 들고 나가 즉시 매장했습니다(6절). 남편 아나니아가 죽은 지 3시간 정도 지났을 때 그의 부인 삽비라가 사도들이 있는 곳으로 들어왔습니다. 그녀는 그동안 벌어진 일에 대해 아무것도 알지 못했습니다(7절). 삽비라가 들어왔을 때 베드로는 즉시 남편 아나니아가 가져온 돈이 땅값의 전부냐고 물어보았습니다. 그러자 삽비라는 자신의 남편과 똑같이 "예"라고 대답했습니다(8절). 그 남편의 그 아내였습니다. 이에 베드로는 "너희가 어찌 함께 꾀하여 주의 영을 시험하려 하느냐? 보라 네 남편을 장사하고 오는 사람들의 발이 문 앞에 이르렀으니 또 너를 메어 내가리라"고 하나님의 심판을 선언했습니다. 그리고 삽비라는 아나니아처럼 즉시 쓰러져 죽었습니다(10절).

하나님께서는 아담이 혼자 사는 것이 안쓰러워서 돕는 배필로 하와를 주셨습니다(창 2:18). 그래서 둘이 서로 짝을 이뤄 상대의 약점을 커버해 주면서 살게 하셨습니다. 그러나 우리는 때로 서로를 보완하고 조화를 이루기보다는 나쁜 일을 위해서 뜻을 모으고 죄짓는 일에 죽이 잘 맞는 부부들을 보게 됩니다. 구약의 경우 아합과 이세벨이 그렇고, 신약은 여기 아나니아와 삽비라 부부가 그런 경우입니다. 아나니아와 삽비라의 범죄와 관련하여 두 낱말이 독자의 이목을 끕니다. 본문 1-2절("아나니아라 하는 사람이 그의 아내 삽비라와 더불어 소유를 팔아 그 값에서 얼마를 감추매 그 아내도 알더라")에서 '더불어'라는 말이 인상적입니다. 이들은 '더불어'

소유를 팔았고, '더불어' 그 값에서 얼마를 횡령하는 도둑질을 저질렀습니다. 또한 9절("너희가 어찌 함께 꾀하여 주의 영을 시험하려 하느냐? 보라 네 남편을 장사하고 오는 사람들의 발이 문 앞에 이르렀으니 또 너를 메어 내가리라")에서는 '함께'라는 말이 눈에 띕니다. 이 부부는 '함께' 나쁜 일을 꾀하여 성령을 시험했고 그 결과 '함께' 망하게 됐습니다. 어쩜 이렇게도 죄짓는 일에 손발이 착착 맞는지요? 우리는 아나니아와 삽비라 부부를 반면교사로 삼아서 악을 도모하는 일에 부창부수가 될 것이 아니라 철이 철을 날카롭게 하는 것같이 남편(아내)이 그의 아내(남편)의 얼굴을 빛나게 하는 환상의 콤비가 되어야 겠습니다(잠 27:17).

주께서는 이제 막 피어나는 어린 초대 교회에 탐심과 기만성의 죄를 들여와 퍼뜨림으로써 원수 마귀의 하수인 노릇을 하는 아나니아와 삽비라를 일벌백계(一罰百戒)하셨습니다. 그로 인해 죄의 싹을 초장에 잘라버리고 하나님의 교회의 순수성과 일치성을 보호하셨습니다. 이 부부의 죄가 제거되자 교회에 다시 한번 부흥이 일어났습니다. "믿고 주께로 나아오는 자가 더 많으니 남녀의 큰 무리더라"(14절).

6장 분쟁
(구제 분쟁)

5장은 사도들이 가르치기와 전도하기에 힘쓰는 모습으로 끝을 맺습니다. 그리고 6장은 이러한 그들의 수고로 인해 제자의 수가 더 많아지게 됐다는 언급과 함께 시작합니다(1절 상). 교회가 양적으로 성장한 것은 고무적인 현상입니다. 하지만 짧은 시간에 감당할 수 없을 정도로 증

빵을 달라!

가하게 되자 구제 문제가 발생했습니다. "헬라파 유대인들이 자기의 과부들이 매일의 구제에 빠지므로 히브리파 사람을 원망하니"(1절 하). 여기 '헬라파 유대인들'이란 디아스포라 출신의 유대인들로서 당시의 세계 공용어인 헬라어를 모국어로 사용했던 사람들을 지칭합니다. 마침 구제 프로그램을 관장하고 있던 사람들이 모두 히브리파 유대인들—사도들은 모두 본토 유대인들—이었기 때문에 헬라파 유대인 과부들은 본의 아니게 매일의 구제에서 소외됐던 것으로 보입니다. 자신들의 과부들이 매일의 구제에서 제외되자 헬라파 유대인들 사이에 원망이 터져 나왔습니다. 헬라파 유대인들은 예루살렘 교인들의 구제금을 받아서(행 4:35, 37), 그것을 공평하게 나누어 주도록 되어있는 사도들에게 투덜거렸습니다.

헬라파 유대인들의 불평을 접수하자마자 열두 사도들은 문제 처리를 위해 즉시 온 교회를 소집했습니다(2절 상). 그리고 서로 의논한 후에 이러한 해결책을 내놓았습니다. "우리가 하나님의 말씀을 제쳐 놓고 접대를 일삼는 것이 마땅하지 아니하니 형제들아 너희 가운데서 성령과 지혜가 충만하여 칭찬받는 사람 일곱을 택하라. 우리가 이 일을 그들에게 맡기고 우리는 오로지 기도하는 일과 말씀 사역에 힘쓰리라"(2절 하-4절). 열두 사도들은 식탁에서 봉사하는 부업에 너무 많은 시간을 소비한 나머지 말씀 사역이라고 하는 주업을 소홀히 해왔음을 깨달았습니다. 그래서 사역의 우선순위를 재확인했습니다. 그들은 자신들의 본연의 업무인 불신자들에게 말씀을 전파하는 전도 사역과 신자들에게 말씀을 가르치는 양육 사역으로 복귀할 것을 선언했습니다(2절 하, 4절). 그리고 다른 사람들이 맡아도 잘 할 수 있는 분배 사역은 따로 칠 인을 세워 대신 감당하게 하자고 제의했습니다(3절).

온 교회는 업무를 나눠 맡자는 사도들의 제의를 흔쾌히 받아들였습니다. 음식과 생필품을 궁핍한 과부들에게 매일 분배하는 일에 있어서 히브리파 교인들에게는 전혀 문제가 없었기 때문에 온 교회는 이들 가운데서 한 사람도 선택하지 않고 헬라파 유대인 신자들 가운데서 사도들이 제시한 자격 기준에 적합한 인물들을 선택하기로 했습니다. 이렇게 해서 선정된 7인은 스데반, 빌립, 브로고로, 니가노르, 디몬, 바메나, 니골라였습니다(5절).

이 명단에서 주목을 끄는 것은 첫 두 사람인 스데반과 빌립입니다. 이 두 인물은 6-8장에서 핵심적인 역할을 합니다. 그동안 2-5장은 초점이 베드로와 요한을 위시한 사도들의 말씀 선포 사역에 있었습니다. 그러나 6-8장에서는 스데반과 빌립을 중심으로 한 평신도들의 복음 전파 활동으로 옮겨집니다. 6-7장에서는 스데반의 강력한 예루살렘 지역 전도가, 그리고 8장에서는 빌립의 효과적인 사마리아와 유대 지역 전도가 전개됩니다. 여기서 사도들의 역할은 앞 장에 비해 무대 뒤로 물러나고 사도들은 결정적인 과정에만 등장하여 평신도들의 전도 활동을 확증하는 역할을 합니다.

스데반은 알이 꽉 찬 게처럼 속이 꽉 찬 사람이었습니다. '성령'과 '지혜'가 충만했습니다(3절). '믿음'이 충만했습니다(5절). 그리고 '은혜'와 '권능'이 충만했습니다(8절 상). 5중으로 충만한 인생이었습니다. 그래서 자신에게 맡겨진 구제 사역만으로는 양이 차지 않아서 사도들의 뒤를 이어 큰 기사와 표적을 행하면서 말씀을 전하는 일을 병행했습니다(8절 하). 스데반이 복음 사역을 열심히 펼치자 그를 대적하는 사람들이 일어났습니다. 그 반대 세력은 구레네, 알렉산드리아, 길리기아와 아시아에서 온 헬라어를 사용하는 회당 소속의 사람들이었습니다. "이른바 자유민들 즉 구레네인, 알렉산드리아인, 길리기아와 아시아에서 온 사람들의 회당에서 어떤 자들이 일어나 스데반과 더불어 논쟁할새"(9절). 여기서 눈에 띄는 지명이 하나 발견되는데, 그것은 '길리기아'입니다. 길리기아의 수도는 다소로서 사울이라는 이름을 가진 바리새인이 그곳 출신이기 때문입니다. 틀림없이 사울은 이 회당에서 스데반을 만났을 것이고 그것은 나중에 그 자신의 생은 물론 세계사를 바꾸어 놓는 결과를 가져올 것입니다.

이 회당의 지도자들은 스데반과 더불어 논쟁을 했지만, 충만에 충만으로 무장한 그를 당해낼 재간이 없었습니다(10절). 그래서 스데반에 대하여 없는 이야기를 지어 퍼뜨려서 결국 그가 체포되어 앞선 사도들처럼 공회 앞에 세워지게 됐습니다(11-12절). 전도하다가 잡혀 온 스데반을 바라본 공회원들은 깜짝 놀랐습니다. 그의 얼굴이 천사의 얼굴과 같았기 때문입니다(15절). 억울한 누명을 쓰고서 억울한 재판을 받는 사람은 일반적으로 그 마음이 근심과 분노로 가득 차서 표정이 어둡고 안면이 일그러지는 법인데, 스데반의 얼굴은 기쁨으로 충만하고 햇빛보다 더 밝은 천사의 모습이었습니다. 그가 이처럼 아름다운 용모를 유지할 수 있었던 비결은 대체 무엇이었을까요? 그것은 내가 지금 예수님 때문에 고난받고 있다고 생각했기 때문이었습니다. 참된 신앙인은 산상수훈에서 주님께서 하신 "나로 말미암아 너희를 욕하고 박해하고 거짓으로 너희를 거슬러 모든 악한 말을 할 때에는 너희에게 복이 있나니 기뻐하고 즐거워하라. 하늘에서 너희의 상이 큼이라. 너희 전에 있던 선지자들도 이같이 박해하였느니라"는 말씀(마 5:11-12)을 자신의 고난받는 삶 가운데 실천하는 사람입니다.

헨리크 센케비치(Henryk Sienkiewicz)의 유명한 소설 『쿼바디스』(Quo vadis; 청목, 1991 역간)를 보면 사자에게 찢기고 십자가의 형틀에서 죽어가는 신자들이 찬송을 부르면서 그 얼굴에 기쁨과 평화가 가득한 것을 보고 미치광이 황제 네로는 이렇게 외칩니다. "저들이 웃으면서 죽어가는 그 이유가 무엇인가?" "도대체 저 그리스도인들이 웃으면서 죽어가는 그 이유가 무엇인가?" 초대 교회 성도들은 순교의 그 고통스러운 순간에도 웃으면서 죽음으로써 불신자들에게 얼굴로 간증을 했습니다.

7장 순교

(스데반의 순교)

거짓 증인들은 스데반이 성전과 율법을 모독하는 발언을 했다고 참소했습니다(행 6:13-14). 이에 대제사장은 "이것이 사실이냐"고 그에게 물었습니다(1절). 그래서 스데반은 장문의 설교를 하게 되는데, 스데반의 설교는 사도행전에 기록된 설교 가운데 가장 긴 설교로 이스라엘 전(全) 역사에 관한 것이었습니다.

스데반에 따르면, 이스라엘 역사는 한마디로 말해서 하나님께서 세우신 지도자들을 배척한 불순종의 역사였습니다. 창세기에서 하나님은 요셉을 리더로 세우셨지만, 그의 형제들이 그를 시기하고 배척하여 결국 애굽에 종으로 팔려가게 됐습니다(9-19절). 출애굽기에서는 모세를 이스라엘의 지도자로 삼으셨는데 이스라엘 백성들이 그를 배척하고 아론과 함께 금송아지 우상을 만들어 숭배했습니다(20-40절). 계속되는 배척에도 불구하고 하나님께서 이스라엘을 바른 길로 인도하기 위해 끊임없이 선지자들을 보내셨습니다. 하지만 그들은 이 주의 종들을 핍박하고 심지어는 죽이기까지 했습니다(52절 상). 이러한 배척의 역사에 정점을 찍은 것이 자신들을 구원하기 위해 오신 예수 그리스도를 끔찍한 십자가의 형틀에 처형한 사건이었습니다(52절 하). 그래서 스데반은 설교를 듣는 유대인들을 향해 자신들의 조상들처럼 목이 곧고 마음과 귀에 할례를 받지 못한 사람들, 즉 항상 성령을 거스르는 사람들이라고 책망했습니다(51절). 이 불같은 질책을 듣고 그들은 마음에 큰 충격을 받았습니다. "저희가 이 말을 듣고 마음에 찔려 저를 향하여 이를 갈거늘"(54절). 여기 '마음에 찔려'라는 표현은 날카로운 송곳으로 사람의 마음을 후벼파는 것을 말합니다. 스데반은 죄를 신랄하게 지적함으로써 그들의 심장에 비수를 꽂았습니다. 하지만 반응은 오순절 날과 정반대였습니다. 동일한 복음을 전해 들었지만, 이들은 완전히 다른 반응을 보였습니다. 베드로의 설교를 들은 사람들은 마음에 찔리자 마음 문을 활짝 열고 죄를 자복함으로써 들은 자신들도 살고, 전한 베드로도 살았습니다(행 2:37-41). 그러나 스데반의 설교를 들은 자들은 마음에 찔리자 귀를 틀어막고 그에게 달려들어 돌을 던짐으로써 결국 스데반도 죽고 자신들도 정죄를 받게 됐습니다. 회개하면 같이 살고, 완악하면 함께 망하는 겁니다.

　스데반이 정곡을 찌르는 말씀을 선포했음에도 불구하고 강퍅한 이스라엘 백성들은 회개하기는커녕 이를 갈며 반항했습니다. 당장이라도 해할 것 같은 이러한 살벌한 분위기 속에서도 스데반은 차분히 눈을 들어 하늘을 바라보았습니다. 그리고 영안이 열려 하나님의 보좌 우편에 계신 인자(人子), 즉 예수님을 보았습니다(55절). 그런데 희한하게도 주님은 하나님의 보좌 우편에 좌정하지 않고 '서' 계셨습니다. 신약은 한결같이 높임 받으신 예수님께서 하늘 보좌 우편에 '앉아' 계신 것으로 증거하는데(막 16:19; 행 2:35; 골 3:1 등), 왜 여기서는 서셨다고 했을까요? 이는 주님께서 스데반을 변호하는 증인 역할을 하고 계심을 보여줍니다. 왜냐하면 법정에서 증인의 적절한 자세는 '서 있는' 자세이기 때문입니다. 예수님은 자신을 목숨 걸고 증거하는 스데반을 하늘 보좌에 편안히 앉아서 보고 계실 수가 없었습니다. 그래서 자리를 박차고 '벌떡' 일어나셔서 스데반의 신실한 증인 됨을 하나님 앞에서 변호하고 그가 신실함을 잃지 않고 끝까지 굳게 해달라고 하나님께 중보기도했던 것입니다.[91] 이러한 천상 비전은 스데반에게 엄청난 용기를 북돋아 주었습니다. 그래서 적대적인 상황 가운데서도 "보라 하늘이 열리고 인자가 하나님 우편에 서신 것을 보노라"라고 담대하게 외칠 수 있었습니다(56절). 하지만 아무것도 보지 못한 유대인들은 이러한 발언을 한 스데반을 하나님을 망령되이 일컫는 자로 오인하고 돌을 들어 내리쳤습니다(59절). 스데반은 돌에 맞아 죽으면서도 자신을 향해 돌을 던지는 유대인들의 죄를 용서해 달라고 예수님께 기도드렸습니다(60절).

스데반의 죽음을 보면서 악한 마귀는 쾌재를 불렀을 겁니다. 이제 드디어 하나님과 하나님의 교회가 패했다고 생각했을 겁니다. 그러나 십자가 후에 부활이 있듯이, 스데반의 순교 후에 곧 더 업그레이드 된 '새 스데반'이 등장합니다. 하나님은 결코 성도가 헛되이 피를 흘리게 하지 않습니다. 6장에서 사울은 부당한 체포 앞에서도 초연한 천사의 얼굴을 한 스데반을 보았습니다. 그리고 7장에서 자기에게 돌을 던지는 폭도들을 위해 용서의 기도를 하며 장렬히 산화(散花)하는 스데반을 목격했습니다. 이 두 모습은 8장에서 짐승처럼 날뛰던 바리새인 사울을 9장에서 순한 양과 같은 그리스도인 바울로 변화시키는 결정적인 계기가 됐습니다. 스데반의 죽음을 통해 뭔가 이상한 기류를 감지한 사울은 다메섹 도상에서 부활하신 예수님을 만나서 자신이 지금까지 잘못 살아왔음을 깨닫고 극적으로 회심합니다. 그리고 스데반의 빈자리를 대신하는 새로운 스데반으로 세움을 받아 사도행전이 끝날 때까지 계속해서 복음의 증인으로서 사역을 신실하게 감당하게 됩니다. 이제 곧 스데반이 한 알의 밀알이 되어 썩어진 바로 그 자리에서 바울이라고 하는 새 생명의 꽃이 피어나게 될 것입니다. '한 송이 바울 꽃을 피우기 위해 (선교의) 봄부터 스데반은 그렇게 순교의 눈물을 흘렸나 보다.'

8장 빌립

(**빌립**의 사마리아 전도)

스데반의 죽음은 교회 박해의 기폭제가 됐습니다(1절 상). 예루살렘 교회의 박해는 스데반의 제거로 일단락된 것이 아니라 그것으로 인해 본격적으로 시작됐습니다. 예수의 적들은 복음 확산을 저지하기 위해 복음의 증인 스데반을 돌로 쳐 죽였습니다. 그리고 그것에 만족하지 않고 사울을 내세워 교회를 진멸하려고 했습니다. 이로 인해 사도들을 제외한 나머지 성도들은 유대와 사마리아 모든 땅으로 뿔뿔이 흩어지게 됐습니다(1절 하). 이 박해로 인해 흩어진 일은 교회의 종말을 가져온 것이 아니라 오히려 교회로 하여금 하나님의 은밀한 섭리 가운데 세계 복음화의 사명을 감당하는 데 한 걸음 더 앞으로 나아가는 계기가 됐습니다. 스데반 한 사람의 제거는 오히려 더 많은 무명의 그리스도인들을 복음의 증인으로 일어서게 했습니다.

박해로 인해 흩어진 교인들 가운데 한 명인 빌립은 복음을 증거하기 위해 사마리아 땅으로 내려갔습니다. "그러나 빌립이 사마리아 성에 내려가 그리스도를 백성에게 전파하니"(5절). 초대 교회 성도들이 돌아다니면서 복음을 증거할 때 그들은 종교적이고 문화적인 편견 때문에 감히 사마리아 지역에 들어갈 엄두를 내지 못했습니다. 하지만 빌립은 그 시대의 생각을 초월하여 사마리아 도성으로 가서 복음을 전했습니다. 그래서 누가는 이러한 대조를 역접 접속사 '그러나'(헬. '데')를[92] 사용하여 나타냈습니다. 예수님께서는 승천 직전에 사도들을 모두 불러놓고 성령의 권능을 입은 다음에 사마리아 지역에서도 복음의 증인이 될 것을 명하셨습니다(1:8). 하지만 그들은 유대인과 사마리아인 사이의 수백 년간 지속된 반목과 적대감으로 인해 주님의 지상 명령을 수행하기 위해 사마리아 지역에 들어가 전도할 생각을 잊고 있었습니다. '그러나' 평신도 빌립은 감히 그곳에 내려가 복음을 증거했습니다.

빌립의 행동은 여로보암 2세 때(주전 793-753년) 활동했던 북이스라엘 선지자 요나의 행동과 극한 대조를 이룹니다. 어느 날 여호와의 말씀이 아밋대의 아들 요나에게 임하여서 "너는 일어나 저 큰 성읍 니느웨로 가서 그것의 악독이 내게 상달되었다고 외치라"고 명하셨습니다(욘 1:1-2). 그런데 요나는 어떻게 했습니까? "그러나 요나는 여호와의 얼굴을 피하려고 일어나 다시스로 도망하려 하여 욥바로 내려갔더니"(욘 1:3 상).

‘그러나’ 요나는 자신의 민족 이스라엘의 원수국인 니느웨가 회개의 선포를 전해 듣고 돌이킬까 봐 하나님께서 자신에게 가라고 명령한 것과는 정반대 방향인 다시스로 도망갔습니다. 똑같은 ‘그러나’이지만 요나의 ‘그러나’는 불순종의 ‘그러나’였고, 빌립의 ‘그러나’는 순종의 ‘그러나’였습니다. 요나는 자신의 선입견에 사로잡혀 하나님의 말씀에 반기를 들고 욥바로 내려갔습니다. 그로 인해 함께 배를 탔던 사람들을 위험에 빠뜨리고 자신도 물고기 배 속에서 3일 동안 고난을 당했습니다. 반면에 빌립은 편견을 버리고 주님의 명령에 순종하여 사마리아로 내려갔습니다. 그 결과 복음을 통해 사마리아 사람들을 위험에서 건져냈고 큰 기쁨을 주었습니다(8절).

빌립은 당시 전도 대상이 결코 될 수 없다고 생각한 사마리아 땅으로 내려가서 복음을 전했습니다. 그리고 하나님의 은혜로 큰 부흥을 이루어 많은 추종자를 거느리게 됐습니다(6절). 그런데 주님은 갑자기 천사를 보내어 광야로 가라고 지시했습니다(26절). 그래서 순종하고 나아간 황무지에서 빌립은 당시 땅끝에 있는 나라 중 하나로 간주된 에디오피아에서 온 내시와 조우하게 됐습니다(27-28절 상).

이 내시는 에디오피아 여왕 간다게의 모든 국고를 맡은 자로서 이사야서 53장을 읽고 있었습니다. 그는 그중에서도 고난받는 여호와의 종에 관한 말씀인 이사야 53:7-8을 읽고 있었는데, 이해하지 못해서 선지자가 가리키는 ‘그’가 누구냐고 빌립에게 물었습니다(34절). 이에 빌립은 ‘그’가 바로 ‘예수’라고 증거함으로 내시에게 ‘예수’를 만나게 해주었습니다(35절). 예수를 만나자 내시의 마음이 뜨거워졌습니다. 그래서 광야 길가의 오아시스를 발견했을 때 그 흥분된 마음을 주체하지 못하고 “보라! 여기 물이 있도다”, “내가 세례받는 것을 누가 막으랴”라고 외치며 수레에서 내려서 빌립에게 세례를 받았습니다(36-38절).

예수를 만난 사람들의 공통점은 샘솟는 '기쁨'입니다. 빌립의 전도로 개종한 사마리아 성에 '큰 기쁨'이 있었습니다(8절). 그리고 여기 예수를 만난 내시는 '기쁘게' 고향길로 돌아갔습니다(39절).

9장 만남

(사울과 예수의 **만남**)

8장이 예수님을 만난 후 기쁨 충만한 상태로 고향으로 돌아간 에디오피아 내시의 에피소드로 끝났다면, 9장은 예수님의 제자들을 체포하러 다메섹까지 쫓아갔다가 도리어 그 도상에서 부활의 주님께 체포되어 인생이 180도로 변한 한 사나이, 사울의 이야기로 시작합니다. 사울은 길리기아의 수도 다소의 한 독실한 유대인 가정에서 출생했습니다. 다소는 그 당시 상업의 중심지로서 사울은 그곳에 사는 대다수의 유대인들과 마찬가지로 나면서부터 로마 시민권을 부여받았습니다. 그는 엄격한 유대교 교육을 받았지만 헬라 도시에 살았기에 그리스어를 능숙하게 구사했습니다. 이 때문에 사울은 이방인들에게 복음을 전하는 특수한 소명에 적합한 인물이 됐습니다.

사울은 어린 나이에 예루살렘으로 유학을 가서 당대 최고의 율법학자 가말리엘 문하에서 수학했습니다. 사울은 자신이 열렬히 옹호했던 바리새파적 유대교에 대해 신흥 기독교 세력이 위협을 가한다고 생각해서 교회를 핍박하는 인물로서 역사의 무대에 처음으로 등장하게 되는데, 그것이 바로 사도행전 7장의 스데반 순교 현장입니다. 사울은 당시 길리기아에서 온 헬라파 유대인들이 예루살렘에 세운 회당에서 리더 노릇을 하고 있었는데 스데반이 기독교를 디아스포라 유대인들에게까지 확산시키려고 하자 위기의식을 느끼고 거짓 증인들을 내세워 그를 참소했습니다. 그리고 그 증인들을 배후에서 조종하여 스데반을 돌로 치게 한 후 그가 사형받아 죽은 것을 마땅하게 여겼습니다(행 8:1). 그 누구보다도 유대교에 열심이었던 바리새인 사울은 스데반의 죽음에 만족하지 않고 그리스도인 잔당들을 뿌리 뽑기 위해 산헤드린에서 대제사장으로부터 공문서를 발급받아 예루살렘에서 무려 약 240km나 떨어진 시리아의 수도이자 상업 중심지인 다메섹으로 향했습니다(1-2절). 사울은 예수의 사람들을 체포하기 위해서 다메섹에 갔지만 오히려 예수의 손에 붙들리게 됐습니다. 천상에서 들려오는 소리(3-5절)를 통해 사울은 지금까지 하나님을 기쁘게 한다고 한 일이 하나님의 마음을 아프게 한 일임을 깨닫게 됐습니다. 나사렛 예수가 이단의 괴수가 아니라 이스라엘이 그토록 대망하던 메시아임을 알고 소스라치게 놀랐습니다. 한 방 제대로 맞고 사울은 완전히 녹다운 됐습니다. 사울은 아무것도 보지 못하고 사람들의 손에 이끌려 다메섹에 들어갔습니다. 그리고 거기서 예수의 제자 아나니아를 만나서 시력을 회복하고 모든 사람에게 다메섹 도상에서 만난 부활하신 주님의 증인이 될 것을 지시받았습니다(6-19절).

　사울은 다메섹에 있던 다른 제자들과 며칠을 교제한 후 성령이 충만하여 즉시 다메섹의 각 회당으로 달려가서 "예수가 바로 하나님의 아들입니다"라고 모인 사람들에게 선포했습니다(20절). 이제 사울의 사역이 본격적으로 시작된 것입니다.

하나님의 저주를 받아 나무에 달려 죽은 거짓 선지자를 메시아로 믿고 신앙생활하던 예수쟁이 이단들을 모조리 잡아 옥에 처넣기 위해 사울이 예루살렘에서 다메섹으로 올라왔다는 소식을 들었던 회당의 유대인들은 사울의 이 같은 변화에 심히 놀라지 않을 수 없었습니다. 그래서 "이 사람이 예루살렘에서 이 이름을 부르는 사람을 멸하려던 자가 아니냐? 여기 온 것도 그들을 결박하여 대제사장들에게 끌고 가고자 함이 아니냐"고 반문했습니다(21절). 하지만 사울은 이에 굴하지 않고 더 큰 능력 가운데 유대인들이 갈망하는 메시아가 바로 십자가에 못 박힌 예수임을 강력하게 증거하여 그들을 당혹하게 했습니다(22절). 어제까지만 해도 교회를 가차 없이 핍박하던 자가 오늘 '예수가 그리스도다'라고 정신 나간 소리(?)를 지껄여대자 유대인들은 이제 사울을 자신들의 동료가 아닌 적으로 생각하고 그를 잡아 죽이기로 계획을 짰습니다. 하지만 이 음모는 하나님의 은혜로 사울에게 알려지게 됐고 사울은 주님의 제자들의 도움 속에서 간신히 다메섹을 빠져나와 예루살렘으로 갔습니다(24-26절).

사울은 이제 예루살렘에서 주의 제자들과 교제를 나누면서 그곳에 거하는 디아스포라 출신의 유대인들에게 주 예수의 이름을 담대히 증거했습니다(29절 상). 이 헬라파 유대인들은 전에 스데반을 잡아 죽였던 자들이었습니다. 사울은 전에 이들의 핵심적인 지도자들 가운데 하나였습니다. 스데반이 이 유대인들과 격론을 벌였던 것과 같이 변화된 사울은 이제 더 이상 그들의 지도자가 아니라 주님을 증거하는 전도자가 되어 그들과 복음을 가지고 설전을 했던 것이었습니다.

사울은 몇 년 전에 자신의 그릇된 조치로 인해 순교당한 스데반의 뒤를 잇는 자가 됐습니다. 하나님께서는 스데반이 순교하면서 했던 용서의 기도를 만 배로 응답하시어 사울을 그보다 몇 단계 업그레이드 된 복음의 증인으로 세우신 것입니다. 이전에 스데반을 제거하는 데 성공했던 이 헬라파 유대인들은 새로운 스데반인 사울을 자신들을 떠난 배교자로 생각하고 그 또한 제거하려고 했습니다(29절 하). 하지만 그의 생명이 위협받고 있다는 사실을 간파한 믿음의 형제들은 사울을 예루살렘에서 북서쪽 지중해 연안에 있는 항구 도시 가이사랴로 피신시켰습니다. 그리고 그곳에서 배를 태워 고향 다소로 보냈습니다(30절).

사도행전은 이후 다소에서 사울의 행적에 대해 전혀 언급하고 있지 않습니다. 그렇지만 사울이 다메섹과 예루살렘에서 담대하게 복음을 증거했던 사실로 미루어볼 때 그는 그곳에서도 전과 같이 담대하게 주의 말씀을 전했을 것으로 추정됩니다. 이제 다소로 보냄을 받은 사울은 11장에 다시 등장하기까지 약 10년간 초야(草野)에 묻혀 지내게 될 것입니다. 이어지는 31절은 지구촌 복음화 제2단계의 결론을 단 한 줄로 요약합니다. "그리하여 온 유대와 갈릴리와 사마리아 교회가 평안하여 든든히 서가고 주를 경외함과 성령의 위로로 진행하여 수가 더 많아지니라." 스데반의 순교로 야기된 대대적인 핍박에도 불구하고 교회는 내적으로는 평안함과 견고함을 유지했고 외적으로는 수가 폭발적으로 증가하는 부흥을 맛보게 됐습니다. 박해가 크면 클수록 그만큼 하나님의 위로와 은혜도 큰 것입니다.

10장 회심

(고넬료의 **회심** 성령 강림)

사도 베드로는 욥바에서 많은 사람을 주께 돌아오게 한 후 무두장이 시몬의 집에 머물고 있었습니다(행 9:43). 베드로가 머무는 욥바에서 북쪽으로 50km 정도 떨어진 곳에 가이사랴(Caesarea)라는 항구 도시가 있었습니다. 이 도시는 로마 황제 가이사(Caesar)의 이름을 따서 세워진 도시로 당시 로마 총독부가 있었던 곳이었기에 로마의 군부대가 거기에 주둔하고 있었고 또한 많은 이방인이 거주하고 있었습니다. 당시에 가이사랴에는 지금의 대대급 부대(부대원 수 600명)가 5개 있었는데, 이 가운데 하나가 이달리야 출신의 군인들로 구성된 이달리야 부대였습니다. 이 이달리야 부대에는 부대장인 천부장 밑에 6명의 백부장이 있었는데 그중의 한 사람이 고넬료였습니다(1절).

이 로마 백부장 고넬료는 마태복음 8장에 나오는 백부장처럼 겸손한 성품의 소유자로 하나님을 경외하여 백성을 많이 구제하고 항상 기도하는 사람이었기 때문에 주변 유대인들로부터 존경을 받고 있었습니다(2절). 그런 고넬료가 하루는 기도하는 가운데 환상을 보게 됐습니다(3절). 환상 가운데 하나님의 사자가 나타났을 때 그는 두렵고 떨리는 마음으로 "주여, 무슨 일이십니까"라고 물었습니다. 천사는 질문하는 고넬료에게 "네 기도와 구제가 하나님 앞에 상달되어 기억하신 바가 되었으니 지금 사람들을 욥바에 보내어 베드로라 하는 시몬을 청하라"고 지시했습니다(4-5절).

　천사의 지시를 받은 고넬료는 천사가 떠나자마자 즉시 행동을 개시했습니다(7절). 그는 집안 하인 둘과 부하 가운데 경건한 사람 하나를 불러 지시받은 모든 내용을 설명하고 욥바로 보냈습니다(8절).

　고넬료가 보낸 자들이 욥바 성에 가까이 왔을 때 베드로는 기도하고 있었는데, 그러는 가운데 하늘이 열리며 각종 짐승을 담은 보자기 같은 그릇이 네 모서리가 매여 내려오는 환상을 보았습니다(10-12절). 그리고 "베드로야 일어나 잡아 먹어라"는 음성이 들려왔습니다(13절). 여기 12절에 언급된 짐승들이 어떤 것들이었는지 누가가 구체적으로 밝히고 있지 않기 때문에 알 수 없지만 뒤의 베드로의 반응으로 미루어볼 때, 모세오경(레 11:2-23; 신 14:7-20)에 열거된 이스라엘 백성이 먹을 수 있는 정한 짐승과 먹을 수 없는 부정한 짐승의 구별이 전혀 없이 뒤섞여 있었던 것으로 보입니다. 하나님께서는 이렇게 부정한 짐승과 정한 짐승들을 짬뽕으로 뒤섞어 놓으심으로써 짐승에 관한 이러한 구분이 더 이상 의미가 없음을 분명히 한 것입니다. 다시 말해서, 하나님은 이제 모든 짐승(유대인과 이방인)이 다 정결하다는 강력한 메시지를 모든 짐승을 섞어 놓음으로써 베드로에게 전달하신 것입니다. 그러나 이러한 입장은 베드로의 생각과는 전혀 달랐습니다. 그는 그 속에 들어 있는 짐승들이 모두 섞여 있었기 때문에 거기에 설령 정한 짐승이 있다고 할지라도 부정한 짐승과 함께 섞여 있는 한 정한 짐승도 더 이상 먹을 수 있는 짐승이 아니라고 생각했습니다. 그래서 "주여 그럴 수 없나이다. 속되고 깨끗하지 아니한 것들, 즉 부정한 것들을 내가 결코 먹지 아니하였나이다"라고 말하며 거부했습니다(14절). 하나님께서는 "내가 정결하게 한 것을 네가 속되다고 하지 말라"라는 동일한 말씀을 세 차례 반복하신 후 그 그릇을 다시 하늘로 올리셨습니다(16절).

베드로가 방금 본 환상의 의미를 깨닫기 위해 골똘히 생각하고 있을 때 고넬료가 보낸 사람들이 도착하여 문밖에서 베드로를 찾았습니다(17-18절). 하나님의 뜻을 파악하기 위해서 고민하고 있던 그에게 성령께서 "내가 보낸 두 사람이 너를 찾으니 의심하지 말고 그들과 함께 가라"(19절 하-20절)고 말씀하시자 그제서야 자기가 본 환상의 의미가 곧 하나님께서 이방인들을 깨끗하게 하셨으니 그를 부르러 온 이방인들을 영접하고 그들에게 가서 복음을 전하라는 것임을 깨닫게 됐습니다. 하나님의 뜻을 분명하게 간파한 베드로는 성령의 지시에 지체 없이 순종했습니다. 그래서 다른 사람들을 시키지 않고 친히 그들을 집 안으로 맞아들이고 정결한 유대인이 부정한 이방인들과 하룻밤을 보내게 됐습니다.

그리고 바로 다음 날 욥바에 있던 여섯 형제들과 함께 가이사랴의 고넬료 집을 향해 출발했습니다(23절). 그리고 다음 날 목적지에 도착했을 때 그를 기다리고 있는 상당히 많은 사람을 발견했습니다. 왜냐하면 고넬료는 베드로가 확실히 올 것을 믿어서 자신의 가족들뿐만 아니라 친척들과 가까운 친구들까지 모두 모아 놓았기 때문이었습니다(24절). 베드로가 고넬료 집 안으로 들어올 때 고넬료는 그가 마치 하늘에서 온 방문객이나 되는 듯이 베드로의 발 앞에 엎드렸습니다. 고넬료와 같은 사람이 이와 같은 행동을 했다고 하는 것은 이만저만한 겸손의 표현이 아니었습니다. 왜냐하면 그는 높은 지위에 있는 사람이었기 때문입니다. 게다가, 그는 당시 세계 최강 로마 군대의 장교였습니다. 보통 정복당한 백성들이 자기들을 정복한 힘이 있는 사람들의 종교나 문화를 부러워하는 것이 일상적인 일인데 콧대 높은 로마의 군대 장교가 자기네 군인들의 말발굽 아래 짓밟힌 이 피정복 민족의 종교를 받아들이고 그 종교 지도자에게 고개를 숙인다는 것은 결코 쉬운 일이 아니었을 것입니다. 그것은 사실상 이 사람의 체면에 어울리지 않는 선택이었을 것입니다. 그러나 고넬료는 겸손한 마음을 가지고 '배울 것은 누구에게나 배워야지' 하고 베드로에게 머리를 조아렸던 것입니다. 이와 같이 심령이 가난한 사람이 천국을 소유하는 법입니다(마 5:3). 이렇게 열린 마음을 가진 고넬료는 결국 초청한 베드로로부터 복음 설교를 듣고 성령을 체험하게 됐습니다. 예수를 믿고 구원받게 됐습니다. 겸손한 고넬료 한 사람을 통해 그 자신뿐만 아니라 온 가족과 일가친척들 그리고 친구들까지도 동일한 성령을 선물로 받고 구원받게 됐습니다(45절).

기도란 별것이 아닙니다. 하나님 앞에 엎드리는 것입니다. 겸손히 그분 앞에 무릎을 꿇는 것입니다. 하나님의 은혜가 없으면 살 수 없다고 신앙 고백을 하는 것입니다. 그렇게 자신을 무한히 낮추는 자에게 하나님은 '성령'을 선물로 주십니다. '구원'과 '영생'의 축복을 베풀어 주십니다.

11장 이동

(선교 본부의 **이동**)

스데반의 순교와 함께 밀어닥친 예루살렘 교회의 큰 환난으로 인해 흩어진 사람들은 인근 유대와 사마리아 지방뿐만 아니라 멀리 떨어진 베니게와 구브로, 그리고 심지어는 안디옥에까지 이르러 복음을 전했습니다(19절). 이들 대부분은 유대인들에게만 복음을 증거했지만 그중

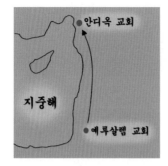

극소수인 구브로와 구레네 출신의 유대인 신자들은 안디옥에서 헬라인들에게도 주 예수에 관한 좋은 소식을 전파했습니다(20절). 그 결과 전혀 생각하지도 않았던 일이 일어났습니다. "주의 손이 그들과 함께 하시매 수많은 사람들이 믿고 주께 돌아오더라"(21절). 어떻게 기적과 능력의 사도 베드로도 아니고 그저 박해를 피해서 도망온 소수의 무명의 신자들이 성령이 감동하시는 대로 이방인들에게 복음을 증거했는데 이토록 놀라운 일이 벌어진 것일까요? 그것은 '주의 손'이 이들과 함께했기 때문입니다. 하나님의 손길이 함께할 때 개인에게는 '형통'이 있고, 교회에는 '부흥'이 찾아옵니다. 야곱의 아들 요셉은 형제들에게 미움을 받아 애굽의 노예로 팔려갔지만, 하나님께서 그와 함께하시자 손대는 일마다 잘되는 만사형통의 축복을 받았고(창 39:2-3), 종국에 가서는 애굽의 총리가 되어 천하를 호령하게 됐습니다(창 41:43). 초대 예루살렘 교회 또한 주께서 함께하시자 구원받는 사람들이 날마다 더하는 폭발적인 부흥을 맛보게 됐습니다(행 2:47).

결국 시대적인 사고의 한계를 과감히 뛰어넘어 헬라인들에게까지 복음을 증거한 소수의 이름 없는 증인들을 통해서 최초의 이방인 교회인 '안디옥 교회'가 탄생하게 됐습니다. 시리아 안디옥은 당시 인구 50만 명에 달하는 로마 제국에서 세 번째 큰 도시(첫째는 로마, 둘째는 알렉산드리아)로 도처에서 모여온 다민족 사회였으므로 복음의 꽃을 피우기에는 가장 적합한 곳이었습니다. 예수님이 공생애 사역을 본격적으로 시작하실 때 고향 나사렛에서 사람들이 많이 사는 가버나움으로 사역 장소를 옮기셨던 것처럼, 하나님은 이제 이방 선교를 본격적으로 시작하는 시점에서 예루살렘에서 땅끝으로 가는 길목에 있는 인구 밀집 지역인 안디옥으로 선교 본부(Mission Headquarter)를 이전시키려는 계획을 진행시키고 있는 것입니다.

안디옥에서 허다한 이방인들이 주님께 돌아왔다는 소식이 예루살렘 교회에 전해지자 이미 고넬료 사건을 통해 이방인 선교를 공식적으로 인정했던 교회는 그들에게 복음을 증거한 사람들과 같은 구브로 출신으로 헬라어에 능숙한 바나바를 안디옥으로 파송했습니다(22절). 바나바는 안디옥에 와서 하나님의 은혜를 확인하고 기뻐하며 주님을 영접한 이방인 신자들에게 굳건한 마음으로 주님께 계속 신실한 자로 남아 있으라고 권했습니다(23절). 성령과 믿음이 충만한데다가 인품까지 훌륭한 바나바가 안디옥에 와서 이 이방인 신자들을 열심히 지도하자 안디옥 교회는 더욱 성장하게 됐습니다(24절). 그래서 바나바는 홀로 사역을 감당하기에 버거워서 다소에 가서 사울을 데려와 함께 팀 사역을 하게 됐습니다(25절). 이들 둘이 한마음이 되어 안디옥 교회의 큰 무리를 체계적으로 가르치고 양육한 결과 주변 사람들은 그들을 그리스도인이라 불렀습니다(26절).

'그리스도인'(헬. '크리스티아노스')이라는 말은 성경에 단 세 번(행 11:26; 26:28; 벧전 4:16) 등장하는데 이는 '그리스도를 따르는 사람' 혹은 '그리스도에 속한 사람'을 일컫는 말입니다. 그러면 누가 그리스도를 추종 혹은 그리스도에 소속된 진정한 그리스도인이 될 수 있을까요? 이에 대한 답은 안디옥 교회의 두 지도자인 '바나바와 사울'이 제공해 줍니다. 먼저 그리스도인이란 예수 그리스도처럼 '섬기는 사람'을 뜻합니다. 이에 대한 이상적인 모델은 '바나바'입니다. 바나바는 사도행전에 등장할 때마다 그리스도처럼 섬김을 몸소 실천하는 모습을 보여줍니다. 4장에서 그는 고향 구브로에 있는 막대한 부동산을 처분한 거금을 어려운 신자들을 위해 써달라고 기꺼이 교회에 기탁했습니다. 9장에서는 교회를 핍박한 전력 때문에 주님의 제자가 됐음에도 불구하고 의심받고 소외당하던 사울을 위험부담을 감수하면서까지 사도들에게 소개시켜 주었습니다. 그리고 여기 11장에서는 낙향하여 10년 동안 다소에 묻혀 지내던 잊혀진 사람 사울을 찾아갑니다(25절).

안디옥에서 교회를 잘 성장시키고 오늘날로 말하면 대형 교회 목사가 된 바나바가 10년 전 그 사울을 기억하고 그를 찾으러 밑의 사람을 보내는 것이 아니라 자신이 친히 안디옥에서 다소까지 여행을 떠납니다. 안디옥에서 다소까지는 무리 '250km'였습니다. 게다가, 길리기아의 수도 다소는 인구 5만 명의 대도시였습니다. 그래서 혹자는 바나바가 다소의 사울을 찾는 것은 '서울에서 김서방 찾기'라고까지 말했습니다. 이렇게 먼 거리에다가, 찾을 수 있을지 없을지도 모르는 형편에도 불구하고 바나바는 사울을 찾으러 다소로 가서 결국 그를 만났습니다. 그리고 그와 함께 돌아와서 팀 사역을 함으로써 더 큰 부흥을 일구어냈습니다. 만일 바나바가 사울을 계속해서 섬기며 도와주지 않았다면 과연 사울이 기독교 2,000년 역사상 가장 위대한 인물인 사도 바울이 됐을까 의문이 남습니다.

사도행전 11:30의 이름의 순서('바나바와 사울')가 잘 말해주듯이, 처음에는 바나바가 리더(leader)였고, 주연이었습니다. 그리고 사울은 헬퍼(helper)였고, 조연이었습니다. 그러나 시간이 지나자 상황이 역전됩니다. 사도행전 13:43 이하에서는 '바울과 바나바'라고 표현합니다. 바나바는 자기가 주인공이었음에도 불구하고 바울을 주인공으로 만들어주고 자신은 조용히 무대에서 내려옵니다. "예수는 흥하여야 하겠고, 나는 쇠하여야 하리라"(요 3:30)고 신앙 고백하며 들러리로서 만족해했던 세례 요한처럼, 바나바는 남을 1인자로 세워주고, 자신은 2인자로서 행복해했던 사람이었습니다. 이렇게 남을 섬기는 사람이야말로 그리스도를 따르는 진정한 '그리스도인'입니다. 왜냐하면 그리스도께서 이 땅에 오신 목적이 바로 "섬김을 받으려 함이 아니라 도리어 섬기고 자기 목숨을 많은 사람의 대속물로 주기 위함"이었기 때문입니다(막 10:45).

　　그리스도인이란 또한 그리스도를 전하기 위해 '고난받는 사람'을 의미합니다. 이에 대한 롤 모델은 '사울'입니다. 사도행전 7장에서 그리스도의 신실한 증인인 스데반을 돌로 쳐 죽이는 데 주모자였던 사울이 9장에 다메섹 회심 사건을 겪고 제2의 스데반이 되어서 한 일이 무엇이었습니까? 한마디로 말하면, 그리스도의 남은 고난을 자신의 육체에 채우는 것이었습니다(골 1:24). 그가 주후 33년에 그리스도인으로 개종한 후 한평생 그리스도를 증거하면서 얼마나 많은 고난을 당했습니까? 고린도후서 11장에 기록된 사울 자신의 생생한 증언의 목소리를 들어봅시다. "내가 수고를 넘치도록 하고 옥에 갇히기도 더 많이 하고 매도 수없이 맞고 여러 번 죽을 뻔하였으니 유대인들에게 사십에서 하나 감한 매를 다섯 번 맞았으며 세 번 태장으로 맞고 한 번 돌로 맞고 세 번 파선하고 일주야를 깊은 바다에서 지냈으며 여러 번 여행하면서 강의 위험과 강도의 위험과 동족의 위험과 이방인의 위험과 시내의 위험과 광야의 위험과 바다의 위험과 거짓 형제 중의 위험을 당하고 또 수고하며 애쓰고 여러 번 자지 못하고 주리고 목마르고 여러 번 굶고 춥고 헐벗었노라"(고후 11:23-27).

　　지리산 빨치산에 대해 들어보셨습니까? 한국 전쟁 당시 먹을 것이 없자 눈을 뭉쳐 주먹밥을 만들어 먹으면서도 일주일 동안 전투를 했다고 합니다. 한겨울에는 토벌대의 추적을 피하기 위해서 냉장고보다 더 추운 꽁꽁 얼어붙은 폭포수 속에 삼 일을 숨어 지냈다고 합니다. 이들이 무엇 때문에 이러한 고난을 감내했겠습니까? 알량한 공산주의 사상을 수호하고 전파하기 위해서 그랬습니다. 그리스도를 믿는다고 하는 사람들이 이 인민군 빨치산만도 못해서야 되겠습니까? 그들은 '허상'(虛像)인 공산주의 이데올로기와 세계 공산화를 위해서 이토록 고난을 자처했는데 우리 신앙인들이 '실상'(實像)인 그리스도와 그의 나라의 확장을 위해서 고난받는 것은 당연한 일 아니겠습니까?

그리스도인이란 단지 주일날 옆구리에 성경책을 끼고 거룩하게 예배당 문턱만 넘나드는 사람이 아닙니다. 안디옥 교회의 지도자들이었던 바나바와 사울과 같이 그리스도를 섬기며, 그리스도 때문에 고난도 기꺼이 감수하는 사람이 바로 진정한 그리스도인인 것입니다.

12장 심판
(**심판**받은 헤롯 아그립바 1세)

11장에서 안디옥 교회가 부흥하고 있다는 기쁜 소식을 들었던 초대 교회 성도들은 12장에서 야고보가 순교했다는 서글픈 소식을 접하게 됩니다. 헤롯은 손을 들어 요한의 형제인 사도 야고보를 칼로 죽였습니다. 그리고 이 일을 유대인들이 기뻐하자 베드로도 잡아 죽이려고 체포했으나 때가 무교절이어서 옥에 가두었습니다(1-4절). 이 악한 임금 헤롯은 예수님 탄생 때에 베들레헴 지경 안에 있던 두 살 이하의 사내아이들을 잔인하게 살해했던 대(大)헤롯이나 주님께 '여우'라고 비난받았던 그의 아들 헤롯 안티파스도 아니고 대헤롯의 손자 '헤롯 아그립바 1세'였습니다. 피는 못 속인다고 그는 야고보를 죽인 것으로 성이 안 차서 베드로마저 죽이려고 그를 옥에 가둔 후 경비를 이중 삼중으로 세워놓고 철통 감시를 하게 했습니다(4절). 이러한 극심한 박해 속에서 교회는 베드로마저 잃을까 봐 그를 위해서 하나님께 간절히 기도드렸습니다(5절). 그리고 하나님께서는 성도들의 기도에 즉시 응답하셔서 천사를 베드로가 갇힌 옥에 급파하셨습니다. 그로 인해 도저히 탈출이 불가능해 보이는 감옥에서 베드로는 극적으로 구출됐습니다(7-10절).

여기 사도 야고보의 순교와 사도 베드로의 구출 사건을 지켜보면서 우리 신자들의 마음 한편에는 이런 의구심들이 들 수도 있을 것입니다. 왜 하나님께서는 똑같은 사도인데 야고보는 데려가고 베드로는 살려주셨을까? 야고보와 요한은 세베대의 두 아들인데 어째서 하나님은 야고보는 사도 중 첫 순교의 제물이 되게 하시고 요한은 사도들 가운데 가장 장수하여 거의 100세에 가깝게 평안히(?) 살다가 하늘나라에 가게 하셨을까? 베드로와 요한은 평소에 잘 보였고 야고보는 밉보여서 하나님께서 그렇게 하셨을까요? 우리 하나님은 편애하는 하나님이신가요? 결코 그렇지 않습니다. 속된 말로 오래만 살면 장땡입니까? 창세기 5장을 보면 인류 역사상 가장 오래 산 사람 '므두셀라'가 등장합니다. 그가 몇 살까지 살았습니까? 무려 '969세'까지 살았습니다. 100살까지만 살아도 장수한 것인데 그것의 10배나 살았습니다. 그런데 이 사람이 한 일이 뭡니까? 25-27절에 "그저 먹고, 자녀를 많이 낳고 살다 죽었더라"
라고 했습니다. 한마디로 말하면, '먹다 죽다'입니다. 한 일 거의 없습니
다. 이렇게 오래만 살면 뭐 합니까? 단명(?)하더라도 에녹처럼 하나님과
동행하는 삶을 살아야지요. 오래 사는 것만이 하나님의 축복은 아닙니
다. 하루를 살더라도 뭔가 의미 있고 가치 있는 일을 하다가 하나님 나
라에 가는 것이 더 중요합니다. 어떤 면에서 보면 사도 야고보는 하나님
나라에 '일등'으로 골인한 것입니다. 천국에 '제일 먼저' 입성한 것입니
다.

구출된 베드로는 성도들이 모여 기도하고 있는 마가 요한의 어머니
마리아의 집으로 갔습니다. 그리고 거기 있던 사람들에게 주께서 자기
를 이끌어 옥에서 나오게 한 일과 예수님의 동생이자 예루살렘 교회의
지도자인 야고보와 장로들에게 이 사실을 알려주라고 말한 후 그곳을
떠나 다른 장소로 피신했습니다(12-17절).

한편 베드로를 가두었던 옥에서는 일대 소동이 일어났습니다. 철통
감시를 받고 있던 베드로가 쥐도 새도 모르게 사라지자 흥분한 헤롯은
경계를 서고 있던 죄 없는 병사들에게 분풀이를 했습니다. 그는 수십 년
전 조부 대헤롯이 베들레헴 지경에서 그랬던 것같이, 베드로의 감시병
16명 모두를 잔인하게 처형했습니다. 그리고 유대를 떠나 가이사랴로
내려갔습니다(18-19절). 헤롯이 가이사랴에서 통치하고 있는 동안 그로부
터 식량을 공급받고 있던 두로와 시돈 지역 사람들이 헤롯을 크게 노하
게 했습니다. 그래서 이들은 행여나 식량 공급이 중단될까 봐 헤롯의 측
근 블라스도에게 청탁하여 화해를 요청했습니다(20절). 헤롯은 두로와
시돈 백성들의 제의를 수용하여 한 날을 지정하고 그날에 화려한 왕복
을 차려입고 그들 앞에서 연설을 했습니다(21절). 연설을 듣던 백성들은

왕에게 잘 보이기 위해서 마음에도 없는 아첨의 말을 내뱉었습니다. "이것은 신의 소리요 사람의 소리가 아니다"(22절). 이 말을 들은 헤롯은 그들을 만류하기는커녕 오히려 아첨 소리를 즐겼습니다. 당연히 돌려야 할 영광을 하나님께 돌리지 않자 주의 사자가 헤롯을 쳤습니다. 그래서 결국 그는 충(蟲)이 내장을 다 갉아먹어 죽게 됐습니다(23절).

　사도 야고보를 죽였을 때에도 하나님은 그를 심판하지 않으셨습니다. 베드로를 죽이려고 옥에 가두었을 때도 참으셨습니다. 하지만 그 누구에게도 내어주지 않겠다고 이사야서에서 두 번(사 42:8; 48:11)이나 선언한 자신의 '영광'을 가로챘을 때에는 가차 없이 치셨습니다. 하나님은 자신의 독생자 예수까지도 내어주시지만 '영광'만은 그 누구에게도 빼앗기지 않는 분이십니다. 그러므로 우리 신자들은 헤롯처럼 교만하게 굴다가 불벼락 맞기 전에 마땅히 돌려야 할 영광을 하나님께만 돌려야 할 것입니다. 베드로를 구출한 그 동일한 천사의 손에 의해 교회의 적 헤롯이 제거되자 복음이 급속도로 확산됐습니다. "하나님의 말씀은 흥왕하여 더하더라"(24절).

13장 바보
(바보 전도)

12장에서 사도 베드로는 헤롯의 옥에서 풀려나 마가 요한의 어머니 마리아의 집을 잠시 방문한 후 어딘가로 떠납니다. 이후 그는 15장의 예루살렘 종교 회의에서 한 번 등장하고 더 이상 사도행전에 나오지 않습니다. 사도행전 전반부(1-12장)에서 맹활약했던 베드로가 사라지는 사건은

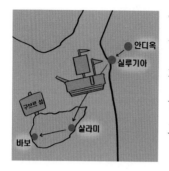

이제 예루살렘 교회와 그 교회의 리더였던 사도 베드로의 시대는 가고 안디옥 교회를 중심으로 사도행전 후반부(13-28장)를 이끌어갈 새로운 리더 사울의 시대가 도래하고 있음을 예고합니다.

바나바와 사울은 선지자들과 교사들과 더불어 주를 섬기며 금식하고 있었습니다. 그때 성령께서 "내가 불러 시키는 일을 위하여 바나바와 사울을 따로 세우라"고 말씀하셨습니다(2절). 성령의 지시를 받았을 때 이들은 금식 기도를 계속하여 성별(聖別)한 바나바와 사울을 선교사로 부르시는 하나님의 뜻을 확인했습니다. 그래서 두 사람의 머리 위에 안수하고 선교 현장으로 파송했습니다(3-4절). 이로 인해 사도 바울의 무려 20,000km에 달하는 '이방인 선교 여행'의 대장정의 서막이 시작됐습니다.

사도행전에는 바울이 주후 47-57년 사이에 총 세 번에 걸쳐서 선교 여행을 떠난 것으로 나와 있습니다. 13:4-14:28에 기록된 1차 선교 여행은 주후 47-48년에, 15:36-18:22에 기록된 2차 선교 여행은 주후 49-51년에, 18:23-21:26에 기록된 3차 선교 여행은 주후 52-57년에 이루어졌습니다.

바나바와 사울이 성령의 지시를 받고 떠난 1차 선교 여행의 주된 목표는 소아시아(지금의 튀르키예) 지방의 이방인들을 주께로 인도하는 것이었는데, 그 여행 루트(route)를 살펴보면 다음과 같습니다.

안디옥 → 살라미 → 바보 → 버가 → 비시디아의 안디옥 → 이고니온 → 루스드라 → 더베 → 루스드라 → 이고니온 → 비시디아의 안디옥 → 버가 → 앗달리아 → 안디옥.

바나바와 사울이 안디옥 교회의 파송을 받아 배를 타고 처음 간 곳은 바나바의 고향 '구브로' 섬이었습니다. 이때 예루살렘에서 데려온 바나바의 사촌 마가 요한도 두 선교사의 조수로 동행했습니다. 구브로는 시리아 안디옥에서 남서쪽 방향으로 96km 정도 떨어져 있는 크기가 동서로 약 225km 남북이 약 100km 정도 되는 상당히 큰 섬이었습니다. 이들은 먼저 이 섬의 동해안에 위치한 상업 중심지 '살라미'로 직행하여 그곳에 있는 유대인들의 회당을 찾아다니면서 말씀을 전했습니다 (5절). 이어서 구브로의 북서 해안에 있는 '바보'로 향했습니다. 살라미에서 바보까지는 장장 150km나 되는 먼 거리였는데 바보에는 로마 총독부가 있었습니다. 바보에 이르러 그들은 먼저 총독부를 찾아갔는데 거기서 유대인 거짓 선지자인 마술사 '엘루마'를 만났습니다. 이 마술사의 별명은 '바예수'였는데 자신의 탁월한 마술을 통해 총독 서기오 바울에게 상당한 신임을 얻고 있었습니다. 그런데 총독이 바나바와 사울을 통해 하나님의 말씀을 듣고자 할 때 극구 반대했습니다(7-8절). 그는 선교사들이 전하는 메시지를 듣고 총독이 복음을 믿게 되면 자신의 마술이 무용지물이 될까 봐 두려워서 반대했던 것으로 보입니다.

성령으로 충만해진 사울은 바예수에게 심한 방해를 받고 있는 상황에서 총독에게 성공적으로 복음을 전파하는 것은 불가능하다고 판단해서 "모든 거짓과 악행이 가득한 자요 마귀의 자식이요 모든 의의 원수여, 주의 바른 길을 굽게 하기를 그치지 아니하겠느냐"라고 그를 책망했습니다(9-10절). 그리고 "보라 이제 주의 손이 네 위에 있으니 네가 맹인이 되어 얼마 동안 해를 보지 못하리라"라고 하나님의 심판을 선언했습니다. 그러자 즉시 안개와 어둠이 그를 덮어 엘루마는 앞을 전혀 보지 못하게 됐습니다. 그래서 자신을 인도해 줄 사람을 더듬어 찾았습니다

(11절).

'바예수'란 '예수(구원)의 아들'이란 뜻인데 이 자(者)는 자신의 이해 관계 때문에 서기오 바울이 선교사들의 복음을 듣고 예수를 믿어 구원에 이르고자 할 때 적극적으로 방해했습니다. 그는 실제로 '바예수'가 아니라 '바마귀'였던 것입니다. 그래서 성령 충만한 사울은 이 마술사의 정체를 제대로 알아보고 '마귀의 자식'이라 불렀던 것입니다(9절). 스스로 '바예수'라 칭하며 참 선지자 행세를 하던 자의 위선의 탈을 벗겨 버림으로써 '거짓 선지자'요, '바마귀'로서의 그의 정체를 백일하에 폭로했던 것입니다. 이렇게 본인도 믿지 않을 뿐더러 다른 사람까지 예수를 믿지 못하게 훼방하는 엘루마와 같은 인간은 제아무리 현란한 매직 쇼를 하면서 자신이 구원을 베푸는 예수의 아들이라고 떠들어댄다 할지라도 결국 마귀의 자녀요 마귀의 하수인에 불과한 것입니다. 그러므로 이런 사악한 자에게는 하나님의 준엄한 심판이 있을 뿐입니다.

여러분! 바예수를 이천 년 전 구브로 섬 바보에서 사도 바울에게 책망받던 그 바예수로만 생각하지 마십시오. 이천 년이 지난 오늘 예수를 구주로 믿는 우리 한 사람 한 사람이 바로 '예수의 아들, 바예수'입니다. 따라서 바예수면 예수의 아들·딸답게 나 하나 예수 믿고 구원받은 것으로 만족하지 말고 예수를 몰라 죽어가는 뭇 심령에게 예수를 전하여 구원에 이르게 합시다. 그렇지 않고 이 이름값 못한 엘루마처럼 바마귀로 살면 비극적 운명이 기다리고 있다는 사실을 잊지 말아야 할 것입니다.

결국 총독 서기오 바울은 선교사 사울을 통해서 역사하시는 하나님의 위대한 손길을 보고 놀라서 복음을 받아들이고 주 예수를 믿게 됐습니다(12절). 그는 구브로 지역의 최고위층 인사였기에 자신의 회심과 더불어 수하의 허다한 무리를 주께 인도했을 것임이 자명해 보입니다. 구브로 총독 서기오 바울의 개종 사건 이후부터 계속해서 사울은 '바울'이라는 이름으로 사도행전에 나옵니다. 사울은 유대식 이름이고, 바울은 로마식 이름입니다. 그는 이방인의 사도로 부르심을 받았기에 이방선교를 시작하는 시점에서 누가는 보다 적합한 이름인 '바울'을 의도적으로 사용하고 있는 것입니다. 그리고 또한 이때부터 '바나바와 사울'이라는 표현이 '바울과 바나바'로 바뀌게 됩니다. 이는 선교팀을 이끄는 주도권이 바나바에서 바울에게로 넘어갔음을 시사합니다.

14장 이루
(이고니온 & 루스드라 전도)

비시디아 안디옥에서 동남쪽 방향으로 약 120km 떨어진 고원 지대 이고니온에 도착한 바울과 바나바는 관습대로 유대인의 회당에 들어가서 복음을 증거했습니다(1절 상). 선교사들의 메시지를 듣고 유대와 헬라의 허다한 무리가 믿음을 갖게 됐습니다(1절 하). 하지만 불신하는 유대인들이 이방인들의 마음을 선동하여 바울과 바나바를 모욕하며 돌로 쳐 죽이려고 하자 그들은 이고니온에서 남쪽으로 약 30km 떨어진 루스드라로 피신하지 아니할 수 없었습니다(2-7절).

선교사들이 피신한 루스드라에는 나면서부터 걷지 못하게 된 선천성 불구자가 있었는데 그는 사도 바울이 전하는 복음의 메시지를 귀 기

울여 들었습니다. 바울은 그 사람을 주의 깊게 보고 그에게 구원받을 만
한 믿음이 있는 것을 발견하게 됐습니다(8-9절). 그래서 복음 증거를 중
단하고 "네 발로 바로 일어서라"라고 큰 소리로 말했습니다. 그러자 지
금까지 한 번도 걸어 본 적이 없던 병자가 앉은 자리에서 벌떡 일어서
는 놀라운 일이 일어났습니다(10절). 사도행전 3장에서 베드로가 성전
미문에서 구걸하던 나면서부터 못 걷게 된 병자를 치유할 때는 "나사렛
예수의 이름으로 걸으라"고 명령한 후에 걸인의 오른손을 붙들고 그를
일으켰습니다(행 3:6-7). 하지만 바울은 단지 말로만 "네 발로 바로 일어
서라"라고 했을 뿐 그 사람을 돕기 위해 어떠한 행위도 하지 않았습니
다. 그런데도 이 병인은 즉시 스프링처럼 튀어 올라 일어나 걷게 됐습니
다.

사도 베드로를 능가하는 바울의 엄청난 치유 이적을 목도한 원주민
들은 크게 흥분하여 자기들의 방언으로 "신들이 사람의 형상으로 우리
가운데 내려오셨다"라고 외치며 바나바를 그리스 모든 신들의 우두머
리인 '제우스'로, 그리고 주된 연설자였던 바울을 그리스의 웅변의 신이
며 연설의 창시자로 알려진 '헤르메스'로 칭하며 소를 잡아서 숭배하려
고 했습니다(11-13절). 이에 사람들의 참담한 행동에 대한 자신들의 혐오
를 표현하기 위해 두 선교사는 옷을 찢고 무리 가운데 뛰어 들어가서
그들이 하려는 행동을 막고 자신들도 그들과 똑같은 연약한 인간에 불
과하니 신으로 착각하여 희생 제사를 드리지 말라고 만류했습니다(14-15
절 상).

바울과 바나바의 이러한 귀감이 되는 행동은 자기 우상화의 유혹에
빠질 수 있는 상황에 처했을 때 우리 신자들이 하나님 앞에서 어떻게
처신해야 할지 바른 모델을 제시해줍니다. 이때 선교사들이 그냥 눈 한

번 질끈 감고 현 상황을 있는 그대로 받아들였다면 그들은 하루아침에 스타가 되어서 찬양과 경배를 받을 수 있었을 것입니다. 그 순간은 '내가 하나님이다'라고 굳이 발설하지 않더라도 영광스러운 보좌에 앉을 수 있는 절호의 기회였습니다. 하지만 바울과 바나바는 헤롯 아그립바 1세처럼 뻔뻔스럽게 행동하지 않고 자신들을 향한 그 영광을 고스란히 하나님께 돌리고 "우리도 너희와 똑같은 성정을 가진 사람이라"라고 선언했습니다. 이렇게 선교사들처럼 창조주가 아니라 피조물로서 자기 주제를 제대로 파악하는 것만이 우리 신자가 사는 길이고, 자기 우상화의 유혹을 극복하는 유일한 비결인 것입니다.

15장 회의
(예루살렘 종교 회의)

바울과 바나바가 선교지에서 돌아와 안디옥에서 휴식을 취하면서 사역하고 있을 때에 바리새파 계통의 유대인 신자들이 유대에서 내려와 안디옥 교회에 있는 이방인 신자들도 자기들처럼 모세의 율법대로 할례를 받지 않으면 구원을 받지 못할 것이라고 주장함으로써 논란을 불러일으켰습니다(1절).

이 일로 인해 이들과 바울과 바나바 사이에 적지 않은 다툼과 변론이 일어났습니다. 논쟁은 비록 안디옥에서 발생했지만, 문제를 야기시킨 장본인들이 유대, 즉 예루살렘에서 내려온 자들이었기에 이곳에서 근본적으로 해결할 수는 없었습니다. 그래서 안디옥 교회는 예루살렘 사도들로부터 이 문제에 대한 최종 판결을 얻기 위해 교회의 두 지도자 바울과 바나바를 중심으로 한 대표단을 그곳으로 파송했습니다(2절).

예루살렘에 도착한 안디옥 교회 파송단은 예루살렘 교회 성도들과 사도들 그리고 장로들의 영접을 받았습니다. 그리고 그들은 하나님께서 자기들과 함께하셔서 행하신 모든 일들을 말해 주었습니다(4절). 이때 바리새파에 속한 일부 신자들이 일어나 안디옥에서 주장한 것과 비슷하게 이방인들도 자신들과 같이 할례를 받고 모세 율법을 지키는 것이 절대적으로 필요하다고 주장했습니다(5절). 이에 사도와 장로들이 이 문제를 논의하기 위해 모였는데 이것이 바로 '예루살렘 종교 회의'입니다.

이렇게 소집된 종교 회의에서 '율법을 지키고 할례를 받아야 구원받는다'라는 이 유대인들의 주장을 어떻게 유권 해석하느냐는 참으로 중요한 문제였습니다. 만일 예루살렘 교회의 사도들과 장로들이 일부 바리새파 계통의 유대인 신자들의 주장을 그대로 받아들여 할례와 모세의 율법 준수를 이방인 신자들에게도 구원받는 필수 요건으로 요구한다면 바울과 바나바가 지금까지 증거한 복음은 하자가 있는 반쪽 복음이요 보충되어야 할 불완전한 복음으로 낙인찍히고 말 것이기 때문입니다.

회의는 베드로의 설교(6-11절), 바울과 바나바의 선교 보고(12절), 그리고 야고보의 연설(13-18절)의 순으로 진행됐는데 우상의 더러운 것과 음행과 목매어 죽인 것과 피를 멀리하는 것 외에는 그 어떠한 명에도 예수 믿는 이방인들에게 짊어지게 하지 말자는 야고보의 중재안이 최종 선정됐습니다(19-21절). 예수님께서 이 세상에 계시는 동안 형제들과 더불어 예수님을 그리스도로 믿지 않았던 야고보가 어떻게 이렇게 베드로와 바울과 같은 쟁쟁한 사도들과 어깨를 나란히 하면서 자기주장을 펼 수 있었을까요? 게다가, 자신의 안을 제시하여 최종적으로 채택되게 할 수 있었을까요? 육신의 형 예수 그리스도의 후광을 입었기 때문이었을까요?

야고보가 이렇게 단시간 내에 사도 베드로와 요한과 더불어 예루살렘 초대 교회의 인정받는 지도자가 되고 후에 베드로와 요한이 떠난 교회의 의장 역할을 할 수 있었던 데에는 그럴 만한 이유들이 있었습니다. 첫째로, 그는 사도 바울처럼 부활하신 주님을 목격했기 때문입니다(고전 15:7). 야고보는 예수님이 이 땅에 계실 때는 자신의 육신의 형제로만 알고 예수님을 그리스도로 인정하지 않았습니다(요 7:5). 하지만 부활하신 주님을 만난 후에 마리아라는 한 어머니의 배 속에서 나온 형 예수를 '주'와 '그리스도'로 고백했습니다(약 1:1). 부활의 주님을 만난 후 완전히 다른 사람이 됐습니다. 둘째로, 야고보는 믿음과 삶이 일치하는 행동을 하는 신앙인이었기 때문입니다. 자신의 편지에서 "믿음이 그의 행함과 함께 일하고 행함으로 믿음이 온전하게 되었느니라"라고 선언하듯이 (약 2:22), 야고보는 자신의 신앙 고백에 부합한 삶을 살았기 때문입니다.

끝으로, 야고보는 기도하는 사람이었기 때문입니다. 초대 교회 전승에 따르면, 그는 예루살렘 성전에서 주야로 무릎을 꿇고 자기 백성들에 대한 용서를 하나님께 간구하여 무릎이 낙타의 무릎처럼 딱딱해졌다고 합니다. 야고보처럼 기도하는 사람의 말은 남이 귀담아듣습니다. 그 말을 허사로 듣고 흘려보내지 않습니다. 이는 사무엘서가 잘 증명해 줍니다. 사무엘상 3:19에 보면 사무엘의 말이 하나도 땅에 떨어지지 않고 그가 말한 그대로 다 이루어졌다고 증언합니다. 어떻게 이런 일이 가능합니까? 그 비결은 바로 '기도'에 있습니다. "나는 너희를 위하여 기도하기를 쉬는 죄를 여호와 앞에 결단코 범하지 아니하고"(삼상 12:23). 사무엘은 쉬지 않고 기도하는 사람이었습니다. 그 결과 이스라엘 백성은 그를 하나님의 선지자로 인정하고 그의 말을 청종했습니다.

아무리 윽박질러도 자녀들이 여러분의 말을 한 귀로 듣고 한 귀로 흘려버립니까? 입에 거품을 물고 말씀을 가르쳐도 학생들이 당신의 말을 씹습니까? 말발이 전혀 서지 않을 때, 말이 도무지 먹혀들지 않을 때, 말이 제대로 전달되지 않고 중간에 뚝뚝 떨어지는 경험을 하고 있을 때 조용히 무릎을 꿇고 야고보처럼 그 무릎에 옹이가 생길 정도로 하나님께 기도하십시오. 그리고 하늘의 권세를 덧입어 능력자로 거듭나십시오.

16장 치유
(귀신 들린 소녀 **치유**)

예루살렘 종교 회의가 끝난 후에 바울은 실라와 새로운 전도 팀을 구성해서 2차 선교 여행을 떠났습니다. 바울이 실라와 떠난 제2차 선교 여행 루트는 다음과 같습니다.

안디옥 → 더베 → 루스드라 → 이고니온 → 드로아 → 빌립보 → 데살로니가 → 베뢰아 → 아덴 → 고린도 → 에베소 → 가이사랴 → 예루살렘 → 안디옥.

제1차 선교 여행이 지금의 터키 중남부 지역에 해당하는 소아시아 지역을 중심으로 이루어졌다고 하면, 2차 여행은 유럽의 일부 지역을 중심으로 이루어졌습니다. 선교지를 이렇게 소아시아에서 유럽으로 옮긴 것은 사도 바울의 치밀한 계획의 결과였다기보다 드로아 환상을 통해 선교의 물줄기를 마게도냐 쪽으로 트신 성령 하나님의 주권적인 간섭의 결과였습니다.

안디옥을 출발한 바울과 실라는 더베를 거쳐 루스드라에 이르렀습니다. 루스드라는 전에 날 때부터 걷지 못하게 된 자를 치유해 준 사건으로 그 원주민들이 바울과 바나바를 신으로 오인해서 그들에게 희생 제사를 드리려 했던 곳이었습니다. 이곳에서 두 선교사는 '디모데'라는 청년을 만나게 됐습니다. 누가는 이 디모데가 어떤 사람이었는지 세 가지 방면에서 소개하고 있습니다.

첫째로, 그는 '제자'였습니다(1절 상). '제자'(헬. '마쎄테스')라는 말은 사도행전에서 대체적으로 기독교의 진리를 잘 배움으로써 건전한 신앙을 소유하고 있는 사람을 가리킬 때 쓰는 말입니다. 둘째로, 디모데는 어머니가 믿는 유대인이었고, 아버지가 헬라인이었기 때문에 유대적인 배경과 헬라적인 배경을 동시에 지닌 사람이었습니다(1절 하). 그는 사도 바울처럼 유대와 헬라의 이중 문화에 잘 적응할 수 있는 이점을 지니고 태어났습니다. 그래서 어머니의 혈통으로는 유대인이므로 유대인들을 접촉하는 데 유익하고 아버지의 혈통으로는 이방인이므로 이방인들에게도 자연스럽게 접근할 수 있는 좋은 배경을 가지고 있었습니다. 셋째로, 디모데는 '루스드라와 이고니온에 있는 형제들에게 칭찬받는 자'였습니다(2절). 그는 자신이 활동하고 있는 루스드라 지역에서뿐만 아니라 30km나 떨어진 이웃 이고니온 지역에 있는 그리스도인 형제들에게까지 칭찬과 인정을 받는 신실한 신앙인이었습니다.

이러한 삼차원적인 조건을 지니고 있는 디모데는 마가 요한의 빈자리를 메우고자 사도 바울을 위해 미리 예비해 놓으신 '여호와 이레 하나님의 선물'이었습니다.

루스드라에서 디모데를 얻은 바울 일행은 그곳을 떠나 이고니온 등 1차 선교 여행 때에 복음을 증거했던 지역들을 하나하나 돌아보았습니다. 그러고 나서 터키의 남서쪽 끝 지역인 아시아 지방을 다음 선교 목표로 삼았습니다. 그러나 성령이 아시아에서 말씀을 전하지 못하게 하셔서 터키의 중앙 지역인 브루기아와 갈라디아 지방을 거쳐 무시아의에게 해 항구 '드로아'로 갔습니다(6-8절). 선교사들을 드로아로 이끈 성령께서는 바울에게 밤중에 환상을 보여 주셨습니다. 환상 가운데 마게도냐 사람 하나가 나타나서 그에게 "건너와서 우리를 도우라"고 간청했습니다(9절). 바울은 이 환상을 마게도냐에 가서 복음을 증거하라는 하나님의 뜻으로 받아들이고 선교팀을 이끌고 마게도냐의 첫 성, 즉 마게도냐의 관문인 빌립보로 건너갔습니다(10-12절).

두 선교사는 기도하러 가다가 악한 마귀에 사로잡혀 점치는 노예 소녀 하나를 만났습니다. 이 여종은 점으로 그 주인들에게 큰 이익을 주고 있었는데 바울 일행을 계속 따라다니며 괴롭혔습니다. 어린 소녀가 귀신 들려 고통받는 것을 차마 눈 뜨고 볼 수 없어서 바울은 예수 그리스도의 이름으로 귀신을 쫓아냈습니다. 그러자 수입원이 끊어진 포주들은 크게 분노하여 바울과 실라를 관리들에게 고발하고 영문도 모르는 관리들은 두 선교사를 심하게 매질한 후 발에 차꼬를 단단히 채워 깊은 옥에 가두었습니다(16-24절). 선한 일을 했다가 억울하게 봉변을 당하고 옥에 갇힌 바울과 실라는 원망하기보다는 오히려 한밤중에 하나님께 기도하고 찬송했습니다(25절). 기도와 찬송 소리를 들으신 하나님 께서는 큰 지진이 일어나게 하셔서 옥 터가 움직이고 옥문이 열리고 매 였던 차꼬가 저절로 풀어지게 하셨습니다(26절).

잠에서 깨어난 간수는 옥문이 열려 있는 것을 보고 죄수들이 모두 탈출했다고 생각하여 칼을 빼서 자결하려고 했습니다(27절). 그때 바울 은 큰 소리로 "네 몸을 상하지 말라. 우리가 다 여기 있노라"라고 외쳤 습니다(28절). 간수는 감방 안으로 달려 들어와 바울과 실라를 데리고 밖 으로 나왔습니다. 그리고 엎드려 벌벌 떨면서 "선생님들! 내가 어떻게 하여야 구원을 얻으리이까"라고 진지하게 물었습니다(29-30절). 이 질문 에 두 선교사는 "주 예수를 믿으라. 그리하면 너와 네 집이 구원을 받으 리라"라고 대답했습니다(31절). 간수는 즉시 주님을 영접했습니다. 그리 고 바울과 실라를 자기 집으로 데리고 가서 자신의 집에 있는 모든 사 람에게 복음을 듣게 해주었습니다(32절). 그 결과 온 가족이 예수를 믿고 그 징표로 세례를 받았습니다(33절). 간수의 회심을 통해 결국 온 가족이 구원받는 놀라운 일이 벌어졌습니다. 그 결과는 34절 후반부에 나옵니 다. "그와 온 집안이 하나님을 믿으므로 크게 기뻐하니라." 누차 반복해 서 말씀드렸지만, 성경에서 예수를 만난 사람들의 한결같은 반응은 '큰 기쁨'이었습니다(참고, 마 2:10; 눅 2:10; 행 8:8). 이 엄청난 희락을 혼자만 만 끽하고 계신 분이 있습니까? 사실 사랑하는 사람이 없는 천국이 무슨 소용이 있겠습니까? 내 사랑하는 부모님, 내 사랑하는 아내, 내 사랑하 는 남편, 내 사랑하는 자녀가 없는 하나님의 나라가 무슨 의미가 있겠습 니까? 주의 은혜로 내가 먼저 복음을 듣고 예수를 영접했다면 이제 그 복된 소식을 이 간수처럼 내 주변 이웃에게도 들려줍시다. 그래서 믿게 된 형제, 자매들과 손에 손을 잡고 이렇게 찬송합시다. "함께 갑시다. 내 아버지 집, 참된 기쁨이 있는 곳."

17장 아덴
(아덴 전도)

데살로니가와 베뢰아를 거쳐서 바울은 홀로 철학과 신화의 도시 '아덴'에 도착했습니다. 그리고 그곳을 한 바퀴 빙 둘러본 후 온 성이 우상으로 가득 찬 것을 알고 분개했습니다(16절). 마음속에 끓어오르는 거룩한 분노를 바울은 도저히 억누를 수가 없었습니다. 그래서 안식일에는 유대인들과 경건한 이방인들이 모이는 회당으로, 그리고 평일에는 헬라인들이 몰려드는 광장으로 달려가서 그들과 열띤 토론을 벌였습니다(17절). 광장에서 바울이 논쟁한 사람들 중에는 에피쿠로스 학파와 스토아 학파 철학자들이 있었습니다. 이들에게 바울이 예수의 부활에 대해 증거하자 냉소적인 반응을 보였습니다(18절). 유물론자인 에피쿠로스 학파는 사람이 한 번 죽으면 육체도 영혼도 모두 원자로 돌아가 사라져 버린다고 믿었기에 사도의 말을 허튼소리로 취급했을 것입니다. 숙명론자인 스토아 학파 또한 죽음이란 저급한 몸의 속박으로부터 벗어나 최상의 자유에 도달하는 것으로 생각했기에 바울의 말을 귀담아들으려고 하지 않았을 것입니다. 하지만 다른 사람들은 그의 새로운 가르침이 무엇인지 알기 원해서 바울을 아레오바고로 데리고 갔습니다(19-20절).

'아레오바고'(the Areopagus)란 문자적으로는 헬라의 전쟁 신 '아레스'(Ares)의 '언덕'(Pagos)이란 의미이나 실제로는 교육, 철학, 도덕, 종교문제 등을 다루고 결정하는 법정 혹은 의회였습니다. 최신 사상이라고하면 사족을 못 쓰는 아덴 사람들을 향해 바울은 하나님의 말씀을 증거했습니다. 그는 먼저 "아덴 사람들아 너희를 보니 범사에 종교심이 많도다"라고 말하며 그들의 돈독한 신앙심을 인정해주었습니다(22절). 바울이 이렇게 말할 수 있었던 근거는 자신이 도시를 쭉 둘러보니 아덴사람들이 만신전, 제우스 신전, 아테나 신전, 데메트리 신전, 아폴로 신전뿐만 아니라 심지어는 '알지 못하는 신에게라고 쓰인 제단'을 건립해놓았기 때문이었습니다(23절 상).

사도는 이 '부지신'(不知神)을 접촉점으로 삼아서 "여러분들이 알지도 못하면서 섬기는 바로 그 신을 이제부터 제가 자세히 설명해 드리겠습니다"라고 선언했습니다(23절 하). 그러고 나서 하나님을 세상을 창조하시고, 섭리하시고, 예수를 죽은 자 가운데 다시 살리셔서 그를 통해이 세상을 심판하시는 분으로 소개하면서 그들이 더 이상 헛된 우상을섬기지 말고 참 신이신 하나님께 돌아올 것을 촉구했습니다(24-31절). 바울의 설교를 들은 아레오바고 의회를 가득 메운 사람들의 반응은 사뭇냉랭했습니다(32-33절). 서양 철학의 아버지 소크라테스의 후예라고 자부하는 이 아덴의 지성인들은 인간의 지혜로 하나님의 지혜인 십자가의 복음을 어리석은 것으로 간주했습니다(참고, 고전 1:23). 그래서 아덴에서는 아레오바고 관리 디오누시오와 다마리 등 극소수의 사람들만 주님을 영접했습니다(34절). 아덴 사람들은 '너무' 똑똑해서 복음을 받아들이지 못했습니다. 복음이란 이해되기 때문에 믿는 것은 아닙니다. 믿으면 이해가 됩니다. 머리가 좋다고 믿음이 좋은 것은 아닙니다. 아이큐와 신앙은 전혀 상관이 없습니다.

18장 고전
(고린도 전도)

바울은 아덴을 떠나 고린도로 왔습니다(1 절). 아덴에서 서쪽으로 80km 정도 떨어진 '고린도'(Corinth)는 오늘날 그리스 남부에 해당하는 아가야 지방의 수도로 당시 인구가 75만 명에 육박하는 초대형 도시였습니다. 그렇지 않아도 동역자가 필요했던 바울은 최근에 이달리야에서 고린도로 온 아굴라와 브리스길라 부부를 만났습니다(2절). 이 부부는 고린도에 도착하기 전에 이미 주님을 영접한 신자들이었는데 상당한 재력가로 고린도에서 천막 제조업을 하고 있었습니다. 마침 바울도 천막 만드는 기술이 있어서 이 부부가 운영하는 점포에 취직하여 평일에는 거기서 일하고 안식일에는 유대 회당에 가서 유대인들과 경건한 헬라인들에게 복음을 증거했습니다(3-4 절).

그러던 중 마게도냐에서 실라와 디모데가 고린도로 와서 합류하게 되자 바울은 좀 더 많은 시간을 투자하여 회당에서뿐만 아니라 다른 장소에서도 유대인들에게 말씀을 증거할 수 있게 됐습니다. 하지만 대부분의 유대인들은 "예수가 바로 당신들이 그토록 기다리는 메시아다"라고 증거하는 바울의 메시지를 받아들이기를 완강히 거부하고 선교사들

을 대적했습니다. 이에 바울은 비시디아 안디옥 회당에서 했던 것(13:51)
과 유사하게 옷을 털면서 그들을 향해 "너희 피가 너희 머리로 돌아갈
것이요 나는 깨끗하니라"라고 엄숙히 선언하고 믿지 않는 유대인들에
게서 돌아서서 이방인들에게로 향했습니다(6절).

　유대인 회당을 떠난 즉시 바울은 회당 바로 옆에 있는 하나님을 경
외하는 경건한 이방인인 유스도의 집에 아굴라와 브리스길라를 동역자
삼아 가정 교회를 개척했습니다(7절). 그리고 유대인 회당의 회당장 그
리스보와 그의 온 가족이 회당에서 나와 이 교회로 적(籍)을 옮겼습니다
(8절). 이어서 수많은 고린도인들이 주님을 믿고 세례를 받게 됐습니다(8
절). 회당 바로 옆에 세워진 가정 교회가 하나님의 은혜로 놀랍게 성장
했습니다. 자신이 세운 교회가 이렇게 부흥할 때 바울도 인간인지라 마
음 한편에는 두려움이 자리잡았던 것 같습니다. 그도 그럴 것이 헬라 철
학과 문화의 힘은 이 도시에서 상상 이상으로 컸고 유대인들은 그를 대
적하고 있었으며 과거의 경험에 비추어 그들이 언제 폭력을 행사할지
모르는 상태였기 때문입니다. 그때의 심정을 바울은 나중에 이렇게 고
백했습니다. "내가 너희 가운데 거할 때에 약하고 두려워하고 심히 떨
었노라"(고전 2:3). 그래서 주님께서는 밤에 환상 가운데 나타나셔서 "두
려워하지 말며 침묵하지 말고 말하라. 내가 너와 함께 있으매 어떤 사람
도 너를 대적하여 해롭게 할 자가 없을 것이니라"라고 임마누엘의 약속
을 하시면서 바울을 위로해 주셨습니다(9-11절). 한번 약속하면 어떠한
일이 있어도 변개하지 않으시는 여호와 하나님은 바울과 함께하셨습니
다. 그 결과 일 년 반 동안 큰 어려움 없이 그는 복음을 고린도에 마음껏
증거할 수 있었습니다. 바울이 이렇게 한곳에 오래 머물면서 사역한 경
우는 에베소(3년)를 제외하고는 고린도뿐이었습니다.

하나님의 은혜는 여기에서 그치지 않았습니다. 유대인들이 신임 총독 갈리오가 부임하자 바울이 불법 종교를 퍼뜨린다고 그에게 송사했습니다(12-13절). 그러나 갈리오는 그들의 고소를 기각했습니다(14-15절). 갈리오가 만일 이때 유대인들의 손을 들어주었다면 이후부터 바울은 불법 종교를 퍼뜨리는 자로 로마 정부로부터 핍박받게 됐을 텐데 하나님께서는 배후에서 갈리오의 마음을 움직이셔서 그가 현명한 판결을 내리게 하셨던 것입니다.

고린도에서 사역을 성공적으로 마친 바울 일행은 자신이 개척한 가정 교회와 작별하고 시리아로 향했습니다(18절 상). 그의 최종 목적지는 선교 본부 안디옥 교회였습니다. 바울은 귀환 중에 동업자인 아굴라 부부를 함께 데려갔습니다. 바울이 이들 부부를 대동한 이유는 에베소에서 바울의 3차 선교 사역을 위한 전초 기지를 준비하기 위함이었습니다. 바울 일행은 고린도 동편 항구 겐그레아로 가서 거기서 배를 타고 에베소로 갔습니다(18절 하). 에베소에 도착한 바울은 홀로 유대인의 회당에 들어가 유대인들과 논쟁을 벌였습니다(19절). 바울의 변론을 들은 유대인들은 긍정적으로 반응했습니다. 그들은 바울에게 좀 더 오래 에베소에 머물면서 말씀을 들려 달라고 부탁했지만, 그는 후일을 기약하고 안디옥을 향해 떠났습니다(20-21절). 이때 아굴라 부부를 거기에 남겨 둠으로써 3차 선교 사역의 거점을 준비하게 했습니다.

바울은 결국 가이사랴와 예루살렘(22절의 '교회'는 '예루살렘 교회'를 지칭함)을 거쳐 시리아 안디옥 교회로 돌아옴으로써 3여 년에 걸친 제2차 선교 여행을 무사히 마무리하게 됐습니다(22절).

19장 서원

(두란노 서원 사역)

선교 본부 안디옥으로 원대 복귀한 바울은 잠시 휴식을 취한 뒤 세 번째 선교 여행을 떠났습니다. 제3차 선교 여행 루트를 살펴보면 다음과 같습니다.

안디옥 → 갈라디아, 브루기아 지역 → 에베소 → 드로아 → 마게도냐(빌립보, 데살로니가, 베뢰아) → 그리스(아덴, 고린도) → 빌립보 → 드로아 → 밀레도 → 가이사랴 → 예루살렘.

사도는 자신과 바나바가 1차 사역 기간 동안 복음을 증거한 갈라디아 땅과 브루기아 땅을 다니며 제자들을 굳건하게 했습니다. 2차 선교 여행 중에 사역했던 마게도냐와 아가야 지방은 3차 선교 여행 마지막 기간에 재방문할 예정이었습니다.

바울은 1차 선교지를 돌아본 후에 자신이 남겨둔 아굴라 부부가 있는 에베소로 왔습니다(1절 상). 에베소는 당시 인구가 대략 25만 명 정도 됐으며 아시아에서 가장 중요한 도시로 에게 해 연안에 위치해 있었습니다. 이곳은 로마에서 동방으로 가는 교통의 요충지요 무역의 중심지였으며 문화와 예술의 도시이기도 했습니다. 에베소는 특히 고대 세계의 7대 불가사의 중 하나로 꼽히는 아데미 신전으로 유명했습니다. 사도는 이곳에 도착하여 신자(제자)들이라고 생각되는 일단의 사람들을 만났습니다(1절 하). 그런데 뭔가 좀 이상한 느낌이 들었습니다. 그래서 영적 통찰력이 있는 바울은 이들이 믿는 신앙인들인지 확인하기 위해서

"너희가 믿을 때에 성령을 받았느냐"라고 물었습니다(2절 상). 이 질문은 일부 오순절파들이 생각하듯이, 주님을 믿은 후에 별도로 받아야 할 성령을 받았느냐는 뜻이 아니라 '너희가 진정한 신자냐?'라는 물음이었습니다.

이 사람들은 겉보기에는 믿는 자들처럼 보였지만 실제로는 신자들이 아니었습니다. 왜냐하면 성령의 존재 자체에 대해 들어본 적이 없었기 때문입니다(2절 하). 성령을 전혀 모르는 자가 어떻게 신자가 될 수 있습니까? 신자란 그 속에 믿음의 증거로 성령이 내주하는 자입니다. 그래서 사도는 한 번 더 점검하기 위해서 "그러면 너희가 무슨 세례를 받았느냐"고 물었습니다. 그랬더니 아니나 다를까 이들은 단지 세례 요한의 물 세례만 받은 자들이었습니다(3절). 구약의 여러 곳에서 언급되는 성령을 도무지 모르고 요한의 세례만 받은 것으로 보아서 이들은 세례 요한 계통의 이방인들이었던 것으로 보입니다. 그래서 바울은 세례 요한이 증거했던 내 뒤에 오시는 이, 곧 예수 그리스도를 믿으라고 말했습니다(4절). 이 말 속에는 너희가 참된 신자가 되려면 그림자 격에 해당되는 요한의 세례로는 부족하고 실체인 예수의 영, 곧 성령으로 세례를 받아야 한다는 의미가 내포되어 있었습니다. 이를 간파한 이 이방인들은 즉시 주님을 영접했습니다. 그리고 믿음의 표로 주 예수의 이름으로 세례를 받았습니다(5절).

사도 바울이 이들의 머리에 안수하자 이들에게 성령이 임했습니다. 예수님께서 베풀어 주시는 성령 세례를 받은 것입니다. 성령 세례를 받자 오순절 성령 강림 때 120문도가 각종 외국어 방언을 했듯이, 또 고넬료 가정의 이방인들이 성령을 받은 후 방언을 하고 찬양을 했듯이, 이 세례 요한 계통의 12인의 제자들 또한 방언도 하고 예언도 했습니다(6-7

절). 이들을 회심시킨 후 바울은 자신이 2차 선교 사역 말기에 방문했던 그 에베소 회당에 들어가 석 달 동안 담대히 하나님 나라에 대하여 강론하며 권면했습니다(8절). 이때 일부 유대인들이 마음이 완악하여 그가 전하는 메시지에 순종하지 않고 그것을 비방하기까지 했습니다. 이런 상황이 지속되자 사도는 여기 유대인의 회당에서 더는 말씀 사역을 할 수가 없었습니다. 그래서 자신의 가르침의 결과로 예수님을 믿게 된 제자들을 데리고 따로 나와서 '두란노 서원'이라는 곳에서 계속해서 사역했습니다. 오늘날 출판사 이름으로도 유명한 두란노 서원은 많은 사람들이 모여서 강의를 들을 수 있는 강당이었는데 바울은 이곳에서 2년 동안 하루도 빠지지 않고 말씀을 강론했습니다. 그 결과 아시아에 사는 수십만의 사람들—유대인, 헬라인 할 것 없이—이 다 주의 말씀을 듣게 됐고 큰 부흥이 일어났습니다(9-10절, 20절).

　　바울이 두란노 서원에서 사람들에게 말씀을 집중적으로 가르친 결과로 이와 같은 엄청난 부흥이 도래한 것을 바라보면서 오늘 우리 교회들도 사도의 이러한 아름다운 본을 그대로 닮고 있는지 묻지 않을 수 없습니다. 다 그런 것은 아니지만 우리는 적지 않은 교회에서 목회자들이 말씀의 꼴을 제대로 먹이지 않아서 양들이 영적 영양실조 상태에 빠진 채 시름시름 앓고 있는 안타까운 모습들을 목도합니다. 말씀의 종인 목사들이 하나님의 말씀을 가르치는 일은 뒷전이고 친목 도모에만 신경 쓴다면 교회는 한낱 사교 모임 정도로 전락할 수밖에 없습니다. 그러므로 교회는 다시 에베소의 두란노 서원과 같은 기능을 회복해야 합니다. 그래서 성도들에게 양약을 끊임없이 제공해야 합니다. 신구약의 '양약'(兩約)은 그야말로 '양약'(良藥)입니다. 부실한 사람에게 보약을 푹 고아 먹이면 육신이 건강해지지만 연약한 신자에게 성경 66권 말씀을 잘

달여 먹이면 영육이 강건해집니다. 그리고 성장이 뒤따릅니다.

20장 소생
(유두고의 소생)

에베소에서 충분히 사역했다고 생각한 바울은 원래 계획대로 마게도냐로 가기 위해 제자들과 작별 인사를 나눴습니다(1절). 그는 근 3년, 즉 자신의 선교 여행 중 가장 긴 시간을 에베소에서 보낸 후 아쉬운 마음을 뒤로하고 이전 2차 사역지였던 빌립보, 데살로니가, 베뢰아를 차례로 재방문했습니다. 그리고 이들 도시의 제자들에게 많은 권면을 했습니다. 그런 후에 그리스, 곧 아가야 지역으로 이동해서 그곳에서 3개월간 머물면서 사역했습니다(2-3절).

2차 선교 여행지를 쭉 둘러본 바울은 이후 예루살렘으로 가기 위해 다시 마게도냐의 첫 성 빌립보로 돌아와서 그곳에서 배를 타고 드로아로 가 일주일 동안 머물렀습니다(4-6절). 그리고 주간의 첫날, 즉 주일날 그것도 저녁에 이곳 신자에게 강론을 했습니다(7절 상). 바울은 내일이면 이곳을 떠나 밀레도를 거쳐 예루살렘으로 갈 예정이었습니다. 그러기에 그의 고별사를 듣기 위해 많은 사람이 다락방에 모였습니다. 사도는 자신이 가고 나면 언제 다시 올지 모른다는 생각에 평소보다 다소 길게 설교를 했습니다. 그러자 3층 창문에 걸터앉아 있던 유두고라는 청년이 그만 졸음을 이기지 못하고 아래로 떨어지고 말았습니다(7절 하-9절). 눈

깜짝할 사이에 일어난 불상사에 참석한 사람들은 몹시 당황했습니다. 사도는 하던 설교를 중단하고 유두고가 어떻게 됐는지 알아보기 위해 급히 아래로 내려갔습니다. 그런데 아뿔싸! 그는 죽었습니다. 추락사했습니다. 여러분 한번 생각해 보십시오. 어느 교회가 유명한 부흥 강사를 초청해서 일일 사경회를 개최했습니다. 그래서 주최한 교회뿐만 아니라 이웃 지역의 교회들에서도 많은 성도가 은혜받기 위해 참석했는데 강사가 좀 말씀을 오래 전했다고 해서 한 사람이 그만 졸다가 유두고처럼 높은 곳에서 떨어져 죽었다면 이것 보통 큰일이 아니지요. 이게 은혜가 되겠습니까? 죽은 사람의 부모가 가만히 보고만 있겠습니까? 말씀의 잔치를 배설한 교회는 감당할 수 없는 곤경에 처할 것입니다. 그리고 하나님의 영광이 가려질 것입니다.

　영적 통찰력이 누구보다도 예민한 사도 바울은 사태의 심각성을 직감했습니다. 그래서 그가 첫 번째로 한 일이 무엇이었습니까? "바울이 내려가서 그 위에 엎드려 그 몸을 안고"(10절 상). 그는 죽은 유두고 위에 엎드렸습니다. 여기 '위에 엎드리다'는 동사는 '위에 떨어지다'(헬. '에피핍토')라는 뜻으로 9절에서 유두고가 '떨어졌다'고 할 때 쓰였던 헬라어 '핍토'와 한 계열의 동사입니다. 따라서 바울은 위에 떨어지는 액션을 취함으로써 예수님이 나인 성에서 아들을 잃은 과부와 같은 마음으로 슬퍼하셨듯이(눅 7:13), 죽은 유두고와 한마음이 되고자 했던 것입니다. 심정적으로뿐만 아니라 육체적으로 그의 죽음에 동참했던 것입니다.[93] 그러자 어떤 일이 벌어졌습니까? 죽었던 나인 성 과부의 아들이 관에서 벌떡 일어났듯이, 죽은 유두고의 심장이 다시 뛰기 시작했습니다. "(바울이) 말하되 … 생명이 그(유두고) 안에 있다"(10절 하). 하나님께서 그의 종 바울의 눈물을 보시고 즉시 개입하여서 사태를 극적으로 해결해 주셨

습니다. 그 결과 슬픔에 빠졌던 성도들은 적지 않은 위로를 받았습니다
(12절).

21장 체포

(바울의 체포)

바울은 밀레도에서 에베소 교회 장로들
의 따뜻한 전송을 받고 빌립이 있는 가이
사랴를 거쳐 3차 선교 여행의 최종 목적
지 예루살렘에 도착했습니다. 그는 밀레
도에서 만난 에베소 장로들에게 고백했
듯이, 성령의 계시로 이곳 예루살렘에 오
면 그를 기다리는 것은 결박과 환난이라는 사실을 이미 알고 있었습니
다(행 20:22-23). 그리고 가이사랴의 아가보의 계시를 통해서 그 사실을
재확인했습니다(10-11절). 하지만 바울은 자신의 주 예수를 위해서라면
그 어떠한 고난도 감수할 준비가 되어있었습니다. 죽음까지도 마다하
지 않았습니다. 에스더처럼 죽으면 죽으리라는 순교자적인 각오로 선
지자들을 돌로 치고 예수 그리스도까지 십자가에 못 박은 이 예루살렘
에 자진해서 올라왔습니다. 이렇게 주를 위해 몸을 사리지 않는 사람이
진짜 선교사입니다.

나손의 집에서 하룻밤을 묵고 난 후, 바울 일행은 예루살렘 교회로
향했습니다. 그리고 선교지를 돌며 거둬 온 헌금을 전달하기 위해 교회
의 수장 야고보와 장로들을 만났습니다(18절). 예루살렘 지도자들은 바

울에게 "예루살렘에 수만 명의 유대인 신자들이 모세의 율법에 열심을 품고 있는데 이들은 당신이 이방 지역에 흩어져 사는 디아스포라 유대인들에게 모세를 배반하고 자녀들에게 할례를 하지 말고 유대 관습을 지키지 말라고 한다는 소리를 듣고 불만 가득한 상태에 있습니다. 그런데 이제 이들이 필시 당신이 여기 온 것을 들으리니 우리가 어찌했으면 좋겠습니까"라고 물었습니다(20-22절).

그리고 나서 바울 자신이 결례 의식을 행하기 위해 성전에 갈 때 여기 나실인으로 서원한 네 사람을 함께 데리고 들어가서 그들이 삭발할 수 있도록 비용을 대주라고 제의했습니다. 그렇게 하는 것을 보면 예루살렘 신자들은 바울도 율법을 지켜 행하는 줄 알고 더 이상 아무 말 할 수 없을 것이라는 취지였습니다(23-24절).

바울은 자신이 결백했기 때문에 굳이 그렇게 할 필요가 없었지만, 한 사람의 유대인이라도 더 구원하기 위해서 예루살렘 교회의 지도자들의 제안을 그대로 수용했습니다. 그래서 다음 날에 서원한 사람들을 데리고 성전으로 올라갔습니다(26절).

야고보와 교회 장로들의 부탁을 받고 예루살렘 성전에 들어가 의식을 거행함으로써 율법에 충실한 신자들의 오해를 해소시키려던 바울은 그곳에서 오순절 절기를 지키기 위해서 아시아로부터 온 유대인들을 만나게 됐습니다(27절 상). 이들은 바울이 에베소를 중심으로 아시아 지역에서 사역하고 있을 때 수시로 그를 반대하고 여러 차례 해하려고 했으나 바울을 추종하는 많은 신자들과 그를 보호하는 아시아 관리들이 있었기 때문에 뜻을 이루지 못했던 자들이었습니다. 그래서 이들이 성전, 곧 이스라엘 남자의 뜰에서 사도와 마주쳤을 때 이를 하나님이 자신들에게 허락하신 절호의 기회로 생각하고 그를 붙들었습니다(27절 하).

그리고 "이스라엘 사람들아 도우라. 이 사람은 각처에서 우리 백성과 율법과 이곳을 비방하여 모든 사람을 가르치는 그자인데 또 헬라인을 데리고 성전에 들어가서 이 거룩한 곳을 더럽혔다"고 사람들을 충동했습니다(28절).

바울이 유대인들과 그 유대인들이 가장 소중히 여기는 율법과 성전을 비방하고 그것도 모자라서 이스라엘 남자들만이 들어올 수 있는 거룩한 뜰에 불결한 헬라인을 들였다는 충격적인 주장을 들은 예루살렘의 유대인들은 끓어오르는 분노를 주체할 수 없어서 바울에게 벌 떼처럼 달려들어서 그를 사정없이 구타했습니다. 그리고 돌로 쳐 죽이려고 성전 밖으로 끌고 나갔습니다(30-31절 상). 바울은 이스라엘 남자의 뜰에서 여자의 뜰을 거쳐 이방인의 뜰로 끌려 나와 돌에 맞아 순교당할 찰나에 있었습니다. 하지만 그는 아직 죽을 때가 아니었습니다. 바울에게는 할 일이 더 남아 있었습니다. 로마에도 가서 복음을 증거해야 했습니다. 그래서 하나님은 예루살렘에서 공공 소요가 일어나는지 스물네 시간 철통 감시하는 로마 수비대의 군인들이 그가 끌려가는 것을 목격하게 하셨습니다.

로마 수비대의 초병들은 바울이 온 예루살렘 사람들에게 난타당하면서 성문 밖으로 끌려 나가는 것을 발견하고는 즉시 예루살렘에서 소요가 발생했다며 수비대 최고 사령관인 천부장에게 보고했습니다(31절 하). 골치 아픈 사태가 발생했다는 보고를 받은 천부장 글라우디오 루시아는 급히 군인들과 백부장들을 거느리고 현장으로 달려갔습니다. 예루살렘의 유대인들은 중무장한 로마 군인들의 출동을 보고 바울을 치던 일을 멈췄습니다(32절). 천부장은 즉시 바울을 두 쇠사슬로 결박하라고 휘하 군인들에게 명령을 내렸습니다(33절 상). 선지자 아가보의 예언이 그대로 성취되는 순간이었습니다. 그리고 그는 바울을 핍박한 무리에게 그가 누구이며 무슨 행동을 했느냐고 물었습니다(33절 하). 각기 다른 소리로 외쳐 댔기 때문에 천부장은 현장에서 사건의 진상을 바로 파악할 수 없었습니다. 그래서 바울을 심문하기 위해 주둔군의 진영 안으로 데려가라고 명했습니다(34절). 이에 바울이 포박된 채 진영으로 연결된 계단으로 올라가는데 그를 반대하는 유대인들은 거기까지 뒤쫓아오며 폭력을 행사했습니다. 그리고 천부장에게 그를 제거하라고 소리쳐 댔습니다(35-36절). 상황이 이쯤 되면 보통 사람들은 한시라도 빨리 그 현장을 빠져나가 영내로 들어가려고 했을 텐데 바울은 그렇게 하지 않고 소요 진압 총사령관인 천부장에게 부탁해서 자기를 잡아 죽이겠다고 아우성치는 유대인들 앞에서 긴 연설을 하게 됐습니다(37-40절). 그는 시쳇말로 곧 죽어도 자기가 하고 싶은 말은 다하는 사람이었습니다.

22장 변론

(바울의 변론)

바울은 쇠사슬로 결박되어 심문을 받기 위해 영내로 들어가려는 찰나에 천부장의 허락을 받고 히브리 말로 동족 유대인들에게 긴 연설을 했습니다. 그는 연설의 첫마디를 '폭도 여러분'이라고 하지 않고 '부형들아'(아버지와 형님들아)라고 했습니다. 이 말을 통해 우리는 바울이 자신을 돌로 치려는 유대인들을 여전히 하나님 안에서 한 가족의 일원으로 생각하고 있음을 알 수 있습니다. 이렇게 자신을 증오하는 유대인들에게 최대한 존경을 표한 후에 바울은 자신의 회심 이전(3-5절), 다메섹 회심 사건(6-16절), 회심 이후(17-21절)에 대해 자세히 이야기했습니다.

먼저, 사도는 자신이 예수님을 만나기 전에 어떤 사람이었는지를 네 가지로 설명했습니다. 첫째, 자신은 그들과 동일한 유대인이라고 말했습니다. 둘째, 길리기아 다소에서 태어났다고 출생지를 알려주었습니다. 셋째, 이 성, 즉 예루살렘 시에서 자랐다고 성장지를 언급했습니다. 넷째, 존경받는 바리새인 율법 교사 가말리엘의 문하에서 엄격한 율법 교육을 받았다고 말했습니다. 이렇게 자기 정체성을 소상히 밝힘으로써 사도는 자신이 정통 유대인임을 강조했습니다. 그리고 정통 유대인으로서 그의 열정은 결국 나사렛 예수를 메시아로 추종하는 자들을 핍박하고 죽이는 행동으로 표출됐습니다(4절). 이어서, 바울은 산헤드린 공회에서 대제사장 가야바로부터 공문서를 발급받아 다메섹으로 피신한 예수의 잔당들을 체포하기 위해 그곳으로 가던 중에 부활한 예수를 만나서 회심하게 된 경위를 유대인들에게 자세히 설명하여 주었습니다(5-21절).

유대인들은 바울의 말을 듣다가 '이방인'이라는 말이 나오자마자 더 이상 가만히 듣고 있지 못하고 흥분했습니다. 그래서 "이러한 자는 세상에서 없애자. 살려 둘 자가 아니라"라고 외치며 분노의 표시로 옷을 벗어 던지고 티끌을 공중에 날렸습니다(22-23절). 유대인들이 이와 같이 상징적인 행동을 하면서 바울을 제거하라고 귀청이 떨어져 나갈 정도로 고함을 지르자 긴장한 천부장은 군인들에게 명령하여 바울을 진영 안으로 끌고 들어가 매질하여 유대인들이 왜 이같이 그를 대항하여 외치는지를 밝혀내라고 지시를 내렸습니다(24절). 그래서 백부장과 휘하의 군인들이 바울을 가죽끈으로 동여매고 채찍질하면서 심문하려고 하자 바울은 그에게 "너희가 로마 시민 된 자를 죄도 정하지 아니하고 채찍질할 수 있느냐"고 항의했습니다(25절).

당시 로마 법에 의하면 로마 시민권자는 죄가 입증되지 않는 한 매질할 수가 없었습니다. 그래서 바울은 이렇게 반문한 것이었습니다. 바울을 심문하려던 백부장은 심문을 중단하고 곧장 이 사실을 천부장에게 보고했습니다(26절). 백부장의 보고를 받은 천부장은 즉시 바울에게 달려와서 그가 정말 로마인인지 확인했습니다(27절). 그리고 자신이 로마 시민권을 얻게 된 경위를 바울에게 설명했습니다(28절 상). 천부장은 많은 돈을 주고 그것을 샀다고 말했습니다(28절 상). 당시 로마 시민권은 여러 방법으로 얻을 수 있었는데 부모가 로마 시민권자이거나 전쟁에서 공을 세우거나 그도 아니면 돈을 주고 사는 방법 등이 있었습니다. 천부장은 돈을 주고 시민권을 얻은 반면, 바울은 태어나면서부터 로마 시민권자였습니다(28절 하). 이에 천부장은 죄가 밝혀지지 않은 로마 시민인 바울을 결박했다는 사실로 인해 로마 당국으로부터 문책을 받을까 봐 두려워했습니다(29절). 그래서 그는 바울의 결박을 풀어주고 로마인에 상응하는 공식적인 재판 절차를 마련했습니다(30절).

만일 계단에서 바울이 연설하기 전에 천부장에게 로마인이라는 사실을 미리 알렸다면 그는 양손과 양발이 묶인 채 진영 안으로 끌려 들어가는 수모를 당하지 않았을 것입니다. 하지만 그렇게 했다면 또한 유대인들에게 주님을 증거할 기회를 가질 수 없었을 것입니다. 바울은 자신의 고난과 불편은 안중에도 없는 사람이었습니다. 그의 관심은 오로지 동족에게 그리스도를 증거하여 그들이 구원받게 하는 데에만 집중

되어 있었습니다. 사도는 "때를 얻든지 못 얻든지 말씀을 전파하라"(딤
후 4:2)고 자신의 영적 아들 디모데에게 한 명령을 말이 아닌 삶으로 직
접 보여 주었던 사람이었습니다. 우리 신앙인은 바울 사도의 이러한 복
음에 대한 불타는 열정을 본받아야 할 것입니다.

23장 조카

(바울의 조카)

진영 안으로 끌려 들어온 바울은 지난 며
칠 동안 자신에게 있었던 일들을 천천히
회고해 보았을 것입니다. 결례를 행하려
고 성전에 갔다가 아시아에서 온 유대인
들의 선동으로 체포되어 거의 죽을 뻔했
으나 로마 수비대의 출동으로 극적으로
구출된 일(행 21:17-36), 그리고 죄 없는 자신에게 어떻게라도 죄를 뒤집어
씌우려고 애쓰는 공회원들을 지략을 써서 물리친 일(1-10절)을 떠올리면
서 앞으로 자신의 운명이 어떻게 될 것인지 걱정하고 있었을 겁니다. 바
로 이때 주께서 환상 가운데 밤에 바울에게 나타나서 그의 곁에 서서
"담대하라. 네가 예루살렘에서 나의 일을 증언한 것같이 로마에서도 증
언하여야 하리라"고 말씀하셨습니다(11절). 이 말씀은 내일을 기약할 수
없는 바울에게 엄청난 위로와 격려가 됐음에 틀림없습니다. 이 말씀을
통해서 주께서는 곧 닥쳐올 위기로부터 그를 건져 주겠다고 약속하신
것이며 현재 예루살렘에서 당하는 바울의 고난은 장차 그가 로마로 가

게 하기 위한 당신의 깊은 섭리임을 분명히 한 것입니다.

주께서 바울에게 나타나 말씀하시던 밤이 지나고 아침이 됐을 때 유대인 40여 명이 바울을 죽이기로 맹세하고 결사대를 조직하여 대제사장들과 장로들을 찾아갔습니다. 이들은 바울을 죽이기로 맹세한 사실을 그들에게 알려주면서 공회가 바울에 대해 조사할 일이 있으니 천부장에게 그를 보내 달라고 부탁하라고 협조를 구했습니다. 그래서 천부장이 바울을 보내면 안토니아 요새에서 공회가 열리는 장소로 오는 길 중간에 매복하고 있다가 단숨에 그를 제거할 계획이었습니다(12-15절). 이 암살단의 계획은 너무도 치밀해서 실패할 가능성이 거의 없어 보였습니다. 하지만 하나님께서는 이들보다 한발 앞서 움직이셨습니다. 이미 간밤에 바울에게 환상 가운데 나타나셔서 "로마에서도 증언하여야 하리라"고 말씀하셨기에 그를 그냥 죽게 놔둘 수가 없었습니다. 그래서 바울의 생질, 즉 조카로 하여금 이들의 음모의 소식을 듣게 하셔서 그는 이 사실을 삼촌에게 알려주었습니다(16절).

바울은 한 백부장에게 청하여 자신의 조카가 천부장에게 전할 말이 있다고 하여 그를 천부장에게 인도하게 했습니다(17-18절). 천부장을 만난 조카는 유대인들의 바울 살해 공모를 그에게 소상히 이야기했습니다(19-22절). 이 말을 듣자마자 천부장은 사태의 심각성을 주지하고 즉시 조치를 취했습니다. 그리하여 무려 470명의 병사로 하여금 바울 한 사람을 호위하게 하고 그를 급히 가이사랴에 있는 총독 벨릭스에게로 피신시켰습니다(23-33절). 하나님께서는 죽음의 위기에 처한 바울을 구출해내기 위해서 그의 '조카'를 비장의 카드, '조커'(Joker)로 활용하셨습니다. 바울에게 예루살렘에 사는 누이가 있었으며 그녀에게는 아들이 있었다는 사실은 단지 여기 사도행전 23장에만 한 번 나옵니다. 그는 이

전과 마찬가지로 이후에도 더는 등장하지 않습니다. 여기에서 유대인들의 암살 음모를 누설해 주는 자기 맡은 역할을 충실히 하고 연기처럼 사라집니다.

저도 유학하면서 가장 어려웠던 시기에 하나님께서 바울의 조카와 같은 사람을 조커로 보내주셔서 위기를 벗어난 기억이 있습니다. 셋째 딸을 낳고 그렇지 않아도 여유가 없는 살림에 더 경제적으로 어려움을 겪고 있는데, 엎친 데 덮친 격으로 갑자기 환율이 급등하여 고국에서 보내주는 돈의 가치가 거의 절반으로 떨어지게 됐습니다. 그래서 도저히 생활할 수 없는 지경에 이르게 되어 중도에 학업을 포기하고 고국으로 돌아갈까 염려하고 있었습니다. 이러한 찰나에 어느 익명의 성도가 저의 가정을 위해 매달 목적 헌금을 해주셨습니다. 이 돈은 신기하게도 저의 가정이 생활할 수 있는 최소 생계비에서 부족했던 바로 '그 액수'였습니다. 그래서 고비를 넘기고 학업을 무사히 마치고 학위를 받을 수 있었습니다.

여러분! 도저히 헤어 나올 수 없을 것 같은 곤경에 빠져 있습니까? 그럴지라도 희망의 끈을 놓지 마십시오. 조카를 조커로 사용하시는 하나님께서 여러분을 절대로 홀로 버려두지 않으실 것입니다. 상상을 초월하는 기상천외한 방법으로 반드시 위경에서 건져 주실 것입니다.

24장 감금

(바울의 **감금**)

가이사랴에 도착한 바울은 당시 총독의 관저로 사용되고 있던 헤롯 궁전에 감금 됐습니다. 그리고 이송된 지 5일이 지난 후에, 대제사장 아나니아가 장로들과 더둘로라고 하는 변호사를 대동하고 예루살렘에서 약 104km 떨어진 이곳까지 내려와서 총독 앞에서 바울을 고소했습니다(1-2절). 더둘로는 먼저 벨릭스에게 아첨의 말을 한 다음에 바울을 나사렛 이단의 괴수로 유대인을 소요하게 하고, 성전을 더럽혔다는 죄목으로 고소했습니다(3-6절). 더둘로의 일장 연설이 끝나자 유대 종교 지도자들은 일제히 "이 말이 옳도다"라고 외치며 맞장구를 쳤습니다(9절). 이러한 더둘로의 주장에 대하여 총독 벨릭스는 바울에게 답변할 기회를 주었습니다(10절). 사도는 총독에게 최대한 경의를 표하고 나서 더둘로의 고소 내용의 잘못된 점을 조목조목 지적하며 완벽하게 반박했습니다(11-21절). 그러므로 총독 벨릭스는 그에게 신속히 무죄를 선언했어야 했습니다. 그러나 그는 사도에게서 돈을 기대했고, 아울러 자기의 임기 중에 유대인들—특히, 산헤드린 공회원들—과의 관계가 어색해질 것을 두려워해서 재판을 연기한 후 아무 죄도 없는 바울을 무려 2년간 옥에 가두어 두었습니다. 그리고 나서 자신의 후임자인 보르기오 베스도가 가이사랴로 왔을 때 그에게 미결수 바울에 대한 재판 사건을 떠넘기고 다른 임지로 떠나가 버렸습니다(22-27절). 이 인간은 바울 사도의 인권 따위에는 관심조차 없었습니다.

하지만 바울에게 이 구류 기간은 무익한 시간이 아니었습니다. 독(毒)이 아니라 오히려 약(藥)이 되는 시간이었습니다.

이 2년 동안 바울은 모처럼의 휴식을 만끽할 수 있었습니다. 3차에 걸친 선교 여행의 피로를 풀라고 하나님께서 그에게 '장기 특별 휴가'를 주신 것이었습니다. 만일 바울이 벨릭스로부터 무죄를 선언받고 옥에서 석방됐다면 살해의 위험이 그를 기다리고 있었을 것입니다. 밖에는 사십 인의 유대인 암살단이 먹지도 않고 마시지도 않고 그를 죽이겠다고 대기하고 있었습니다. 따라서 형이 결정되지 않고 감옥에 감금되어 있는 것이 오히려 이러한 살해 위험으로부터 자신을 보호하는 길이었습니다. 군대가 철통같이 지켜 주고 먹을 것까지 갖다 주니 바울은 안심할 수 있었습니다. 게다가, 어느 정도 자유가 주어졌기에 복음도 증거할 수 있었습니다. 그는 이 2년간 이곳에 오기 전에 예루살렘에서 환상 가운데 주님께서 약속하신 "네가 예루살렘에서 나의 일을 증언한 것같이 로마에서도 증언하여야 하리라"(행 23:11)는 말씀을 되새기면서 장차 있을 로마 선교를 준비했을 것입니다.

25장 상소
(바울의 상소)

로마 황제 네로에 의해 벨릭스의 후임자로 임명된 베스도는 주후 59년경에 유대 통치 본부가 있는 가이사랴에 이르렀습니다. 그리고 총독으로 부임한 지 3일 만

에 신임 발령 인사차 예루살렘으로 올라가서 유대인 지도자들을 만났습니다(1-2절). 신임 총독을 만나자 유대인 지도자들은 지난 2년간 미결 사건으로 남아 있던 사도 바울 문제를 다시 제기했습니다. 그들은 바울을 고소하면서 전임 벨릭스 총독이 호의를 베풀어 준 것같이, 신임 총독 베스도도 자기들에게 호의를 베풀어 바울의 재판을 이곳 예루살렘에서 열어 달라고 부탁했습니다(3절 상). 이러한 부탁의 진짜 목적은 2년 전에 그랬듯이 길에 매복해 있다가 바울이 올라오면 노상에서 그를 제거하기 위한 것이었습니다(3절 하). 이 유대인 지도자들의 저의를 알 턱이 없는 베스도였지만 하나님께서 그의 배후에서 역사하셔서 바울이 지금 구류되어 있는 가이사랴에서 재판이 열리게 됐습니다(4-6절). 2년 동안 아무 재판도 받지 않고 구금 상태에 있던 바울은 다시 재판정에 소환되어 심문을 받게 됐습니다. 그가 나오자 총독과 함께 내려온 유대인들은 이것저것 있지도 않은 오만 가지 죄목들을 끌어다가 바울을 고발했습니다. 하지만 자신들의 변론을 입증할 증거는 제시하지 못했습니다(7절).

　　유대 종교 지도자들의 고발이 끝나자 바울이 변명을 시작했습니다. 바울은 유대인의 율법을 범한 일이 없고, 성전을 모독한 적도 없고, 로마 황제 가이사를 대항하여 소요를 일으킨 적은 더더욱 없다고 말하며 자신의 결백을 주장했습니다(8절). 베스도는 양쪽의 고소와 변호를 다 듣고도 판결을 내리지 않고 유대인 대표들의 호의를 얻고자 하여 바울에게 "네가 예루살렘에 올라가서 이 사건에 대하여 내 앞에서 심문을 받겠느냐"고 물었습니다(9절). 이 질문에 대해 바울은 "내가 가이사의 재판 자리 앞에 섰으니 마땅히 거기서(로마에서) 심문을 받을 것이라"라고 대답함으로써 총독의 제안을 거부하고 로마 황제 가이사에게 상소했습니다(10-11절). 바울은 로마 시민권자로 당시 로마 시민권을 소지한 자는 지금 미국 시민권자처럼 다른 사람들에 비해 적지 않은 특권을 누리고 있었는데, 그 가운데 하나는 자신이 지방 재판에서 불리한 심문과 판결을 받을 위험이 있다고 판단될 때 로마 황제 가이사의 법정에 호소할 수 있는 권한이 있었습니다.

바울은 자신이 총독의 제안을 승낙하여 가이사랴에서 예루살렘으로 올라가게 되면 그곳에 가서 재판도 받기 전에 노상에서 살해당해 객사할 수도 있었고, 설령 무사히 거기에 간다 해도 편파적인 유대인들에 의해 부당한 판결을 받을 것이 불 보듯 뻔했기에 이를 미연에 방지하기 위해서 자신의 로마 시민권자 카드를 한 번 더 사용하여 가이사에게 상소했던 것이었습니다. 바울이 가이사랴도 아니고 예루살렘도 아닌 제3의 장소 로마에 가서 재판을 받겠다고 상소하자 베스도는 무척 당황했습니다. 그는 이러한 사태의 진전에 대해 전혀 대비가 되어 있지 않았습니다. 총독은 로마의 공명정대함을 해칠까 봐 두려워서 바울에게 유죄를 선고하는 판결을 내릴 수도 없었고 유대인들의 감정을 상하게 할까 봐 두려워서 그를 풀어줄 수도 없는 딜레마에 빠졌습니다. 그래서 그의 법률 고문들과 협의하고 나서 그는 바울이 상소한 대로 할 수밖에 다른 대안이 없다는 것을 깨닫고 "네가 가이사에게 상소하였으니 가이사에게 갈 것이라"라고 선언했습니다(12절).

베스도 앞에서 속개된 바울의 심문 재판이 총독이 생각했던 것과는 전혀 다른 방향으로 전개된 것을 살펴보면서 우리 인생들의 운명의 키를 하나님께서 쥐고 계신다는 사실을 새삼 깨닫게 됩니다. 사람이 마음으로 자기의 길을 계획할지라도 그의 한 걸음 한 걸음을 인도하시는 이는 여호와 하나님이심을 다시 한번 깨닫게 됩니다(잠 16:9). 겉보기에는 막강한 권세를 가지고 있는 베스도나 그 배후에서 엄청난 영향력을 행사하는 유대 지도자들이 아무 힘없는 죄수 바울을 자신들이 마음먹은 대로 예루살렘으로 몰고 갈 수 있는 것처럼 보였지만, 실제로 사도의 인생의 핸들을 쥐고 계신 드라이버는 하나님이셨기에 당신이 당신의 종을 보내고자 하신 최종 행선지인 로마로 가는 쪽으로 결론이 난 것입니다. 이 세상의 권세자들은 단지 하나님의 뜻을 이루는 도구와 방편에 불과함으로 결국 베스도도 그분의 뜻에 협조하지 않을 수 없었습니다. 그래서 로마 황제 가이사에게 재판을 받겠다고 하는 바울의 상소를 승낙하는 것 외에는 다른 도리가 없었던 것입니다.

26장 변호

(바울의 **변호**)

베스도가 바울의 호소대로 그를 로마 황제 법정으로 보내기로 결정한 며칠 후 헤롯 아그립바 2세와 그의 누이동생 버니게가 신임 총독 베스도에게 문안 인사차 가이사랴를 방문했습니다. 아그립바가 자신을 문안하러 왔다가 금방 돌아가지 않고 가이사랴에 여러 날을 머물자 이 기회를 이용하여 베스도는 바울의 재판 문제의 자문을 구하고자 그간 있었던 일들을 아그립바에게 소상히 보고했습니다. 총독의 보고를 다 들은 후에 호기심이 발동한 아그립바 왕은 바울의 변론을 직접 들어보고 싶다고 제안했고 베스도는 그러면 내일 그의 말을 들을 수 있게 해주겠다고 대답했습니다. 이로 인해 다음 날 바울에 대한 청문회가 열리게 됐습니다(행 25:13-23).

먼저 베스도가 기조연설을 했습니다(행 25:24-27). 그러고 나서 바울의 변호가 이어졌습니다. 사도는 총독이 이미 지금까지 자신을 조사해 본 결과 사형에 해당하는 죄를 하나도 발견하지 못했다고 아그립바 왕에게 설명했기 때문에 아주 가벼운 마음으로 왕과 총독과 고관들에게 복음을 증거할 수 있었습니다. 아그립바가 "너를 위하여 말하기를 네게 허락하노라"라고 하자 바울은 먼저 청중들의 시선이 자신에게 집중되게 하기 위해서 손을 높이 든 후 변호를 시작했습니다(1절). 사도는 지난번 안토니아 요새 층층대 맨 위에서 자신의 동족들에게 복음을 증거할 때처럼 이번에도 회심 이전(4-11절), 다메섹 회심(12-18절), 회심 이후(19-23절)의 세 부분으로 나누어 연설했습니다. 바울은 회심 이전에는 엄격한 바리새파 유대인으로 하나님의 저주를 받아 십자가에 달려 죽은 나사렛 예수를 메시아로 믿고 따르는 추종자들을 열광적으로 박해했지만, 다메섹 부근에서 부활의 주를 만나서 그가 그리스도인 것을 확인하고 회심하게 됐고 그로부터 이스라엘과 이방의 복음을 증거하라는 사명을 위임받아 지금까지 그 부여받은 사명에 충성을 다하며 살아왔다고 청중들에게 증언했습니다.

사도가 이같이 자신을 변호하자 듣고 있던 베스도는 큰 목소리로 "바울아 네가 미쳤도다. 네 많은 학문이 너를 미치게 한다"라고 외쳤습니다(24절). 총독은 로마인과 헬라인의 합리적인 사고방식에 깊이 사로잡힌 나머지 바울이 로마인들에 의해 십자가에 처형된 나사렛 예수가 부활하여 다메섹 도상에 나타나서 그에게 사명을 부여했다고 하자 그의 말을 정신병자가 하는 헛소리로 간주했던 것이었습니다. 바울이 하도 책상에 앉아 공부만 하다 보니 정신이 어떻게 돼서 이런 허무맹랑한 말을 지껄이고 있다고 생각한 것입니다. 사실 베스도와 같이 땅에 속한 사람의 눈에는 바울과 같이 하늘에 속한 사람이 미치광이로 보일 수밖에 없습니다. 왜 이 자는 사서 고생을 하는가? 왜 죄 없이 감옥에 2년 이상 갇혀 있으면서도 불평불만 한마디 하지 않는가? 무고히 고난을 받으면서도 뭐가 그리 좋다고 실실 웃는가? 이게 정상적인 사람이 할 행동이겠습니까? 어찌 보면 베스도나 바울이나 둘 다 미친 사람, 광인(狂人)입니다. 베스도가 눈에 보이는 '돈'과 '명예'와 '권력'에 미쳤다면 바울은 보이지 않는 '예수'와 '복음'에 미친 사람입니다. 그러므로 기왕 미칠 바에는 잠시 있다 사라질 세상 것들에 미치지 말고 사도 바울처럼 영원히 존재할 '그리스도'에 미칩시다.

　　바울은 자신에게 미쳤다고 소리친 베스도에게 깍듯이 '각하'란 존칭을 붙여 예를 표한 후에 자신이 지금 허튼소리를 하는 것이 아니라 참되고 신중한 말을 하고 있다고 답했습니다(25절). 그리고 나서 중단됐던 변호를 계속했습니다. 그는 유대인으로서 자신이 말하는 내용에 대해 누구보다도 잘 알고 있는 아그립바 왕에게 단도직입적으로 "선지자를 믿습니까"라고 질문했습니다. 그리고 곧바로 "믿으시는 줄 아나이다"라고 스스로 답했습니다(27절). 이는 왕을 곤경에 빠뜨리는 질문이었습니다. 만일 왕이 선지자들을 믿는다고 하면 결국 총독을 비롯한 이방인들이 어리석게 생각하는 죽은 자의 부활도 믿는다는 말이 되고 말 것입니다. 그러면 이방인들의 최고 관리들 앞에서 자신의 체면이 땅에 떨어질 것입니다. 하지만 믿지 않는다고 말하면 유대인으로서 그의 입지는 약해질 것입니다. 그래서 아그립바는 바울의 질문에 즉답을 피하고 "네가 적은 말로 나를 권하여 그리스도인이 되게 하려 하는도다"라고

말했던 것입니다(28절).[94]

바울은 재치 있게 왕의 대답을 그대로 받아서 "말이 적으나 많으나 당신뿐만 아니라 오늘 내 말을 듣는 모든 사람도 다 이렇게 결박된 것 외에는 나와 같이 되기를 하나님께 원하나이다"라고 대답했습니다(29절).

2세기에 쓰인 외경 『바울과 테클라 행전』(The Acts of Paul and Thecla)에 의하면, 바울은 키가 아주 작았고, 외모도 볼품이 없었으며, 대머리였고, 눈썹은 짙고, 코는 구부러졌으며, 다리가 휘어졌다고 합니다. 게다가, 지금 푸르죽죽한 죄수복을 입고 손에는 수갑을 차고 있는 상태였습니다. 그런데도 바울은 화려하게 치장하고 남 부러울 것 전혀 없어 보이는 왕과 총독과 고위 관리들 앞에서 "너희도 나처럼 그리스도인이 돼라"고 소리쳤습니다. 이 얼마나 멋진 모습입니까? 저들은 비록 성공한 사람이요 지금 잘나가고 있는 것처럼 보일지 모르지만, 예수님을 몰라서 온갖 부정과 불법을 자행하여 죄만 축적하다가 종국에는 하나님의 준엄한 심판을 받을 것입니다. 하지만 바울은 비록 세상적으로 출세하지는 못했을지라도 주님을 믿고 그분이 맡겨주신 사명에 죽도록 충성하며 인간답게 살았기에 결국 하나님의 크신 상급을 받을 것입니다. 그러므로 그는 베스도도 아그립바도 그 어떠한 세상의 권력자도 부럽지 않았던 것입니다.

여러분도 바울 사도처럼 그리스도께 충성을 다하는 아름다운 인생을 살아 이 세상을 하직하고 하나님 나라에 갈 때 자녀들과 주변 사람들에게 "너희도 나처럼 살아라"라고 권면하는 복된 인생이 되기를 주님의 이름으로 축원드립니다. 그렇게만 말할 수 있다면 여러분은 정말 잘 산 것입니다.

27장 압송

(바울의 **압송**)

베스도와 아그립바 왕 앞에서 변호한 후, 바울은 결국 자신의 호소대로 가이사의 법정에서 재판받기 위해 로마로 향하게 됐습니다. 신임 총독 베스도는 바울의 호송 책임을 백부장 율리오에게 맡겼습니다. 율리오는 자신의 부하 군인들과 바울 일행, 그리고 다른 죄수 몇 사람과 함께 가이사랴에서 아드라뭇데노에서 온 배를 탔습니다(1-2절). 루기아의 무라 시(市) 항구에 도착했을 때, 백부장은 이달리야로 가려 하는 알렉산드리아에서 온 배로 자신이 인솔해 온 사람들을 갈아타게 했습니다(4-6절). 이달리야 로마를 향해 출발한 배는 바람의 영향으로 순풍이 불었다면 하루 만에도 도착할 수 있는 니도까지 여러 날을 소요해서 갔습니다. 그리고 거기에서 역풍이 더 강해져서 배는 전진하지 못하고 옆걸음 쳐서 간신히 니도 섬 맞은편에 있는 그레데 섬의 미항에 이르게 됐습니다.

두 차례의 풍랑으로 인해 많은 시일이 소모됐고 항해하기에 위험한 시기에 접어들었기에 바울은 잠시 하던 항해를 중단하고 이 미항에서 겨울을 지내고 떠나자고 동행하는 사람들을 설득했습니다. 그리고 만일 자신의 말을 무시하고 항해를 계속할 경우에는 화물과 배뿐만 아니라 생명에도 타격과 큰 손해가 초래될 것이라고 경고했습니다(9-10절). 그러나 선장과 선주를 비롯한 많은 사람이 이 미항은 자신들이 겨울을 지내기에 불편하고 불과 65km 정도만 더 가면 월동하기에 보다 나은 뵈닉스 항구가 있으므로 그곳으로 이동하자고 주장했습니다. 양편의 의견을 다 들은 백부장은 바울의 이야기보다 다수의 말을 더 신뢰했습니다(11-12절). 그래서 뵈닉스를 향해 항해를 떠났습니다. 하지만 얼마 가지도 못해서 유라굴로라 불리는 초대형 태풍과 같은 바람이 맞은편에서 불어 닥쳤습니다(14절). 순간 율리오는 바울의 말을 한 귀로 듣고 한 귀로 흘려버린 것을 뼈저리게 후회했지만 때는 이미 늦었습니다.

갑작스러운 광풍에 배는 통제력을 완전히 상실하고 뵈닉스가 아닌 지중해 대해 한가운데로 끌려갔습니다. 시간이 지나감에 따라 선원들은 풍랑으로 인해 화물과 곡물이 물에 젖어 부피가 커지고 무거워지자 배가 가라앉는 것을 염려하여 짐과 배의 기구들을 하나씩 바다에 던졌습니다(15-19절). 이로 인해 항해를 계속하게 되면 화물과 배에 손실이 있을 것이라는 사도 바울의 두 가지 예언이 실현됐습니다. 이렇게 어떻게든 살아보려고 몸부림을 쳤음에도 불구하고 항해하는 바다는 광풍이 멎지 않고 여전했으며 나침반 역할을 하는 하늘은 해도 별도 보이지 아니하여서 사람들은 살 수 있다는 소망을 완전히 포기하게 됐습니다(20절). 이것이 소위 전문가라는 선장과 선주의 말을 하나님의 선지자 바울의 말보다 더 경청한 결과였습니다.

뜻밖의 대풍을 만나 생을 포기하고 죽기만을 기다리고 있는 사람들 한가운데 서서 바울은 "여러분이여 내 말을 듣고 그레데에서 떠나지 아니하여 이 타격과 손상을 면하였더라면 좋을 뻔하였느니라"라고 자신의 조언을 무시하고 어리석은 행위를 한 그들을 책망했습니다(21절). 그러고 나서 "내가 너희를 권하노니 이제는 안심하라. 너희 중 아무도 생명에는 아무런 손상이 없겠고 오직 배뿐이리라. 나의 속한 바 곧 내가 섬기는 하나님의 사자가 어젯밤에 내 곁에 서서 말하되, 바울아 두려워하지 말라. 네가 가이사 앞에 서야 하겠고 또 하나님께서 너와 함께 항해하는 자를 다 네게 주셨다 하였으니 그러므로 여러분이여 안심하라. 나는 내게 말씀하신 그대로 되리라고 하나님을 믿노라. 그런즉 우리가 반드시 한 섬에 걸리리라 하더라"라고 위로해 주었습니다(22-26절). 바울의 말은 바울 자신이 지어낸 말이 아니라 하나님께서 천사를 통해 전해 주신 말씀이었기에 그대로 이루어졌습니다.

　광풍이 시작된 지 14일째 되는 날 풍랑에 의해 배가 아드리아 바다 한가운데로 밀려가고 있을 때 사공들은 해변에 부딪히는 희미한 바다 물결 소리를 들을 수 있었습니다. 그래서 그들은 자신들이 육지에 다가가고 있다고 짐작했습니다(27절). 날이 밝았을 때 그들의 시야에 경사진 해안으로 된 항만이 들어왔습니다. 그래서 배를 거기에 정박하려고 닻을 끊어 바다에 던져버리고 키를 풀어 속도를 낮추고 돛을 달고 바람에 맞추어 해안을 향하여 들어갔습니다(39-40절). 그러나 중간에 암초를 만나서 뱃머리는 모래톱에 깊숙이 박혀 꼼짝달싹 못 하게 됐고 배꼬리 부분은 큰 물결에 깨어졌습니다(41절). 배가 파선되는 것을 지켜보던 군사들은 죄수들이 헤엄쳐서 도망할까 두려워서 그들을 죽이는 것이 좋겠다고 백부장에게 주장했습니다(42절). 이는 죄수들이 도망하면 그들을 지키는 군사들에게 책임이 돌아가는 것이 로마 법이었기에(행 12:19; 16:27), 이들은 책임 추궁당할 것이 두려워서 이렇게 생각했던 것이었습니다. 이때 백부장 율리오는 바울 사도를 구하기 위해서 군사들의 뜻을 저지하고 헤엄칠 줄 아는 사람들은 물에 뛰어내려 먼저 육지에 나가게 했습니다(43절). 그리고 헤엄칠 줄 모르는 사람들은 널빤지 조각이나 배 물건을 이용하여 나가게 함으로써 결국 276명 모두 다 육지에 상륙하여 구원을 얻게 됐습니다(44절).

지금까지의 사건 전개를 살펴보면서 한 사람의 결정이 얼마나 소중한지 우리는 잘 알 수 있었습니다. 처음에 백부장이 사람들의 말을 듣고 잘못된 결정을 내려서 지난 2주 동안 죽을 고생을 다했다고 한다면 마지막 순간에는 백부장이 바울의 말을 듣고 행동함으로써 모든 사람이 다 구원을 얻으리라는 바울의 예언을 실현하는 데 기여했습니다. 우리는 다수 때문에 한 사람의 가치를 평가절하하는 경향이 있습니다. 하지만 하나님이 함께하는 한 사람은 그렇지 않은 사람 백 명 혹은 만 명보다도 더 소중합니다. 요셉은 비록 형들의 미움을 받아서 애굽의 종으로 팔려갔지만 하나님이 그와 함께하시자 여호와의 형통의 복이 주인 보디발의 집과 밭에 있는 모든 소유에 미쳤습니다(창 39:5). 한 걸음 더 나아가서 그가 애굽의 총리가 됐을 때 요셉 한 사람으로 말미암아 애굽 전역뿐만 아니라 이스라엘을 포함한 주변의 모든 국가가 기근으로부터 구원받게 됐습니다(창 41:57). 마찬가지로, 여기 알렉산드리아에서 온 배를 탄 276명이 유라굴로 광풍을 만나서 죽을 수밖에 없는 지경에 이르렀을 때에 그 배에 하나님이 함께하는 바울 사도가 탔기에 비록 배는 난파됐지만 바울을 무사히 로마에 보내려는 하나님의 계획 덕분에 나머지 275명도 덩달아 구원을 받았습니다.

28장 로마

(로마 당도)

바울은 우여곡절 끝에 자신이 꿈에 그리던 로마에 당도했습니다. 로마에 도착한 그는 즉시 재판을 받지 않고 재판 순서를 기다리는 상태에서

로마 당국자들로부터 자신을 감시하는 병사 한 명만 딸린 채 집을 얻어 따로 거할 수 있는 자유를 허락받았습니다(16절). 사도는 이곳에 온 지 사흘 후에 유대인 지도자들을 초청하여 그들이 모인 자리에서 "여러분 형제들아 내가 이스라엘 백성이나 우리 조상의 관습을 배척한 일이 없는데 예루살렘에서 로마인의 손에 죄수로 내준 바 됐으니 로마인은 나를 심문하여 죽일 죄목이 없으므로 석방하려 하였으나 유대인들이 반대하기로 내가 마지못하여 가이사에게 상소함이요 내 민족을 고발하려는 것이 아니니라. 이러하므로 너희를 보고 함께 이야기하려고 청하였으니 이스라엘의 소망으로 말미암아 내가 이 쇠사슬에 매인 바 되었노라"라고 말하며 자신이 상소한 이유를 설명했습니다(17-20절). 이에 대해 유대인 지도자들은 "우리가 유대에서 네게 대한 편지도 받은 일이 없고 또 형제 중 누가 와서 네게 대하여 좋지 못한 것을 전하든지 이야기한 일도 없느니라. 이에 우리가 너의 사상이 어떠한가 듣고자 하니 이 파에 대하여는 어디서든지 반대를 받는 줄 알기 때문이라"라고 대답함으로써 바울이 전하는 기독교 사상이 어떤 것인지 경청하기를 원했습니다(21-22절). 그래서 그들은 날짜를 정하고 그가 유숙하는 집에 찾아와서 바울이 아침부터 저녁까지 하나님의 나라를 증언하고 모세의 율법과 선지자의 말을 가지고 예수에 대하여 강론하는 것을 들었습니다(23절).

사도의 말을 들은 후에 늘 그러하듯이 두 가지 반응이 있었습니다. 믿는 자들도 있었지만 믿지 않는 자들도 있었습니다(24절). 그래서 바울은 사람들이 흩어질 때 자신이 전파한 복음을 불신하는 유대인들을 향해 이사야 6:9-10을 인용하여 그들의 마음의 완악함을 책망했습니다 (25-27절). 그리고 나서 그는 그들이 복음을 배척해서 결국 하나님의 구원이 믿는 이방인들에게로 넘어가게 됐다고 촛대가 옮겨진 이유에 대해서 설명했습니다(28절).

바울은 2년을 자기가 세든 집에 머물면서 자신에게 오는 사람들을 다 영접해서 그들에게 하나님의 나라를 전파하며 주 예수 그리스도에 관한 모든 것을 담대하고 거침없이 가르쳤습니다(30-31절). 사도행전은 이렇게 로마의 어느 이름 모르는 초라한 셋방에서 사도 바울이 복음을 증거하는 것으로 끝이 납니다. 하지만 이렇게 골방에서 출발한 하나님의 말씀은 주후 313년 로마의 황제 콘스탄틴 1세가 기독교를 공인하는 '밀라노 칙령'(the Edict of Milan)을 단행함으로써 채 3세기도 지나지 않아 로마 황궁마저도 정복하게 됐습니다. 결국 세계의 수도 로마에도 가서 복음을 전파하고자 했던 바울 사도의 숭고한 꿈은 이루어졌습니다. 하나님은 이렇게 당신을 향해 고상한 비전과 소망을 가슴에 품고 그것을 성취하기 위해 최선을 다하는 사람을 공수(空手)로 돌려보내시지 않습니다. 반드시 그 마음의 소원을 들어주십니다.

여러분은 'Boys, Be ambitious'라는 말을 들어보셨습니까? 이 말은 원래 'Boys, Be ambitious in Christ'인데, 세속적인 일본 교수들이 'in Christ'라는 말을 떼어냈기 때문에 'Boys, Be ambitious'라고만 후대에 전해지고 있습니다. 이 유명한 명언을 남긴 사람은 일본 정부의 초청을 받고 황무지 삿포로에 농림 대학을 세웠던 미국의 식물학자 윌리엄 클락(William Clark) 박사입니다. 그는 독실한 기독교인으로서 농업 기술을 전수해 달라는 일본 정부의 초빙을 받고 일본에 건너왔지만, 당국이 원하지 않는 성경 그룹을 만들어 하나님의 말씀을 가르치는 바람에 온 지

8개월 만에 추방당했습니다. 그래서 클락 박사가 마차를 타고 고국으로 떠나가는데 그에게 가르침을 받은 일본 제자들이 달려와서 "선생님, 마지막으로 한 말씀만 해주세요"라고 부탁했습니다. 이때 클락이 한 말이 바로 "Boys, Be ambitious in Christ"였습니다. 그리스도 안에 꿈을 가져라. 예수 안에서 이상을 품어라. 이 말을 듣고 큰 감명을 받은 사람이 바로 일본이 낳은 세계적인 신학자 우찌무라 간조(內村鑑三)입니다. 그는 다음과 같은 유명한 말을 남겼습니다. "나에게는 중요한 두 가지 'J'가 있다. 그 하나는 'Japan'(일본)이고, 또 다른 하나는 'Jesus'(예수)다. 내가 '일본'을 위해, 일본이 '예수'를 위해 바쳐질 때 일본은 다시 일어설 것이다." 이런 사람들이 이룩해 놓은 정신적 터전이 있었기에 일본은 2차 세계대전의 폐허 속에서도 벌떡 일어서서 오늘날 G7의 경제 대국이 될 수 있었던 것입니다.

　　여러분! 저도 우찌무라 간조의 이 말을 빌려 한 말씀 드리고 두 글자 사도행전을 접고자 합니다. "나에게도 소중한 두 'C'가 있습니다. 하나는 'Corea'(한국)이고, 나머지 하나는 'Christ'(그리스도)입니다. 내가 '한국'을 위해, 한국이 '그리스도'를 위해 헌신할 때, 한국은 정말로 세계 속에 우뚝 서는 '大-한민국'이 될 것입니다."

1. 고대에는 양피지(종이)가 귀했기 때문에 일단 하고자 하는 중심 메시지를 책의 서두에 제시하는 것이 관례였습니다.

2. 이어지는 1:23의 예수의 또 다른 이름 '임마누엘'(Immanuel) 또한 이 사실을 지지해줍니다. 바벨론으로 포로가 되어 끌려간다고 하는 것은 이스라엘이 하나님 말씀에 계속 불순종한 결과 심판을 받고 약속의 땅 가나안으로부터—그리하여 하나님으로부터—분리되는 것이므로 결국 하나님께서 더 이상 그들과 함께하지 않는 것을 의미합니다. 그러나 이제 예수는 그들과 '함께하는 하나님'(Immanuel)이 되기 위해 성육신하신 것입니다. '분리'(Separation)가 '엑사일'(Exile)이라면 '임재'(Presence), 즉 함께하심이 바로 '엑소더스'(Exodus)입니다.

3. Rapinchuk, *The End of the Exile: A Neglected Aspect of Matthean Christological Typology* (Ph. D. Thesis: Trinity Evangelical Divinity School, 1996), pp. 217-25.

4. 정훈택, 『쉬운 주석 마태복음』 (서울: 그리심, 2007), p. 87.

5. Davies and Allison, *The Gospel According to Saint Matthew*, Vol. 1 (Edinburgh: T.&T. Clark), pp. 21-22.

6. 한글 개역개정판은 '사람'이라고 되어 있는데, 헬라어 원문은 '안뜨로포이스'로 복수인 '사람들'입니다.

7. 강대훈, 『마태복음(상)』 (서울: 부흥과개혁사, 2019), p. 633.

8. 박윤만, 『마가복음』 (용인: 킹덤북스, 2017), p. 281.

9. 신현우, 『마태복음 1:1-13:52』 (서울: 감은사, 2022), p. 333.

10. 김상훈, 『숲의 해석 마태복음』, (서울: 총신대학교출판부, 2007), p. 134.

11. 강대훈, 『마태복음(상)』, p. 743.

12. 양용의, 『마태복음 어떻게 읽을 것인가』 (서울: 성서유니온 선교회, 2005), p. 252.

13. 이는 '천국'에 관한 비유만을 의미합니다.

14. 당시 팔레스타인 지역의 일반적인 곡물 생산은 대개 4-5배였고, 이 것은 중세 때까지도 그러했습니다. 그러므로 최소한인 30배의 결 실만 해도 기적에 가까운 것입니다.

15. 김상훈, 『숲의 해석 마태복음』, pp. 178-80.

16. 신현우, 『마태복음 13:53-28:20』 (서울: 감은사, 2022), pp. 53-54.

17. 양용의, 『마태복음 어떻게 읽을 것인가』, pp. 336-37.

18. 강대훈, 『마태복음(하)』 (서울: 부흥과개혁사, 2019), p. 109.

19. 신성종, 『마태복음 강해설교(중)』 (서울: 충현출판사, 1995), p. 261.

20. 신현우, 『마태복음 13:53-28:20』, p. 103.

21. 양용의, 『마태복음 어떻게 읽을 것인가』, p. 387.

22. 위의 책, p. 395.

23. 목회와 신학 편집부, 『마태복음 어떻게 설교할 것인가』 (서울: 두란 노, 2003), p. 333.

24. 하용조, 『마태복음 강해설교 제10권 용서의 축복』 (서울: 두란노, 1996), p. 155.

25. 양용의, 『마태복음 어떻게 읽을 것인가』, p. 413.

26. '가이사의 것은 가이사에게'와 '하나님의 것은 하나님께' 사이에 헬

라어 '카이'가 있습니다. 카이는 보통 순접인 '그리고'로 번역되나 여기선 문맥상 역접인 '그러나'의 의미로 번역해야 합니다.

27. 양용의, 『마태복음 어떻게 읽을 것인가』, p. 440.

28. 강대훈, 『마태복음(하)』, p. 350.

29. 위의 책, p. 459.

30. 양용의, 『마태복음 어떻게 읽을 것인가』, pp. 576-77.

31. 신현우, 『메시아 예수의 복음』 (용인: 킹덤북스, 2011), p. 26.

32. 위의 책, pp. 44-45.

33. 박윤만, pp. 348-49.

34. 양용의, 『마가복음 어떻게 읽을 것인가』, pp. 115-16.

35. 하용조·이재훈, 『순전한 복음』 (서울: 두란노, 2012), pp. 113-14.

36. 신현우, 『메시아 예수의 복음』, p. 93.

37. 위의 책, pp. 113-15.

38. 박윤만, p. 499.

39. 신현우, 『메시아 예수의 복음』, pp. 146-47.

40. 위의 책, pp. 202-3.

41. 이는 어린 나귀를 타고 오는 모습에서도 잘 나타납니다. 스가랴 9:9에 보면 어린 나귀를 타고 예루살렘에 돌아오는 왕은 이스라엘의 왕이자 시온에 돌아오는 하나님을 대변하는 인물이기 때문입니다. 박윤만, p. 744.

42. 구약에서는 '오는 자'(the coming One)는 '왕'을 지칭하는 표현입니다. 그러나 이는 이제 복음서의 새로운 문맥에서 예수님에게 기독론으로 적용되고 있습니다.

43. 심상법, 『마가복음 강해: 길 위의 길』 (용인: 킹덤북스, 2023), p.

533.

44. 목회와 신학 편집부, 『누가복음 어떻게 설교할 것인가』 (서울: 두란노, 2007), p. 127.

45. 유상섭, 『설교를 돕는 분석 누가복음』 (서울: 규장, 1998), pp. 86-87.

46. 신현우, 『누가복음 어떻게 읽을 것인가』, pp. 96-97.

47. 유상섭, 『설교를 돕는 분석 누가복음』, p. 127.

48. 강산, 『부활의 아침을 향하여』 (서울: 감은사, 2023), p. 109.

49. 브루스 바튼·데이브 비어만·린다 테일러, 『적용을 도와주는 누가복음』 (서울: 성서유니온 선교회, 2003), p. 380.

50. Kahp-Chin Chung, *The Missionary Strategy of Korean Churches in South Africa*, Master Thesis (Pretoria University, 2005), pp. 61-62.

51. 신현우, 『누가복음 어떻게 읽을 것인가』, p. 164.

52. 유대인 율법사는 자신의 카테고리에 없는 사마리아인을 이웃으로 인정하기 싫어서 "자비를 베푼 자입니다"라고 에둘러 말했습니다.

53. 목회와 신학 편집부, 『누가복음 어떻게 설교할 것인가』, pp. 249-50.

54. 한글 개역개정판에 '강청함'(8절)으로 번역된 단어는 헬라어로 '아나이데이아'인데, 이는 '집요함'(persistence) 외에도 '수치를 모름'(shamelessness)이라는 뜻이 있습니다. 문맥은 단 한 번 찾아가 한 번 요청한 것을 언급하기에 집요함 혹은 강청함에 관하여 말한다기보다는 오히려 수치를 모름, 좀 더 정확히는 수치심의 회피(avoidance of shame)를 의미합니다. 그리고 이 수치심을 모면하려는 주체는 문을 두드린 사람이 아니라 '잠자리에 든 사람'입니다.

55. John Timmer, *The Kingdom Equation* (Grand Rapids: CRC Publication, 1990), pp. 36-38.

56. 정필도, 『은혜 위의 은혜』 (서울: 엠마오, 1990), p. 171.

57. 목회와 신학 편집부, 『누가복음 어떻게 설교할 것인가』, p. 317.

58. 정필도, pp. 264-65.

59. 신현우, 『누가복음 어떻게 읽을 것인가』, p. 277.

60. 비유의 첫 절과 마지막 절이 수미쌍관(inclusio)을 이룹니다.

61. 목회와 신학 편집부, 『누가복음 어떻게 설교할 것인가』, pp. 384-86.

62. 신현우, 『누가복음 어떻게 읽을 것인가』, p. 326.

63. 한글 개역개정판은 "네 말이 옳도다"라고 번역하여 예수께서 자신이 왕이라는 것을 긍정한 것 같은 인상을 주고 있지만 헬라어 원문은 '에페 쉬 레게이스'로 직역하면 "당신이 그렇게 말하고 있군요"가 됩니다.

64. 목회와 신학 편집부, 『누가복음 어떻게 설교할 것인가』, p. 433.

65. 유대라는 로마 제국 동쪽 변방에서 집정관 노릇을 하고 있던 빌라도의 관심은 항상 중심부인 로마에 있었습니다. 그래서 그는 자신의 관할 영역의 정치적 안정과 평화 유지 도모에 신경을 많이 썼습니다. 이는 관할 구역을 잘 관리하는 유능한 행정가라는 평판을 받아 중앙 정부로의 진출을 꾀하고자 했던 것입니다.

66. 목회와 신학 편집부, 『누가복음 어떻게 설교할 것인가』, p. 438.

67. 유상섭, 『설교를 돕는 분석 누가복음』, p. 393.

68. 김상훈, 〈2010년 1학기 요한문헌 강의안〉, p. 2.

69. 김병국, 『설교자를 위한 요한복음 강해』 (서울: 대서, 2014), pp. 82-

83.

70. 1절 중반절에 보면 이 말씀이신 "예수님이 하나님과 함께 계셨다"
고 했는데, 여기 '함께'라고 번역된 헬라어 단어는 '프로스'입니다.
보통 '함께'라는 말은 '메타'라는 전치사를 쓰는데, 메타는 단지 공
간을 공유하고 있는 정적인 '함께'(with)의 의미입니다. 그러나 '프
로스'는 기본 뜻이 방향성, 즉 '-를 향해'(toward)입니다. 그래서 단
지 한 공간에 있는 것이 아니라 굉장히 다이내믹한 모습, 그러니까
말씀이신 예수님이 하나님과 역동적으로 교제하고, 교류하고, 교통
하는 완벽한 연합, 친밀한 교제를 묘사합니다.

71. 김세윤, 『요한복음 강해』 (서울: 두란노, 2001), pp. 70-71.

72. 박대영, 『예수님을 알아가는 요한복음』 (서울: 두란노, 2017), pp.
155-56.

73. 김세윤, 『요한복음 강해』, pp. 86-88.

74. 이 의식 외에도 초막절에는 촛불을 밝히는 의식을 행했습니다. 성
전에 있는 여인들의 뜰에 불을 밝히고 그 불이 명절 기간 동안 꺼지
지 않게 했습니다. 이 의식을 염두에 두고 8장에서 예수님은 자신
을 '세상의 빛'이라고 말씀하신 것입니다(12절).

75. 유상섭, 『설교를 돕는 분석 요한복음』 (서울: 규장, 1999), p. 186.

76. George Beasley-Murray, *John* (Dallas: Word Books, 1999), p. 156.

77. 유상섭, 『설교를 돕는 분석 요한복음』, p. 228.

78. 황원하, 『요한복음』 (서울: SFC출판부, 2017), p. 251.

79. 유상섭, 『설교를 돕는 분석 요한복음』, pp. 258-61.

80. 한글 개역개정판은 요한복음 12:1-3의 헬라어 '운'을 번역하지 않았
습니다.

81. 황원하, p. 312.

82. '신적 자기 계시 어구'란 예수님 자신이 구약의 여호와 하나님과 같은 신적인 존재임을 친히 표현하는 어구로, 요한복음에서 두 가지 형태로 소개됩니다. 그 가운데 하나는 위와 같이 '나는 … 이다'이고(6:35; 8:12; 10:9; 10:11; 11:25; 14:6; 15:1), 다른 하나는 서술부가 없는 경우입니다(6:20; 8:24; 18:5-6).

83. 황원하, p. 344.

84. 유상섭, 『설교를 돕는 분석 요한복음』, p. 382.

85. 위의 책, pp. 402-4.

86. 황원하, p. 415.

87. 한글 개역개정판에는 관사가 없으나 헬라어 원문에는 정관사 '그'(the)를 의미하는 '호'가 있습니다.

88. 유상섭, 『설교를 돕는 분석 요한복음』, p. 444.

89. 유상섭, 『분석 사도행전 1』 (서울: 생명의 말씀사, 2002), pp. 106-7.

90. 위의 책, pp. 193-94.

91. 위의 책, pp. 261-62.

92. 한글 개역개정판은 이 접속사를 생략했습니다.

93. 유상섭, 『분석 사도행전 2』 (서울: 생명의 말씀사, 2002), pp. 220-21.

94. 위의 책, pp. 369-70.